21世纪经济学类管理学类专业主干课程系列教材

物流系统设计与分析

（修订本）

平　海　等编著

清华大学出版社
北京交通大学出版社
·北京·

内容简介

本书比较系统、全面地阐述物流系统概念、内在构成，以及分析和规划的重要决策过程。全书共分九章，主要内容包括物流及物流系统、物流系统设计与分析的基本理论、社会物流系统设计、物流网络规划与设计、物流结点选址与布局设计、物流运输系统设计与分析、物流信息系统设计、物流系统动力学模型、物流系统评价与优化等。每一章配有相关的案例分析，以及相关各种类型的复习思考题等内容。

本书力求突出创新性、启发性和实用性等特点，可作为高等学校物流管理本科、管理类和经济类其他相关本科专业及研究生教学使用的教材，也可作为物流从业人员培训和参考用书。

本书电子教案和复习思考题参考答案可从北京交通大学出版社网站下载，网址为 http：//press. bjtu. edu. cn。

图书在版编目(CIP)数据

物流系统设计与分析/平海等编著. —北京：清华大学出版社；北京交通大学出版社，2010.4 (2019.7 重印)
（21 世纪经济学类管理学类专业主干课程系列教材）
ISBN 978-7-81123-720-7

Ⅰ. ①物…　Ⅱ. ①平…　Ⅲ. ①物流-系统设计-高等学校-教材　②物流-系统分析-高等学校-教材　Ⅳ. ①F252

中国版本图书馆 CIP 数据核字（2010）第 059180 号

责任编辑：郭东青
出版发行：清 华 大 学 出 版 社　　邮编：100084　　电话：010-62776969
　　　　　北京交通大学出版社　　邮编：100044　　电话：010-51686414
印 刷 者：三河市华骏印务包装有限公司
经　　销：全国新华书店
开　　本：185mm×230mm　　印张：22.5　　字数：503 千字
版　　次：2010 年 5 月第 1 版　　2019 年 7 月第 1 次修订　　2019 年 7 月第 6 次印刷
书　　号：ISBN 978-7-81123-720-7/F・632
印　　数：9 001～10 000 册　　定价：59.00 元

本书如有质量问题，请向北京交通大学出版社质监组反映。对您的意见和批评，我们表示欢迎和感谢。
投诉电话：010-51686043，51686008；传真：010-62225406；E-mail：press@bjtu. edu. cn。

前　言

现代物流作为一门新兴的综合性科学，在发达国家已有较早、较全面的研究，并形成了一系列的理论和方法，有效地促进了物流业的发展。物流业也从以运输、仓储管理等服务为主要功能的传统物流阶段，通过物流组织和管理体制创新、信息技术应用，进入到以综合化、网络化、集成化、系统化为特征的现代物流阶段，物流服务的功能不断地得到发展、完善和提升，使其迅速成为世界范围内具有巨大潜力和发展空间的新兴服务产业。

在我国，有关物流的理论、方法、技术和管理的研究得到了学术界、企业界的高度重视，并致力于探索、研究。我国现代物流业尚处发展阶段，在经济全球化的大背景下，产业与产业之间，企业与企业之间的合作不断加强，物流系统对于产业结构优化和企业竞争力提升，显得尤为重要。国内的现代物流正在向国民经济各个行业渗透，国外物流企业在国内市场的份额也迅速扩展。物流人才，特别是具有物流知识和技能的复合型人才十分短缺。为了满足经济发展对物流人才的需求，促进我国物流产业的快速健康发展，根据国家的人才培养战略，针对物流人才培养的特点，在清华大学出版社、北京交通大学出版社的大力支持下，我们编写了《物流系统设计与分析》一书。

由于我国物流管理研究的历史比较短，系统性的理论体系尚未完全建立，学术界对物流系统的理解也尚不成熟，所以在理论和实践工作中相关研究人员和从业人员往往忽视物流系统的整体性或全局性优化要求，缺乏从系统论的整体高度来对物流系统进行统筹规划，致使物流系统往往难以实现整体效益最优，从而降低了社会资源的配置效率，减缓了我国社会经济发展的步伐。

作者在本书编写过程中参考了大量的文献资料，力图以物流系统的整体为研究对象，借鉴国内外物流系统教材及论著的长处，在保持已有的物流系统基本理论的基础上，广泛吸收和借鉴国内外最新的物流技术、新知识、新经验等内容，结合复合型管理人才的特点，力求做到学术性和实用性并重，涵盖物流领域最新的观念、方法、理论，力求做到更专业、更规范。充分利用作者多年来对于物流系统研究的经验与成果，编著一本既有系统性，又理论联系实际的教材，力争做到“人无我有，人有我优，人优我长，与时俱进，适度超前”。

全书共分9章，主要内容包括物流及物流系统、物流系统设计与分析的基本理论、社会物流系统设计、物流网络规划与设计、物流结点选址与布局设计、物流运输系统设计与分析、物流信息系统设计、物流系统动力学模型、物流系统评价与优化等。每一章配有物流系统案例分析，以及相关各种类型的复习思考题，适合高等院校经济管理专业、物流专业本科生及研究生教学使用。

本书的编写是集体创作的成果，具体分工如下：平海编写第 1 章、第 2 章、第 5 章、第 6 章部分、第 7 章、第 8 章部分，张大卡编写第 3 章、第 4 章、第 6 章部分，周旻编写第 8 章部分、第 9 章。平海负责全书的策划和统稿。部分学生参与了资料收集和部分案例整理工作，在此表示感谢。

本书在编写过程中，借鉴和引用了国内外众多学者的研究成果，作者已尽可能地在参考文献中列出，谨在此对他们表示衷心的感谢。有些资料如有疏忽或遗漏，谨向其作者表示歉意。

由于物流这门学科起步研究相对较晚，涉及面比较广泛，是多学科交叉学科，学科体系尚不完善，还处于发展阶段，因此，这本书的内容也肯定存在不成熟的地方，有待于进一步完善和提高。由于本书编写时间较短，加之作者水平有限，书中难免存在缺点和错误，恳请各位专家和读者批评指正。

作者

2010 年 4 月

目　　录

第 1 章

物流及物流系统

第一节　物流系统概述

在自然界和人类社会中，可以说任何事物都是以系统的形式存在的。我们把每个要研究的问题或对象可以看成是一个系统，人们在认识客观事物或改造客观事物的过程中，用综合分析的思维方式看待事物，根据事物中内在的、本质、必然的联系，从整体的角度进行分析和研究，这类事物就被看作为一个系统。

现代物流是一个整合的系统，使用系统和整体的观点来研究传统的物流问题。物流研究的目的就是以系统的、整体的科学观为指导，低成本、高效率和高质量地实现物料和商品的移动，使得准确品种与数量的物料、商品在正确的时间、按照正确的路线、到达正确的地点。通过系统分析设计，建立物流系统硬件结构和软件结构体系，形成科学、合理的物流系统组织结构和技术方案，从而保证物料与商品能够低成本、高效率和高质量的移动。

现代物流是一个动态的、复杂的系统组合，并且各构成要素之间存在强烈的效益悖反现象，往往随着消费需求、市场供给、购销渠道、商品价格等社会经济影响因素的变化，其系统内的各构成要素及运行方式经常发生变动。为实现社会经济的可持续发展，人们必须用系统的观点、系统的方法来对物流系统的各组成部分不断修改、完善，即重新分析设计物流系统，才能使物流活动按照人们设定的目标有序运行，达到系统整体的最优化。因此，对物流系统构成要素进行分析与诊断，对物流系统进行整体规划与优化设计，是推进物流系统化，构筑效率化物流系统，实现物流合理化、效率化有效途径。

一、物流系统的概念与内涵

（一）系统基础知识

1. 系统的定义

系统是指同类或相关事物按照一定的内在联系所组成的、具有一定目的、一定功能和相对独立的整体，即由内部相互作用和相互依赖的若干部分或子系统所组成，具有特定功能的有机整体。换句话说，系统是同类或相关事物按一定的内在联系组成的整体。相对于环境而言，系统具有一定目的、一定功能并相对独立。系统的三个基本特征：整体性、由多种要素组成、要素相互关联。

在日常生活中，我们对系统这个词并不陌生，自然界和人类社会中的很多事物都可以看作为系统，如消化系统，铁路系统、神经系统等；而一个工厂可以看作为由各个车间、科室、后勤等构成的系统；一所学校也可以看作为由教学部门、科研部门、后勤服务部门和学生班级构成的系统。系统是有层次的，大系统中包含着小系统，如在自然界中，宇宙是一个系统，银河系又是一个从属于宇宙的系统，是宇宙的子系统，而太阳系又是从属于银河系的一个银河系的子系统，再往下，地球又是太阳系的一个子系统，等等。大系统有大系统的特定规律，小系统不仅要从属于大系统，服从大系统规律，而且本身也有自己的特定规律性，这是自然科学、社会科学普遍存在的带有规律性的现象。

2. 系统的形态

系统是以不同的形态存在的。根据生产的原因和反映的属性不同，系统可以进行各种各样的分类。系统的形态与其所要解决的问题密切相关。系统的一般形态如下。

（1）自然系统和人造系统。自然系统是自然物等形成的系统。它的特点是自然形成的。自然系统一般表现为环境系统，如海洋系统、矿藏系统、生态系统、大气系统等。人造系统是为了达到人类所需要的目的，由人类设计和建造的系统，如工程技术系统、经营管理系统、科学技术系统等。实际上，多数系统是自然系统与人造系统相结合的复合系统，因为许多系统是由人运用科学力量、认识改造了的自然系统。如社会系统，看起来是一个人造系统，但是它的发生和发展是不以人们的意志为转移的，而是有其内在规律性的。随着科学技术的发展，已出现了越来越多的人造系统。

（2）实体系统和概念系统。实体系统是以矿物、生物、能源、机械等实体组成的系统。就是说，它的组成要素是具有实体的物质。如人一机系统，机械系统电力系统等。实体系统是以硬件为主体，以静态系统的形式来表现的。概念系统是由概念、原理、方法、制度、程序的功能观念性的非物质实体所组成的系统，它是以软件为主体、依附于动态系统的形式来表现的。如科技体制、教育体系、法律系统、程序系统等。

（3）闭环系统与开环系统。闭环系统是指与外界环境不发生任何形式交换的系统。它不向环境输出，也不从环境输入，一般地，它是专为研究系统目的而设定的。如封存的设备、仪器及其他尚未使用的技术系统等。开环系统是指系统内部与外部环境有能量、物质和信息交换的系统。它从环境得到输入，并向环境输出，而且系统状态直接受到环境变化的影响。大部分人造系统属于这一类，如社会系统、经营管理系统等。

（4）静态系统和动态系统。静态系统是其固有状态参数不随时间变化的系统。它没有既定的相对输入与输出，表征系统运动规律的模型中不含时间因素，即模型中的变量不随时间而变化，如车间平面布置系统、城市规划布局等。静态系统属于实体系统，动态系统是系统状态变量随时间而改变的系统，它有输入和输出及转换过程，一般都有人的行为因素在内。如生产系统、服务系统、开发系统、社会系统等。

（5）对象系统和行为系统。对象系统是按照具体研究对象进行区分而产生的系统。如企业的经营计划系统、生产系统、库存系统等。行为系统是以完成目的行为作为组成要素的系统。所谓行为是指为达到某一确定的目的而执行特定功能的作用，这种作用对外部环境能产生一定的效用。行为系统是根据行为特征的内容加以区别的。也就是说，尽管有些系统组成部分及其有关内容是相同的，但如果起执行特定功能的作用不同，那么它们就不能是同类的系统。行为系统一般需要通过组织体系来体现，如社会系统、经济系统、管理系统等。

（6）控制系统和因果系统。控制系统是具有控制功能和手段的系统。当控制系统由控制装置自动进行时，称之为自动控制系统。因果系统是输出完全决定于输入的系统，其状态与结果具有一致性，这类系统一般为测试系统，如信号系统、记录系统、测量系统等。因果系统必须是开放系统。具体系统的形态可能千变万化，但是基本上可以看作是由上述各种系统相互组合而形成的。它们之间往往是相互交叉和相互渗透的。

3. 系统的特征

系统应当具备四个基本特征。

（1）整体性。系统由两个以上有一定区别又有一定相关性的要素所组成，系统的整体性主要表现为系统的整体功能。系统的整体功能不是各组成要素的简单叠加，而是呈现出各组成要素所没有的新功能，概括地表述为“整体大于部分之和”。

（2）相关性。各要素组成了系统是因为它们之间存在相互联系、相互作用、相互影响的关系。这个关系不是简单的加和，即 $1+1\neq 2$，而有可能是互相增强，也有可能是互相减弱。有效的系统，各要素之间互补增强，使系统保持稳定，具有生命力。而要做到这一点，系统必须有一定的有序结构。

（3）目的性。系统具有能使各个要素集合在一起的共同目的，而且人造系统通常具有多重目的。例如，企业的经营管理系统，在限定的资源和现有职能机构的配合下，它的目的就是为了完成或超额完成生产经营计划，实现规定的质量、品种、成本、利润等指标。

（4）环境适应性。环境是指出现于系统以外的事物（物质、能量、信息）的总称，相对于系统而言，环境是一个更高级的、复杂的系统。所以系统时时刻刻存在于环境之中，与环境是相互依存的。因此，系统必须适应外部环境的变化，能够经常与外部环境保持最佳的适应状态，才能得以存在。对于社会系统而言，任何系统都是发展和变化着的，根据系统的目的，有时增加一些要素，有时删除一些要素。也存在系统的分裂及合并，研究系统，尤其是研究社会系统，应当用发展的观点。

（二）物流系统

随着全球经济发展的历程，物流系统从手工物流系统、机械化物流系统、自动化物流系统、集成化物流系统、智能化物流系统逐步发展起来。由于物流的含义是将正确的物品，在正确的时刻，以正确的顺序，送到正确的地点。物流系统的目的是实现物资的空间效益和时间效益，在保证社会再生产进行的前提条件下，实现各种物流环节的合理衔接，并取得最佳的经济效益。

1. 物流系统定义

物流系统是指在一定的时间和空间里，由所需位移的物资、物流设施、物流设备、人员和通信联系等若干相互制约的动态要素所构成的，以完成物流活动为目的，具有特定功能的有机整体。物流系统的目的是实现物资的空间效益和时间效益，在保证社会再生产进行的前提条件下，实现各种物流环节的合理衔接，并取得最佳的经济效益。

一般来说，物流系统主要由环境、输入、输出、处理、反馈等方面构成。如图 1-1 所示。

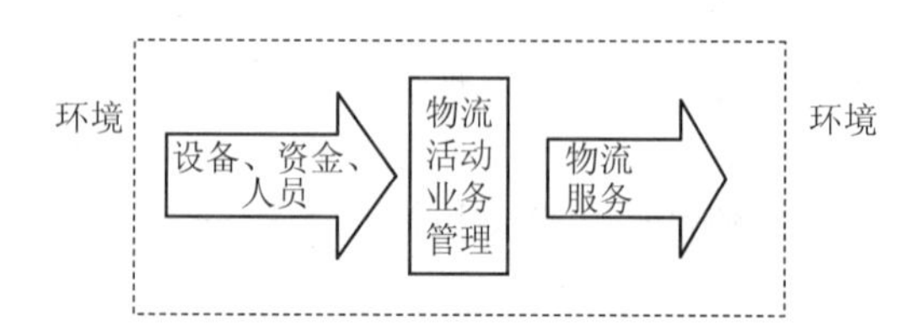

图 1-1　物流系统基本构成

环境是指物流系统所处的更大的系统，包括外部环境和内部环境。外部环境包括用户需求、观念及价格等因素。内部环境包括系统的人、财、物规模与结构，以及系统的管理模式、策略、方法等。一般来说，外部环境是系统不可控的，而内部环境则是系统可控的。

输入是指通过一系列对物流系统所发生的作用，包括原材料、设备、人员等。

处理是指具体物流业务活动。包括：运输、储存、包装、搬运、送货等，还包括信息的处理及管理工作。

输出是指提供的物流服务的结果。包括货物的转移、各种劳务、质量、效益等。

反馈。外部反馈是指通过输入和输出使物流系统与外部环境进行交换，发现问题，改正弊端，使系统适应于外部环境。内部反馈是指系统内部的转换，使其功能更加完善、合理及科学。

2. 物流系统特点

物流系统具有一般系统所共有的特点，即整体性、相关性、目的性、环境适应性，同时还具有规模庞大、结构复杂、目标众多等大系统所具有的特征。

（1）物流系统是一个“人机系统”。物流系统是由人和形成劳动手段的设备、工具所组成的。它表现为物流劳动者运用运输设备、装卸搬运机械、仓库、港口、车站等设施，作用于物资的一系列生产活动。在这一系列的物流活动中，人是系统的主体。因此，在研究物流系统各个方面的问题时，应把人和物有机地结合起来，加以考察和分析。

（2）物流系统是一个大跨度系统。在现代经济社会中，企业间物流经常会跨越不同地域，国际物流的地域跨度更大。物流系统通常采用存储的方式解决产需之间的时间矛盾，其时间跨度往往也很大。物流系统的跨度越大其管理方面的难度越大，对信息的依赖程度也越高。简单物流系统如图 1-2 所示。

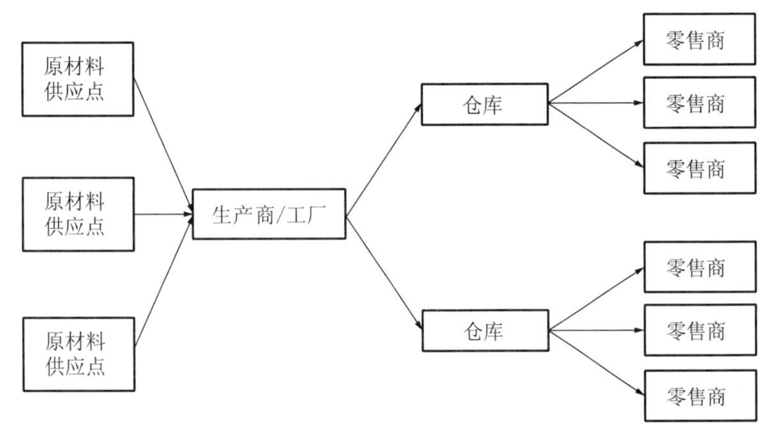

图 1-2　简单物流系统

（3）物流系统是一个可分系统。无论规模多大的物流系统，都可以分解成若干相互联系的子系统。这些子系统的多少和层次的阶数，是随着人们对物流系统的认识和研究的深入而不断深入、不断扩充的。系统与子系统之间，子系统与子系统之间，存在着时间和空间上及资源利用方面的联系，也存在总目标、总费用及总运行结果等方面的相互联系。

根据物流系统的运行环节，可以划分为以下几个子系统：物流的包装系统；物流的装卸系统；物流的运输系统；物流的储存系统；物流的流通加工系统；物流的回收再利用系统；物流的信息系统；物流的管理系统等。

上述这些子系统构成了物流系统。物流各子系统又可进一步分成下一层次的系统。如运输系统可进一步分为水运系统、空运系统、铁路运输系统、公路运输系统及管道运输系统。物流子系统的组成是由物流管理目标和管理分工自成体系的。

（4）物流系统是一个动态系统。物流系统一般联系多个生产企业和用户，随需求、供应、渠道、价格的变化，系统内的要素及系统的运行也经常发生变化。物流系统受社会生产和社会需求的广泛制约，所以物流系统必须是具有环境适应能力的动态系统。为适应经常变化的社会环境，物流系统必须是灵活、可变的。当社会环境发生较大的变化时，物流系统甚至需要进行重新设计。

（5）物流系统是一个复杂系统。物流系统的运行对象——“物”，可以是全部社会物资资源，资源的多样化带来了物流系统的复杂化。物资资源品种成千上万，从事物流活动的人员队伍庞大，物流系统内的物资占用大量的流动资金，物流网点遍及城乡各地。这些人力、物力、财力资源的组织和合理利用，是一个非常复杂的问题。

在物流活动的全过程中，伴随着大量的物流信息，物流系统要通过这些信息把各个子系统有机地联系起来。收集、处理物流信息，并使之指导物流活动，亦是一项复杂的工作。

复杂物流系统如图 1-3 所示。

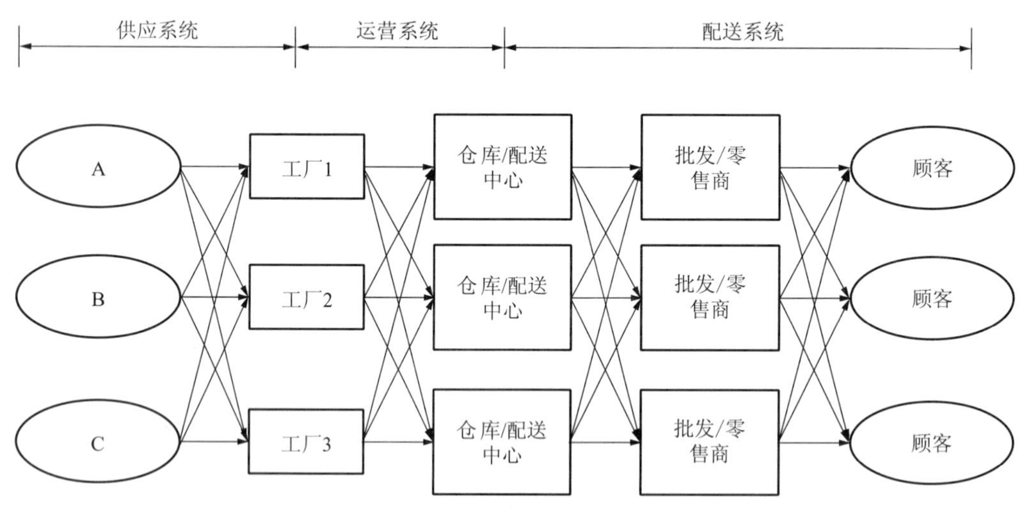

图 1-3　复杂物流系统

（6）物流系统是一个多目标系统。物流系统的总目标是实现其经济效益，但物流系统要素间存在非常强烈的“悖反”现象，常称之为“二律悖反”或“效益悖反”现象，要同时实现物流时间最短、服务质量最佳、物流成本最低这几个目标几乎是不可能的。例如，在储存子系统中，为保证供应、方便生产，人们会提出储存物资的大数量、多品种问题，而为了加速资金周转、减少资金占用，人们又提出降低库存的问题。所有这些相互矛盾的问题，在物流系统中广泛存在。而物流系统又恰恰要在这些矛盾中运行，并尽可能满足人们的要求。显然需要建立物流多目标函数，并在多目标中求得物流的最佳效果。

3. 物流系统化

物流系统化是指将一定范围的物流活动视为一个大系统，运用系统学原理进行规划、设计、组织实施，从而能以最佳的结构、最好的配合，充分发挥系统功效，逐步实现物流合理化的过程。

物流系统化的目的就是要使整个物流系统具有良好的服务性、快捷性，并且库存合理、设施规模适当、面积和空间利用率高。物流系统化的目的，人们通常简称为物流系统“5S”目标。要实现物流系统化的目标，就应把从生产到消费过程的货物量作为一贯流动的物流量看待，依靠缩短物流路线，使物流作业合理化、现代化，从而降低其总成本。

物流系统化一般是在现有物流系统结构或环境下进行的，是对现有尚未达到有机结合程度的物流要素进行根本性的优化与改造。推进物流系统化的对策，要从分析现状开始，把握现有物流要素及其结构的问题点，摸清产生问题的原因，在此基础上，寻找相应的解决对策，构筑新型的效率化的物流体系。

为实现物流合理化目标，建立起高效率的物流系统，在设计物流系统时应遵循大量化、计划化、短距离化、共同化、标准化及信息化原则。物流系统设计或物流系统改造要基于以上各原则或若干原则的组合。

物流系统化原则与要求的概要如下。

（1）大量化。通过一次性处理大量货物，提高设备设施的使用效率和劳动生产率，以达到降低物流成本的目的，如干线部分的大批量运输、配送中心集中进货、库存集中化等。大量化还有利于采用先进的作业技术，实现自动化和省力化。

（2）计划化。通过有计划地组织物流活动达到物流合理化的目的，如计划线路和时间从事配送活动、计划采购等。

（3）短距离化。通过物品分离减少物流中间环节，以最短的线路完成商品的空间转移。

（4）共同化。通过物流业务的合作，提高单个企业的物流效率，如共同配送等。通过加强企业之间的协作实施共同物流，是中小企业实现物流合理化的重要途径。

（5）标准化。物流涉及多个部门、多个环节，标准化可以实现物流各个环节相互衔接、相互配合，最终实现物流效率化。如集装器具的标准化等。物流标准化包括作业、信息、工具标准化等。

（6）信息化。运用现代计算机技术、信息网络技术和数字通信技术，构筑起能够对物流活动相关信息进行高效率地收集、处理和传输的物流信息系统，通过信息的顺畅流动，将物流采购、生产、销售系统联系起来，以便有效控制物流作业活动。

4. 物流系统的目标

物流系统是社会经济系统的一部分，其目标是获得宏观和微观经济效益。物流的宏观经济效益是指一个物流系统作为一个子系统，对整个社会流通及国民经济效益的影响。物流系统是社会经济系统中的一部分，如果一个物流系统的建立，破坏了母系统的功能及效益，那么，这一物流系统尽管功能理想，但也是不成功的。物流系统不但对宏观的经济效益产生作用，而且还会对社会其他方面产生影响，例如，物流设施的建设还会对周边的环境带来影响。

物流系统的微观经济效益是指该系统本身在运行活动中所获得的企业效益。其直接表现形式是这一物流系统通过组织“物”的流动，实现本身所耗与所得之比。系统基本稳定运行后，主要表现在企业通过物流活动所获得的利润，或物流系统为其他系统所提供的服务上。

建立和运行物流系统时，要以两个效益为目的。具体来讲，物流系统要实现以下 5 个目标。

（1）服务（Service）。物流系统的本质要以用户为中心，树立用户第一的观念。其利润的本质是“让渡”性的，不一定是以“利润为中心”的系统。物流系统送货、配送业务，就是其服务性的表现。在技术方面，近年来出现的“准时供应方式”（JIT）、“柔性供货方式”等，也是其服务性的表现。

（2）快速、及时（Speed）。及时性是服务性的延伸，既是用户的要求，也是社会发展进步的要求。随着社会大生产的发展，对物流快速、及时性的要求更加强烈。在物流领域采用直达运输、联合一贯运输、时间表系统等管理和技术，就是这一目标的体现。

（3）低成本（Saving）。在物流领域中除流通时间的节约外，由于流通过程消耗大而又基本上不增加或不提高商品的使用价值，所以依靠节约来降低投入，是提高相对产出的重要手段。在物流领域里推行集约化经营方式，提高物流的能力，采取各种节约、省力、降耗措施，以实现降低物流成本的目标。

（4）规模优化（Scale Optimization）。由于物流系统比生产系统的稳定性差，因而难以形成标准的规模化模式，使得规模效益不明显。应以物流规模作为物流系统的目标，依此来追求“规模效益”。在物流领域以分散或集中的方式建立物流系统，研究物流集约化的程度，就体现了规模优化这一目标。

（5）库存控制（Stock Control）。库存控制是及时性的延伸，也是物流系统本身的要求，涉及物流系统的效益。物流系统是通过本身的库存，起到对千百家生产企业和消费者的需求保证作用，从而创造一个良好的社会外部环境。同时，物流系统又是国家进行资源配置的一环，系统的建立必须考虑国家进行资源配置、宏观调控的需要。在物流领域中正确确定库存方式、库存数量、库存结构、库存分布就是这一目标的体现。

物流系统总体目标：以尽可能低的物流总成本支出来满足既定的客户服务水平，在提高效率的同时也提高企业的利润率。

要提高物流系统化的效果，就要把从生产到消费过程的货物量作为一贯流动的物流量看待，依靠缩短物流路线，缩短物流时间，使物流作业合理化、现代化，从而实现物流系统的目标。

5. 物流系统的构成要素

物流系统是由人、财、物、设备、信息和任务目标等要素组成的有机整体。人，指的是劳动者；财，是物流活动中不可缺少的资金。从商品流通角度来看，物流过程实际也是以货币为媒介、实现交换的资金运动过程，同时物流服务本身也是商品，需要以货币为媒介。另外物流系统建设是资本投入的一大领域，离开资金这一要素，物流不可能实现。物，它是物流系统传递对象，如物流作业中的原材料、产成品、半成品等物质实体，以及劳动工具、劳动手段，如各种物流设施、工具，各种消耗材料等。信息，物流过程中的数据、资料、指令等，任务目标，则是指物流活动预期安排和设计的物资储存计划、运输计划及与其他单位签订的各项物流合同等。由于物流系统的特点，物流系统的要素可具体分为功能要素、支撑要素、物质基础要素等。

（1）物流系统的功能要素。物流系统的功能要素指的是物流系统所具有的基本能力，这些基本能力有效地组合、联结在一起，以完成物流系统的目标。一般认为物流系统的功能要素有：运输、储存、保管、包装、装卸搬运、流通加工、配送、物流信息。

上述功能要素中，运输及保管分别解决了供给者及需要者之间场所和时间的分离，分别是物流创造“场所效用”及“时间效用”的主要功能，因而在物流系统中处于主要功能要素的地位。

（2）物流系统的支撑要素。物流系统处于复杂的社会经济系统中，物流系统的建立需要有许多支撑手段，要确定物流系统的地位，要协调与其他系统的关系，这些要素必不可少。物流系统的支撑要素主要如下。

① 体制、制度。物流系统的体制、制度决定物流系统的结构、组织、领导、管理方式，国家对其控制、指挥、管理方式及系统的地位、范畴，是物流系统的重要保障。有了这个支撑条件，物流系统才能确立在国民经济中的地位。

② 法律、规章。物流系统的运行，不可避免会涉及企业或人的权益问题。法律、规章一方面限制和规范物流系统的活动，使之与更大系统协调；一方面是给予保障，合同的执行、权益的划分、责任的确定都需要靠法律、规章维系。

③ 行政、命令。物流系统一般关系到国家军事、经济命脉，所以，行政、命令等手段也常常是物流系统正常运转的重要支持要素。

④ 标准化系统。实施标准化保证物流环节协调运行，是物流系统与其他系统在技术上实现无缝连接的重要支撑条件。

（3）物流系统的物质基础要素。物流系统的建立和运行，需要有大量技术装备手段，这些手段的有机联系对物流系统的运行有决定意义。

① 物流设施，包括物流站、货场、物流中心、仓库、公路、铁路、港口等。

② 物流装备，包括仓库货架、进出库设备、流通加工设备、运输设备、装卸机械等。

③ 物流工具，包括包装工具、维护保养工具、办公设备等。

④ 信息技术及网络，根据所需信息水平不同，包括通信设备及线路、传真设备、计算机及网络设备等。

⑤ 组织及管理，它是物流网络的“软件”，起着连接调运、协调、指挥各要素的作用，以保障物流系统目的的实现。

⑥ 网络要素，物流系统的网络由两个基本要素组成：点和线。

- 点：在物流过程中供流动的商品储存、停留以便进行相关后续物流作业的场所。如工厂、商店、仓库、配送中心、车站、码头。
- 线：连接物流网络中的结点的路线。

（4）物流系统的流动要素。物流系统有6个流动要素：流体、载体、流向、流量、流程、流速。在物流过程中，这6个流动要素，一个都不能少，并且都是相关的。流体不同、所用的载体不同、流向不同，流量、流速和流程也不尽相同；流体的自然属性决定了载体的类型和规模；流体的社会属性决定了流向、流量和流程；流体、流量、流速、流向和流程决定采用的载体的属性，载体对流向、流速、流量和流程有制约作用，载体的状况对流体的自然属性和社会属性均会产生影响。

6. 物流系统的组成

一般来说，物流系统主要由管理系统、物流作业系统和物流网络信息系统、输入输出、环境系统几部分组成。如图 1-4 所示。

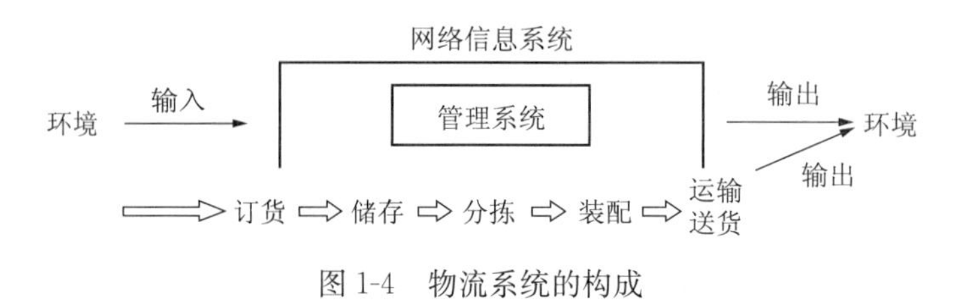

图 1-4　物流系统的构成

（1）管理系统。管理系统是指物流系统的计划、控制、协调、指挥等所组成的系统，它是整个物流系统的支柱。

管理系统的主要职能如下。

确定物流系统的战略目标——系统战略目标主要包括服务的对象、顾客的性质与地理位置，所提供的与此相适应的物流服务。

① 确定物流能力。主要确定物流系统所达到的目标，既定的物流能力的大小主要取决于企业投入人、财、物的数量及管理水平等。

② 物流需求预测与创造。管理系统的另一个主要职能是要对市场进行预测分析，以掌握和了解未来客户需求物流的规模及提供相应的服务，做好物流工作。另一方面，要通过网络广泛地收集用户的需求及要求的服务，开展促销业务，以系统的高效率、低成本和高质量的服务，创造物流需求。

③ 物流过程管理。销售与存货管理；运输管理；作业过程管理；网络管理；人力资源管理；财务管理等。

（2）物流作业系统。作业系统是物流实物作业过程所构成的系统。物流实物作业应接受管理系统下达的信息指令来进行。作业系统主要包括：货物的接收、装卸搬运、存货、运输配送等。在运输、保管、搬运、包装、流通加工等作业中使用种种先进技能和技术，并使生产据点、物流据点、输配送路线、运输手段等网络化，以提高物流活动的效率。

（3）物流网络信息系统。物流网络信息系统是由接受、处理信息及订货等环节所组成的系统。目前在物流中应用较多的网络信息系统主要如下。

① POS 系统（销售时点管理系统）。即企业收集、处理、管理物流时点上的各种物流信息和用户信息的系统。

② VAN 系统（附加价值通信网）。即利用电信通信业的线路，将不同企业的不同类型的计算机连接在一起，构成共同的信息交流中心。

③ EOS 系统（电子订货系统）。即利用企业内计算机终端，依货架或台账输入欲订购的货物，经网络传递到总部物流中心或供应商，完成订购手续，并验收货物。

④ MIS（内部管理信息系统）。负责货物的进、存、物流管理，并辅助物流经营的决策工作，如货物的自动补给系统等。

⑤ EDI（电子数据交换系统）。即在不同的计算机应用系统之间依据标准文件格式交换商

业单证信息。对于物流企业及需要进行物流的企业来说，在因特网上进行物流单证信息的传输不仅可以节约大量的通信费用，而且也可以有效地提高工作效率。

在保证订货、进货、库存、出货、配送等物流信息通畅的基础上，使通信据点、通信线路、通信手段网络化，提高物流作业系统的效率。

二、物流系统的功能

（一）物流系统的功能价值

在第二次世界大战期间，美国在军队中采用了托盘、叉车等后勤军事系统。这个系统贯穿了军事物资从单元组合（集装）的装卸活动开始，高效连贯地搬运、运输、储存、再运输搬运、直到按指定军事目标到达目的地为止的整个过程。它有效地支撑了庞大的战争机器。这促使人们认识到，物流系统的活动能够实现以往由许多活动才能完成的各项功能，使人们认识到物流系统功能的价值。

（二）物流系统的功能组成

物流系统的整体功能是提供物流的空间效用和时间效用。为了达到这个目的，需要进行一系列物流活动，即包装、装卸搬运、运输、储存保管、流通加工、废弃物的回收与处理及与此相联系的情报信息处理等。所有这些功能对于整体功能来讲，都起的是手段作用；同时，这些起手段作用的功能又可能成为下一层次起目的作用的功能。例如，运输功能的发挥，需要提高效益、保证安全、节约运费，这时运输功能就成为目的功能，而后者则成为手段功能。通过对物流系统功能分析，可构造一个物流系统的功能系统。

1. 运输功能

运输是物流的核心业务之一，也是物流系统的一个重要功能。选择何种运输手段对于物流效率具有十分重要的意义，在决定运输手段时，必须权衡运输系统要求的运输服务和运输成本，可以以运输机具的服务特性作为判断的基准：运费，运输时间，频度，运输能力，货物的安全性，时间的准确性，适用性，伸缩性，网络性和信息等。

2. 仓储功能

在物流系统中，仓储和运输是同样重要的构成因素。仓储功能包括对进入物流系统的货物进行堆存、管理、保管、保养、维护等一系列活动。仓储的作用主要表现在两个方面：一是完好地保证货物的使用价值和价值，二是为将货物配送给用户，在物流中心进行必要的加工活动而进行的保存。随着经济的发展，物流由少品种、大批量物流时代进入到多品种、小批量或多批次、小批次物流时代，仓储功能从重视保管效率逐渐变为重视如何才能顺利地进行发货和配送作业。物流系统现代化仓储功能的设置，以生产支持仓库的形式，为有关企业提供稳定的零部件和材料供给，将企业独自承担的安全储备逐步转为社会承担的公共储备，减少企业经营的风险，降低物流成本，促使企业逐步形成零库存的生产物资管理模式。

3. 包装功能

为使物流过程中的货物完好地运送到用户手中，并满足用户和服务对象的要求，需要对大多数商品进行不同方式、不同程度的包装。包装分工业包装和商品包装两种。工业包装的作用是按单位分开产品，便于运输，并保护在途货物。商品包装的目的是便于最后的销售。因此，包装的功能体现在保护商品、单位化、便利化和商品广告等几个方面。前三项属物流功能，最后一项属营销功能。

4. 装卸搬运功能

装卸搬运是随运输和保管而产生的必要物流活动，是对运输、保管、包装、流通加工等物流活动进行衔接的中间环节，以及在保管等活动中为进行检验、维护、保养所进行的装卸活动，如货物的装上卸下、移送、拣选、分类等。装卸作业的代表形式是集装箱化和托盘化，使用的装卸机械设备有吊车、叉车、传送带和各种台车等。在物流活动的全过程中，装卸搬运活动是频繁发生的，因而是产品损坏的重要原因之一。对装卸搬运的管理，主要是对装卸搬运方式、装卸搬运机械设备的选择和合理配置与使用及装卸搬运合理化，尽可能减少装卸搬运次数，以节约物流费用，获得较好的经济效益。

5. 流通加工功能

流通加工功能是在物品从生产领域向消费领域流动的过程中，为了促进产品销售、维护产品质量和实现物流效率化，对物品进行加工处理，使物品发生物理或化学性变化的功能。这种在流通过程中对商品进一步的辅助性加工，可以弥补企业、物资部门、商业部门生产过程中加工程度的不足，更有效地满足用户的需求，更好地衔接生产和需求环节，使流通过程更加合理化，是物流活动中的一项重要增值服务，也是现代物流发展的一个重要趋势。

流通加工的内容有装袋、定量化小包装、拴牌子、贴标签、配货、挑选、混装、刷标记等。流通加工功能其主要作用表现在：进行初级加工，方便用户；提高原材料利用率；提高加工效率及设备利用率；充分发挥各种运输手段的最高效率；改变品质，提高收益。

6. 配送功能

配送是物流中一种特殊的、综合的活动形式，是商流与物流的紧密结合。从物流来讲，配送几乎包括了所有的物流功能要素，是物流的一个缩影或在某小范围中物流全部活动的体现。一般的配送集装卸、包装、保管、运输于一身，通过这一系列活动完成将货物送达的目的。特殊的配送则还要以加工活动为支撑，所以包括的方面更广。但是，配送的主体活动与一般物流却有不同，一般物流是运输及保管，而配送则是运输及分拣配货，分拣配货是配送的独特要求，也是配送中有特点的活动，以送货为目的的运输则是最后实现配送的主要手段，从这一主要手段出发，常常将配送简化地看成运输中之一种。从商流来讲，配送和物流不同之处在于，物流是商物分离的产物而配送则是商物合一的产物，配送本身就是一种商业形式。

虽然配送具体实施时，也有以商物分离形式实现的，但从配送的发展趋势看，商流与物流越来越紧密的结合，是配送成功的重要保障。

7. 信息服务功能

现代物流是需要依靠信息技术来保证物流体系正常运作的。物流系统的信息服务功能，包括进行与上述各项功能有关的计划、预测、动态（运量、收、发、存数）的信息及有关的费用信息、生产信息、市场信息活动。对物流信息活动的管理，要求建立信息系统和信息渠道，正确选定信息的收集、汇总、统计、使用方式，以保证其可靠性和及时性。

从信息的载体及服务对象来看，该功能还可分成物流信息服务功能和商流信息服务功能。商流信息主要包括进行交易的有关信息，如货源信息、物价信息、市场信息、资金信息、合同信息、付款结算信息等。商流中交易、合同等信息，不但提供了交易的结果，也提供了物流的依据，是两种信息流主要的交汇处；物流信息主要是物流数量、物流地区、物流费用等信息。物流信息中库存量信息，不但是物流的结果，也是商流的依据。

物流系统的信息服务功能必须建立在计算机网络技术和国际通用的EDI信息技术基础之上，才能高效地实现物流活动一系列环节的准确对接，真正创造“场所效用”及“时间效用”。可以说，信息服务是物流活动的中枢神经，该功能在物流系统中处于不可或缺的重要地位。

信息服务功能的主要作用表现为：缩短从接受订货到发货的时间；库存适量化；提高搬运作业效率；提高运输效率；使接受订货和发出订货更为省力；提高订单处理的精度；防止发货、配送出现差错；调整需求和供给；提供信息咨询等。

三、物流系统的分类

可以按照不同的标准对物流系统进行分类。

（一）物流发生的位置

按物流发生的位置，物流系统可划分为企业内部物流系统和企业外部物流系统。

（1）企业内部物流系统。例如，制造企业所需原材料、能源、配套协作件的购进、储存、加工直至形成半成品、成品最终进入成品库的物料、产品流动的全过程。

（2）企业外部物流系统。例如，对于制造企业，物料、协作件从供应商所在地到本制造企业仓库为止的物流过程，从成品库到各级经销商，最后送达最终用户的物流过程，都属于企业的外部物流系统。

（二）物流运行的性质

根据物流运行的性质，物流系统可以划分为供应物流系统、生产物流系统、销售物流系统、回收物流系统和废弃物流系统。

（1）供应物流系统。指从原材料、燃料、辅助材料、机械设备、外协件、工具等从供应商处的订货、购买开始，通过运输等中间环节，直到收货人收货入库为止的物流过程。供应物流系统通过采购行为使物资从供货单位转移到用户单位，一般是生产企业进行生产所需要的物资供应活动。

(2) 生产物流系统。指从原材料投入生产起，经过下料、加工、装配、检验、包装等作业直至成品入库为止的物流过程。生产物流的运作过程基本上是在企业（工厂）内部完成。流动的物品主要包括原材料、在制品、半成品、产成品等，物品在企业（工厂）范围内的仓库、车间、车间内各工序之间流动，贯穿于企业的基本生产、辅助生产、附属生产等生产工艺流程的全过程，是保证生产正常进行的必要条件。生产物流的运作主体是生产经营者，部分生产物流业务可以延伸到流通领域，例如，第三方物流所提供的流通加工。

(3) 销售物流系统。指成品由成品库（或企业）向外部用户直接出售，或经过各级经销商直到最终消费者为止的物流过程。从事销售物流运作的经营主体可以是销售者、生产者，也可以是第三方物流经营者。

(4) 回收物流系统。指物品运输、配送、安装等过程中所使用的包装容器、装载器具、工具及其他可以再利用的废旧物资的回收过程中发生的物流。回收物流主要包括边角余料、金属屑、报废的设备、工具形成的废金属和失去价值的辅助材料等。

(5) 废弃物流系统。指对废弃杂物的收集、运输、分类、处理等过程中产生的物流。废弃杂物一般包括伴随产品生产过程产生的副产品、废弃物，以及生活消费过程中产生的废弃物等。废弃物流通常由专门的经营者经营，国外亦有第三方物流经营者参与废弃物流作业过程的实例。

（三）物流活动的范围

以物流活动的范围进行分类，物流系统可以划分为企业物流系统、区域物流系统和国际物流系统。

(1) 企业物流系统。指围绕某一企业或企业集团产生的物流活动。它包括企业或企业集团内部物流活动，也涉及相关的外部物流活动，如原材料供应市场和产品销售市场。企业物流活动往往需要考虑供应物流、生产物流和销售物流之间的协调，及相应的一体化规划、运作和经营。

(2) 区域物流系统。指以某一经济区或特定地域为主要活动范围的社会物流活动。区域物流一般表现为通过一定地域范围内的多个企业间的合作、协作，共同组织大范围专项或综合物流活动的过程，以实现区域物流的合理化。区域物流通常需要地方政府的规划、协调、服务和监督，在促进物流基础设施的科学规划、合理布局与建设发展等方面给予支持。在规划某区域物流系统时，例如，省域、城市物流系统，公路运输站场规划与布局等，一般需要考虑区域物流设施与企业物流设施的兼容和运行方式。

全国物流系统可以看作是扩大的区域物流系统。在全国范围进行物流系统化运作时，需要考虑综合运输及运网体系、物流主干网、区域物流及运作等。

(3) 国际物流系统。指在国家（或地区）与国家（或地区）之间的国际贸易活动中发生的商品从一个国家或地区流转到另一国家或地区的物流活动。国际物流涉及国际贸易、多式联运和通关方式等多种问题。它需要国际间的合作、国内各方的重视和积极配合参与，一般比国内物流复杂得多。

在拥有较大作用范围（诸如区域、全国、国际）的物流系统中，第三方物流经营者的功能及服务质量往往显得十分重要。

（四）物流构成的内容

可以根据物流构成的内容，把物流系统划分为专项物流系统和综合物流系统。

（1）专项物流系统。指以某一产品或物料为核心内容的物流活动系统。常见的有粮食、煤炭、木材、水泥、石油和天然气等的物流过程。专项物流往往需要专用设施、专用设备与相应物流过程的配套运作才能完成。

（2）综合物流系统。指包括社会多方经营主体及多种类产品、物料构成的复合物流系统。

从不同角度对物流系统进行分类划分，可以加深对物流性质、过程的理解和认识，有利于更好地进行物流系统的规划、设计、运营组织与管理。

四、物流系统的工作机制

（一）物流系统的作用机制

1. 结构和功能相统一

结构具有量的规定性，主要表现在：系统由一定数量的相关要素组成，系统要素在三维空间上具有各自存在的坐标，在一个稳定的系统中，要素之间的排列应具有相对的稳定性。结构具有质的规定性，主要表现在系统组成要素的相互联系、相互作用上。

系统结构的规定性（数量、种类、空间分布）决定功能的全面性，系统结构质的规定性（要素间的联系）决定功能的深入性。

2. 竞争与协同

说明系统内部的要素之间及系统与环境之间，既存在整体同一性，又存在个体差异性。系统要素间的竞争表现在：目标、产权、运作等方面。

（1）要素目标冲突。①要素之间的目标冲突：如运输与仓储，运输与包装等。单独从运输角度考虑，降低运输成本角度；单独从存储角度考虑，降低存储成本角度；两者之间存在冲突。运输与包装也是如此。

② 要素内部的目标冲突。物流系统的功能要素：运输功能、储存功能、包装功能等要素都是物流系统的子系统。如将物流系统内部功能要素之间的目标冲突应用于任何一个功能要素的话，物流系统要素内部也存在着类似的目标冲突。如各种运输方式。

③ 要素外部的目标冲突。物流系统是一个更大的系统的子系统。环境中其他系统都与物流系统一样有着特定目标，这些目标之间的冲突是普遍存在的，物流系统以这种方式同环境

中其他系统发生联系。如制造企业：供应系统、生产系统、销售系统并列，各自有目标。物流管理部，从公司利益的高度对其进行协调和权衡。

物流系统要素之间的目标冲突不能在要素这个层次得到协调，必须在比要素高一个层次的系统才能解决。

（2）要素产权冲突。一个供应链上的物流系统是由不同产权组织共同完成的。不管有多少个企业参与，供应链上的物流系统都有比较明晰的边界，一体化的物流系统希望有与这个系统边界一致的产权边界，但实际上这是不可能实现的事情，这样要素产权冲突就产生了。

（3）要素运作冲突。物流系统的各种要素都有各自的运作规律和标准，在没有建立统一的物流动作规范和标准的情况下，由于要素之间在动作上互相不能适应对方的业务特点和流程、标准、规范、制度和票据格式等产生的矛盾都很普遍。

物流系统形成的关键（要素之间冲突的解决办法）——要素协同。

① 调整要素之间的目标。调整的依据是追求系统总体目标最优，构成物流系统的各个功能要素或者说子系统相对于上位系统的目标来说，只是实现系统目标的手段。在物流系统中，部分的合理化和最优化并不代表整体的合理化或最优化。为保证物流系统目标的实现，构成物流系统的各个功能要素或者说子系统必须围绕着物流系统的整体目标相互衔接，相互协调。从而实现各要素目标的协同。

② 统一要素之间的产权关系。统一要素之间的产权关系，不同产权主体拥有的所有要素都能按照物流系统的要求进行集成。通过市场进行产权交换，使物流系统集成商能够在一定的时间、一定的边界范围内将各种要素集成为一个完整的无差别的单一产权系统（并非真正的单一产权，准单一产权），物流系统集成商真正获得这些要素的使用权。

③ 构建无缝的要素接口，物流要素之间的界面往往都比较清晰，而将这些物流系统要素集成起来的时候，不同界面的要素系统必须实现无缝连接。物流接口无缝化原理是指按照物流目标系统化和物流要素集成化原理要求，对物流网络构成要素之间的流体、载体、流向、流量、流成五个流动要素，信息、资金、机构、人员等生产要素，技术标准、运作规范、管理制度等机制要素进行内部和外部连接，使系统要素之间、系统与系统之间成为无缝连接的整体的过程。

3. 物流系统结构和功能的含义及它们之间的关系

（1）要素指系统中原子系统即基本组成部分，必须有两个以上的要素构成的系统才有意义。

（2）结构指系统内部各要素之间的相对稳定的联系方式、组织秩序及其时空关系的内存表现形式。是系统内在各要素之间相互联系和相互作用的方式。它表现为各要素在联系方式、组织秩序及时间和空间上的内在表现形式。简单地说，系统的结构是系统内部要素的秩序。

系统结构的典型特征：具有量的规定性和质的规定性。

（3）功能指系统在与外部环境相互联系和相互作用的过程中所具有的行为、能力和功效。是系统对外的表现或系统结构的外在表现。

功能的典型特征：有源性和多样性。

系统的结构和功能相互联系、相互影响，结构决定功能，功能是结构的外在表现，改变结构就能改变功能。

（4）系统工程。应用系统科学和系统理论解决客观世界某个具体系统的问题，研究诸元素组成的复杂系统的设计的学科和方法。

物流系统工程的几个基本观点。

① 整体观点：所谓整体性观点即全局性观点或系统性观点，也就是在处理问题时，采用以整体为出发点，以整体为归宿的观点。即着眼于系统整体、全局、全过程。系统是由很多子系统相互关联而成的，而研究系统的目的是为了达成系统的整体目标。

② 协调观点：系统各分系统之间，各层次之间；系统和环境之间在规模大小、资源分配、进度、指标之间都要协调配合，各取合适的比例；在利害得失发生矛盾时，也要兼顾各方，树立局部服从全局、个人服从集体的观点。有多个方面的折中：服务和费用；各费用之间的协调；各单位层次之间。

③ 环境观点：要根据环境情况构造合适的系统，保证系统能适应环境；争取系统能对环境的改造起积极推动作用。

④ 发展变化的观点：要根据发展变化来设置系统的结构和目标，要考虑时间变化。

⑤ 合理选优的观点：经常注意从多种方案中选择最优方案；在方案比较中注意“积最大”、“和最小”的思想方法。

⑥ 控制观点：随时对系统进行调查测定，求出对象的状态值和输出管理特征值，并与管理目标进行比较找出差距，并采取必要措施进行修正。

⑦ 人是系统主体的观点：六大因素（人、财、物、设备、任务、信息）中人是系统的主体，是最主要的因素，要发挥人的积极性。因此在应用系统工程的方法处理系统问题时，要以人为中心。

第二节　物流系统设计

一、物流系统设计概述

（一）物流系统规划与设计

1. 物流系统规划的一般定义

物流系统规划是对拟建的物流系统作出长远的、总体的发展计划与蓝图。具体表现为物流战略规划、营运规划、组织规划、设施规划等。

一般的理解是如何对物流系统中的资源做最有效的配置，使系统整体达到最佳的绩效表现。

2. 物流系统设计含义

物流系统设计（Logistics System Design）是运用系统方法分析研究物流过程中相互联系的各部分的问题和需求，确立解决它们的方法步骤，然后评价物流运作成果的系统计划过程。

一般的理解是如何运用系统方法分析物流问题和确定物流目标，建立解决物流系统问题的策略方案、评价试行结果和对方案进行修改的过程。物流系统设计分为总体设计和详细设计两个阶段。

（1）总体设计阶段。总体设计阶段，是物流系统研究和设备型号选型研究的关键阶段。特别是货物移动和储存模型及组成，必须以较高的技术水平去进行优化组合，并按照前阶段总结出来的运作特性和数据特点选择最适合的设备。另外，将在此阶段对比多种可供选择的方案，采用各种定性及定量的评价方法进行方案对比，选择最好的方案，同时要对每种方案进行经济评估。还要认真地分析任何一个对客户服务、物流效率、成本等产生影响的问题。

（2）详细设计阶段。详细设计阶段，要详细描述每一个物流过程流（物料及信息），详细的空间布局和平面布局。这一阶段非常重要，必须提供详细的作业程序描述，从而协调整个物流系统及技术结构。这一阶段的部分工作就是设计出许多可供选择的方案，而且每一个方案都具有从生产率、人员、时间、风险、成本属性等方面的可比性。

“物流系统规划”与“物流系统设计”是两个不同、但容易混淆的概念，二者有密切的联系，却也存在着重大的差别。在物流系统建立的过程中，如果将规划工作与设计工作相混淆，必然会给实际工作带来许多不应有的困难。因此，比较物流系统规划与物流系统设计的异同，阐明二者相互关系，对于正确理解物流系统规划与设计的含义，在理论和实践上都具有重要意义。

3. 物流系统设计基本原则

（1）单元负载原则。根据产品的大小和负荷型式决定物品的搬运、储存单位，物品切勿直接置于地上，应使用单元负载容器作为基本搬运单位。

（2）简单化原则。借着删除、减少及合并非必要的移动和设备，以简化搬运工作。

（3）标准化原则。尽可能使搬运方法、容器、栈板及设备标准化。

（4）搬运距离原则。以缩短物料搬运距离为目标，并避免物料倒退与回流的现象。

（5）机械化原则。经常性或耗费体力的搬运作业，应采机械化设备来取代人力，尽可能使搬运程序机械化及省力化，并以省人化为目标，以增加物料搬运设备的效率及经济性。

（6）合并原则。将相关作业重整、力求在运输时合并检验、储存、制造等作业，以简化作业内容。

（7）及时化原则。适时、适量搬运正确物品至指定地点。

（8）人因原则。根据人体的能力和限制，如搬运重量、可取货高度、弯腰的频度等因素，设计物料搬运设备和程序，以使人员能够有效利用系统设备。

（9）能源原则。物料搬运系统及物料搬运程序中的能源消耗要具经济性。

（10）生态原则。使用物料搬运设备及物料搬运程序，应避免对环境有所破坏，并应考虑废弃包材、纸箱及其他废弃物的回收。

（11）空间利用原则。对立体空间进行有效利用，如使用立体化储架、积层架等。

（12）弹性原则。采用能够在各种状况下进行不同工作的方法及设备，并保留变动及调整的弹性。

（13）重力原则。在人员安全、产品耗损无虑的情况下，尽量利用重力搬运物料，以减少所需人力及动力，如楼层间的搬运，可利用重力由高楼层送至低楼层。

（14）安全原则。遵循现有的安全规定及参酌实际的经验，采用安全的物料搬运方法和设备，并考虑防撞梁、颜色标示、作业指示等配合设施。

（15）愚巧化原则。在设施使用与操作过程，尽量设计可使人员操作简易并避免出错的机率，如利用颜色管理、储位标示、拣货卷标、计算机辅助等功能。

（16）信息化原则。根据环境的需要，对物料搬运及储存系统采用信息化作业，以改善物料及信息控制。

（17）系统流程原则。将搬运和储存中的实体物料流程与数据流相互整合。

（18）空间运用原则。在工作场所规划的暂存量应为足够使用的最少量，并具足够空间，以容纳作业人员与操作空间与等候搬运的物料。

（19）物量节省原则。在包装、批量作业及物品堆栈等过程加以改善简化，以缩减搬运量体积，以增加单位搬运量及作业效率。

（20）方案原则。为所有可能的解决方案，准备一套操作程序及设备布置，再根据效率及效果选出其中最佳方案。

（21）成本原则。衡量每搬运单位所耗用的成本，然后在经济有效的基础上，比较每个设备和方法的经济条件。

（22）维护原则。对物料搬运的所有设备安排预防保养及定期修护计划。

（二）企业物流系统设计

企业物流系统设计是指生产企业和商贸流通企业的物流系统设计。尤其是大型生产企业，从“营销支持”和“流程再造”角度进行物流系统的建立与设计，会有效地提高企业的素质，增强企业的运营能力。在各类企业物流系统设计中，生产企业的物流系统一般是最为复杂的，并且工厂设施又是整个生产企业物流系统的核心，因此工厂设施规划与设计将是企业物流规划设计的重要内容。目前，工厂设施的规划设计技术已经经历了漫长的发展过程，形成了完整的设施规划设计理论体系。

对企业物流系统规划设计而言，涉及三个层面，即战略管理层面、系统营运层面和作业操作层面。

（1）企业物流战略管理层面：其主要任务是对企业物流系统的建设与发展作出的长期的总体谋划，即长远规划。

（2）企业物流营运系统设计层面：其具体任务是对企业物流系统营运进行规划与设计，即物流运作方案策划，物流营运系统设计，使企业物流战略实施与落实。

（3）企业物流作业操作层面：是每个小时或者每天都要频繁进行的物流作业及其管理。其任务在于如何利用战略规划和系统设计所确定的物流渠道快速、有效地运送产品。

就生产企业而言，在暴利时代结束之后，“轻资产”运行的新型企业，需要改变过去大量投资于生产能力的旧的投资方式，而将大量制造业务外包，这样就必须建立诸如“供应链”之类的物流系统，形成以联盟为新的组织形式的、虚拟的企业。这就必须对物流系统进行新的构筑，或者对企业的整个流程从物流角度进行“再造”。所以，规划和重新设计物流系统的问题对于生产企业也是非常重要的。

二、确定目标和约束条件

1. 确定物流系统目标

在开始设计或重新设计一个物流系统之前，首先应明确叙述分析的目的和目标。目标是降低物流费用吗？目的在于提高利润或投资收益率，其具体要求如何？必须改进顾客服务标准吗？改进输入物流控制后对配送线作业将产生怎样的影响？确定的目的是长期还是短期性的？等等。一个物流系统，应以尽可能低的费用达成下列目标：

（1）顾客的订单传递时间将少于24小时。

（2）接收到的订单将在16个工作小时内处理完毕。

（3）80％的订单订货将在16个工作小时内分拣集合完毕。在24个工作小时内，全部订单应集合完毕。

（4）85％顾客的订货的发运时间不超过96个小时。国内订货要在正式交付运输公司后的6天内到达。

（5）缺货不能超过订货数量的7％，并应立即电话通知遇到缺货的顾客。缺货产品要在10天内补上，并通过快运送达顾客。

值得注意的是，上面陈述的目标必须是“可度量的”。这一点十分重要，因为只有这样，当研究工作结束和新系统投入运行后，才有可能确定是否达成了目标。对于管理人员来说，这也是一种精神激励要素，因为他们能够确定自己的努力是否获得成功。

2. 一般企业物流系统行目标的建立

（1）降低物流成本；

（2）降低库存水准；

（3）提高顾客服务水准；

（4）缩短物流作业周期；

（5）整合上下游通路环境；

（6）支持零售通路据点；

(7) 降低物流作业错误率；

(8) 提升物流服务竞争力；

(9) 集中分散的处理量以产生规模经济效果；

(10) 迅速掌握行销分配信息。

三、建立项目研究小组

可度量的目标和约束条件一经确定，下一步工作就是组织人员进行分析。成立两个彼此独立的分析小组：一组是工作分析组，由有关职能领域的经理、职员和定量分析专家组成，负责进行实际分析、试验、设计和完善新系统的工作。另一个组是由市场营销、法律、财务、生产、人力资源等部门有关人员组成一个管理监督委员会，代表公司中更广泛、更全面的观点和看法。

可行性研究是在项目开发前期对项目的一种考察和鉴定，对拟议中的系统进行全面的、综合的调查研究，其目的是要判断项目可行与否。可行性可以从以下三个方面进行分析。

(1) 系统技术可行性研究要从系统开发的计划出发，论述系统开发力量的可行性，同时论证系统方案中所采取的各种技术手段上是否可以实现。

(2) 系统经济可行性研究主要是对项目进行经济评价，分析系统建设投资的可能性及评价系统运行之后给组织带来的效益。

(3) 系统营运可行性研究要给出的方案是否可以从人力、物力、组织工作等方面保证项目按计划完成实施，还要说明系统建立后在经济、技术和环境等方面能否保证系统正常运行。

四、物流系统资料收集

要收集、掌握物流系统有关产品、现有设施、顾客、供应链、竞争对手的详细数据信息。

首先针对企业使用者进行规划基础资料的收集与需求调查。收集方法包括现场访谈记录及厂商使用资料文件的收集，另外对于设计需求的基本资料，也可借助于事前设计好的需求分析调查表，要求使用单位填写完成。至于表格中厂商未能详实填写的重要资料，则需规划设计人员通过访谈与实地勘察测量等方法自行完成。规划资料的收集过程分为两个阶段，包括现行作业资料的收集分析，及未来规划需求资料的收集。

1. 现行作业环境资料的收集

(1) 基本营运资料。包括业务形态、营业范围、营业额、人员数、车辆数、上下游点数等。

(2) 商品资料。包括商品形态、分类、品种数、供应来源、物权保管形式等。

(3) 订单资料。包括订购商品种类、数量、单位、订货日期、交货日期、订货厂商等资料，最好能包含一个完整年度的订单资料，以及历年订单以月别或年别分类的统计资料。

(4) 物品特性资料。包括物态、气味、温湿度需求、腐蚀变质特性、装填性质等包装特性资料，物品重量、体积、尺寸等包装规格资料，商品储存特性、有效期限等资料。包装规格部分应区分单品、内包装、外包装单位等可能的包装规格。另外配合通路要求，有时也应配合进行收缩包装，以致有非标准单位的包装形式。

（5）销售资料。可依地区别、商品别、通路别、客户别及时间分别统计的销售额资料，并可依相关产品单位换算为同一计算单位的销货量资料（体积、重量等）。

（6）作业流程。包括一般物流作业（进货、储存、拣货、补货、流通加工、出货、输配送等）、退货作业、盘点作业、仓储配合作业（移仓调拨、容器回收流通、废弃物回收处理）等作业流程现状。

（7）事务流程与使用单据。包括接单、订单处理、采购、拣货、出货、配派车等作业及相关单据流程，及其他进销存库存管理、应收与应付账款系统等作业。

（8）厂房设施资料。包括厂房仓库使用来源、厂房大小与布置形式、地理与交通特性、使用设备主要规格、产能与数量等资料。

（9）人力与作业工时资料。人力组织架构、各作业区使用人数、工作时数、作业时间与时序分布。

（10）物料搬运资料。包括进、出货及在库的搬运单位，车辆进、出货频率与数量，进、出货车辆类型与时段等。

（11）供货厂商资料。包括供货厂商类型、供货厂商规模及特性、供货厂商数目及分布、送货时段、卸货配合需求等。

（12）配送点分布。包括配送线路类型、配送点的规模及特性、配送点分布、卸货地理特性、交通状况、收货时段、特殊配送需求等。

2. 未来规划需求资料的收集

（1）营运策略与中长期发展计划。应配合企业背景、企业文化、未来发展策略、外部环境变化及政府政策等必要因素。

（2）商品未来需求预测资料。依目前成长率及未来发展策略预估未来成长趋势。

（3）品种数量的变动趋势。分析企业在商品种类、产品规划上可能的变化及策略目标。

（4）可能的预定厂址与面积。分析是否可利用现有场地或有无可行的参考预定地，或是需另行于计划中寻找合适区域及地点。

（5）作业实施限制与范围。分析物流中心经营及服务范围，是否需包含企业所有营业项目范围，或仅以部分商品或区域配合现行体制方式运作实施，以及需考虑有无新业务项目或单位的加入等因素。

（6）附属功能的需求。分析是否应包含生产、简易加工、包装、储位出租或考虑福利、休闲等附属功能，以及是否需配合商流与通路拓展等目标。

（7）预算范围与经营模式。企业需预估可行的预算额度范围及可能的资金来源，必要时必须考虑独资、合资、部分出租或与其他企业合作的可能性，另外也可朝向建立策略联盟组合或以共同配送的经营模式加以考虑。

（8）时间限制。企业使用者需预估计划执行年度、预期物流中心开始营运年度，以及是否以分年、分阶段方式实施的可行性。

（9）预期工作时数与人力。预期未来工作时数、作业班次及人力组成，包括正式、临时及外包等不同性质的人力编制。

（10）未来扩充的需求。应了解企业使用者扩充弹性的需求程度及未来营运政策可能的变化。

五、物流系统资料分析

（一）基础规划资料的分析

基础资料的分析，将获自企业使用者的原始资料，作进一步的整理分析，以作为规划设计阶段的参考依据。

1. 定量化的分析

（1）品项与数量分析；

（2）物品物性分析；

（3）需求变动预测分析；

（4）储运单位与数量分析。

2. 定性化的分析

（1）作业时序分析；

（2）人力需求分析；

（3）作业流程分析；

（4）作业功能需求分析；

（5）事务流程分析。

（二）需求资料的分析

企业进行物流系统设计的需求因素可分为三种类型。

（1）确定性需求因素。企业有关业种、产品资料、订单资料、物品特性等定性需求因素，通常可由调查、访谈与资料收集获得。

（2）政策性需求因素。企业在着手规划物流中心时已预定的基本条件与规模设定，通常为企业经营者设定的主要政策，在后续规划阶段为不可变更的因素。

（3）设计导向性需求因素。为企业无法确定的需求因素，是规划设计者的主要责任，应在各规划设计分析阶段逐一确定，并经由相关筹备委员会确认后，再逐步进行下一阶段的规划设计工作。

可以通过使用相对不复杂的或综合性的方法来完成。当对整个系统进行分析时，由于数据量通常很大，因此必须采用比较复杂的方法如系统分析技术中的模拟法、层次分析法、

PERT 法等。

六、物流系统设计实现

经过系统分析，建立物流系统硬件结构和软件结构体系，形成科学、合理的物流系统组织结构和技术方案，从而保证物料与商品能够低成本、高效率和高质量的移动。物流系统设计的最后工作是对研究结果进行完善。每个企业构建物流系统其核心目的在于提升企业的竞争优势。但在构建物流系统的过程中，却由于种种原因可能无法有效实现这一基本核心目的。可通过对系统的基本功能、扩展性能、兼容能力、整合能力、操作便易性、数据收集能力等进行完善，以达到预期的目标。

第三节　物流系统分析

一、物流系统分析概述

系统分析（System Analysis）不是一门新的学科，早在第二次世界大战期间就和运筹学同时出现。根据有关学者的建议，由美国道格拉斯飞机公司出面组织了各方面的科学家为美国空军研究“洲际战争”计划，目的是向空军提出有关设备和技术的建议，当时称之为“研究与开发（Research and Development）”计划。因为道格拉斯这个组织可以影响美国空军的计划和军事订货，为防止外界不应有的猜测和保护自身的名誉，1948 年 5 月，执行这项“研究与开发”计划的部门从道格拉斯飞机公司独立出来，正式成立兰德公司（RAND Company）。长期以来，兰德公司发展并总结了一套解决复杂问题的方法和步骤，他们称之为“系统分析”。也叫兰德型的系统分析，它致力于提供重大的研究与发展计划和相应的科学依据，提供实现目标的各种方案并给出评价，供有关决策人进行决策。

（一）系统分析的定义

美国学者夸德（E. S. Quade）对系统分析作了这样的说明：所谓系统分析，是通过一系列的步骤，帮助决策者选择决策方案的一种系统方法。这些步骤是：研究决策者提出的整个问题，确定目标，建立方案，并且根据各个方案的可能结果使用适当的方法（尽可能用解析的方法）去比较各个方案，以便能够依靠专家的判断能力和经验去处理问题。

我国学者高自友、孙会君对系统分析作了如下定义：所谓系统分析，就是利用系统科学的分析工具和方法，分析和确定系统的目的、功能、环境、费用与效益等问题，抓住系统中需要决策的若干关键问题，根据其性质和要求，在充分调查研究和掌握可靠信息资料的基础上，确定系统目标，提出实现目标的若干可行方案，通过模型进行仿真试验、优化分析和综合评价，最后整理出完整、正确、可行的综合资料，从而为决策提供充分依据。

从以上的定义可以看出，系统分析的根本目的在于提出并比较各种方案的技术经济指标，形成最优方案，为决策提供依据。在模型运用的方法方面，为了达到目的可以灵活运用任何一个学科中的方法。由此也可看出此系统分析不像运筹学那样是技术方法的集合，它是对问题的一种接近法。由于帮助决策者进行决策是系统分析的任务，所以对决策过程中对人的行为的理解是理解这种分析的关键。

物流系统分析流程如图 1-5 所示。

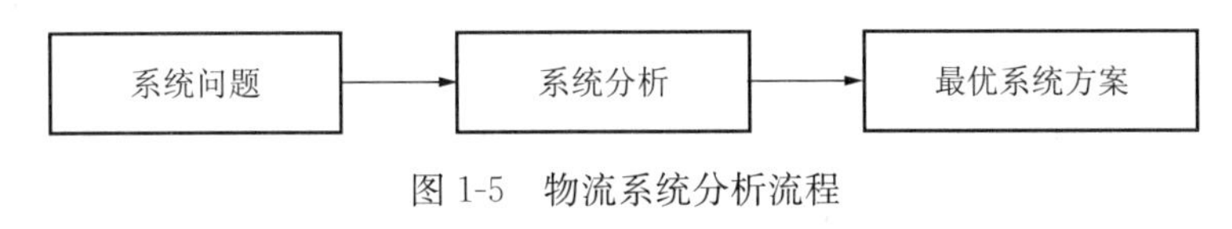

图 1-5　物流系统分析流程

（二）物流系统分析的含义

用系统观点来研究物流活动是现代物流学科的核心问题。

物流系统分析是指在一定时间、空间里，对其所从事的物流活动和过程作为一个整体来处理，以系统的观点、系统工程的理论和方法进行分析研究，以实现其空间和时间的经济效应。

如前所述，物流系统是由运输、仓储、包装、装卸、搬运、配送、流通加工、信息处理等各环节所组成的，它们也称为物流的子系统。作为系统的输入是指运输、仓储、包装、装卸、搬运、配送、流通加工、信息处理等环节所消耗的劳务、设备、材料等资源，经过物流系统的处理转化，以物流服务的方式输出系统。整体优化的目的就是要使输入最少，即物流成本最低，消耗的资源最少，而作为输出的物流服务效果最佳。

物流系统分析的基本思路与系统分析的思路类似，只是其分析的对象做了限制，只针对物流系统。

二、物流系统分析的原则

一个物流系统由许多要素所组成，要素之间相互作用，物流系统与环境互相影响，这些问题涉及面广而又错综复杂，因此进行物流系统分析时，应认真考虑以下一些原则。

1. 物流系统内部与物流系统环境相结合

一个企业的物流系统，不仅受到企业内部各种因素如企业生产规模、产品技术特征、职工文化技术水平、管理制度与管理组织等的作用，而且还受到社会经济动向及市场状况等环境因素的影响。

2. 局部效益与整体效益相结合

在分析物流系统时常常会发现，分物流系统的局部效益与物流系统整体的效益并不总是一致的。有时从分物流系统的局部效益来看是经济的，但物流系统的整体效益并不理想，这种方案是不可取的；反之，如果从分物流系统的局部效益看是不经济的，但物流系统的整体效益是好的，这种方案是可取的。

3. 当前利益与长远利益相结合

在进行方案的优选时，既要考虑当前利益，又要考虑长远利益。如果所采用的方案，对当前和长远都有利，这样当然最为理想。但如果方案对当前不利，而对长远有利，此时要通过全面分析后再作结论。一般来说，只有兼顾当前利益和长远利益的物流系统才是好的物流系统。

4. 定量分析与定性分析相结合

物流系统分析不仅要进行定量分析，而且要进行定性分析。物流系统分析总是遵循“定性—定量—定性”这一循环往复的过程，不了解物流系统各个方面的性质，就不可能建立起探讨物流系统定量关系的数学模型。定性和定量二者结合起来综合分析，才能达到优化的目的。

三、物流系统分析的实质与要点

（一）物流系统分析的实质

物流系统分析是一种决策工具，目的为决策者提供直接判断、设计、最优化的物流系统。物流系统分析把任何研究对象均视为系统，以系统的整体最优化为工作目标，并力求建立数量化的目标函数。

强调科学的推理步骤，使所研究物流系统中各种问题的分析均能符合逻辑的原则和事物的发展规律，而不是凭主观臆断和单纯经验。

应用数学的基本知识和优化理论，从而使各种替代方案的比较，不仅有定性的描述，而且基本上都能以数字显示其差异。至于非计量的有关因素，则运用直觉、判断及经验加以考虑和衡量。

通过物流系统分析，使得待开发物流系统在一定的条件下充分挖掘潜力，做到人尽其才，物尽其用。

系统分析是通过对现有系统的调查和分析，以确定新系统的目标的极为重要的阶段，是系统设计的技术前导。系统分析首先要对现有系统进行详细调查，包括调查现有系统的工作方法、业务流程、信息数量和频率、各业务部门之间的相互联系，在对现有系统从时间和空间上对信息的状态作详细调查基础上，分析现有系统的优缺点，并了解其功能。一般来说，对物流系统分析一般需要回答下面几个问题：

（1）为什么要进行这项工作？

（2）进行该项工作能增加什么价值？

（3）为什么要按照现有程序进行该项工作？

（4）为了提高效率，能否改变作业步骤的次序？

（5）为什么要由某一个小组或个人来完成这些工作？

(6) 还有更好的系统运行方式吗?

可以把上述内容归纳成解决问题的"5W"和"1H",即 What, Why, When, Who, Where, How。例如,假设接受了某个物流系统的开发项目,那么接下来就必须设定问题,如果拟出下列疑问句自问自答,就容易抓住问题的要点。

(1) 项目的对象是什么?即要干什么?(what)

(2) 这个项目何以需要?即为什么这样子?(why)

(3) 它在什么时候和在什么样的情况下使用?即何时干?(when)

(4) 使用的场所在哪里?即在何处干?(where)

(5) 是以谁为对象的物流系统?即谁来干?(who)

(6) 怎样做才能解决问题?即如何干?(how)

对物流系统的分析设计可以由企业专职的系统分析设计师完成,但更多的企业乐于借助外部咨询机构。

(二) 物流系统分析的应用范围

物流系统分析贯穿于从系统构思、技术开发到制造安装、运输的全过程,其重点放在物流系统发展规划和系统设计阶段。具体包括:指定系统规划方案;生产力布局:厂址选择、库址选择、物流网点的设置、交通运输网络设置等;工厂内(或库内、货场内)的合理布局;库存管理,对原材料、在制品、产成品进行数量控制;成本(费用)控制等。

(三) 物流系统分析的要素

物流系统分析的因素很多,根据 RAND 型系统分析代表人物之一希奇的思想,物流系统分析必须把握以下几点:

(1) 明确期望达到的目的和目标;

(2) 确定达到预期目标所需要的设备、技术条件和资源条件;

(3) 计算和估计各种可行方案所需要的资源、费用和效益;

(4) 建立各种替代方案的模型;

(5) 建立一定的优化判别准则。

根据上面的思想,可以概括总结出物流系统分析的 5 个基本要素,即目的、可行方案、模型、费用和效益、评价基准。

四、物流系统分析的内容

(一) 物流系统要素分析

1. 物流系统组织结构的分析

组织是一切经营活动的载体,也是为规范和协调物流业务活动及相关参与主体利益冲突进行规制安排的一种形式,有效的物流组织是物流系统管理中至关重要的因素。

随着供应链竞争时代的到来，物流业务活动已经越来越多地突破了传统的企业边界，在参与主体日趋多元化和复杂化的同时，许多企业或供应链物流系统却常常缺乏统一、合理、跨企业的物流组织安排，导致有关物流业务参与主体及相关活动陷于职能混乱与利益冲突之中。显然，如何围绕企业或供应链竞争力的改善，通过有效的物流组织战略重构过程，合理划分物流业务职能，实现物流资源的有效整合，已成为当前营销供应链物流管理战略过程面临的核心问题之一。

2. 物流系统网络结构分析

物流网络，即物流系统的空间网络结构，是指物流系统（物流企业或组织）构造和组织的与经营有关的物流结点，物流线路的空间网络结构。

物流网络的设计以顾客服务水平、选址决策、库存规划、运输管理 4 个主要规划项目为基础。顾客服务水平指产品的可得性、产品的交货周期、收到产品的状况等。选址决策与供应和需求的分配有关。库存规划包括建立适当的库存水准和库存补充计划。运输管理涉及运输方式选择、运输路线选择、车辆时间安排、货物拼装等。这 4 个方面相互联系，为了获得最大效益必须对它们进行综合考虑。

物流网络分析的主要任务是确定货物从供应地到需求地整个流通渠道的结构，包括决定物流结点的类型，确定物流结点的数量，确定物流结点的位置；分派各物流结点服务的客户群体，确定各物流结点间的运输方式等。

3. 物流信息系统分析

物流系统是由多个子系统组成的复杂系统，物流信息系统成为各个子系统沟通的关键，在物流活动中起着中枢神经的系统的作用。有效的物流信息管理使这些物流子系统成为一个有机整体。物流信息系统分析的主要任务有：

（1）确定建立物流信息系统的目的，把握要解决的问题；

（2）进行系统的需求分析，建立系统的功能模型和信息模型，设计系统的总体结构和功能，进行系统的软件、硬件、网络、组织机构配置及制定项目管理计划，对项目所需全部经费进行分析，并进行预期效益分析；

（3）进行系统的概要设计和详细设计；

（4）系统的实现、运行与维护。

（二）物流系统的构成分析

物流系统的构成分析主要是指层次构成分析、业务活动构成分析及功能构成分析。这些结构各不相同，但都是对物流系统的构成进行分析，只是分析的角度不同，因此它们之间也存在着一定的联系。

1. 物流系统的层次构成分析

物流系统的层次构成分析，是按物流活动范围的大小来进行的层次构成分析，主要分微观物流系统和宏观物流系统两个层次。

（1）微观物流系统。微观物流系统主要是指企业物流系统。在社会经济系统中，企业是社会—经济—技术的结合体，是组成社会经济体系的相对独立的经济单元。根据系统论的观点，企业应是由各种形式的输入（人力、物资、资金等）转化为各种有形产品和劳务输出的开放系统。企业系统的输入—转化—输出的过程，都伴随着物流活动。企业为保证本身的生产节奏，不断组织原材料、零部件、燃料、辅助材料供应的物流活动，这种物流活动就是企业的供应物流，它对企业生产的正常、高效进行起着重大作用；在企业生产工艺中的物流活动是企业的生产物流，它是与整个生产工艺过程伴生的，实际上已构成了生产工艺过程的一部分；企业为保证本身的经济效益，伴随着销售活动，不断地将产品所有权转给用户的物流活动就是企业的销售物流；企业在生产、供应、销售的过程中总会生产各种余料和废料，这些东西的回收是需要伴随物流的，这就是企业回收物流；对企业排放的无用物进行运输、装卸、处理等物流活动构成企业废弃物物流。因此，企业物流系统就是由供应生产、销售、回收、废弃物处理物流子系统构成的。

（2）宏观物流系统。宏观物流系统又称社会物流系统，它是超出企业范围的物流活动。宏观物流系统是以社会再生产的全过程作为研究分析的对象的。是交换的一定要素，或者也是从总体上看的交换。现代社会经济，正如马克思所揭示的那样，“当市场扩大，即交换范围扩大时，生产的规模也就增大，生产也就分得更细”。一方面，流通把生产与消费联系起来；另一方面，企业这个开放系统的运作也需要流通才得以完成。这样就形成了社会再生产过程，即社会经济系统。由此可以看出，流通是社会经济系统得以运行的中心环节，也是社会经济系统中的一个子系统。

在现代科学技术条件下，商品流通已发展成为以信息流为先导的商品价值流和商品实物流三流一体的流通集成，这也就是社会物流系统的结构。

整个物流系统的活动，既有经济问题，又有技术问题；既涉及工业经济，又涉及商业经济、运输经济、生产力经济；既运用工业工程学知识，又运用机械工程学、运输工程学知识。这些都是由物流系统多维的、复杂的结构所决定的。

2. 物流系统的业务活动构成分析

这是按照物流活动业务性质的不同，分类进行的分析。根据物流活动不同的业务，物流系统可分为供应物流子系统、生产物流子系统、销售物流子系统、回收物流子系统和废弃物流子系统。

3. 物流系统的功能构成分析

物流系统功能构成分析，主要是通过分析物流过程的各项活动，对功能进行定义，形成功能区域，从而形成功能系统。

一个系统内部各构成要素，都具有相应的功能，并且依据各功能之间的内在联系形成功能体系，从而为系统的设计、开发提供条件。在系统内部各功能的联系中，有两种关系：第一种是上下关系；第二种是并列关系。前者是指在一个功能系统中某些功能之间存在着目的与手段的关系，即如果甲功能是乙功能的目的，则乙功能就是甲功能的手段；与此同时，乙功能又可能成为丙功能的目的，丙功能又是实现乙功能的手段。一般地，把起“目的”作用的功能称为上位功能，而把起“手段”作用的功能称为下位功能。上位功能与下位功能的关系是相对的，因为一个功能对它的上位功能来说是手段，而对它的下位功能来说则是目的。后者是指在一个上位功能之下往往有若干相对独立而又相互联系的功能存在，从而形成一个功能区域，构成一个功能子系统。

4. 物流系统绩效评估

有效的物流绩效评估与控制，对于物流系统内资源的合理配置与优化具有十分重要的意义。作为绩效管理在物流领域的延伸和发展，物流绩效管理强调的是持续追踪与评价物流系统计划绩效目标达成的程度，从而确认改善系统绩效的各项机会，其实质是对现代企业物流业务或服务能力的竞争力、发展力的综合衡量。

物流系统绩效评估的主要任务有：确定物流系统绩效评估的内容和程序；建立物流系统绩效评估的指标体系；选择物流系统绩效评估的评价模型；分析评估的结果；制定物流系统管理改进的方案与计划。

五、物流系统模式分析

物流系统模式如图 1-6 所示。

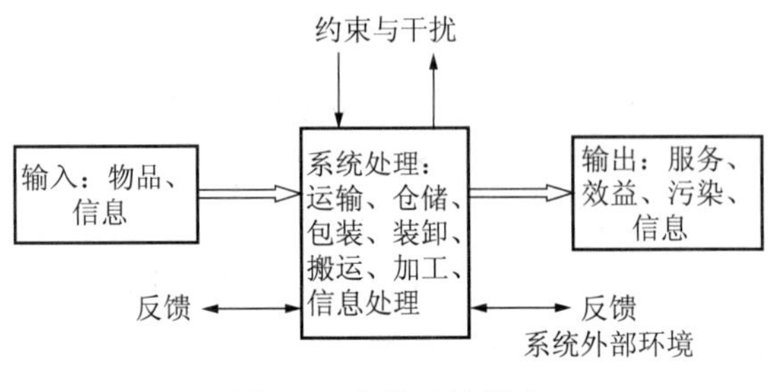

图 1-6　物流系统模式

1. 物流系统的典型模式

（1）物流系统的环境。它是指物流系统所处的更大的系统，它是物流系统模式中不可缺少的组成部分，是物流系统转换处理面对的外部条件。物流系统与其环境之间的相互作用具体表现为物流系统的输入、输出、约束和干扰。物流系统所处的环境变化主要表现为：消费者行为的个性化和多样化，生产经营的零库存，物流装备的自动化和物流管理的信息化等。这些变化导致物流系统呈现出多品种化、零星化、高频率化、快速交货等趋势。

（2）物流系统的输入与输出。物流系统的输入是外部环境对物流系统的直接输入，包括物品和信息，这是物流系统处理的对象。物流系统的输出，是物流系统对环境的直接输出，也是物品和信息。但是输出的物品和信息是通过物流系统的转换处理的，对输入的物品和信息赋予了空间效用，时间、形质效用，即体现物流服务的物品和信息，不同于输入的物品和信息。它是物流系统转换处理的结果。

（3）物流系统的约束、干扰和反馈。约束是环境对物流系统的间接输入，包括人力、物力、信息、能源及政治、经济、文化、地理、气候等软、硬件条件。它们是物流系统处理的条件，是系统情愿或不情愿都必须接受的外部条件，是对系统的约束条件。系统的干扰是一种偶然的约束，也是一种间接的、强迫性的输入。反馈，主要是信息的反馈，存在于输入过程和输出过程中，在约束或干扰中也有。信息反馈一般是指系统和环境之间的信息反馈。

（4）物流系统的转换处理。指物流系统本身的转化处理过程，即把输入的物品、信息转化为输出的物品、信息的过程。其基本原理就是通过运输、仓储、包装、装卸、搬运、加工或信息处理等各种物流作业对输入的物品和信息赋予了空间效用、时间效用或形质效用，使之变成顾客所需的物品或信息，并且对环境进行输出。

2. 典型物流系统模式分析

（1）供应物流系统模式。供应物流系统包括选择供货单位、收货单位、仓库、运输通道、物流信息等，涉及的内容包括咨询、协调价格及供货条件、选择运输方式、选择运输经营者、验货标准、仓储供应等物流业务范围。供应物流系统设计需要考虑供应商与生产商之间的关系。

供应物流系统形成主要考虑这些因素：①包括供货对象、供货品种、供货数量、供货渠道、供货频数、供货成本等在内的供应物流链设计；②供货仓库规划与布局；③运输方式与工具；④供货信息发布；⑤包装标准化；⑥供应物流服务项目设计与实现；⑦装卸搬运设备；⑧供货系统运行机制；⑨供应物流经营费用；⑩物流信息网及支持技术。

（2）生产物流系统模式。生产物流系统包括厂址选择、土地、设备、资金、信息、产品等要素在内，涉及原材料、外协件采购，经过生产车间加工、装配、成品检验、入库到销售这样一个综合的物流过程。生产物流系统的设计考虑的主要内容有：①满足原材料、外协件品种与数量的供应；②运输车辆的车型、数量；③仓库、仓储面积、货架布局；④装卸搬运车辆的配置；⑤车间之间及内部各工作地之间物流环节、距离等的设计，物流进出方便；⑥生产均衡性的保障；⑦传输设施设备、作业机械化；⑧安全生产的需要；⑨制品质量保障；⑩经营费用及信息集成管理技术等。

（3）销售物流系统模式。销售物流系统一般包括物流据点的选择；商品的采购、运输、验收、储存；流通加工、包装、装卸、搬运；分拣、备货、配送服务，一直到零售商店或消费者手中的物流过程。

销售物流系统的设计主要考虑这些因素：①商品仓库的选址、仓库规模的设计、仓库的结构与布局、固定设施的设置；②分拣自动化、仓库服务系统、仓库保安系统；③库存控制与配送、运输配送车辆的配置；④包装标准化、装卸搬运机械化；⑤销售渠道设计、构筑与主要用户的长期关系；⑥经营费用；⑦销售信息网络；⑧商流、信息流与物流计算机集成管理技术等。销售物流系统的形成，还要考虑到这些因素之间的配套与协调动作等问题。

六、物流系统分析的方法与步骤

（一）物流系统分析常用的理论及方法

1. 数学规划法（运筹学）

它是一种对系统进行统筹规划，寻求最优方案的数学方法。其具体理论与方法包括线性规划、动态规划、排队论和库存论等。线性规划、动态规划和库存论等是解决物流系统中物料储存的时间与数量的。

2. 统筹法（网络分析法）

运用网络来统筹安排，合理规划系统的各个环节。它用网络图来描述活动流程的线路，把事件作为结点。在保证关键线路的前提下，安排其他活动，调整相互关系，以保证按期完成整个计划。

3. 系统优化法

在一定约束条件下，求出使目标函数最优的解。物流系统包括许多参数，这些参数相互制约，互为条件，同时受外界环境的影响。系统优化研究，在不可控参数变化时，根据系统的目标如何，来确定可控参数的值，使系统达到最优状态。

4. 系统仿真法

系统仿真是20世纪40年代末以来伴随着计算机技术的发展而逐步形成的一门新兴学科。仿真（Simulation）就是通过建立实际系统模型并利用所见模型对实际系统进行实验研究的过程。最初，仿真技术主要用于航空、航天、原子反应堆等价格昂贵、周期长、危险性大、实际系统试验难以实现的少数领域，后来逐步发展到电力、石油、化工、冶金、机械等一些主要工业部门，并进一步扩大到社会系统、经济系统、交通运输系统、生态系统等一些非工程系统领域。可以说，现代系统仿真技术和综合性仿真系统已经成为任何复杂系统，特别是高技术产业不可缺少的分析、研究、设计、评价、决策和训练的重要手段。其应用范围在不断扩大，应用效益也日益显著。

上述方法各有特点，在实际中都得到广泛的应用，其中系统仿真技术是近年来应用最为普遍的。系统仿真技术的发展及应用依赖于计算机软硬件技术的飞速发展。今天，随着计算机科学与技术的巨大发展，系统仿真技术的研究也不断完善，应用不断扩大。

5. 系统分析与运筹学比较

系统分析与运筹学比较见表1-1。

表 1-1　系统分析与运筹学比较

	运筹学	系统分析
目　的	为决策者选择最优决策提供定量依据	帮助决策者对所要决策的问题逐步提高清晰度
问题的性质	是一门应用学科，广泛应用现有的科学技术和数学方法，从方法，从战术的角度解决实际中提出的专门问题	不但可应用于多层次大规模的复杂系统，而且要考虑以人为中心的系统行为，强调从战略角度研究系统的整体结构和行为过程
方　法	主要有各种规划方法、图、图论、排队论、存储论、对策论及决策论等相关方法	采用系统的观点和方法，用定性和定量工具，对所研究的问题进行系统结构和系统状态的分析，提出各种可行方案和替代方案，并进行比较、评价和协调

6. 系统分析与技术经济分析

技术经济学是一门兼跨自然科学和社会科学，同时研究技术与经济两个方面的交叉学科。它是用经济的观点分析、评价技术上的问题，研究技术工作的经济效益。它既要研究科学技术进步的客观规律性，如何最有效地利用技术资源促进经济增长，又要分析和评价技术工作经济效果，从而实现技术上先进和经济上合理的最优方案，为制定技术政策、确定技术措施和选择技术方案提供科学的决策依据。

系统分析也不同于一般的技术经济分析，它必须从系统的总体最优设计思想出发，采用各种分析工具和方法，对系统进行定性的和定量的分析。它不仅分析技术经济方面的有关问题，而且还分析包括政策方面、组织体制方面、信息方面、物流方面等各个方面的问题。

（二）物流系统分析的步骤

根据霍尔的系统工程的三维结构图，将其进一步明确化，可以建立物流系统分析的基本步骤，如图 1-7 所示。

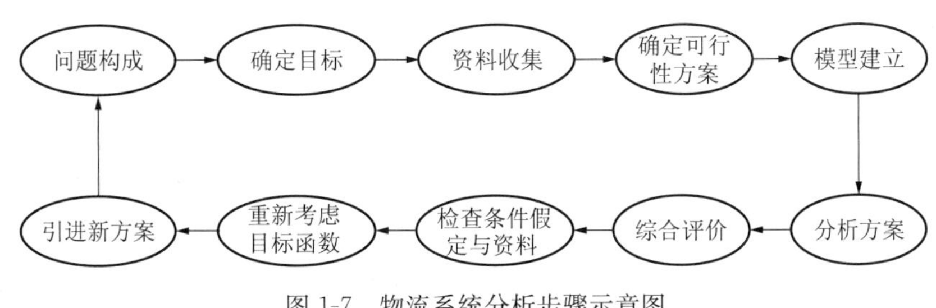

图 1-7　物流系统分析步骤示意图

1. 问题构成与目标确定

当一个研究分析的问题确定以后，首先要将问题描述成物流系统并作出合乎逻辑的叙述，其目的在于确定目标，说明问题的重点与范围，以便进行分析研究。

定义问题对以后的系统设计是至关重要的，所以必须了解问题的表面现象和问题实质之间的区别。第一阶段包括准确建立新系统预期目标、企业运营规则、约束、选择最优系统的标准等。首先要定义整个物流系统的产品，这样才能有针对性地分析问题。定义问题的一些关键要素如下。

（1）问题定义的详细程度。考虑完整的系统还是考虑系统的一部分？解决这个问题的依据是：资源可得性、物流网络规模、物流系统各组分相对重要性、系统费用、系统整合程度。

（2）系统目标。公司必须建立商业目标以便对物流系统进行有效的设计和开发，商业目标影响物流策略的选择，它反过来又决定了物流网络的设计和它的组成部分，比较常用的三种商业目标有：总资金成本最小、运行成本最小和顾客服务最好。

（3）物流产品。恰当地理解物流产品是非常关键的，它是通过物流这种渠道流动的商品。产品的各种特性直接影响物流系统的类型

2. 收集资料探索可行方案

在问题构成之后，就要拟定大纲和决定分析方法，然后依据已收集的有关资料找出其中的相互关系，寻求解决问题的各种可行方案。包括确定数据需求、数据来源，分析可得到数据的充分性和正确性，数据聚类，建立收集辅助数据的方法，对得不到的数据进行估计取得。

（1）数据需求和来源分析。数据需求依赖于工程项目的性质，数据来源则根据数据需求而定。

（2）数据的充分性、正确性分析。比较不同数据来源的同一数据也有助于证实数据的准确性。

（3）数据汇总与分析。数据汇总的目的：有助于使较复杂庞大的问题简单化。数据汇总的方式：通常根据产品某些特征（如产品的相似之处）进行分组，可按重量、体积、易腐性、暴露的危险等分组。

3. 问题分析

为便于分析，应建立各种模型，利用模型预测每一方案可能产生的结果，并根据其结果定量说明各方案的优劣与价值。模型的功能在于组织思维及获得实际问题所需的指示或线索。模型充其量只是现实过程的近似描述，如果它说明了所研究的物流系统的主要特征，就算是一个满意的模型。

分析的目标就是开发替代方案或选择符合期望标准的最优设计或替代方案。分析工具有从简单的电子数据表格到复杂的运筹学的方法。

4. 综合评价

利用模型和其他资料所获得的结果，将各种方案进行定量和定性的综合分析，显示出每

一项方案的利弊得失和成本效益，同时考虑到各种有关的无形因素，如政治、经济、军事、理论等，所有因素加以合并考虑研究，获得综合结论，以指示行动方针。

5. 系统实施

准确适时地进行系统实施是任何一个新的物流系统成功的关键。系统成功实施有两个主要步骤：系统有效性和系统性能对输入的灵敏度分析。

系统方案设计的有效性包括证明系统的输入是否具有直观性。这个过程可采用专家意见来评价输出结果。系统分析的结果也可以与其他相似的系统进行比较。

灵敏度分析对系统性能的优劣是至关重要的。系统输入有微小变化时，系统输出变化也不应太大。因为在现实中输入值是相对准确的，而不是很精确的，这就要求设计一个有效的实验方案来进行灵敏度分析。

用户培训和系统测试及把系统移交给用户。

七、物流系统分析中需要注意的问题

凡需用作物流系统分析的问题，常常是十分迫切而复杂的问题，决策者往往急于获得答案，这种环境因素往往影响物流系统分析者的判断，导致种种错误。主要有以下几方面。

（1）忽视明确问题。分析往往是从问题的构成开始，最大的疏忽常常是对这一阶段的工作没有给予应有的重视，以至于还没有弄清究竟是什么问题，就急于分析，当然也难以得出正确的结论。

（2）过早得出结论。物流系统分析是一个反复优化的过程，仅仅进行一次循环就得出结论和建议，往往有失全面、以偏赅全。

（3）过分重视模型而忽视问题本身。物流系统分析者往往热衷于模型与计算及诸多数量关系，不恰当地扩大了模型的作用，反而忽视了问题本身，造成分析结果对解决问题帮助不大。

（4）抓不住重点。分析者往往希望建立一个面面俱到的模型，从而使模型变得越来越复杂，以至于过分注意细节，反而忽略了问题的重点所在，丢了西瓜捡了芝麻。

（5）误用模型。任何一种模型，都有其一定的假定、前提、适用范围，只有在这种条件下，得出的结论才有效，超越了假定条件和范围，将失去其相应的意义和价值。

（6）忽略了主观因素。分析人员往往集中注意数量化的分析结论，而忽视非计量的因素和主观的判断，从而可能导致未曾想的损失。

（7）物流系统的范围选取不当。如果物流系统选得过窄，以致它不能适当地同外部因素隔开，人为隔开以致忽视重要的控制变量与干扰因素。如果物流系统选得过宽，则不能在规定的期限和经费限额内进行适当的研究。

（8）数据有误。由于样本不足，造成以点代面；由于考察对象选择错误，使得收集的数据失误；由于分析有错，在错误的思想指导下所得数据必不真实。

物流系统分析虽然对制定决策有很大的助益，但是它不能完全代替想象力、经验和判断力。物流系统分析最重要的价值，在于它能解决问题的容易部分，这样决策者就可集中其判断力，来解决较难的问题。物流系统分析基本上是以经济学的方法来解决问题，虽然其中所包括的经济学原理相当简单，但要用之解决实际问题，则必须具备相当的经济学知识。

对任何问题，通常均有不同的解决方案，应用物流系统分析研究问题时，应首先对各种解决问题的方案计算出全部费用，然后再进行比较。直接费用最少的方案，不一定就是最佳的选择，因为选择最佳方案的着眼点，不在“省钱”而可能在“总体”有效。

【案例分析】

美国阿拉斯加原油输送方案的制定

如何从阿拉斯加东北部的普拉德霍油田向美国本土运输原油？

一、系统面对环境

要求每天运送200万桶原油。油田处于北极圈内，海湾常年处于冰封状态；陆地更是常年冰冻，最低气温零下50℃。

二、提出备选方案

方案选择的第一阶段，提出了两个初步方案：方案Ⅰ用油船运输；方案Ⅱ用带加温系统的油管运送。

三、方案的分析比较

方案Ⅰ的优点是每天只需四至五艘超级油船就可以满足输送量的要求，似乎比铺设油管划算。存在的问题是：要用破冰船引航，既不安全又增加了费用；起点和终点都要建造大型油库，油库的储量应在油田日产量10倍以上。归纳起来这方面的主要问题是：不安全、费用大、无保障。

方案Ⅱ的优点是可利用成熟的管道输油技术。存在的问题是：要在沿途设加温站，这样一来管理复杂，而且要供给燃料，然而运送燃料本身又是一件非常困难的事情；加温后的输油管不能简单地铺在冻土里，因为冻土层受热融化后会引起管道变形，甚至造成破裂。为了避免这种危险，有一半的管道需要做地架支撑或者做保温处理，这样架设管道的成本要比在地下铺设管道高出3倍。

考虑到系统的安全性和供油的稳定性，管理人员比较倾向于方案Ⅱ。为了确保决策无误，阿拉斯加还是聘请有关机构对两种方案进行比较，看是否存在更优方案。

方案Ⅲ。其原理就是把含10％～20％氯化钠的海水加到原油中，使其在低温下的原油呈乳液状，仍能畅流。这样就可以采用普通油管来运输，而且成本大大降低。但是存在问题是：因为在原油中加入海水，必须在原油目的地建设原油提炼厂，将原油中的海水蒸发掉，这将会使成本出现反弹。

方案Ⅳ。在方案Ⅲ的基础上，人们又提出了方案Ⅳ。该方案的提出者对石油的生产和变化有着丰富的知识，他注意到地下的石油原来是油气合一的。这时它们的融点很低，经过漫长的年代后，油气逐步分离。他提出将天然气转化为甲醇以后加入到原油中去，以降低原油的融点，增加流动性，从而用普通的管道就可以同时运输原油和天然气。与前面的方案相比，不仅不需要运送无用的盐水，而且也不必要另外铺设运输天然气的管道。这一方案最终被采纳并给公司带来了可观的经济效益。

思考题： 1. 创造性的设想来源于哪里？

2. 本案例给我们带来哪些值得思考的问题？

复习思考题

一、基本概念

系统　系统分析　物流系统　物流系统分析　物流系统设计　物流系统化　物流系统的环境　物流系统的约束　物流系统的反馈　物流系统的转换处理

二、选择题（1—5 单选，6—10 多选）

1. 下列选项中不是物流系统分析特点的是（　　）。

A. 以整体为目标　　B. 运用定量方法

C. 以子系统最优为目标　　D. 以特定问题为对象

2. 用（　　）观点来研究物流活动是现代物流科学的核心问题。

A. 发展　　B. 系统

C. 动态　　D. 历史

3. （　　）就是为实现一定目标而设计的、由各个相互作用、相互依赖的物流要素（或子系统）所构成的有机整体。

A. 物流技术　　B. 物流设施

C. 物流系统　　D. 物流活动

4. 物流系统中存在的制约关系也称为（　　）。

A. 一律悖反原理　　B. 二律悖反原理

C. 三律悖反原理　　D. 四律悖反原理

5. 在物流系统中，提高物流系统效率的关键活动是（　　）。

A. 装卸搬运　　B. 信息处理

C. 流通加工　　D. 包装设计

6. 物流系统中存在的制约关系有（　　）。

A. 物流服务和物流成本间存在制约关系

B. 构成物流服务子系统的功能之间存在约束关系

C. 构成物流成本的各个环节费用之间也存在相互制约关系

D. 各个系统的功能和所耗费用之间也存在二律悖反关系

E. 物流服务和物流成本之间是一种非制约关系

7. 物流系统分析的特点包括（　　）。

A. 以整体为目标　　B. 以特定问题为对象

C. 凭借价值判断　　D. 运用定量分析方法

E. 追求利益最大化

8. 作为物流系统服务性的衡量标准正确的是（　　）。

A. 对用户的订货能很快地进行配送

B. 接受用户订货时商品的缺货率低

C. 在运送中交通事故、货物损伤、丢失和发送错误少

D. 保管中变质、丢失、破损现象少

E. 装卸搬运功能满足运送和保管的要求

9. 下列选项中属于物流系统设计中的基本数据是（　　）。

A. 商品的种类、品目等　　B. 运输

C. 商品的数量　　D. 物流成本

E. 时间

10. 物流系统具有的独特系统性质是（　　）。

A. 整体性　　B. 智能性

C. 可分性　　D. 目的性

E. 多目标性

三、判断正误题（正确的用 T 表示，错误的用 F 表示）

1. 系统是由两个或两个以上要素构成的具有特定功能的有机整体。（　　）

2. 系统工程从系统的观点出发，跨学科地考虑问题，运用工程的方法去研究和解决各种问题。（　　）

3. 分析和改善系统的关键是找到可以判断目标性能好坏的标准。（　　）

4. 对于一个系统来说，为了完成同一目标可以有几种不同方案。（　　）

5. 用系统观点来研究物流活动是现代物流科学的核心问题。（　　）

6. 物流系统分析的目的是分析构成物流系统的子系统的功能和相互关系。（　　）

7. 物流系统分析的特点是运用定性和定量分析方法，给予决策者以价值判断，以求得有利的决策。（　　）

8. 物流系统化的目标简称为 5S，即服务性、快捷性、有效的利用面积和空间、规模适当化、库存控制。（　　）

四、简答题

1. 简述系统的特征。
2. 简述物流系统分析的特点。
3. 简述物流系统分析的实质。
4. 简述物流系统分析的应用范围。
5. 简述物流系统分析常用的方法。
6. 简述系统分析与运筹学的区别。
7. 简述物流系统分析的步骤。
8. 简述物流系统分析中需注意的问题。

五、综合运用题

1. 论述“物流系统规划”与“物流系统设计”的异同。
2. 论述物流系统的工作机制。
3. 论述物流系统分析的原则。

第2章

物流系统设计与分析的基本理论

第一节 概述

物流系统设计与分析以系统工程学为主要基本理论。系统工程科学是实现系统最优化的科学，是一门高度综合性的管理工程技术，涉及应用数学（如最优化方法、概率论、网络理论等）、基础理论（如信息论、控制论、可靠性理论等）、系统技术（如系统模拟、通信系统等）及经济学、管理学、社会学、心理学等各种学科。系统工程的主要任务是根据总体协调的需要，把自然科学和社会科学中的基础思想、理论、策略、方法等纵横的方面联系起来，应用现代数学和电子计算机等工具，对系统的构成要素、组织结构、信息交换和自动控制等功能进行分析研究，借以达到最优化设计，最优控制和最优管理的目标。

系统设计与系统分析具体地说，就是用数学模型和逻辑模型来描述系统，通过模拟反映系统的运行、求得系统的最优组合方案和最优的运行方案。用定量和定性相结合的系统思想和方法处理大型复杂系统的问题，无论是系统的设计或组织建立，还是系统的经营管理，都可以统一地看成是系统工程的一部分。

系统工程的第一次应用并提出这个名词是在1940年，美国贝尔实验室研制电话通信网络时，将研制工作分为规划、研究、开发、应用和通用工程等5个阶段，提出了排队论原理。1940年美国研制原子弹的曼哈顿计划应用了系统工程原理进行协调。自觉应用系统工程方法而取得重大成果的两个例子是美国的登月火箭阿波罗计划和北欧跨国电网协调方案。

第二次世界大战以后，为适应社会化大生产和复杂的科学技术体系的需要，逐步把自然科学与社会科学中的某些理论和策略、方法联系起来，应用现代数学和电子计算机等工具，解决复杂系统的组织、管理相控制问题，以达到最优设计、最优控制和最优管理的目标。系统工程学是一门高度综合性的管理工程技术，涉及自然科学和社会科学的多门学科。构成系统工程的基本要素是：人、物、财、目标、机器设备、信息等六大因素。各个因素之间是互相联系、互相制约的关系。20世纪70年代以来，系统工程已广泛地应用于交通运输、通信、企业生产经营等部门，在体育领域亦有应用价值和广阔的前景。它的基本特点是：把研究对象作为整体看待，要求对任一对象的研究都必须从它的组成、结构、功能、相互联系方式、历史的发展和外部环境等方面进行综合的考察，做到分析与综合的统一。最常用的系统工程方法，是系统工程创始人之一霍尔创立的，称为三维结构图。①时间维。对一个具体工程，从规划起一直到更新为止，全部程序可分为规划、拟订方案、研制、生产、安装、运转和更新 7 个阶段。②逻辑维。对一个大型项目可分为明确目的、指标设计、系统方案组合、系统分析、最优化、作出决定和制订方案 7 个步骤。③知识维。系统工程需使用各种专业知识，霍尔把这些知识分成工程、医药、建筑、商业、法律、管理、社会科学和艺术等，把这些专业知识称为知识维。

系统工程（Systems Engineering）是系统科学的一个分支，是系统科学的实际应用。可以用于一切有大系统的方面，包括人类社会、生态环境、自然现象、组织管理等，如环境污染、人口增长、交通事故、军备竞赛、化工过程、信息网络等。系统工程是以大型复杂系统为研究对象，按一定目的进行设计、开发、管理与控制，以期达到总体效果最优的理论与方法。系统工程是一门工程技术，但是，系统工程又是一类包括了许多类工程技术的一大工程技术门类，涉及范围很广，不仅要用到数、理、化、生物等自然科学，还要用到社会学、心理学、经济学、医学等与人的思想、行为、能力等有关的学科。系统工程所需要的基础理论包括运筹学、控制论、信息论、管理科学等。

关于系统工程，许多学者提出了不同的定义，我国著名科学家钱学森（1978）对系统工程的定义如下：系统工程是组织管理的技术。把极其复杂的研制对象称为系统，即由相互作用和相互依赖的若干组成部分结合成具有特定功能的有机整体，而且这个系统本身又是它所从属的一个更大系统的组成部分。系统工程则是组织管理这种系统的规划、研究、设计、制造、试验和使用的科学方法，是一种对所有系统都具有普遍意义的科学方法。

系统工程的目的是解决总体优化问题，从复杂问题的总体入手，认为总体大于各部分之和，各部分虽然较劣，但总体可以优化。有的问题，如计算机网络，不能只研究个别计算机的质量问题，必须从总体网络入手。

一、物流系统设计的原则

系统论、控制论、信息论等科学所提供的新思路和新方法，为人类的思维开拓新路，它们作为现代科学的新潮流，促进着各门科学的发展。系统论反映了现代科学发展的趋势，反映了现代社会化大生产的特点，反映了现代社会生活的复杂性，所以它的理论和方法能够得到广泛应用。系统论不仅为现代科学的发展提供了理论和方法，而且也为解决现代社会中的政治、经济、军事、科学、文化等方面的各种复杂问题提供了方法论的基础，系统观念正渗透到每个领域。

系统论的原则主要是整体性原则、结构功能原则、目的性原则、最优化原则、系统的开放性原则。

1. 整体性原则

系统论的核心思想是系统的整体观念。贝塔朗菲反对那种认为要素性能好，整体性能一定好，以局部说明整体的机械论的观点。体现在三个方面。

（1）整体的性质不是要素所具备的。如 H_2O 的性质与 H 或 O 都不同。

（2）要素的性质影响整体。如一台机器中，一个部件出错，机器就会不正常。

（3）要素性质之间相互影响。如班级上一个同学对科学感兴趣可能会带动其他同学也感兴趣，反之一个同学无故旷课，会影响其他同学向他学，即俗语所说“近朱者赤，近墨者黑”。系统中各要素不是孤立地存在着，每个要素在系统中都处于一定的位置上，起着特定的作用。要素之间相互关联，构成了一个不可分割的整体。要素是整体中的要素，如果将要素从系统整体中割离出来，它将失去要素的作用。如汽车的车轮是汽车的主要部件，如果将车轮从汽车上卸下来，那么车轮也失去了它应有的作用。

系统是由若干要素组成的具有一定新功能的有机整体，各个作为系统子单元的要素一旦组成系统的整体，就具有独立要素所不具有的新的性质和新的功能，从而表现出整体的性质和功能。其核心内容：整体是由部分组成的；整体是由各部分有机构成的；独立存在的部分是可以通过一体化过程形成整体的；整体和部分之间存在着复杂的加加关系。

2. 结构功能原则

系统组成要素在数量和质量及结合方式等方面存在差异，使得系统组织在地位与作用、结构和功能上表现出等级秩序，形成具有质的差异的系统等级。其核心内容：系统的层次是无限的；系统的层次具有相对性；系统的层次具有多样性。

因为：功能＝要素＋结构，则有以下结论。

（1）要素不变时，结构决定功能。如种类无数的有机物几乎都主要是由碳、氢、氧、氮组成的。常常是组成结构不同。又如电子元件不同的组合可以形成各种家电。（当然反过来，结构相同，要素不同，功能不同）。

（2）结构、要素都不同则可以有相同的功能。如人脑系统和计算机系统在部分功能上相似。利用这一原则，可以设计各种仿真系统。

（3）同一结构可能有多种功能。如一种设备可能有多种功能和用途。

3. 目的性原则

确定或把握系统目标并采取相应的手段去实现，这是控制论的研究内容。系统在与环境的相互作用中，在一定的范围内其发展变化不受或少受条件变化的影响，坚持表现出某种趋向预先确定的状态的特性就是系统的目的性原则。

4. 最优化原则

为最好地实现目标而通过改变要素和结构使系统功能最佳。如田忌赛马的故事；战争时的布阵；材料的人工设计等。决策论、分配论讨论优化问题。

5. 开放性原则

系统具有不断与外界环境交换物质、能量、信息的性质和功能，系统与环境的这种交换关系就是系统的开放性原则。系统与环境的联系与区别是由系统本身的目的、特性、竞争能力决定的。系统不能封闭但也不可能无限度的开放。必须设计好系统与环境的接口，这个接口应该既能保持系统与环境的动态交换，同时又能保持系统本身的整体性，能够有利于系统从环境吸取必要的物质、能量和信息，同时又保证系统本身的有用物质、能量和信息得到控制和保护。

物流系统研究应遵循的基本规律如下。

（1）结构功能相关规律。系统结构和功能相互联系和相互转化的规律。

（2）信息反馈规律。一定的系统输入可以产生一定的系统输出，再将系统的输出结果反馈给系统的输入，根据输出来控制系统的输入，使新的输出满足系统设计的要求，达到使输出结果最优化的目的。

（3）竞争协同规律。系统内部的要素之间及系统与环境之间，既存在整体同一性，又存在个体差异性，整体同一性表现为协同因素，个体差异性表现出竞争因素，通过竞争和协同的相互对立、相互转化，推动系统的演化和发展。竞争是系统要素要求保持个体特征的必然结果。

（4）涨落有序规律。系统的发展演化通过涨落达到有序，通过个别差异得到集体响应放大，通过偶然性表现出必然性，从而实现从无序到有序、从低级到高级的发展。涨落就是起伏变化，就是从系统稳定的平衡状态的偏离，就是一种非平衡；有序就是系统要素之间及系统与环境之间的有规则的联系。通过涨落实现有序是一个开放系统的自组织的一种结果，如果这样，系统就进化。否则，通过涨落达到无序，就会导致系统解体和退化。

（5）优化演化规律。系统在不断演化过程中得到不断优化和进化的规律性变化。演化就是系统通过渐变和突变而产生的结果，为了求得系统与环境的平衡，开放系统要素总是处于不断调整过程，从外部来看就表现为系统的渐变。系统演化是不可阻挡的，但系统优化却需要一定的条件，并且优化的标准也是在不断演化之中，所以要想使系统按照优化的要求来演化，必须提供相应的条件，人类研究系统演化的道路，或者促进系统演化的速度，达到在系统演化过程中优化系统的目的。

物流系统设计时应认真处理好以下关系。

（1）物流系统内部与物流系统环境相结合。一个企业的物流系统，不仅受到企业内部各种因素，如企业生产规模、产品技术特征、职工文化技术水平、管理制度与管理组织等的作用，而且还受到社会经济动向及市场状况等环境因素的影响。

（2）局部效益与整体效益相结合。在分析物流系统时常常会发现，物流子系统的效益与物流系统整体的效益并不总是一致的。有时从物流子系统的局部效益来看是经济的，但从物流系统的整体看并不理想，这种方案是不可取的；反之，如果从物流子系统的局部效益看是不经济的，但物流系统的整体效益是好的，这种方案则是可取的。

（3）当前利益与长远利益相结合。在进行分析与设计时，既要考虑当前利益，又要考虑长远利益，如果所采用的方案，对当前和长远都有利，这样当然最为理想。但如果方案对当前不利，而对长远有利，此时要通过全面分析后再作结论，一般来说，只有兼顾当前利益和长远利益的物流系统才是好的物流系统。

（4）定量分析与定性分析相结合。物流系统分析不仅要进行定量分析，而且要进行定性分析。物流系统分析总是遵循“定性—定量—定性”这一循环往复的过程。不了解物流系统各个方面的性质，就不可能建立起探讨物流系统定量关系的数学模型，只有将定性与定量两者结合起来综合分析，才能达到优化的目标。

二、影响物流系统设计的因素

物流系统的分析与设计定位于物流服务市场，配置各种物流要素，形成一定的物流生产能力，使之能以最低的总成本完成既定的目标。只有通过考察分析影响物流系统绩效的内在和外在因素，才能作出合理的分析与设计方案。影响物流系统分析设计的因素通常有以下几个方面。

1. 物流服务需求

物流服务项目是在物流系统的分析与设计的基础上进行的。由于竞争对手、物流服务市场在不断地发生变化，为了适应变化的环境，必须不断地改进物流服务条件，以寻求最有利的物流系统，支持市场发展前景良好的物流服务需求项目。

物流服务需求包括服务水平、服务地点、服务时间、产品特征等多项因素，这些因素是进行物流系统分析与设计依据的基础。短的交货周期，意味着需要采用快捷的运输方式或配置更多的仓库，服务地点和服务时间直接决定物流系统的物流网络配置及运输方案设计，产品特征影响仓储设备、搬运设备、运输设备等的选择。

2. 行业竞争力

为了成为有效的市场参与者，应对竞争对手的物流竞争力，如竞争者的服务水平、物流资源配置情况、服务方式及理赔情况等进行详细分析，从而掌握行业基本服务水平，寻求自己的物流市场定位，以发展自身的核心竞争力，构筑合理的物流系统。

3. 地区市场差异

物流系统中物流设施结构直接同客户的特点及状况有关。地区人口密度、交通状况、经济发展水平等都影响着物流设施设置的决策。

4. 物流技术发展

在技术领域中对物流系统最具影响力的是信息、运输、包装、装卸搬运、管理技术等。其中，计算机信息和网络技术的应用对物流的发展具有革命性的影响，及时、快捷、准确的信息交换可以随时掌握物流动态，因而不但可以改进物流系统的实时管理与决策，而且还可以为实现物流作业一体化、提高物流效率奠定基础。多式联运、新型车辆、优化运输路径选择等，提高了运输衔接能力和运输效率。机器人、自动化仓储系统、自动导向系统、自动分拣系统等的纷纷使用，提高了物流结点的生产能力，增加了物流结点的物流输入和输出能力。包装的创新，提高了物流操作效率，便于物流的运输、搬运、分拣等，增加了货物安全保护能力，增加了信息传递的载体，包括包装货品识别的跟踪和管理等。

5. 流通渠道结构

流通渠道结构由买卖产品的关系组成，一个企业必须在渠道结构中建立企业间的商务关系，而物流活动是伴随着一定的商务关系而产生的。因此，为了更好地支持商务活动，物流系统的构筑应考虑流通渠道的结构。

6. 经济发展水平

经济发展水平、居民消费水平、产业结构等直接影响着物流服务需求的内容、数量、质量。为了满足用户需要，物流业的内容也在不断拓展、丰富，运输、配载、配送、中转、保管、倒装、装卸、包装、流通加工和信息服务等构成了现代物流活动的主要内容。为此，物流系统应适合物流服务需求的变化，不断拓展其功能，以满足经济发展的需要。

7. 法规、财政、工业标准等

运输法规、税收政策、工业标准等都将影响物流系统的规划。在分析设计时，要考虑政策性因素，如政府的方针、税收政策、法令以及法律法规和发展规划等方面的要求，还要考虑环保因素，如废物排放量、污染程度、生态平衡等要求，同时，要遵循国家标准与行业标准。

三、物流系统设计的内容

物流系统设计与分析就是根据物流系统的功能要求，以提高系统服务水平、运作效率和经济效益为目的，制定各要素的配置方案。其内容如下。

1. 物流系统组织结构分析与设计

组织是一切经营活动的载体，也是为规范和协调物流业务活动及相关参与主体利益冲突进行规制安排的一种形式，有效的和有效率的物流组织是物流系统管理中至关重要的因素。

随着供应链竞争时代的到来，在物流业务活动中已经越来越多地突破了传统的企业边界，参与主体日趋多元化和复杂化。而许多企业或供应链物流系统却常常因缺乏统一、合理、跨企业的物流组织安排，导致了有关物流业务参与主体及相关活动陷于职能混乱与利益冲突之中。因此，必须围绕企业或供应链竞争力的改善，进行有效的物流组织战略重构，合理划分物流业务职能，从而实现物流资源的有效整合。

随着社会的发展，企业物流活动的变化及企业战略目标的改变，出现了众多的物流组织形式，如何选择有效的组织形式，是选择自营物流还是选择外包物流，这已成为物流系统组织设计中的主要任务。因此，在设计中首先要进行物流系统组织设计目标分析和物流业务功能分类，然后再针对每一类物流业务功能，根据相关因素来选择恰当的物流组织模式。

2. 物流系统网络结构的分析与设计

物流网络的设计是以顾客服务水平、选址决策、库存规划、运输管理这4个主要规划项目为基础的。物流中顾客服务水平包括产品的可得性、产品的交货周期及收到产品状况等。选址决策与供应和需求的分配有关。库存规划包括建立适当的库存水平及补充计划。运输管理涉及运输方式选择、运输路线选择、车辆时间安排、货物拼装等。这4个方面相互联系，为了获得最大效益，必须对它们进行综合考虑。

物流网络规划的主要任务是确定货物从供应地到需求地整个流通渠道的结构。包括：①决定物流结点的类型；②确定物流结点的数量；③确定物流结点的位置；④分派各物流结点服务的客户群体；⑤确定各物流结点间的运输方式等。

由于供应地和需求地顾客数量较大，物流结点可选地址太多，运输方式选择因素复杂，所以最优的物流网络结构的设计工作也必然是相当复杂和艰巨的。

3. 物流系统控制机制分析与设计

物流系统存在的目的就是为了实现特定的目标，但物流系统目标的实现并不容易，因为物流系统在实际运营当中所面临的内外部环境是不断变化的，这会导致物流系统实际产出偏离物流系统目标的情况。这时，需要对物流系统的运转进行一定程度的控制。

设计一个运作良好的物流系统协调控制机制，将会大大增强企业的竞争能力及适应能力。

4. 物流信息系统分析与设计

物流系统是由多个子系统组成的复杂系统，物流信息系统成为各个子系统之间沟通的关键，在物流活动中起着中枢神经系统的作用。多个子系统是通过物资实体的运动联系在一起的，一个子系统的输出就是另一个子系统的输入，有效的物流信息管理使这些物流子系统成为一个有机的整体，而不是各个孤立的部分。

物流信息系统分析与设计的主要任务如下。

（1）确定建立物流信息系统的目的，把握要解决的问题。

（2）进行系统的需求分析，在此基础上，建立系统的功能模型和信息模型。设计系统的总体结构和功能，进行系统的软件、硬件、网络、组织机构配置及制订项目管理计划等，对所要做的工作、所要用的资源、所要花费的全部经费进行分析和描述，并进行预期效益分析。

（3）进行系统的概要设计与详细设计。

（4）系统的实现、运行与维护。

5. 物流系统的评价

物流系统的评价是指从技术和经济两个方面对建立的各种物流系统方案所进行的评价，并从中选择出技术上先进可行、经济上合理的最优系统方案的过程。物流系统评价是物流系统中一项重要的基础工作。在物流系统开发之前，通过系统评价，可对各种方案进行比较分析，选出最优的方案；在物流系统开发的过程中，进行系统评价，可对现行方案进行分析和改进，实现最优化；在物流系统开发完成及实施后更需要进行系统评价，才能判断物流系统方案是否达到了预定的性能指标，并持续改进。

物流系统评价与控制的主要目的是：追踪物流作业目标达成的程度，从而确认改善效率与效果的各项机会。物流系统评价的主要任务是：确定物流系统评价的内容和程序；建立物流系统评价的指标体系；选择物流系统评价的模型；分析物流系统评价的结果；制订物流系统管理改进的方案与计划。

四、物流系统设计的方法与步骤

成功的物流系统总是以能接受的价格来实现客户所要求的服务。价格和服务是一对矛盾的统一体，构筑一个良好的物流系统必须找到两者之间的平衡点。满足一定服务目标的物流系统往往由若干子系统组成。物流系统分析与设计包含了众多可能的选择，从物流网络构筑到结点内部布局等，需要对每一个子系统或环节进行分析与设计。每一子系统的分析与设计需要与整体物流规划过程中的其他组成部分相互平衡、相互协调。因此，首先需要形成一个总框架，在总的框架的基础上采用系统分析的方法，对整个系统的各个部分进行分析与设计。

物流系统设计与分析过程大体可分为5个阶段。

1. 物流系统设计的目标确定阶段

在对一个物流系统进行设计之前，重要的是要描述系统设计的目的和目标。目标定位直接决定物流系统的组成部分，例如，对于企业物流系统分析与设计来说，比较常用的目标有三种：总资金成本最小、运营成本最低及顾客服务水平最高。总资金成本最小旨在使物流系统中总投资最小，相对的物流系统设计方案往往是减少物流结点的配置数量，直接将货送到用户手中或选择公共仓库而不是企业自建仓库；运营成本最低的目标也往往需要利用物流结点实现整合运输；顾客服务水平最高的目标，又往往需要配置较多的物流结点、较好的信息系统等。如果存在系统制约也必须加以说明。这主要是指由于各种原因，系统中的因素无法加以改变，而有些制约因素可能与既定的目标有冲突。

另外，在设计新物流系统或改进现有物流系统时，一个重要的问题是考虑完整的系统还是考虑系统的一部分。解决这个问题的依据是：资源的可得性、物流系统规模、物流系统各组成部分的相对重要性、系统费用、系统整合程度等方面。最好的方法当然是针对整个系统来分析设计，然而在某些条件下，系统输入条件的改变和系统的每个部分联系不大，而时间资源有限及物流系统太大，无法把它作为整个系统来解决。这时一个比较实际的方法是整体考虑，分步设计，最后再把各个独立部分结合起来。

2. 收集系统设计所需要的基础数据资料阶段

一旦确定了系统目标并分析了系统的制约因素后，下一个阶段就是收集系统设计所需要的基础数据资料，并通过对这些数据资料的分析及物流需求的分析，设计出系统方案。基础资料的调查与分析包括确定所需数据和数据来源，确定样本容量，分析所得到的数据的充分性和正确性，对数据进行分类汇总，确定收集辅助数据的方法，对得不到的数据进行估计等。

3. 物流系统方案评估阶段

这一阶段主要是提供备选方案各方面的评估信息，并对各备选方案进行评估，以辅助决策者选择最优或满意的方案。

4. 物流系统方案实施阶段

该阶段涉及设计、建筑等具体工作，并将大型、专门的设施投入运行，以及人员的培训等内容。

5. 物流系统评价阶段

该阶段的任务是对实施方案进行追踪监测，分析方案实施前后的变化，并提出评估报告，作为方案修正的依据。

第二节　物流系统基础资料的调查与分析

一、基础设计资料调查的内容

在物流系统规划设计中，要进行大量的相关基础资料的调查和收集工作，作为系统设计的参考依据。一个物流系统规划设计方案的有效性依赖于调查获得的基础资料的准确程度和全面程度。调查的内容根据规划设计目标、调查对象来确定。一般物流系统规划设计需要调查的基础资料包括以下几个方面。

1. 物流资源状况调查

数据需求依赖于目标系统的性质，数据来源则是根据数据需求而定。数据的充分性包括数据的完整性和样本容量。对于在研究的时间范围内没有丢失的数据可认为数据流是完整的；反之，则是不完整的。数据的特性指的是数据的各个组成部分。例如，货物的日需求数据必须包括日期、货物重量和体积，因为货物密度根据产品的不同而不同，所以单一的重量数据或单一的体积数据是不够的。

物流资源需求调查包括：①物流结点设备状况，如物流结点分布、规模、功能，交通网络，运输设备，仓储设备，信息系统等；②物流系统的基本运营状况，如组织管理体系，服务模式，营业状况，服务种类，作业方式，单据流程，作业流程等。

2. 物流服务需求调查

在基础数据调查中除了调查现有物流资源的情况外，还需要对物流服务需求进行调查。物流服务需求既是物流系统产生的动因，又是构造物流系统的依据，有什么样的物流服务需求，就有相应的物流系统与之对应。物流服务需求调查包括：①服务水平，如缺货率、送货时间、服务费用等；②客户分布，如现有的和潜在的客户分布等；③产品特征，如产品尺寸、重量和特殊的搬运需求；④需求特征，如客户的订单特征，客户订货的季节性变化，客户服务的重要性等；⑤需求规模，如交通流量等；⑥需求服务内容，如需要提供的服务；⑦其他。

除以上所述外，以下6个基本数据是物流系统设计与分析中必须具备的。物流服务需求具体包括：① 所研究商品（Products）的种类、品目等；② 商品的数量（Quantity），年度目标的规模、价格；③ 商品的流向（Route），生产厂配送中心、消费者等；④ 服务（Service）水平，速达性、商品质量的保持等；⑤ 时间（Time），即不同的季度、月、周、日、时业务量的波动特点；⑥ 物流成本（Cost）。

3. 社会经济发展调查

主要调查、分析物流服务区域的社会经济发展状况，具体包括经济规模、发展前景、产业构成、空间布局等。

4. 竞争状况

调查竞争对手的物流资源配置、网络布局、服务方式、营业状况等。

二、基础设计资料的调查方法

物流系统调查的主要方法有以下几种。

（1）查阅历史资料：就是到各个科室查阅档案材料。事先应学习一些有关的业务知识。

（2）召开调查会：这种集中调查讨论的方法，适合于了解掌握宏观情况。

（3）访问面谈调查：对各级管理人员和工作人员要自上而下地进行访问。对细节要做专门访问。

（4）发调查表：设计调查表，对一些共性的问题进行较大范围的调查，征求意见。

（5）参加业务实践：参加业务实践（如深入现场、跟班作业），这是调查情况的最佳方法。

调查时，要制订计划，确定调查顺序，态度要认真，尽可能地使用直观的图表工具。在完成数据收集之后，剔除异常数据，确定数据样本容量，对数据进行分类归并，计算整理分析。

三、物流系统调查样本容量

样本容量指的是为了在分析中得到一个较理想的准确度而需要的数据点数量。物流分析设计结果的有效性取决于样本容量及在分析中所使用的数据点的数量，样本容量随着期望准确程度、置信度、数据变异性的增加而增加。

在实际问题中，需要自己动手设计调查方案，这时，如何决定样本容量大有学问。如

果样本容量 n 选得过大，会增加费用；如果 n 选得过小，会使估计误差增大。确定样本容量的关键是解决以下问题：①要求什么样的精度？即希望估计值与真值接近到什么程度？换句话说，想构造多宽的区间？②对于置信区间来说，想要多大的置信度？即想要多大的可靠度？

在系统调查工作中，采用随机抽样进行资料采集时，需要预先确定样本量的大小。在系统误差确定的条件下，抽样调查的准确性取决于抽样误差，而抽样误差的大小又与样本容量有直接的关系，即样本容量越大，抽样误差就越小。当然，这并不能说在抽样调查中样本容量越大就越好，因为样本容量越大，调查的费用就越高。因此，决定样本容量大小的主要因素是特定的调研项目对抽样误差的要求和项目预算经费这两个方面。在实际工作中，样本容量的确定实际上就是在抽样误差与经费预算之间求得最佳的平衡，即在可以接受的抽样误差的条件下使用最少的经费，当然，有时候则可能是在一定的经费额度条件下争取最小的抽样调查误差，而这个误差当然必须是可以接受的。在选择物流调查对象时，当对象群体人数很多、调查难度大时，宜选择较少的样本。

四、数据准确性分析

1. 数据的正确性

数据的正确性指的是数据的可靠性。数据的准确性可通过扫描那些取值范围来证实，或者通过比较不同数据来源的同一数据来分析，这些都将有助于证实数据的准确性。比较不同数据来源的同一数据也有助于证实数据的准确性。例如：

日期	产品	重量	体积
2009 年 3 月 1 日	1	200	10
2009 年 3 月 2 日	2	400	40
2009 年 3 月 3 日	1	300	10

通过对比发现，3 月 1 日或 3 日的数据有问题，因为同一种产品 1，体积相同，重量却不同。

2. 异常数据审查

（1）百分数方法。将在一定百分点之上或之下的数据删除，例如，所有密度低于 5%或高于 95%的数据点被认为是异常数据点而除去。

缺点是：虽然包含在 10%的数据中可能不是异常数据，但也将被除去。

（2）数值比较法。低于或高于某一特定值的数据点将被除去，例如，除去密度小于 0.11 和高于 30 的数据点。

缺点是：需要指定截止数值。

五、数据分类归并

数据汇总有助于使较复杂庞大的问题简单化。在物流系统分析与设计中往往需要对具有相同特征的数据进行归并汇总处理，以减少数据类别，便于寻求数据变化的规律，简化数据分析。对于得不到的数据或丢失的数据，通常采用简单的内插法或征求专家意见补全。

1. 数据汇总的方式

通常根据产品的某些特征（如产品的相似之处）进行分组，可按重量、体积、易腐性、暴露的危险等分组。

2. 分组采用的方法

聚类是将相似的物体归为一类的各种统计和数学模型的统称。聚类分析指将物理或抽象对象的集合分组成为由类似的对象组成的多个类的分析过程。它是一种重要的人类行为。聚类与分类的不同在于，聚类所要求划分的类是未知的。聚类是将数据分类到不同的类或者簇这样的一个过程，所以同一个簇中的对象有很大的相似性，而不同簇间的对象有很大的相异性。

聚类分析的目标就是在相似的基础上收集数据来分类。聚类源于很多领域，包括数学，计算机科学，统计学，生物学和经济学。在不同的应用领域，很多聚类技术都得到了发展，这些技术方法被用作描述数据，衡量不同数据源间的相似性，以及把数据源分类到不同的簇中。

从统计学的观点看，聚类分析是通过数据建模简化数据的一种方法。传统的统计聚类分析方法包括系统聚类法、分解法、加入法、动态聚类法、有序样品聚类、有重叠聚类和模糊聚类等。采用 k-均值、k-中心点等算法的聚类分析工具已被加入到许多著名的统计分析软件包中，如 SPSS、SAS 等。

从实际应用的角度看，聚类分析是数据挖掘的主要任务之一。而且聚类能够作为一个独立的工具获得数据的分布状况，观察每一簇数据的特征，集中对特定的聚簇集合做进一步的分析。聚类分析还可以作为其他算法（如分类和定性归纳算法）的预处理步骤。如在市场营销方面，聚类分析被用来发现不同的客户群，并且通过购买模式刻画不同的客户群的特征。聚类分析是细分市场的有效工具，同时也可用于研究消费者行为，寻找新的潜在市场、选择实验的市场，并作为多元分析的预处理。

最常用的聚类方法是最近距离、最远距离和均值距离方法。聚类方法常用来对相似产品或地点进行分类，以缩小问题的范围。聚类的关键是根据特定的特征值定义的相似性测度。例如，产品的相似度可用产品的大小、形状、颜色、重量、密度等来定义。聚类分析根据一批样品的许多观测指标，按照一定的数学公式具体地计算一些样品或一些参数（指标）的相似程度，把相似的样品或指标归为一类，把不相似的归为一类。聚类方法的步骤如下。

① 选择期望的最终分类数目，计算各产品相似矩阵（可以用任一种距离公式），初始化时设每一个样本为一类。

② 找出距离矩阵中的最大值元素（意味着最大相似度）及对应于这个值的两类产品 j 和 k，将 j 类和 k 类合并为一个新类 t。重新计算新类和其他类别之间的相似度（某一类可能只有一个元素或有几个元素）。t 类和 s 类之间的相似度等于 l 和 m 之间的相似度的最大值（$l \in t$，$m \in s$）（在最近距离时为最小值），同时去掉 j 类和 k 类。

③ 如果矩阵达到了期望分类数停止，否则重复步骤 2。

对于难以得到的数据或已丢失的数据，可以采用征求专家意见、简单的插值、较为复杂的一些预测来估计等方法进行补足。

六、基础设计资料的分析方法

针对不同的调查内容，甚至不同的调查方法，其资料的分析方法也不同，一般来说有两种分析方法。

1. 定量分析法

定量分析法是指运用现代数学方法对有关的数据资料进行加工处理，据以建立能够反映有关变量之间规律性联系的各类预测模型的方法体系。具体方法有：趋势外推分析法和因果预测分析法。通过对可量化的资料进行整理、归纳、统计和汇总，制作成各种图表，通过对相应图表的分析，为系统规划设计提供参考依据。

2. 定性分析法

定性分析就是运用归纳和演绎、分析与综合及抽象与概括等方法，对获得的各种材料进行思维加工，从而能去粗取精、去伪存真、由此及彼、由表及里，达到认识事物本质、揭示内在规律的目的。定性分析常被用于对事物相互作用的研究中。要认识某种事物现象，首先就要认识这个对象所具有的性质特征，以便把它与其他的对象区别开来。所以，定性分析是一种最根本、最重要的分析研究过程。

定性分析有两种不同的层次：一种是研究的结果本身就是定性的描述材料，没有数量化或者数量化水平较低；另一种是建立在严格的定量分析基础上的定性分析。从科学认识的过程看，任何研究或分析一般都是从研究事物的质的差别开始，然后再去研究它们的量的规定，在量的分析的基础上，再作最后的定性分析，得出更加可靠的分析。对于不可量化的调查资料，可以通过专家进行推理分析，为系统规划设计提供参考依据。

第三节　物流需求预测

一、物流系统需求特征

（一）物流系统需求的含义

物流需求即指对物流服务的需求。对物流服务的需求是指一定时期内社会经济活动对生产、流通、消费领域的原材料、成品和半成品、商品及废旧物品、废旧材料等的配置作用而产生的对物在空间、时间和效率方面的要求，涉及运输、仓储、包装、装卸、搬运、流通加工、配送及与之相关的信息需求等物流活动的诸方面。物流系统需求分析是指用定性或定量的方法对物流系统要进行的运输、仓储、包装、装卸、搬运、流通加工、配送等作业量进行预测分析。物流系统需求分析包含了当前物流市场和潜在物流市场的需求分析。

此外，物流需求是流量而非存量，即在一段时间内而非在某一事点上所发生的量，没有时间限制笼统的谈物流需求是没有意义的。

在物流系统分析与设计中还需要准确估计该物流系统所需要处理的物流量，对于物流量的估计主要采用预测和推算两种方式。物流需求分析是物流系统分析与设计中的一个难题。其原因在于现有统计资料不足及统计口径存在缺陷；物流需求往往呈现为一种潜在的需求，需要在市场的运作中具体实现，因此，带有相当的不确定性；物流需求不仅表现在量的多少，还表现在空间分布和时空分布的特征。

（二）现代物流需求

现代物流需求包括物流需求规模和物流需求结构两个方面。物流需求规模是物流活动中运输、仓储、包装、装卸、搬运和流通加工等物流作业量的总和。

物流需求结构可以有不同的表述：从物流服务内容上分，包括运输、仓储、包装、装卸搬运、流通加工、配送、信息服务等方面的需求。从物流需求的形态来说，包括有形的需求和无形的需求，有形的需求就是指对物流服务内容的需求，无形的需求是指对物流服务质量的需求，如物流效率、物流时间、物流成本等方面的需求。

（三）物流系统的需求具有时间和空间特征

物流系统的需求通常包含时间方面和空间方面的分析，即进行了物流系统的时间方面的需求分析后还要分解为不同地区的物流需求。物流包括产品的运输、仓储、包装、装卸、搬运、流通加工等各个环节，既涉及产品的时间效用，如仓储，又涉及产品的空间效用，如运输。作为一个物流管理者不仅需要知道物流需求随时间的变化规律，还要知道其空间的需求，如运输的距离、仓库的分布与库容，并根据企业物流的预计需求量规划仓库的位置等。

（四）物流系统作业项目需求分析

由于物流的功能包括运输、库存、包装、装卸搬运、流通加工等，所以对物流系统的需求进行分析，包含了上述几个方面的物流作业的分析。另一方面，针对一个具体的物流系统，在对其进行需求分析之前，首先应分析该物流系统是处于一个供应链中服务于供应链的下游企业，还是独立于供应链的为社会大众服务的物流系统，如宅急便物流系统与专门供应某一类企业的第三方物流系统，这两者的物流需求模式是不同的。

在对物流系统需求进行预测之前，首先要明确物流需求预测的对象，所要预测的是运输作业量还是配送作业量。根据该物流系统运输作业的特点，分析其运输的地域范围，货物的包装形式，与之适应的装卸作业方式，在明确了上述各项内容后，对运输量进行预测，按所预测出的运输量，进一步分析可得出所对应的包装需要量和装卸作业需要量。

不同的产品具有不同的物流需求模式。在设计企业的物流系统时，物流管理人员会为不同的产品确定不同的服务水平，相应的物流需求会呈现出不同的模式。产品需求特点会直接体现为物流需求的规律性与不规律性。通常刚刚投入市场，还处于投入期和成长期的产品，其市场需求不稳定，客户是一个较小的群体，相应的物流需求也是不平稳的，难以找到一般的规律对其进行概括。而进入成熟期的产品，市场分布稳定，销售量会随着季节、时间的变化呈现出一定的趋势，其相应的物流服务也会呈现出某种趋势，能够采用一定的方法对其进行预测。与产品相关的各个因素，如原材料、分销方式、销售渠道等都会对物流需求产生影响。

（五）物流需求同时包含独立需求和派生需求

物流需求与产品或服务的销售（或采购）数量直接相关。产品方面的估计一般由营销、市场或专门的计划人员完成。通常物流管理者主要是制定库存控制或车辆调度之类的短期计划，包括对提前期、价格和物流成本等进行预测，并不需要独自为企业做综合预测。物流需求特性不同，预测方法也不同。

比如，对于制造业来说，物流预测是要根据生产规划或计划估计未来的需求，用来指导存货定位，满足预期的顾客需求。生产计划制定好以后，物流管理部门便根据市场所需要的不同型号的产品、用户的个性化（比如颜色等要求）开始做物料计划。再将物料计划送到供应商手上，供应商就会按照所需要的品种、时间、地点将物料送到。一般在大型的跨国公司中，所有的物料都应该先集中在物料配送中心，再根据生产线的需要送到生产线进行生产或装配。这个过程中产生的物流需求多为派生的需求。

如果需求是来自许多客户的，而且各客户彼此独立，需求量只构成企业物流总量的很少部分，此时的需求就具有随机性，被称为独立需求。第三方物流企业的物流服务需求就是一种市场需求，具有一定的独立性。

物流需求预测可以根据预测对象、预测条件的不同而选择不同的定性或定量预测方法。

如果需求是独立的，采用统计预测的方法会有较好的效果，多数短期预测模型都要求预测对象是独立随机的；对于派生需求，只要最终产品的需求确定，就可以得出非常准确的派生需求的预计值。

（六）物流需求量化指标选择的原则

进行物流需求分析，就是寻找物流需求变量的变化规律。而对物流需求进行量化研究有利于更精确地掌握其变化的规律。在进行量化研究时，必须选择一些量化指标，这些指标从不同角度反映了变量的不同变化规律。选择物流需求的量化指标应遵循以下几个原则。

1. 绝对量与相对量互补的原则

绝对量反映客观事物的规模、水平、大小。它必须要用一定的单位来表示。相对量是两个绝对量的比值，通常用百分数、比率或倍数表示，它可以反映一定经济条件下的经济规律。物流需求的绝对量反映了一定时期物流需求的规模，但没有反映出这样规模同时的经济发展水平。物流需求的绝对量与经济发展水平的比值则反映了在一定经济发展条件下，物流需求变化的规律。二者各有利弊，缺一不可。

2. 统一度量衡的原则

物流需求涉及面广、内涵丰富，不同的物流服务有不同的计量单位。比如，运输量采用吨或吨公里，库存采用重量单位或体积单位，集装箱运输装卸采用 TEU 等。物流需求的量化指标要想全面表示物流需求的内容，必须有一个统一的计量单位。采用价值计量单位是经济学中普遍的做法，它适用于一切经济现象，也能反映一定的经济规律。所以采用价值单位作为物流需求量化指标的量纲，可以反映物流需求的经济意义，同时也具有了与其他经济变量的兼容性。但具体物流作业量的预测则要根据其作业性质，赋予其特定的度量单位。

3. 静态与动态兼顾原则

流量和存量的分析是静态分析，反映了一定时点上变量的水平。趋势分析、增量分析和投入产出分析都是动态分析的方法，变量的动态特征是变量变化规律的主要方面。

二、物流需求预测方法

（一）定性预测方法

定性预测法主要是利用直观材料，依靠管理者个人的经验和综合分析能力，对未来的发展方向和趋势作出推断，其优点是直观简单、适应性强。

通常，如果影响物流需求预测的相关信息是模糊的、主观的，无法量化，而且相关的历史数据很少，或是与当前的预测相关程度很低，往往只能选择定性的方法进行预测。由于我国企业对物流的认识起步较晚，物流方面的统计工作尚不完善，而且也没有适当的数据可以使用，定性预测方法在一定范围内将会得到较多使用。而且中期到长期的预测更多选用此方法。

1. 德尔菲法

德尔菲法是根据专业人员的直接经验，对研究的问题进行判断、预测的一种方法，也称专家调查法。这种方法不受地区人员的限制，应用广泛、费用较低，尤其是在现在通信更加便捷的情况下，可以加快预测速度和节约预测费用。由于可以分别对不同的专业人士进行调查，能够得到各种不同的观点和意见，通常在历史资料不足或不可测因素较多时尤为适用，如长期预测或对新产品的预测。

这种方法也存在着一定的不足，预测结果取决于专家的学识、经验、心理状态和对预测问题感兴趣的程度，受主观认识制约较强。如果所预测的产品或顾客群分散于不同地区，由于聘请的专家可能对具体情况不熟悉，意见有时可能不完整或不切合实际。

德尔菲法的预测程序有 5 步，具体步骤如下。

（1）明确预测目标，成立预测小组，准备预测问题的背景材料。包括对德尔菲法的必要的说明，使参加的专家了解德尔菲法，这将有利于提高预测效果。设计问卷、调查表时，避免在调查表中出现组合事件。

（2）选择专家、专业人员。聘请的专业人员应该对拟预测的问题较为熟悉，又要具有不同的背景。如果是企业经营方面的问题，可以聘请经验丰富的一线生产人员、技术人员、管理人员、财务人员等。如果是企业的战略规划方面的问题，还可以聘请理论丰富的专家、学者。经验表明，预测结果随人数增加而提高，但超过 10 人后提高不太明显。因而一般应选 10～50 人，但重大问题可多达百余人。

（3）专家根据自己的知识和经验，对所预测事物的未来发展趋势提出自己的预测，并说明其依据和理由，书面答复主持预测的单位。

在专家的答复中应请专家对所作预测进行自我评价，例如，可要求专家在调查表上自己注明对预测的问题的熟悉程度。

（4）预测小组对专家的预测意见进行归纳整理。在对调查结果进行统计处理时，可以给予熟悉这一领域的专家的意见以较大的权值。这样做有利于提高预测的精度。对不同的预测值分别说明理由和依据，然后再寄给各位专家，要求专家修改自己原有的预测，以及提出还有什么要求。在反馈意见时，不能注明是哪个专家的意见，并防止出现诱导现象。

（5）专家等人进行第二次预测，提出自己的修改意见及其依据和理由。如此反复往返征询、归纳、修改，一般经过 4～5 次反馈，各位专家的意见就会基本趋向一致。如出现无法一致的情况，并不意味着德尔菲法的失败。这时发现预测意见按不同学派和观点相互对立，使预测者的不同见解明朗化，从而有利于问题的深入研究。

（6）德尔菲法的应用实例。某公司要在市场上投放一种新产品，公司的运输部门要为其制定运输规划，其中一项为预测本年度可能的总需求量，即总的运输量。包括产品的投放量、产品售后维修所需的零配件的数量等。由于这是一项新产品，没有相关的历史数据可供使用。因此运输部门成立了调查小组，并聘请市场部经理、产品设计人员、销售人员等对产品可能的销售量和售后维修可能需要的零配件数量进行预测。其中，市场部或销售部可能已经对产品的销售量进行了预测，那么重点在于产品售后维修所需的零配件的预测，并统一各产品零部件运输量的单位，如以吨或吨公里为单位。经 3 次反馈后，专家意见反馈如表 2-1 所示。

表 2-1　专家意见反馈表

专家编号	第一次判断			第二次判断			第三次判断		
	最低运量	最可能运量	最高运量	最低运量	最可能运量	最高运量	最低运量	最可能运量	最高运量
1	1000	1500	1800	1200	1500	1800	1100	1500	1800
2	400	900	1200	600	1000	1300	800	1000	1300
3	800	1200	1600	1000	1400	1600	1000	1400	1600
4	1500	1800	3000	1200	1500	3000	1000	1200	2500
5	200	400	700	400	800	1000	600	1000	1200
6	600	1000	1500	600	1000	1500	600	1200	1500
7	500	600	800	500	800	1000	800	1000	1200
8	500	600	1000	700	800	1200	700	800	1200
9	800	1000	1900	1000	1100	2000	600	800	1200
平均数	700	1000	1500	800	1100	1600	800	1100	1500

如果按照 9 位专家第三次判断的平均值计算，则预测这个新产品的平均运输量（吨）为：

$$\frac{800+1100+1500}{3}=1133$$

将最可能运输量、最低运输量和最高运输量分别按 0.5、0.2、0.3 的概率加权平均，则预测平均运输量（吨）为：

$$1100\times 0.5+800\times 0.2+1500\times 0.3=1160$$

在对数据进行分析时还可以使用其他统计分析方法，如用中位数。一般来说，当数据的偏态比较大时，使用中位数可以避免受个别偏大或偏小数据的影响。在本例中采用平均数为宜。

2. 主观概率法

物流需求属于不确定事件，一般不能在相同的条件下重复试验，主要依靠决策者在掌握信息的条件下，根据他的认识水平，对有关事件作出主观的判断，这时往往会以某一个数值作为事件发生的可能性的量度，通常称之为主观概率。在主观概率的基础之上作出的预测就称为主观概率法。比如，某企业的物流管理者认为未来三年内物流市场需求增长的可能性为 80%，这就是一个主观的判断。

主观概率法的预测步骤如下。

（1）准备相关资料，作为供专家参考的背景资料，包括市场上同类产品、替代产品的销售资料及当前的市场状况、产品的设计资料等。

（2）编制主观概率调查表。

（3）分析数据。

在对企业的物流需求进行中长期的预测时，还可以使用其他的定性方法，如对未来潜在市场进行调查，征求销售人员的意见，以及与类似的产品做对比性分析，从而得出预测结果。也可以同时使用多种方法，再对各结果进行综合分析。

3. 头脑风暴法

头脑风暴法又称智力激励法、BS法、自由思考法，是由美国创造学家A.F.奥斯本于1939年首次提出、1953年正式发表的一种激发性思维的方法。此法经各国创造学研究者的实践和发展，至今已经形成了一个发明技法群，如奥斯本智力激励法、默写式智力激励法、卡片式智力激励法等。

在群体预测中，由于群体成员心理相互作用影响，易屈于权威或大多数人意见，形成所谓的“群体思维”。群体思维削弱了群体的批判精神和创造力，损害了预测的质量。为了保证群体预测的创造性，提高预测质量，管理上发展了一系列改善群体预测的方法，头脑风暴法是较为典型的一个。

采用头脑风暴法组织群体预测时，要集中有关专家召开专题会议，主持者以明确的方式向所有参与者阐明问题，说明会议的规则，尽力创造出融洽轻松的会议气氛。一般不发表意见，以免影响会议的自由气氛。由专家们“自由”提出尽可能多的方案。

4. 情景分析法

情景分析法，又称前景描述法或脚本法，是在推测的基础上，对可能的未来情景加以描述，同时将一些有关联的单独预测集中形成一个总体的综合预测。

情景分析就是就某一主体或某一主题所处的宏观环境进行分析的一种特殊研究方法。概括地说，情景分析的整个过程是通过对环境的研究，识别影响研究主体或主题发展的外部因素，模拟外部因素可能发生的多种交叉情景分析和预测各种可能前景。

该方法步骤如下。

（1）主题的确定。

（2）主要影响因素的选择。

（3）方案的描述与筛选：将关键影响因素的具体描述进行组合，形成多个初步的未来情景描述方案——横纵坐标进行归类。

（4）模拟演习：邀请公司的管理人员进入描述的情景中，面对情景中出现的状况或问题作出对应策略的过程。

（5）制订战略。

（6）早期预警系统的建立。

情景分析法通过分析环境和形成决策，能提高组织的战略适应能力，实现资源的优化配置。情景分析方法在了解内部环境的基础上，定性分析与定量分析相结合，需要主观想象力，承认结果的多样性。

情景分析法是为了提高物流系统或者其他组织对未来的适应性和发展力，因此分析的一个前提是要对分析的对象有一个清晰的认识。例如，对于物流系统，首先要了解的就是系统的战略目标、组织定位、愿景等，还有一个容易被忽视但却非常重要的因素就是组织的文化，这关系到每个组织个体价值观与集体认同方面。如果不了解这些，就从整体的角度出发，很可能通过情景分析得到的一个看似非常好的战略，会变得不切实际，或者效果并不见得好。

（二）定量预测方法

定量预测（Quantitative Forecasts）基本上可分为两类：一类是时序预测法。它是以一个指标本身的历史数据的变化趋势，去寻找市场的演变规律，作为预测的依据，即把未来作为过去历史的延伸。时序预测法包括平均平滑法、趋势外推法、季节变动预测法和马尔可夫时序预测法。

另一种是因果分析法，它包括一元回归法、多元回归法和投入产出法。回归预测法是因果分析法中很重要的一种，它从一个指标与其他指标的历史和现实变化的相互关系中，探索它们之间的规律性联系，作为预测未来的依据。

时间序列中每一时期的数值，都是由很多不同因素同时发生作用后的综合反映。总的说来，这些因素可分为三大类。

（1）长期趋势。这是时间序列变量在较长时间内的总势态，即在长时间内连续不断地增长或下降的变动势态。它反映预测对象在长时期内的变动总趋势，这种变动趋势可能表现为向上发展，如劳动生产率提高；也可能表现为向下发展，如物料消耗的降低；还可能表现为向上发展转为向下发展，如物流需求变化。长期趋势往往是市场变化情况在数量上的反映，因此它是进行分析和预测的重点。

（2）季节变动。这是指一再发生于每年特定时期内的周期性波动。即这种变动上次出现后，每隔一年又再次出现。所以简单地说，每年重复出现的循环变动，就叫季节变动。

（3）不规则变动，又称随机变动，其变化无规则可循。这种变动都是由偶然事件引起的，如自然灾害、政治运动、政策改变等影响经济活动的变动。不规则变动幅度往往较大，而且无法预测。

定量预测方法需要有较为翔实的数据作为基础，预测方法的复杂程度也大不一样。一般来讲，物流管理者不必考虑太过复杂的预测方法。因为预测信息，尤其是销售预测，是企业各部门都需要的，预测活动常常是由企业的营销、规划或经济分析部门进行的。中期或长期的物流需求预测通常是由其他部门提供给物流管理者。物流管理者的工作一般仅限于协助库存控制、运输计划、仓库装卸计划及类似活动的管理部门做短期预测。而且，大量的实证研究表明，没有哪种预测方法具有明显的优势，模型的预测精度也不会因为模型的复杂程度增加而自动提高。根据方法的复杂性、潜在作用和数据的可得性，物流管理者只需具体考虑几种预测方法。

定量预测，主要是运用现代数学方法对历史数据进行科学的加工处理或建立经济模型，进而揭示各有关变量之间的规律性联系。目前物流业中常用的预测方法有以下几种。

1. 加权算术平均法

用各种权数算得的平均数称为加权算术平均数，它可以自然数作权数，也可以项目出现的次数作权数，所求平均数值即为测定值。

2. 趋势平均预测法

它是以过去发生的实际数为依据，在算术平均数的基础上，假定未来时期的数值是它近期数值的直接继续，而同较远时期的数值关系较小的一种预测方法。

3. 指数平滑法

它是以一个指标本身过去变化的趋势作为预测未来的依据的一种方法。对未来预测时，近期资料的影响应比远期大，因而对不同时期的资料不同的权数，越是近期资料权数越大，反之权数越小。

4. 马尔可夫预测方法

马尔可夫（Markov）预测方法，就是一种预测事件发生的概率的方法。它是基于马尔可夫链，根据事件的目前状况预测其将来各个时刻（或时期）变动状况的一种预测方法。马尔可夫预测法主要用于市场占有率的预测和销售期望利润的预测。马尔可夫预测法是对地理、天气、市场进行预测的基本方法，它是物流预测中常用的重要方法之一。

事物的发展状态总是随着时间的推移而不断变化的。在一般情况下，人们要了解事物未来的发展状态，不但要看到事物现在的状态，还要看到事物过去的状态。马尔可夫认为，还存在另外一种情况，人们要了解事物未来的发展状态，只需知道事物现在的状态，而与事物以前的状态毫无关系。例如，A 产品明年是畅销还是滞销，只与今年的销售情况有关，而与往年的销售情况没有直接的关系。后者的这种情况就称为马尔可夫过程，前者的情况就属于非马尔可夫过程。

马尔可夫过程的重要特征是无后效性。事物第 n 次出现的状态，只与其第 $n-1$ 次的状态有关，它与以前的状态无关。这种性质就是无后效性。所谓“无后效性”，是指过去对未来无后效，而不是指现在对未来无后效。马尔可夫链是与马尔可夫过程紧密相关的一个概念。马尔可夫链指出事物系统的状态由过去转变到现在，再由现在转变到将来，一环接一环像一根链条，而作为马尔可夫链的动态系统将来是什么状态，取什么值，只与现在的状态、取值有关，而与它以前的状态、取值无关。因此，运用马尔可夫链只需要最近或现在的动态资料便可预测将来。马尔可夫预测法就是应用马尔可夫链来预测市场未来变化状态。

5. 灰色预测法

灰色预测法是一种对含有不确定因素的系统进行预测的方法。灰色系统是介于白色系统和黑色系统之间的一种系统。白色系统是指一个系统的内部特征是完全已知的，即系统的信息是完全充分的。而黑色系统是指一个系统的内部信息对外界来说是一无所知的，只能通过它与外界的联系来加以观测研究。灰色系统内的一部分信息是已知的，另一部分信息是未知的，系统内各因素间具有不确定的关系。一般地说，社会系统、经济系统、生态系统都是灰色系统。例如，物流系统，导致物流系统变化的因素很多，但已知的却不多，因此对物流这一灰色系统的预测可以用灰色预测方法。

灰色预测通过鉴别系统因素之间发展趋势的相异程度，即进行关联分析，并对原始数据进行生成处理来寻找系统变动的规律，生成有较强规律性的数据序列，然后建立相应的微分方程模型，从而预测事物未来发展趋势的状况。其用等时距观测到的反应预测对象特征的一系列数量值构造灰色预测模型，预测未来某一时刻的特征量，或达到某一特征量的时间。灰色预测的类型主要有以下几种。

（1）灰色时间序列预测。即用观察到的反映预测对象特征的时间序列来构造灰色预测模型，预测未来某一时刻的特征量，或达到某一特征量的时间。

（2）畸变预测。即通过灰色模型预测异常值出现的时刻，预测异常值什么时候出现在特定时区内。

（3）系统预测。通过对系统行为特征指标建立一组相互关联的灰色预测模型，预测系统中众多变量间的相互协调关系的变化。

（4）拓扑预测。将原始数据作曲线，在曲线上按定值寻找该定值发生的所有时点，并以该定值为框架构成时点数列，然后建立模型预测该定值所发生的时点。

目前，使用最广泛的灰色预测模型就是关于数列预测的一个变量、一阶微分的GM(1，1)模型。GM(1，1）模型是基于随机的原始时间序列，经按时间累加后所形成的新的时间序列，呈现的规律可用一阶线性微分方程的解来逼近。经证明，经一阶线性微分方程的解逼近所揭示的原始时间数列呈指数变化规律。因此，当原始时间序列隐含着指数变化规律时，灰色模型GM(1，1）的预测将是非常成功的。

6. 一元线性回归预测法

一元线性回归预测法是分析一个因变量与一个自变量之间的线性关系的预测方法。根据 x、y 现有数据，寻求合理的 a、b 回归系数，得出一条变动直线，并使线上各点至实际资料上的对应点之间的距离最小。

一元线性回归预测模型一般公式为：$y=a+bx$。

一元线性回归分析预测法，是根据自变量 x 和因变量 y 的相关关系，建立 x 与 y 的线性回归方程进行预测的方法。由于市场现象一般是受多种因素的影响，而并不是仅仅受一个因素的影响。所以应用一元线性回归分析预测法，必须对影响市场现象的多种因素做全面分析。只有当诸多的影响因素中，确实存在一个对因变量影响作用明显高于其他因素的变量，才能将它作为自变量，应用一元相关回归分析市场预测法进行预测。

7. 多元回归分析预测法

在市场的经济活动中，经常会遇到某一市场现象的发展和变化取决于几个影响因素的情况，也就是一个因变量和几个自变量有依存关系的情况。而且有时几个影响因素主次难以区分，或者有的因素虽属次要，但也不能略去其作用。例如，某一商品的销售量既与人口的增长变化有关，也与商品价格变化有关。这时采用一元回归分析预测法进行预测是难以奏效的，需要采用多元回归分析预测法。

多元回归分析预测法，是指通过对两个或两个以上的自变量与一个因变量的相关分析，建立预测模型进行预测的方法。当自变量与因变量之间存在线性关系时，称为多元线性回归分析。

多元线性回归预测模型一般公式为：

$$\hat{Y}_t = a + b_1x_1 + b_2x_2 + b_3x_3 + \cdots + b_nx_n$$

多元线性回归模型中最简单的是只有两个自变量（$n=2$）的二元线性回归模型，其一般形式为：

$$\hat{Y}_t = a + b_1x_1 + b_2x_2$$

二元线性回归预测法基本原理和步骤同一元线性回归预测法没有原则的区别，大体相同。

多元回归分析预测法是研究多个变量之间关系的回归分析方法，按因变量和自变量的数量对应关系可划分为一个因变量对多个自变量的回归分析（简称为“一对多”回归分析）及多个因变量对多个自变量的回归分析（简称为“多对多”回归分析），按回归模型类型可划分为线性回归分析和非线性回归分析。

8. 系统动力学预测法

系统动力学（Systems Dynamics，SD）方法是一种以反馈控制理论为基础，以计算机仿真技术为手段，通常用以研究复杂的社会经济系统的定量方法。自 20 世纪 50 年代中期美国麻省理工学院的福雷斯特教授创立以来，它已成功地应用于企业、城市、地区、国家甚至世界规模的许多战略与决策等分析中。这种模型从本质上看是带时间滞后的一阶差微分方程，由于建模时借助于“流图”，其中“积累”、“流率”和其他辅助变量都具有明显的物理意义，因此可以说是一种实际的建模方法。它与其他模型方法相比，具有下列特点。

（1）适用于处理长期性和周期性的问题。如自然界的生态平衡、人的生命周期和社会问题中的经济危机等都呈现周期性规律并需通过较长的历史阶段来观察，已有不少系统动力学模型对其机制作出了较为科学的解释。

（2）适用于对数据不足的问题进行研究。建模中常常遇到数据不足或某些数据难以量化的问题，系统动力学各要素间的因果关系及有限的数据及一定的结构仍可进行推算分析。

（3）适用于处理精度要求不高的复杂的社会经济问题。上述方程是高阶非线性动态的，用一般数学方法很难求解。系统动力学则借助于计算机及仿真技术仍能获得主要信息。

（4）强调有条件预测。本方法强调产生结果的条件，采用“如果……，则……”的形式，对预测未来提供了新的手段。

（5）定性分析与定量分析相结合，系统动力学模型由结构模型（流图）和数学模型（DYNAMO）组成。

近年来，系统动力学方法正在成为一种新的系统工程方法论和重要的模型方法，在我国已开始用于地区和国家级规划、区域开发、环境治理和企业战略研究等方面。目前一些高等院校及专业学术团体正在进行研究和推广应用。

定量预测的优点是：偏重于数量方面的分析，重视预测对象的变化程度，能作出变化程度在数量上的准确描述；它主要把历史统计数据和客观实际资料作为预测的依据，运用数学方法进行处理分析，受主观因素的影响较少；它可以利用现代化的计算方法，来进行大量的计算工作和数据处理，求出适应工程进展的最佳数据曲线。缺点是比较机械，不易灵活掌握，对信息资料质量要求较高。

进行定量预测，通常需要积累和掌握历史统计数据。如果把某种统计指标的数值，按时间先后顺序排列起来，以便于研究其发展变化的水平和速度。这种预测就是对时间序列进行加工整理和分析，利用数列所反映出来的客观变动过程、发展趋势和发展速度，进行外推和延伸，借以预测今后可能达到的水平。

三、物流需求预测中的问题处理

在预测物流需求时常常会遇到一些的问题，如启动问题、不规律需求问题、地区性预测问题和预测误差问题。虽然所有这些问题并不仅仅出现在物流管理中，但对物流管理人员来讲，这些问题直接关系到物流需求预测的准确度。

（一）启动问题

物流管理人员常常面临的问题是需要预测产品和服务的需求水平，但又没有足够的、可用于预测的历史数据。常见的情形就是在推出新产品或服务时需要为之提供物流支持。在这种早期预测中可以使用以下几种方法。①将最初的预测任务交给营销人员来做，直到积累一定的销售历史数据。营销部门对促销活动的力度、早期用户的反应、所期待的用户接受程度了解得最透彻。一旦积累了一定的需求历史数据（如 6 个月），就可以使用现有预测方法了。②可以利用相类似产品的需求模式估计新产品的销售情况。虽然很多企业平均五年更新一次产品线，但只有少数产品是全新的。多数产品只是改变规格、风格或在现有产品基础上加以改进。所以，类似产品的需求模式可以对新产品最初的需求预测提供一些启迪和提示。③如果使用指数平滑法进行预测，在最初预测阶段可以将指数平滑系数定得很高（0.5 或更高）。一旦得到了足够的需求历史数据，就可以将平滑系数降低到一般水平。

（二）不规律需求问题

如果需求的随机波动非常大，需求模式就会呈现不规律性，趋势和季节性特征非常模糊。比如需求不频繁的大额订单，需求是由对其他产品或服务的需求决定的，需求出现季节性高峰而被忽略了，需求模式中的例外点、异常点或特殊情况等。

从性质上说，如果时间序列波动的幅度大，很难用数学方法准确预测不规律需求，但可以采取一些方法处理这种情况。①寻找导致需求不规律的关键原因，利用这些因素预测。将不规律产品的需求预测与其他有规律需求的预测分开，分别使用不同的方法。②如果找不到需求偏移的原因，在预测时就不对这种变化作出迅速反应。而是利用较为简单、平稳的预测方法。这些方法不会对变化迅速作出反应，如基本的指数平滑法。同时取较小的平滑系数，或者采用回归模型，将模型的频率调整为至少在一年以上。③不规律需求多数发生在低需求产品上，预测精度可能并不是最重要的。如果用预测来决定库存水平，可以多保留一些库存以抵消预测的不精确度。这样做可能比改进预测更经济。

（三）区域性预测问题

物流需求预测的地理分解或汇总也是非常重要的。也即，物流管理者必须决定是对需求进行总量预测，然后按地区（如工厂或仓库供货范围）分配，还是对每一地区单独进行预测。物流管理人员所关心的问题是实现区域水平上的最精确预测。从统计学看，对求总量进行预测再分配到各个地区的效果要好于对各地区需求单独进行预测后再加总的效果。

但是，对物流需求方面的研究还没有明确指出哪种方式更好。因此物流管理人员必须对两种可能的做法都了解，在具体工作中还要对两种方法进行比较。

（四）灵活性和快速反应问题

在供求之间出现时滞时，需要利用预测来确定生产、采购和库存水平，从而实现随时需要随时供给。但是统计预测假设时间序列的观测值是随机独立的，每一个观测值只是总体的一个微小部分。这往往与一些实际情况不符，导致某些产品和服务的需求量非常难以预测，使用上述预测方法很可能会产生巨大的预测误差，使得预测失去实际意义。要避免出现无法接受的误差，最好的方法是能够作出快速反应。坐等收到客户订单比任何预测都要好，是对需求的准确反应。如果供应链的流程非常畅通，能够对每一用户的要求灵活、有效地作出反应，而且几乎在用户要求的同时就能作出反应，那么就没有必要进行预测。

当需求很难预测时，物流管理人员可以通过改善业务流程，加强供应链的协作，提高对需求的反应速度，从而提高物流服务效率。但如果像大多数情况那样需求是“规律”的，则按预测的需求水平组织供给仍然是首选的做法。

第四节　物流系统设计评估

随着市场竞争的加剧和全球经济一体化的发展，物流企业只有科学地评价物流系统才能准确了解自身的状况，找到自身存在的优势和劣势，确保企业自身在复杂的市场环境中制定出正确的发展战略和经营措施，不断地发展和壮大。

物流系统设计运行以后，企业要结合物流系统自身的特点，从不同角度设计符合实际情况的各种模型，定性和定量地衡量物流企业的发展水平，对于提高物流企业领导决策的科学性和准确性，特别是为研究制定物流企业发展计划提供科学的、量化的依据。通过对物流系统进行综合评估，有助于提高物流系统的运行效率与经济效益；有助于企业了解自身物流系统与同行业其他企业物流系统的优势与差距，为进一步完善物流系统提供依据。对物流系统进行方案评估的目的就是针对备选方案的经济、技术、操作等层面的可行性作出比较与评价，从而帮助决策者选择最优或最满意的方案。主要的评估方法有程序评估法、因素评估法、综合评价法等。

一、程序评估法

程序评估法着重于设计过程的评价，目的在于确保能够得到正确且合乎基本条件的设计结果。程序评估法通过对物流系统设计的各个环节进行评估，以判别整个设计过程是否合理。评估过程需要根据不同的物流系统设计项目制订评价表，一般来说，评价的内容主要依据项目设计的过程或程序而定，通常，对物流系统设计的 4 个阶段进行评价，则应注意以下三点。

（1）判定物流系统设计的目标定位是否正确，这就需要考察物流系统设计人员是否与相关人员进行充分沟通，是否在系统目标上达成一致。

（2）检验资料收集和分析程序是否合理且有效，确保系统设计的基础依据的可靠性。

（3）探讨设计方案产生过程是否符合系统分析设计原则，是否将第一阶段的目标定位和第二阶段的资料分析结果融入设计方案之中。

二、因素评估法

因素评估法是针对方案建立一个完整的且具有逻辑架构的能够衡量方案成效的评价指标体系，并依照指标属性，将各指标因素分成不同的群组，进行综合分析，对方案给予总效果评估，以作为决策者选择的依据。因素评估法中评价方案优劣的因素可分为定量因素和定性因素。定量因素评估法中以经济评价法最为常用，主要是分析项目发生的费用与产生的经济效益等方面的经济特性。常选用的定量因素有成本、净现值、内部收益率、投资回收期、投资利润率等。定性因素评估法包括优缺点列举法、因素分析法、点评估法、层次分析法等。

1. 优缺点列举法

优缺点列举法只是将每个方案的配置图、物流动线、搬运距离、扩充弹性等相关优缺点分别列举互相比较。这种方法简单且不太费时，但较不具说服力，常用于概略方案初步选择阶段。有时为了使本方法更趋准确，可对优点的重要性及缺点的严重性进一步讨论甚至用数值表示。

2. 因素分析法

因素分析法是将物流系统设计按所欲完成的重要事项——目标因素，由规划者与决策者共同讨论列出，并设定各因素重要程度，权数比重可采百分比值或分数数值（如 1～10），其他每个因素再与这个因素作比较，而分别决定其权数值。接着，再逐一用每一个因素来评估比较各个方案，并决定每一方案各因素的评分数值（如 4、3、2、1、0 等），当其他各评估因素逐一评估完成后，再将因素权重与评估数值相乘合计后，选出最可被接受的方案。

因素评分法的具体步骤如下。

（1）决定一组相关的设计决策因素。

（2）对每一因素赋予一个权重以反映这个因素在所有权重中的重要性。每一因素的分值根据权重来确定，而权重则要根据成本的标准差来确定，而不是根据成本值来确定。

（3）对所有因素的打分设定一个共同的取值范围。

（4）对每一个设计方案，对所有因素按设定范围打分。

（5）用各个因素的得分与相应的权重相乘，并把所有因素的加权值相加，得到每一个备择方案的最终得分。

（6）选择具有最高总得分的方案作为最佳的方案。

3. 点评估法

点评估法与因素分析法类似，都要考虑主客观因素并计算方案的得分高低，作为方案取舍的根据。本方法主要分成两大步骤实施。

（1）评估因素权重的分析。

①经由小组讨论，决定各项评估因素。②各项评估因素两两比较，若 $A>B$，权重＝1；$A=B$，权重＝0.5；$A<B$，权重＝0 为原则，建立评估矩阵，并分别统计其得分，计算权重及排序。

（2）进行方案选择步骤。

①制定评估给分标准：如非常满意，5 分；佳，4 分；满意，3 分；可，2 分；尚可，1 分；差，0 分。②以规划评估小组表决的方式，就各项评估因素，根据方案评估资料给予适当的点数。③点数×权重＝乘积数。④各方案统计其乘积和，排出方案优先级。

4. 层次分析法

层次分析法（Analytic Hierarchy Process，AHP）是将评估有关的元素分解成目标、准则、方案等层次，在此基础之上进行定性和定量分析的评价方法。该方法是美国运筹学家匹茨堡大学教授萨蒂于 20 世纪 70 年代初，在为美国国防部研究“根据各个工业部门对国家福利的贡献大小而进行电力分配”课题时，应用网络系统理论和多目标综合评价方法，提出的一种层次权重决策分析方法。AHP 是处理物流系统中一些难以用其他定量方法进行分析的复杂问题的有效方法，也是一种整理和综合人们的主观判断的客观方法。

用层次分析法作系统分析，首先要把问题层次化。根据问题的性质和要达到的总目标，将问题分解为不同的组成因素，并按照因素间的相互关联影响及隶属关系将因素按不同层次聚集组合，形成一个多层次的分析结构模型。最高层表示解决问题的目的，即层次分析要达到的总目标；中间层包括准则层和指标层，表示采取某一方案来实现预定总目标所涉及的中间环节；最底层表示要选用的解决问题的各种措施、策略、方案等。

这种方法的特点是在对复杂的决策问题的本质、影响因素及其内在关系等进行深入分析的基础上，利用较少的定量信息使决策的思维过程数学化，从而为多目标、多准则或无结构特性的复杂决策问题提供简便的决策方法。尤其适合于对决策结果难于直接准确计量的场合。层次分析法的步骤如下。

（1）通过对系统的深刻认识，确定该系统的总目标，弄清设计决策所涉及的范围、所要采取的措施方案和政策、实现目标的准则、策略和各种约束条件等，广泛地收集信息。

（2）建立一个多层次的递阶结构，按目标的不同、实现功能的差异，将系统分为几个等级层次。

（3）确定以上递阶结构中相邻层次元素间相关程度。通过构造比较判断矩阵及矩阵运算的数学方法，确定对于上一层次的某个元素而言，本层次中与其相关元素的重要性排序——相对权值。

（4）计算各层元素对系统目标的合成权重，进行总排序，以确定递阶结构图中最底层各个元素的总目标中的重要程度。

（5）根据分析计算结果，考虑相应的决策。

三、综合评价方法

1. 模糊评价法

模糊数学是研究和处理模糊性现象的一种数学理论和方法。1965 年美国控制论学者 L. A. 扎德发表论文《模糊集合》，标志着这门新学科的诞生。现代数学建立在集合论的基础上。一组对象确定一组属性，人们可以通过指明属性来说明概念，也可以通过指明对象来说明。符合概念的那些对象的全体叫做这个概念的外延，外延实际上就是集合。经典的集合论只把自己的表现力限制在那些有明确外延的概念和事物上，它明确地规定：每一个集合都必须由确定的元素所构成，元素对集合的隶属关系必须是明确的。对模糊性的数学处理是以将经典的集合论扩展为模糊集合论为基础的，乘积空间中的模糊子集就给出了一对元素间的模糊关系。对模糊现象的数学处理就是在这个基础上展开的。

随着现代物流业的发展，过去许多非定量化的问题迫切要求定量化分析。然而传统数学方法很难深入到这些领域，其主要原因是这些问题中有许多概念是模糊的。模糊数学的诞生，为解决这类问题提供了一种有效的方法。现实的分类问题大多数伴随有模糊性，应用模糊集合理论按一定的要求和规律对问题进行分类的方法便是模糊聚类法。

从过程或步骤上看，运用模糊矩阵法来评价物流系统绩效常常可以包括以下几个步骤。

（1）确定物流绩效衡量的模糊综合评价指标体系。物流绩效的衡量应该反映企业物流的整体动态运营情况。指标的选择因系统而异。

（2）确定物流绩效评价指标体系中各指标权重。目前，用于测定指标权重的方法很多，可以采用专家评判法确定各指标权重。

（3）对物流绩效衡量的二级指标予以量化。用 [0，1] 区间表示各个指标的优劣程度，0 表示最差，1 表示最优。指标体系中能够计算出其取值的指标应采用实际数据经计算得出，对于无法量化与不具有可比性的指标可采用专家评判法。

（4）物流绩效衡量一级指标量值的确立。

（5）对一级指标作出评判。在同行业或近似行业中选取绩效不同程度的5个企业作为参照对象，并对各企业的物流绩效的一级指标作出评判。

2. 数据包络法

数据包络分析（Data Envelopment Analysis，DEA）是一个对多投入、多产出的多个决策单元的效率评价方法，数据包络分析是运筹学的一个新的研究领域。它是1986年由CHARNES和COOPER创建的，可广泛使用于业绩评价。

在人们的生产活动和社会活动中常常会遇到这样的问题：经过一段时间之后，需要对具有相同类型的部门或单位（称为决策单元）进行评价，其评价的依据是决策单元的“输入”数据和“输出”数据，输入数据是指决策单元在某种活动中需要消耗的某些量，例如，投入的资金总额，投入的总劳动力数，占地面积等；输出数据是决策单元经过一定的输入之后，产生的表明该活动成效的某些信息量，例如，不同类型的产品数量，产品的质量，经济效益等。

企业管理者如何评估一物流系统的生产力？衡量生产力有三重困难：①什么是系统适当的投入及其度量方法？②什么是系统适当的产出及其度量方法？③正确衡量这些投入产出之间关系的方法是什么？

（1）衡量服务生产力。从工程学角度看，衡量组织的生产力和衡量系统的效率相似。它可以表述为产出和投入的比率。

例如，评估一个物流系统的运营效率时，可以用一个服务成本比率，如每项服务的成本。相对于其他物流系统，一个系统的比率较高，则可以认为其效率较低，但是较高的比率可能源于一个更复杂的服务组合。运用简单比率的问题就在于产出组合没有明确。关于投入组合，也能作出同样的评论。

（2）DEA模型。目前，开发出一种技术，通过明确地考虑多种投入（即资源）的运用和多种产出（即服务）的产生，它能够用来比较提供相似服务的多个服务单位之间的效率，这项技术被称为数据包络线分析（DEA）。它避开了计算每项服务的标准成本，因为它可以把多种投入和多种产出转化为效率比率的分子和分母，而不需要转换成相同的货币单位。因此，用DEA衡量效率可以清晰地说明投入和产出的组合，从而，它比一套经营比率或利润指标更具有综合性并且更值得信赖。

DEA是一个线性规划模型，表示为产出对投入的比率。通过对一个特定单位的效率和一组提供相同服务的类似单位的绩效的比较，试图使服务单位的效率最大化。在这个过程中，获得100％效率的一些单位被称为相对有效率单位，而另外的效率评分低于100％的单位称为无效率单位。

这样，企业管理者就能运用DEA来比较一组服务单位，识别相对无效率单位，衡量无效率的严重性，并通过对无效率和有效率单位的比较，发现降低无效率的方法。DEA线性规划模型建立步骤如下：①定义变量；②建立目标函数；③确定约束条件。

【案例分析】

铁路货运需求的灰色预测方法

铁路货运需求预测在国家和区域经济发展规划中具有十分重要的作用，由于货物运输和地方经济及企业发展的紧密联系，铁路货运需求预测成为货物运输需求研究中的一个重要问题，一般采用的方法有类比法、外推法和因果分析法等及作为多种方法综合的组合预测方法，国内一些专家和研究单位曾采用不同的方法，对货物运输需求做过大量研究工作。一般的预测多数属于统计型，比如回归分析，马尔可夫预测法等。笔者在分析了以往预测方法和结果的基础上，运用灰色系统理论对全国铁路货运需求市场进行了分析，建立了铁路货运需求灰色预测模型。

一、灰色系统理论及灰色模型

灰色系统理论是由我国学者邓聚龙教授提出并建立的，引起了国内外很多学者、科技人员的重视，灰色系统理论得到了较为深入的研究，并在众多方面获得了成功的应用。灰色系统理论能更准确地描述社会经济系统的状态和行为，研究基于灰色系统理论的灰色预测模型，对社会经济系统预测具有重要的意义。

灰色预测属于连续型，是少量数据建模，采用 GM（1，1）模型对系统行为特征值的发展变化进行预测。GM 模型即灰色模型（Grey Model）。一般建模是用数据列建立差分方程。灰色建模则是用原始数列作生成后建立微分方程。由于系统被噪声污染后，原始数列呈现出离乱的情况。离乱的数列即灰色数列，或灰色过程。对灰色过程建立的模型便称为灰色模型。

二、铁路货运需求预测模型的建立及预测

1. 铁路货运需求预测模型的建立

GM（1，1）的建模机理及方法，考虑有变量 $X^{(0)}$

$$X^{(0)}=\{x^{(0)}(1),x^{(0)}(2),\cdots,x^{(0)}(n)\}$$

对 $X^{(0)}$ 作 1-AGO（1 次累加生成），得生成数列 $X^{(1)}$

$$X^{(1)}(k)=\sum_{m=1}^{k}x^{(0)}(m)=x^{(1)}(k-1)+x^{(0)}(k)$$

这样生成的数据列有较强的规律，有可能对变化过程作较长时间的描述，因此建立微分方程模型

$$\frac{\mathrm{d}x^{(1)}}{\mathrm{d}t}+ax^{(1)}=u$$

这是一阶单变量的微分方程模型，也称作白化微分方程。记为 GM(1，1)。

上述方程的待辨识参数列$\hat{\boldsymbol{a}}$为

$$\hat{\boldsymbol{a}}=[a,u]^{\mathrm{T}}$$

根据最小二乘法，有

$$\hat{\boldsymbol{a}}=(\boldsymbol{B}^{\mathrm{T}}\boldsymbol{B})^{-1}\boldsymbol{B}^{\mathrm{T}}\boldsymbol{Y}_N$$

式中：N——数列的个数；

$$
\boldsymbol{B}=\begin{bmatrix} -\frac{1}{2}(x^{(1)}(1)+x^{(1)}(2)) & 1 \\ -\frac{1}{2}(x^{(1)}(2)+x^{(1)}(3)) & 1 \\ \vdots & \vdots \\ -\frac{1}{2}(x^{(1)}(n-1)+x^{(1)}(n)) & 1 \end{bmatrix}
$$

$\boldsymbol{Y}_N=[x^{(0)}(2), x^{(0)}(3), \cdots, x^{(0)}(n)]^{\mathrm{T}}$

根据上述方法建立铁路运输货运量需求的预测模型。

本文采用灰色预测的数列拓扑预测建模，当给定一个数据列后，通过数据的不同取舍，可以得到许多预测模型，称为邻域模型，经过分析比较，从中确定一个合适的预测模型，表 2-1 所列为铁路运输货运量原始序列表。

表 2-1　铁路运输货运量原始序列表

序号/年	1（1991）	2（1992）	3（1993）	4（1994）	5（1995）	6（1996）	7（1997）
$x^{(0)}$	152893	157627	162663	163093	165855	170915	172019
序号/年	8（1998）	9（1999）	10（2000）	11（2001）	12（2002）	13（2003）	14（2004）
$x^{(0)}$	164082	167196	178023	192580	204246	221178	249017

对 $x^{(0)}$ 中数据再作如下选取。

$x_1^{(0)}=\{x^{(0)}(2), \cdots, x^{(0)}(14)\}$

$x_2^{(0)}=\{x^{(0)}(3), \cdots, x^{(0)}(14)\}$

$\vdots$

$x_i^{(0)}=\{x^{(0)}(i+1), \cdots, x^{(0)}(14)\}$

然后，分别建立各邻域的预测模型，以 $x_7^{(0)}$ 为例，如表 2-2 所示。

表 2-2　各邻域的数据列 $x_7^{(0)}$

序号	1	2	3	4	5	6	7
$x_7^{(0)}$	170915	172019	164082	167196	178023	192580	204246

对 $x_7^{(0)}$ 作 1-AGO（累加生成）。

由 $X^{(1)}(k)=\sum\limits_{m=1}^{k}x^{(0)}(m)=x^{(1)}(k-1)+x^{(0)}(k)$

（取 $x^{(1)}(1)=x^{(0)}(1)$）

得生成数列 $x_7^{(1)}$ 如表 2-3 所示。

表 2-3　生成数列 $x_7^{(1)}$

序　号	1	2	3	4	5	6	7
$x_7^{(1)}$	170915	342934	507016	674212	852235	1044820	1249060

确定数据矩阵 $\boldsymbol{B}$, $\boldsymbol{Y}_N$

$$\boldsymbol{B}=\begin{pmatrix} -256925 & 1 \\ -424975 & 1 \\ -590614 & 1 \\ -763224 & 1 \\ -948525 & 1 \\ -1146940 & 1 \end{pmatrix} \qquad \boldsymbol{Y}_N=\begin{pmatrix} 172019 \\ 164082 \\ 167196 \\ 178023 \\ 192580 \\ 204246 \end{pmatrix}$$

$$\hat{\boldsymbol{a}}=(\boldsymbol{B}^{\mathrm{T}}\boldsymbol{B})^{-1}\boldsymbol{B}^{\mathrm{T}}\boldsymbol{Y}_N=\begin{bmatrix} a \\ u \end{bmatrix}=\begin{bmatrix} -0.0421606 \\ 150662 \end{bmatrix}$$

代入模型

$$\frac{\mathrm{d}x_7^{(1)}}{\mathrm{d}t}+(-0.0421606)\,x_7^{(1)}=150662$$

其解为（取 $x^{(1)}(0)=x^{(0)}(1)=170915$）

$$\hat{x}^{(1)}(k+1)=\left(x^{(1)}(0)-\frac{u}{a}\right)\mathrm{e}^{-ak}+\frac{u}{a}$$

得 $\hat{x}^{(1)}(k+1)=3744440\mathrm{e}^{0.0421606k}-3573530$

2. 模型精度检验（残差检验）

按上述模型计算得出的数据称为模型计算值 $\hat{x}^{(1)}(k+1)$

$k=0$　$\hat{x}^{(1)}(1)=\hat{x}^{(0)}(1)=170915$

$k=1$　$\hat{x}^{(1)}(2)=332158$

$k=2$　$\hat{x}^{(1)}(3)=500345$

其余类推。再将模型计算值作 I-AGO（累减生成），还原成模型原始值 $\hat{x}^{(0)}(k+1)$

$\hat{x}^{(0)}(k+1)=\hat{x}^{(1)}(k+1)-\hat{x}^{(1)}(k)$（取 $\hat{x}^{(1)}(0)=0$）

$k=0$　$\hat{x}^{(0)}(1)=\hat{x}^{(1)}(1)=170915$

$k=1$　$\hat{x}^{(0)}(2)=\hat{x}^{(1)}(2)-\hat{x}^{(1)}(1)=161243$

$k=2$　$\hat{x}^{(0)}(3)=\hat{x}^{(1)}(3)-\hat{x}^{(1)}(2)=168187$

余类推。如表 2-4 所示。

表 2-4　精度检验表

k 值	$\hat{x}^{(1)}(k+1)$	$\hat{x}^{(0)}(k+1)$	$x^{(0)}(k+1)$	残差
$k=0$	170915	170915	170915	0
$k=1$	332158	161243	172019	0.0626438
$k=2$	500345	168187	164082	−0.025015
$k=3$	675774	175429	167196	−0.0492414
$k=4$	858757	182983	178023	−0.0278631
$k=5$	1049620	190863	192580	0.0089163
$k=6$	1248700	199082	204246	0.0252841

若将从 $x^{(0)}$ 到 $\hat{x}^{(0)}$ 的整个建模过程记为

IAGO·gm·AGO：$\{x^{(0)}\} \rightarrow \{\hat{x}^{(0)}\}$

将 IAGO·gm·AGO 简记为 GM，则

$i=0$　GM：$\{x_0{}^{(0)}\} \rightarrow \{\hat{x}_0{}^{(0)}\}$

$i=1$　GM：$\{x_1{}^{(0)}\} \rightarrow \{\hat{x}_1{}^{(0)}\}$

⋮

$i=11$　GM：$\{x_{11}{}^{(0)}\} \rightarrow \{\hat{x}_{11}{}^{(0)}\}$

可有 12 个模型，对于每一个模型，都有一组参数

$\hat{a}_i = [a_i, u_i]^T$

记 a_i 与 u_i 的全体为 a 及 u

$a = \{a_i \mid i=0, 1, \cdots, 11\}$

$u = \{u_i \mid i=0, 1, \cdots, 11\}$

对所有模型进行分析比较，如表 2-5 所示。

从表 2-5 中可以看到，在 12 个模型中，由 $\hat{x}_{11}{}^{(0)}$ 数列建立的模型其平均误差和原点误差都较小，即意味着模型精度较高，故选取 $\hat{x}_{11}{}^{(0)}$ 模型进行预测。

表 2-5　对所有模型的分析比较

$x_i{}^{(0)}$	平均误差 $\bar{e}$	原点误差 e_0
$x_0{}^{(0)}$	−0.00167608	0.106545
$x_1{}^{(0)}$	−0.00164547	0.0988953
$x_2{}^{(0)}$	−0.00137188	0.0884155
$x_3{}^{(0)}$	−0.0011385	0.0777439
$x_4{}^{(0)}$	−0.000771028	0.0652995
$x_5{}^{(0)}$	5.53778e−005	0.048615
$x_6{}^{(0)}$	0.000930278	0.0303258
$x_7{}^{(0)}$	0.000838001	0.0213797
$x_8{}^{(0)}$	0.000720913	0.01731
$x_9{}^{(0)}$	0.00065284	0.0136403
$x_{10}{}^{(0)}$	0.000746738	0.00630187
$x_{11}{}^{(0)}$	0.000872967	0.00137869

3. 2003—2006 年铁路货运需求预测

$\hat{x}_{11}{}^{(1)}(k+1) = 1757230e^{0.118415k} - 1552990$

根据以上所选模型，对铁路运输货运量预测如表 2-6 所示。

表 2-6　铁路运输货运量预测表

年份	模型预测值 A	实际货运量 B	相对误差 (B−A)/B
2003	220904	221178	0.00123882
2004	248674	249017	0.00137741
2005	279935	*	*
2006	315126	*	*

三、结果分析

基于灰色系统理论建立了铁路需求灰色预测模型，从对全国铁路货运需求量预测的结果看，短期预测精度较高，并且所需指标变量少、计算简便、便于实际应用。灰色预测技术用于铁路货运需求量的中、短期预测都有很高的可信度，可以作为铁路货运需求的定量预测方法而在实际中应用。

思考题：1. 灰色系统预测方法有哪些特点？

2. 建立灰色系统需求预测模型有哪些步骤？

复习思考题

一、基本概念

系统工程　样本容量　定量分析法　定性分析法　物流系统需求　时序预测法　因果分析法　马尔可夫预测方法　灰色预测法　数据包络法

二、选择题（1—5 单选题，6—10 多选题）

1. 系统工程的目的是解决（　　）问题，从复杂问题总体入手，认为总体大于各部分之和。

A. 总体优化　　B. 局部优化　　C. 目标优化　　D. 内容优化

2. 物流标准化是实现物流系统各环节衔接的（　　），加快物流速度的需要。

A. 灵活性　　B. 协调性　　C. 联结性　　D. 一致性

3. 预测对象变化规律不能表示成一个明确的数学表达式，而是一个不可知的“黑箱”，这种预测法称为（　　）。

A. 模糊预测法　　B. 黑色预测法　　C. 灰色预测法　　D. 综合预测法

4. 进行物流调研资料综合分析的时间序列分析最常见的内容是（　　），并能反映发展变化趋势。

A. 概率分析　　B. 增长率分析　　C. 风险分析　　D. 占有率分析

5. 物流系统的输出是（　　）。

A. 物流情报　　B. 流通加工　　C. 产品配送　　D. 物流服务

6. 物流系统分析是以系统整体效益为目标，以寻求解决特定问题的最优策略为重点，运用（　　），以求得有利的决策。

A. 计算机管理　B. 预测技术　C. 定量与定性分析
D. 价值判断　E. 理论与实际相联系的方法

7. 物流预测方法很多，一般可分成（　）预测法。
A. 空间序列　B. 时间序列　C. 因果关系
D. 灰色　E. 判断分析

8. 影响物流系统设计的因素除物流服务需求、行业竞争力外，还有（　）。
A. 地区市场差异　B. 物流技术发展　C. 流通渠道结构
D. 经济发展水平　E. 法规、财政、工业标准

9. 物流系统调查的主要方法有以下几种（　）。
A. 查阅历史资料　B. 召开调查会　C. 访问面谈调查
D. 发调查表　E. 参加业务实践

10. 物流系统的边界是广阔的，其范围横跨（　）等几大领域。
A. 采购　B. 生产　C. 流通
D. 消费　E. 物流

三、判断正误题（正确的用 T 表示，错误的用 F 表示）

1. 系统工程的目的是解决局部优化问题。（　）
2. 系统论观点认为只要素性能好，整体性能一定好。（　）
3. 一个企业的物流系统只受到企业内部各种因素影响。（　）
4. 物流子系统的效益与物流系统整体的效益总是一致的。（　）
5. 物流系统分析不仅要进行定量分析，而且要进行定性分析。（　）
6. 物流系统中物流设施结构直接同客户的特点及状况有关。（　）
7. 成功的物流系统总是以能接受的价格来实现客户所要求的服务。（　）
8. 在物流系统设计与分析中需要准确估计该物流系统所需要处理的物流量。（　）

四、简答题

1. 简述霍尔的三维结构。
2. 简述物流系统设计的原则。
3. 简述物流系统研究应遵循的基本规律。
4. 简述物流系统设计时应认真处理好的关系。
5. 简述影响物流系统设计的因素。
6. 简述物流系统设计的内容。
7. 简述物流系统分析与设计过程的阶段。
8. 简述物流需求预测方法。

五、综合运用题

1. 论述物流系统设计与分析的主要基本理论。
2. 论述各种预测方法的应用范围。
3. 论述如何对待预测中的一些特殊问题。

第3章

社会物流系统设计

第一节　社会物流系统概述

现代物流业的发展历程和经验表明，社会物流系统是提升一个城市、一个地区乃至一个国家综合经济竞争能力的有效手段。社会物流系统通过对多种资源的整合，形成服务于一个城市、一个区域甚至一个国家的社会基础物流服务体系，以提升全社会物流服务水平，降低物流成本。

世界各国都将构筑社会物流系统作为增强综合竞争能力的基础要素和重要战略措施。西方发达国家早在几十年前，就通过加大国家基础设施建设的投入、在税收等方面给予优惠等方式，促进社会化物流系统的形成和发展。

社会物流是将物流活动纳入整个社会活动加以调控，其目标在于协调社会资源配置与企业经济活动之间的关系，构筑一种良好的投资环境和社会经济活动基础。在社会物流体系的构筑过程中，政府从全局的角度加以必要的调控，而企业则在政府的宏观指导下进行自主经营活动，这种协作的产物表现为：共同配送、联合运输、公共物流中心、综合物流公共信息平台、交通需求管理等概念。

物流系统的体系框架是从系统工程的角度描述社会物流系统的组成要素、各要素的相互作用和层次结构、各要素之间的功能组合、信息传递，以及相互之间的依赖关系等。物流供应主体和物流需求主体通过物流服务平台共同构成了社会物流系统的主体框架。物流供应主体的作用机制是在特定的物资资源配置下，实现特定的物流服务功能，以满足物流需求主体的需要。物流服务水平是保证物流供需两大主体达到优化均衡的环境保障、技术保障和能力保障。

一、物流供应主体

在社会物流系统中，物流供应主体根据在物流体系框架中所处的不同层面，提供不同水平的物流服务，满足不同层面上的物流需求，主要表现为面向不同服务范围、服务对象、服务要求，提供相应的物流服务。

对物流供应主体的划分，需要考虑以下因素：物流服务的辐射范围；物流供应总量能力；物流需求的分布特征；物流需求性质和供应主体的平衡协调。

在社会物流系统体系框架的物流供应主体结构设计中，应结合不同区域或城市自身的区位特征、社会经济条件、城市发展战略等因素进行综合分析，确定合理的物流供应主体。物流供应主体的作用机制是在特定的物流资源的配置下，实现特定的物流服务功能。因此，对物流供应主体的设计，需要结合业态结构和功能表现进行。

（一）物流供应主体的业态结构

从业态结构分析，城市或区域物流供应主体可分为以下几类。

（1）专业配送企业。它是功能相对专一的物流企业，是服务于一定的配送类别和配送范围的现代物流经营实体，主要从事专业的配送物流活动，能较深入地触及物流市场的需求主体层面。专业配送企业的规模一般较小，较容易实现物流服务的规范化与标准化。对专业配送企业的正确引导以保证其健康发展是实现物流市场规范运作的基础。

（2）新兴储运企业。在传统的运输企业、仓储企业的基础上，部分企业通过拓展业务范围，逐步向专业物流供应商转化；运输企业特别是公路运输企业充分发挥了经营灵活的特点，提供门到门的运输及延伸服务；仓储企业通过仓储设备的改造升级，建设现代化立体仓库、多功能仓库等，形成了超越传统意义的新兴储运企业。

（3）综合物流企业。综合物流企业对物流市场具有更强的洞察能力和控制能力，对提高整个物流体系现代化水平和物流市场的服务水平起到决定性的作用。

（二）物流供应主体的供应能力结构

从各主体在物流市场上的供应能力表现分析，不同的物流供应主体起到不同的作用。

（1）单一物流服务体。针对某一类物流需求主体提供物流服务的供应主体，物流活动具有专业性的特征。

（2）综合物流服务主体。多种物流服务功能的整合，不仅能够满足某种类型的物流需求，而且提供物流过程中的运输、仓储、加工、流通等服务。

（3）规模化物流服务主体。随着功能整合程度的不断提高，服务能力和服务水平不断提高，规模化物流供应主体逐步发挥了其集聚效益，不仅能满足一定区域内的需求，而且会形成物流产业优势，有利于提高地区的吸引力。

二、物流需求主体

各种物流需求主体产生不同的物流服务需求，与不同层次、不同类型的物流供应主体构成相互交叉、重叠、动态的供需关系。对物流需求的分析是了解物流市场的基础，也是设计整个社会物流系统体系框架的基础，供应主体的形态和能力的确定取决于物流市场的需求。

需求主体的市场结构。普遍意义上的物流需求主体结构可分为以下三个客观层面。

（1）企业物流。企业产生的采购供应物流、生产物流、销售物流、回收物流、废弃物流等多种形式的物流需求。

（2）行业物流。行业特点产生的特殊物流服务需求。

（3）社会物流。企业外部的所有物流活动的总称，是物流市场中最大的物流服务需求来源。

需求主体的需求特征结构。物流需求主体在需求特征上表现如下。

（1）市域配送物流。随着城市社会经济的发展，现代化的商贸业态如连锁店、超市发展迅速，对市域配送的要求日益增强。

（2）区域物流。从宏观区域经济发展来看，现代的城市不是孤立、封闭的，而是处于多个层次经济区中，区域间的物资交流也越来越频繁，区域物流对加强区域间经济交流和发展起到重要作用。

（3）国际物流。城市或区域经济发展的日趋国际化促进了国际物流的发展，中国加入WTO更是为国际物流的发展提供了巨大的机遇。

三、物流服务平台

服务平台包括物流基础设施平台、物流信息平台和物流发展政策保障平台。

（一）物流基础设施平台

基础设施平台是为整合社会物流资源，改善物流企业发展环境，提高参与物流活动的相关企业或部门之间协同性，支撑社会物流系统高效运作，降低社会物流成本，支持经济持续发展而构筑的硬件环境。

基础设施是物流活动的载体，是物流合理化的基础，包括了物流通道与物流结点及它们之间的相互联系。它们的组成、位置、联系方式不同，形成了不同的物流网络结构，物流网络辐射能力的大小、功能的强弱、结构的合理与否直接取决于网络中两个基本元素（物流通道、物流结点）的配置情况。

基础设施组成要素包括物流通道和物流结点。

（1）物流结点。物流结点包括：物流园区、港口、内河码头、机场、公路枢纽站和铁路货运站等。

（2）物流通道。指物流园区、港口、机场、铁路货运站、公路货运站等主要物流结点与其他经济区的联系通道，以及城市或区域内部的物流联系通道。

（二）物流信息平台

技术以其科技优势和广阔的发展前景增强了物流企业的竞争力，物流信息技术通过物流企业的业务流程来实现对物流企业各生产要素的合理组合与高效利用，加速了物流企业经营和管理方式的变革，在物流管理决策、管理组织结构、物流业务运作方式等方面起到了重大的改革和促进作用。具体表现在：通过 IT 技术的应用，可以实现物流的效率化、最优化；随着电子商务的发展，增加了对物流的新需求，同时，对物流服务提出了更新更高的要求。

系统信息化是现代物流发展的必然要求。物流系统信息化由企业物流信息系统、物流结点信息平台和公共物流信息平台建设三个层面构成。

（1）物流信息系统。原材料供应、生产制造、商业流通企业通过构建企业物流信息系统，满足内部物流一体化、网络化高效运作的要求，在供应链上下游企业以及合作伙伴之间进行信息共享，实现供应链的协同运作，形成企业竞争优势。物流企业通过内部信息系统的建设，实现对物流资源的信息化管理，提高物流设施和装备的使用效率，优化物流服务过程，提升物流服务能力。

（2）结点信息平台。通过对物流结点的信息化、网络化管理，提升物流结点的管理和服务水平，增强物流结点运营效率和吸引程度；通过信息平台的建设，为物流结点内的中小物流企业提供物流信息应用环境，推进物流企业信息化建设；通过物流信息采集与共享，优化物流结点资源配置，实现物流服务的全过程化，提高物流结点的物流服务能力和运作效率。

（3）物流信息平台。通过对物流信息资源的全面整合，实现全社会物流信息共享，满足企业内部信息化、企业外部信息化和社会物流系统信息化的要求。公共物流信息平台由行业监管平台、公共信息服务平台、电子商务平台、货运交易平台、物流跟踪平台、物流数据交换平台和应用服务平台构成。

（三）物流发展政策保障平台

与发达国家物流业发展环境不同，我国物流业是从计划经济体制下脱胎，在逐步完善的社会主义市场经济体制环境下运行发展起来的，相对于具有数百年资本主义市场经济运作环境下产生、发展、形成的西方发达国家物流业，我国物流业发展基础薄弱，外部环境更加复杂、特殊和多变，这一特征决定了我国物流业的发展必须由政府和市场并举推进。

发展物流业的过程中，政府需要根据现代物流发展的功能定位和战略目标，切实担负起宏观管理和调控作用，制定相应的政策来扶持物流业的发展。完善的政策保障系统有利于为整个体系框架的实施创造良好的发展环境，政策保障体系规划的内容主要有以下几个方面：鼓励现代物流业发展的产业政策规划；政府物流业管理协调机制的规划建议；物流业行业管理体制的规划建议；物流业市场的规范化策略；物流产业的发展策略；物流人才战略；为物流基础设施规划和物流信息系统规划的实施所提供的政策保障等。

第二节　物流结点设计

结点是物流系统的重要组成部分，是组织各种物流活动、完成物流功能、提供物流服务的重要场所，其合理布局不但对于降低物流企业的成本，提高物流企业的物流效率，改善物流企业的服务水平具有重要作用，而且对于提高社会物流效率，降低全社会物流成本，发展社会经济，改善人民生活水平也具有重要的现实意义。

因此，建设适应物流企业发展的物流结点，不但有利于企业物流资源的有效整合，发挥企业整体优势，实现物流一体化经营，提高物流经营的规模效益，而且有助于整个社会的物流合理化。

一、物流结点的类型

物流的发展产生了众多类型不同的物流结点，在不同的物流系统中起着不同的作用，按照物流结点的主要功能及性质可以进行如下分类。

（一）转运型物流结点

以连接不同运输方式或相同运输方式为主要功能的结点，是处于运输线路上的结点，如铁路货站（或货场）和编组站、水运的港口码头、航空空港、公路货站等。一般来说，由于这种结点处于运输线路上，以转换不同运输方式或同一运输方式为主，所以货物在这种结点上的停留时间较短。随着物流服务的快速、准时、低成本的发展趋势，转运型物流结点已成为物流服务目标实现与否的关键因素。转运型物流结点具备搬运、装卸、存储、配载及一定的流通加工和信息服务功能，在这个意义上，它同物流中心、配送中心具有一定的共性，但其主要的功能是体现在交接运输上。因为物流系统的运作是以综合运输体系为依托的，多种交通方式之间的转换往往是在转运结点中进行的。

（二）物流园区

物流园区是指多个物流（配送）中心在空间上集中布局的场所或指社会物流企业共同使用的物流空间场所，是具有较大规模和综合服务功能的物流集结点，是社会化的公共物流园区，是多种运输方式汇集、物流产业积累发展的大型物流转运枢纽。

物流园区一般可分为三种类型。

（1）国际物流枢纽型物流园区。主要是指港口、机场、陆路口岸等多种运输方式汇集、与海关监管通道相结合的大型物流转运枢纽。一般规模较大，物流功能齐全，多式联运功能强、物流服务辐射能力强大，是城际、国际物流的主要集散、转运中心。该种类型的物流结点主要提供国际物流和区域物流服务，兼顾市域配送物流服务。

（2）区域型物流园区。主要是指跨区域的长途运输和城市配送体系之间的转换枢纽，或是对多式联运起重要支持作用的转运枢纽。一般规模相对较大、物流功能较齐全，是某地区内城际物流的主要集散中心。该种类型的物流结点主要提供区域物流服务和市城配送物流服务。

（3）市域配送型物流园区。是指支持城市内或城市周边商贸、生产和城市生活的物流结点。一般规模相对较小，物流功能相对单一，专业性较强，物流服务辐射能力较小。

（三）物流中心

物流中心通常是指综合性的物流场所，它可以具备配送中心的功能，又可以具有货物运输中转功能。通常提供社会化的物流服务。

二、物流结点设计的目的

社会物流系统物流结点的设计主要立足于对公共物流基础设施的规划，通过对结点位置选择、功能设计、用地规模等的适当控制，实现政府在促进现代物流发展中所应该体现的职能。从社会整体及可持续发展理念的角度来看，为了有效地配置社会资源和环境资源及构筑更加具有吸引力的投资环境，实现从功能物流向社会物流的转变。

三、物流结点的选址原则

物流结点的选址原则如下：符合城市或区域总体规划的空间布局要求；各种交通方式重叠和交汇地区；物流资源较优地区；土地开发资源较好地区；支持城市或区域产业布局和发展；符合城市或区域总体规划的土地利用布局；符合并服务于城市或区域发展总体战略；符合区域物流特点；有利于整个物流网络的优化；有利于各类结点的合理分工、协调配合。

四、物流结点布局设计考虑的因素

物流结点存在的价值在于能够通过物流结点将各种物流活动进行集约化处理，在满足降低物流成本、减少物流活动对城市影响的条件下，支持企业或城市内外经济交流和城市产业发展。对一个城市或区域来说，政府在进行其物流结点布局设计时，主要考虑以下因素：城市或区域主要物流方向；各种运输方式、运输结点的分布；城市或区域的产业布局和物流相关市场、资源的布局；物流用地的区位优势；对城市正常运行的影响；对现有的物流设施的充分利用。土地利用和建设的可行性；整个物流结点系统能够满足支持该城市或区域内外经济联系；支持城市或区域主要产业布局和发展。应根据城市或区域的特点和所要达到的物流服务目标，确定合理的物流结点类型和数量，构筑符合城市或区域发展需要的物流服务网络。

第三节　物流结点功能设计

对于不同的物流结点，可根据其不同的类型定位，以整个物流网络功能的最优化为出发点，合理确定所需要实现的功能。除了合理确定结点类型，还应考虑其他因素：物流系统的基本定位；在整个网络布局中的地位和作用；物流结点辐射区域的特点。

一、物流结点的功能组成

根据物流结点的作用、类型、地理位置等因素，物流结点一般具备以下功能或功能组合。

（一）基本功能

（1）停车。传统停车场向现代化停车场过渡，现代化停车场的特征是环境优美整洁、信息化管理、安全可靠方便的服务质量、高效率低成本的服务成本。

（2）配载。从人工工序、不安全、高费用、低效率的现状，逐步实现计算机优化配置。

（3）仓储保管。形成从简单货物堆场到现代化、自动化立体仓库等各种层次的仓储保管区，以满足不同的需求。

（4）市内货物配送。满足生产商与销售商的配送，生产商、销售商与超市、门店的配送，供应商与生产企业的配送，电子商务环境下的物流配送服务。

（5）城际货物运输。多式联运，达到最佳运输模式组合、最高效率、最短路径、最少时间、最低费用的要求。

（6）拼箱拆箱。集装箱的集零化整，提高集装箱的装载率；集装箱的化整为零，货物分拣。

（7）供应链物流管理。深化介入生产商供应链管理，从采购供应到生产流程中的零配件、半成品上下线、产成品的销售配送。

（8）信息服务。构筑交通集团物流信息中心平台，成为本地区公共物流信息系统的组成部分，同时与全国物流信息系统实现联网，提供相关服务，如信息发布、信息交换、配载交易、配送服务、统计清算、预测分析、全程物流监控服务等。

（9）生产加工。配送物流的加工，生产企业、商业企业的流通加工业务，现代生产企业“哑铃型”生产模式的生产加工，分销商的产品组装等。

（10）分拣包装。供应商以大包装、粗包装进库，在物流园区进行分拣小包装加工，优化外包装，提高商品附加值。

（二）物流延伸服务功能

（1）货物调剂中心（库存物资处理）。利用物流园区资源优势，有效地处理库存物资与开办新产品展示会。

（2）物流技术开发与系统设计咨询。吸引相关物流高科技企业进驻园区，利用园区物流企业密集的资源优势，发展物流软件开发与物流设施设备的技术开发，形成“第四方物流”利润增长点。

（3）物流咨询培训服务。利用物流园区运作的成功经验及相关的物流发展资讯优势，吸引物流咨询企业进驻发展，利用高校科研、企业、政府多方合作的优势，开展物流人才培训业务。

（三）配套服务功能

（1）车辆辅助服务。加油、检修、培训、配件供应等。

（2）金融配套服务。银行、保险、证券等。

（3）生活配套服务。住宿、餐饮、娱乐、购物、旅游等。

（4）工商税务海关等服务。

二、物流结点的服务内容设计

物流结点的服务内容应根据物流结点系统的任务及影响因素分析，按照服务目标市场的分类进行规划设计。一般来说，一个城市或一个区域甚至一个国家的社会物流系统的物流结点系统具有部分或全部物流服务内容。见表 3-1。

表 3-1　物流服务内容一览表

<table>
<tr><th colspan="2">服务目标市场及细分市场</th><th>服务场所位置</th><th>物流服务内容</th></tr>
<tr><td rowspan="4">国际物流</td><td rowspan="3">国际物流服务</td><td>港口</td><td>保税仓储、报关、商品展示、物流加工、临港工业、包装、拼箱拆箱、公海运输转换、铁海运输转换等及相关管理办公服务</td></tr>
<tr><td>机场</td><td>保税仓储、报关、商品展示、物流加工、临空工业、包装、拼箱拆箱、快递、公航运输转换及相关管理办公服务</td></tr>
<tr><td>公、铁车站</td><td>保税仓储、报关、商品展示、物流加工、包装、拼箱拆箱、公铁运输转换及相关管理办公服务</td></tr>
<tr><td>国际物流运输服务</td><td>港口、机场、公、铁车站</td><td>海运、航空运输、铁路运输、公路运输</td></tr>
<tr><td rowspan="5">区域物流</td><td>铁港联运</td><td>港口与铁路货站结合点</td><td>铁路运输、铁海运输转换、仓储、加工</td></tr>
<tr><td>铁路运输</td><td>铁路货站</td><td>铁路运输、卡车集疏货物、仓储、加工</td></tr>
<tr><td>空公联运</td><td>公路货运枢纽与机场结合</td><td>航空物流的集中、分驳</td></tr>
<tr><td>公、铁联运</td><td>公路货站与铁路货站的结合</td><td>公铁运输转换、卡车集疏货物、仓储、加工</td></tr>
<tr><td>公路运输</td><td>公路枢纽站</td><td>卡车集疏货物、仓储、加工</td></tr>
<tr><td>配送物流</td><td>供应链物流管理</td><td>工业园区周边</td><td>采购、运输、仓储、配送</td></tr>
<tr><td></td><td>商业配送</td><td>城市中心边缘地区</td><td>仓储、加工、配送</td></tr>
</table>

三、物流结点的功能重组

上述的物流服务内容既不能均分到各个物流结点，也不能汇总到每个物流结点，各种物流服务功能需要在空间实体上进行归并。

（一）物流服务功能在空间实体上归并的原则

（1）充分整合现有物流基础资源。

（2）充分发挥公共物流结点的规模效应。

（3）充分发挥各物流结点的优势。

（4）有效提供完整的物流服务。

（5）减少物流环节，实现物流合理化。

（二）物流结点功能组合

不同的物流结点，其功能配置不同，承担的物流业务也不同，物流结点所完成的物流作业，应根据物流结点的作用、物流特征、地理位置等因素，合理规划物流结点的各种物流作业，物流结点一般都具备以下功能或功能组合。

1. 仓储中心区

主要分类如下。

（1）堆场。主要办理长、大、散货物的中转、存储业务、重点发展集装箱堆场。

（2）特殊商品仓库。主要办理有特殊要求的货物存储、中转业务，如防腐保鲜货物、保价保值物品、化工危险物品、保税物流等。

（3）配送仓库。

（4）普通仓库。主要处理除以上几类货物之外的绝大部分普通货物存储，中转业务，如百货日用品、一般包装食品、文化办公用品等。

2. 加工中心

加工中心内主要包括两种业务类型：一种是从事产品的生产（生产加工区），另一种仅为货物的流通提供加工（流通加工区）。

3. 转运中心

转运中心主要是将分散的、小批量的货物集中，以便于大批量运输，或将大批量到达的货物分散处理，以满足小批量需求。因此，转运中心多位于运输线交叉点上，以转运为主，货物在转移中心停滞时间较短。

4. 配送中心

配送中心是从供货商处接受多品种大批量的货物，进行倒装、分类、保管、流通加工和情报处理等作业，然后，按照众多客户的订货要求备齐货物，进行配送的中转枢纽。

其主要业务包括：接受种类繁多、数量众多的货物；对货物的数量、质量进行检验；按发货的先后顺序进行整理、加工和保管，保管工作要适合客户单独订货的要求，并力求存货水平最低；接到发货通知后，经过拣选，按客户的要求，把各类货物备齐、包装并按不同的配送区域安排配送路径、装车顺序、对货物进行分类和发送，并于商品的配送途中进行商品的追逐、控制及配送途中意外状况的处理。为保证上述业务的顺利进行，配送中心须有配套的收货（验收）作业区、分拣作业区、流通加工作业区、储存保管作业区、特殊商品存放区、配送理货作业区、停车场及办公场所。同时，配送中心需配置相应的装卸、搬运、存储、分拣理货等作业的设备，以及相应的信息处理设备，包括内部信息处理与外部信息处理。

5. 公路货运集散中心

公路货运集散中心是把公路运输、集散、中转、仓储、配送等功能有机结合起来，实现物流的集约化，其主要业务如下。

（1）其他地区进入本地区的货物，化整为零（除了部分整车夜间送货之外），分方向、分地区运送到客户地点，从而保证大型卡车白天交通繁忙时段不进市区，缓解城市交通的混乱，道路拥塞，改善城市交通环境。

（2）本地区运往其他地区的货物，由集货卡车到各货主地点提货，并将货物送到集散中心，在集散中心集货，进行配载，实行整车、配装整车发送到外地客户地点，以提高车辆满载率，降低车辆运输费用，整体提升运输系统效率与资源利用率。

（3）提供到达或通过集散中心的货运车辆的维修、加油等服务。

（4）提供驾驶员的休息、餐饮、生活、娱乐服务。

（5）提供相关的金融、税务、工商、卫生检疫等政府职能服务。

为完成以上业务，集散中心应具备停车场、配送中心、配载交易市场、堆场、仓库、加油站、车辆检修所、综合管理楼等设施场区。

6. 物流中心

现代化物流中心接受并处理下游用户的订货信息，对上游供应方的大批量货物进行集中仓储、加工等作业，并向下游进行批量转运的设施和机构。

7. 公铁联运物流中心

公铁联运物流中心直接引入铁路专用线，开展公铁联运。公铁联运中心将公路运输、铁路运输、城市道路运输、中转、储存、配送等功能有机结合起来，实现物流的集约化，其主要业务是：将铁路运往本市或周边地区的部分货物，化整为零，利用公路运输、分方向、分地区运送到客户地点；本地区（或周边地区）运往其他距离较远地区，批量较大的货物，利用公（道）路运输集中到公铁联运物流中心，在公铁联运物流中心集货，利用铁路编组站（或货站）集结、编组优势，以最快的速度、最少停留时间运送到客户地点。对到达联运中心的货运车辆进行维修、加油等服务；提供驾驶员的休息、餐饮、生活娱乐服务。为完成以上业务，公铁联运中心应具备配送中心、铁路专用线、站台仓库、堆场、停车场、修理车间、加油站、综合管理楼等场区及设施。

8. 港铁联运中心

港口直接引入铁路专用线，开展港铁联运。港铁联运货物一般运距较长。港铁联运中心将铁路运输、水路运输、中转、拆箱拼箱、仓储、加工、配送等功能有机结合起来，实现物流的集约化，其主要业务是：将水运到达货物，化整为零，利用铁路运输，分方向、分地区运送到客户地点；将来自较远内陆地区途径本地区须由水运运往其他距离较远地区、批量较大的货物，利用铁路运输集中到港铁联运物流中心，在港铁联运物流中心集零为整，利用港口集结优势，以最快的速度、最少停留时间运送到客户地点。

9. 公港联运物流中心

公港联运中心是将公路运输、水路运输、中转、拆箱拼箱、仓储、加工、配送等功能有机结合起来，实现物流的集约化，其主要业务是：将水运到达货物，化整为零，利用公路运输，分方向、分地区运送到客户地点；将周边货物利用公路运输集中至公港联运物流中心，在公港联运物流中心集零为整，利用港口集结优势，尽快组织水路运输，运送到客户地点。

第四节　区域物流系统设计分析

区域物流系统的设计是一项复杂的工作，是牵涉到方方面面的、理论的和实际的工作。我国是一个发展中国家，与发达国家相比，缺少发达国家数百年来市场发育的积累，要实现跨越式发展，离不开政府的支持。因此，我国区域物流产业的发展既要吸取发达国家的经验和教训，同时也要结合我国的国情，进行系统合理的规划，为产业的跨越式发展提供良好的环境和支持。

一、区域物流系统设计的任务

区域物流系统设计的任务，简而言之，就是要建立合理的区域物流运作体系。即在规划系统范围内，从整体和长远利益出发，统筹兼顾，因地制宜，正确配置物流要素，使之布局合理，比例协调，发展速度快，为区域经济的发展提供最优的物流支撑环境。区域物流系统设计，应主要包括如下几个方面的工作。

全面掌握区域经济和社会发展的基础资料，编制区域物流发展的规划纲要。通过调查研究，搜集有关区域的经济和社会发展长期计划及各项基础技术资料。在搜集和整理资料的过程中，必须对该区域的资源作全面分析与评价。所谓资源，指的是自然资源（土地、水、气候、矿产等）、社会资源（男女劳动力数量、年龄构成、就业比重、劳动技能、文化教育水平等）和经济资源（在该区域内已积累的物质财富，包括工农业生产、交通运输、水利能源、城乡建设等物质技术基础）。通过对该区域的资源分析和评价，进一步明确区域物流发展的性质、任务和方向，确定区域物流发展的专业化和综合发展的内容与途径，从而编制区域物流发展的规划纲要。

搞好区域内物流要素的合理布局。根据区域物流发展的规划纲要，结合区域经济、社会、历史及地理条件，将各类物流要素如交通运输和仓储设施等合理地组合布置在最适宜的地点，使物流网络布局与经济发展、资源、环境，以及城镇居民点、基础设施等建设布局相协调。通过区域物流中心的规划和建设，从而形成高效的、有规模效应的、能实现联合运输的、经济的区域物流支撑体系。

搞好环境保护，建立区域生态系统的良性循环。物流基础设施的建设，有可能引起生态环境的变化和环境的污染。环境保护已经成为人们普遍关注的问题。防止水源地、城镇居民点与风景旅游区的污染，保护有科学意义的自然区和历史文物古迹，建设供人们休息的场地，已经成为人们普遍的呼声。区域物流设计应力求减轻或免除自然灾害的威胁，促进大自然的生态向良性循环发展，同时还应进一步改善和美化环境，对局部被人类活动改造过的地表进行适当修饰，搞好大地绿化和绿地规划，丰富文化设施，增加休息的活动场所。

深化区域物流管理体制的改革，加强物流制度建设。我国目前仍然处在由计划经济向社会主义市场经济转轨的时期，部门体制所形成的局部利益、部门分割现象仍然存在。区域物流管理体制的改革，在很大程度上决定该区域高效、经济的物流体系的发育和完善。打破条块分割，建立科学合理的管理体制，为物流企业的发展创造良好的环境，是区域物流体系健康发展的重要内容。物流规划应当由权威的、综合的机构根据市场化原则去组织和制定，政府通过其政策的制定指导和统筹物流规划工作的开展。这里，政府的政策主要包括物流基础设施建设的政策，与物流服务有关的政策及有关产品的生产、加工和流通的政策与法规等。

加强物流信息支撑环境建设。物流信息化管理是现代物流的重要方面，随着物流业的不断发展壮大日益为人们所重视。与先进管理思想结合的信息技术给传统物流带来了根本性的变化。物的流动伴随着信息的流动，而信息流又控制着物流。正是信息技术手段的应用，使得原先独立的各个物流环节有效地整合在一起，满足了不断发展的物流服务要求。物流信息管理是对物流信息进行采集、处理、分析、应用、存储和传播的过程，也是将物流信息从分散到集中、从无序到有序的过程。在这个过程中，通过对涉及物流信息活动的各种要素如人员、技术、工具等进行管理，可以实现资源的合理配置。由于物流信息具有地域性和时间性，信息的范围广，跨地域，随时间的变化快，而且不同的用户对信息的要求也不同，因此在信息的收集、整理、加工过程中，尤其要注意避免信息的缺损、失真和失效，保证信息的及时、准确、全面。除了技术保障外，实现对信息的有效管理还需要强化物流信息活动过程的组织和控制，建立有效的管理机制；同时要加强交流，信息只有经过传递交流才会产生效用，使信息增值，所以要有信息交流、共享机制，以有利于形成信息积累和优势转换。

区域经济的发展需要现代物流的支撑。因此，科学缜密地制定区域物流系统规划，有利于我国区域经济健康快速地发展。统一规划、综合平衡，是区域物流系统设计的基本方法之一。要进行多方案的技术经济论证与比较，选择经济上合理、技术上先进、建设上可行的最佳方案，以求达到最大的经济效益、社会效益和生态效益。

二、区域物流系统设计原则

区域物流系统设计涉及区域范围内的一切物流活动，包括货物运输、仓储、包装、装卸、搬运、流通加工、配送及相关的信息处理活动。就物流与其他社会经济系统的关系而言，涉及区域内自然资源状况、经济技术基础、经济地理环境、社会历史条件等各个领域及区域之间的相互衔接问题。规划好区域物流并对其进行统筹管理，是一件相当复杂和艰巨的任务。为了使区域物流能更加科学、合理地发展，区域物流系统设计应服务于区域经济发展战略需要，同时要遵循以下几个基本原则。

（一）满足区域经济发展需要原则

区域物流系统设计应从区域经济发展的需要出发，也就是说，区域物流的设计应充分考虑区域经济的发展对区域物流的发展，合理估计区域物流的市场容量或规模大小，使物流服务提供和服务需求相互匹配，既要避免供大于求，出现资源浪费的现象；也要防止供小于求而致使区域经济的正常发展受到制约或阻碍。

（二）系统性原则

区域物流是一个庞大而复杂的社会经济系统工程，必须运用系统科学的方法进行设计，既要统筹兼顾，也要保证重点，兼顾一般，还要注意挖掘区域的潜力，充分调动参与区域物流的各个部门、各个环节和区域内的各种社会力量，以及其他一切关注区域物流发展的相关部门的积极性和主动性。区域物流是社会经济系统中的子系统，它与社会经济系统之间，既存在着相互制约、相互促进的关系，也存在着相互矛盾的关系。在规划中，必须从系统角度平衡好这种关系。此外，区域物流系统设计涉及多个行政区域和行政管理主体，以及大量的物流事业主体管理职能、业务开展和经济效益，设计时需要系统地考虑各地区、各部门的职能分工、管理权限与既得利益。系统性原则的另一层含义是科学规划，强调规划方法的科学性，在规划中调查、分析、设计、评价都要采用科学的方法和程序。

（三）战略性原则

规划是一项战略性任务，需要从战略上来思考和设计，尤其对于区域物流这样大范围的物流系统设计。具体体现在三个方面：①对规划要素的选择、评价要有战略眼光，要从长远考虑，避免短期行为和政绩工程，对于区域物流基础设施和重要物流结点的空间布局、功能结构、作业能力、建设标准等要从长远角度进行评价和决策；②要充分估计未来的发展和变化，让规划有一定柔性以适应这种变化；③要有风险防范意识，充分意识到规划存在一定的风险，并对可能出现的风险有一定的预计能力和预防措施。

（四）充分利用现有物流资源原则

现代物流强调通过现代先进科学技术的运用，对现有物流资源加以整合，而不是过多地开辟新的项目。要正确理解“第三利润源泉”，应更多地从成本节约和物流的乘数效应的角度去理解“第三利润源泉”。事实上，物流产业本身是一个利润低，但带动效应大的产业，如果过多增加新的物流资源，不但会给社会带来更大的负担和浪费，也不利于微利物流企业的发展和壮大。

（五）规范化原则

这是指区域经济的主体应依据现代物流的要求，在规划时，对区域物流具体运作和物流流程进行规范，并确立科学合理的评价标准体系，依此进行区域物流组织和管理。在区域物流的发展过程中，有效降低区域物流资源整合的成本和损失，提高区域物流发展的质量。对区域物流的规范化运作不论从物流服务的提供方，还是从物流服务的需求方而言，都是十分必要的。现代物流需要对其所有的组成要素，围绕着物流成本与物流客户服务水平之间的平衡进行系统优化。在既定的物流成本预算下，尽可能使物流客户服务水平得以提高。反过来，要在既定的物流客户服务水平下，使得物流成本尽可能低。许多研究表明，要实现这一平衡，必须通过制度的合理安排，对区域物流平台构筑的流程和物流的流程进行规范。惟有如此，才能有效提高区域物流的运作质量。

（六）服务产业集群发展原则

大量的研究和实践证明，产业集群是提升区域经济竞争实力的有效形式，福建东南汽车的迅速发展和壮大便是一个很好的例证。因此，区域物流发展的设计应充分考虑产业集群发展的客观规律，通过配套、完善的物流服务使在其服务范围内的产业集聚发展，同时也为区域物流自身创造更广阔的物流需求空间，促进物流产业的发展。

三、区域物流系统设计的原理

区域物流系统设计遵从一定的经济学原理。从经济学的角度，增长极理论、梯度理论已被应用于物流产业的定位分析，指导区域物流系统设计。

（一）增长极理论

增长极理论是第二次世界大战后影响最深刻、应用最广泛的经济学原理，无论在发达国家还是发展中国家都得到较好的验证。增长极理论是 1950 年由法国经济学家 Francois Perroux提出的，这一理论的基本主张是：经济的增长不会同时出现在所有地方，而是首先出现在一些增长点或增长极上，然后沿着不同的渠道向外扩散，并对整个区域经济产生不同的影响。此后，一些学者丰富和发展了该理论。增长极理论对区域经济发展的作用主要体现在支配、乘数、极化与扩散4种效应上。通过建立具有创新功能、示范和扩散效应的增长极（如中心城市、特定的区域等），依赖其空间组织作用，带动周边地区的经济发展。

增长极至少包括以下三种含义：经济意义上的某一推进型产业或企业；地理意义上的空间单元，也就是区位条件优越的地区，它通过极化效应和扩散效应带动整个地区及相邻企业的经济发展；经济意义和地理意义上的拥有推进型产业的城市。

增长极理论从两个方面打破了经济均衡分析的传统，为区域经济发展理论的研究提供了新思路。一方面，它反对平衡增长的自由主义观念，主张区域经济发展的非均衡增长；另一方面，它通过引入空间变量丰富了抽象的经济分析内容。这种理论实质是强调区域经济发展的不平衡性，尽可能把有限的稀缺资源集中投入到发展潜力大、规模经济和投资效益明显的少数地区，使增长极的经济实力强化，同周围地区形成一个势差，通过市场机制的传导来引导整个区域经济的发展。

增长极理论由抽象的经济空间拓宽到地理空间，表明经济空间既存在功能极化，也存在地域极化。极化过程不仅是一个自组织过程，也是一个可控过程。前者是增长极的理论基础，后者是增大极的应用基础。所谓自组织过程是指由市场机制的自发调节引导企业和行业在某些大城市和地区聚集发展而自动建立“增长极”。所谓可控过程是指由政府通过经济计划和重点投资来主动建立“增长极”。正因为如此，许多国家把增长极理论运用于增长战略、区域规划和区域政策制定。区域物流系统设计的目的，是通过物流产业发展促进区域经济增长。因此，增长极理论可直接应用于区域物流系统设计。将增长极理论应用到区域物流规划，可体现在以下几个方面：区域物流基础设施规划方面，应推行“资源增长极”、“产业增长极”和“城市增长极”有机结合的政策，避免重复建设；物流园区的规划，应注重增长极的支配、乘数、极化与扩散效应；对重点物流园区的建设，应注重“增长极核效应”；物流产业的发展，可应用增长极点开发理论模式。

（二）梯度理论

从区域经济学的角度，梯度理论对区域物流系统设计同样具有指导意义。梯度理论是美国经济学家R. Verno提出的产品生命周期阶段理论。其基本内容是，在社会经济发展的一定阶段上，无论就世界范围来说，还是从一国范围来看，都存在着经济技术的差异，这种差异呈现出多层次梯度递推趋势。这种状况既是过去经济技术不平衡发展的结果，也是经济技术进一步发展的基础。这就要求在推动生产力的空间布局与转移时，应从既有的经济技术梯度出发，首先让有条件的高梯度地区引进和掌握最先进的科学技术，然后逐步渐次向中低梯度地区转移。随着经济技术水平的不断提高，技术的转移递推将日益加快，地域空间上的经济技术梯度也将随之缩小，其结果将使经济发展水平趋于相对均衡。这一理论是对社会生产因技术进步而在地理走向上客观存在的一般趋势的基本概括。因此，它并不排除梯度划分和梯度推进中的局部相背现象，即还存在：①“反梯度理论”，认为落后的梯度地区可以直接采用世界上的最先进技术实现跨越式发展，甚至进行反向梯度推进；②“并存度理论”，认为纯梯度式、纯跳跃式和混合式三者并存，都起作用；③“主导梯度理论”，认为在相对高梯度上存在不能令人满意的死角，在相对低梯度上也可能存在出乎意外的亮点。也就是说技术进步可能采取跳跃的方式进行，但这仅仅是梯度转移过程中的一种特例，其作用程度和范围不能与作为常规的梯度推移相提并论，并不能阻止和扭转梯度推移的一般规律。个别方面某些领域技术的先进性并不能决定和改变总体水平的落后性。

应用梯度理论来规划区域物流系统，首先要按照梯度理论考虑区域之间、城市之间物流产业的梯度辐射作用。比如上海的物流产业，国际物流占有相对较大比重，在国际物流体系发展方面，就要考虑上海作为国际物流中心的梯度辐射作用；而长三角的区域物流体系，就要考虑南京和杭州物流的梯度辐射作用。同时，一个区域的物流产业，又可以按照“反梯度理论”、“并存梯度理论”和“主导梯度理论”等，考虑发挥本身的物流产业的优势，实现跨越式、超常规的发展。比如，电子行业在昆山的发展是相对领先于其他地区的，在这一方面，就可以按照“反梯度理论”，影响和带动周边地区这一行业的物流产业发展。

四、区域物流系统的构建

区域物流作为区域经济社会的一个重要组成部分，涉及区域货物运输、仓储、包装、装卸、搬运、流通加工、配送、信息处理等领域。其产生和发展是随着社会分工协作和区域经济专业化的发展形成的。

首先回顾社会分工对经济发展的影响。第一次社会大分工时，自给自足的自然经济仍占统治地位，商品生产和交换的比重很小，区域间的联系很弱，只在农业部落和游牧部落之间存在零星、分散的货物流动。第二次社会大分工之后，手工业、矿业、原材料加工业、简单制造业应运而生，商品生产和交换不断发展，但货物流通范围较小，交通、运输条件很薄弱。第三次社会大分工，出现了专门从事商品交换的商人，商品交换向深度发展，货物流通日益频繁，区域间开始产生两极分化，产生一个或几个区域性的以条件优越地区为中心、其周围地区为外围的布局格局。随着商品经济的发展，中心区经济迅速发展，对资源需求大幅度提高，与其他地区之间的物流联系不断加强，其外围地区也不断得到开发，成为区域的次级中心。

区域物流系统的形成是一个动态发展的过程，深刻影响着区域经济的发展；反之，区域经济的发展，也促进了区域物流系统的成熟和发展。从形态上看，区域物流系统在不同的发展阶段，呈现不同的网络形态，在理论上可以概括为点辐射、线辐射和面辐射三种形态。

（一）点辐射

点辐射一般以区域中心区（大中城市）为中心向周边地区辐射。中心区的物质文化水平相对较高，商品各要素充分，但自然资源和劳动力资源相对匮乏，而周边地区刚好相反。这样，中心区与其周边地区就能实现优势互补，促进中心区和周边地区之间的货物流通，加快以中心区为核心的区域物流的发展。点辐射必须依托良好的辐射媒介，如交通基础设施、信息传播手段和市场流通机制。

（二）线辐射

线辐射一般以辐射干线（如铁路干线、公路干线、大江大河、大湖沿边航道及沿海陆地带）为辐射的带状源，向两翼地区和上下游地区辐射。辐射干线地区物质文化水平相对较高，与辐射干线两翼地区之间的货物流通可以实现优势互补，推动区域经济一体化发展。

（三）面辐射

点辐射和线辐射大大加快了辐射区域的社会经济发展，形成了以中心区为核心，以辐射干线为骨架，各地区相互衔接、合理分工、协调发展的面辐射体系。面辐射又可细分为地毯式辐射和跳跃式辐射。地毯式辐射是指物质文化水平较高的地区向周边地区进行货物流通的过程，加快周边地区经济发展速度，逐步向外推移；跳跃式辐射是指物质文化水平较高的地区跨过一些地区，直接与落后地区发生物流联系，使落后地区经济得到发展。显然，地毯式辐射与跳跃式辐射相比，具有辐射距离小、阻力小、物流成本低、物流效益好等优点。

五、区域物流园区规划设计

物流园区既是现代物流网络中不可或缺的物流组织管理结点，相对于集中建设与发展的物流功能集结区，又是城市化发展中交通运输组织、信息组织、产业整合、资源整合调整、原材料采购和供应配送的经济功能协调区，它具有产业发展性质。正是因为物流园区对经济发展、城市交通和流通渠道建设诸方面的积极意义，促使其规划受到国内外的广泛关注并成为研究热点。

区域物流园区的规划设计是指对城市区域物流用地进行定位、空间布局，对区内功能进行设计，对设施、设备进行配置，以及对物流园区经营方针和管理模式等进行策划的过程。现代物流园区的规划建设是一项系统工程，其物流活动范围广阔，既有城市的、区域的、全国的活动领域，又有跨国的活动领域；物流流程复杂，须经过运输、仓储、配送、包装、搬运装卸、流通加工、信息处理等环节；物流涉及面极广，涉及工业、农业、商贸、交通、通信、城市规划、国土等部门。因此，区域物流园区规划设计包括很多方面的内容。

（1）选址规划。物流园区的选址规划是解决“物流园区应该建在什么地方”的问题。物流园区是城市物流系统中层次最高的物流结点。

（2）平面布局规划。平面布局规划是物流园区规划最为重要的内容之一。物流园区的平面局部规划主要解决了三个方面：①物流园区应该由哪些功能区组成？②这些功能区要占多大规模？③这些功能区之间相对位置关系怎样？

（3）细部规划。物流园区的细部规划主要包括物流设施布置规划、物流设备设计与选择及作业流程设计等内容。

（4）信息平台规划。物流园区是物流相关资源的集聚地，是现代物流企业采集信息、整合资源为社会提供物流服务的重要场所。随着不断发展的互联网技术和日趋成熟的信息技术在物流领域的广泛应用，物流园区信息平台的重要性日益显现，其规划也成为物流园区规划的重要内容。

（5）道路交通规划。物流园区内部道路是物流园区的骨架，一方面它把物流园区的各组成部分连接成为一个整体，另一方面它还实现了物流园区与外部交通的有效衔接；同时，它也是园区消防通道和园区景观构成的重要因素。园区内部的路网不仅对功能分区的布局产生影响，还对车辆、人员的进出及车辆回转等动线产生影响。物流园区道路交通规划主要包括路网布局、出入口规划设计、交通组织等方面的内容。

（6）运作模式规划。物流园区的运作模式规划主要是解决“物流园区应该如何去建设”及“物流园区建成以后如何运营”的问题。具体而言，物流园区的运作模式规划主要包括投资开发模式、管理模式、赢利模式、发展模式等方面的内容。

第五节　物流信息平台设计

一、物流信息平台概述

（一）信息技术对现代物流产生与发展的影响

传统的物流活动被分散在不同的经济部门，或者一个企业内部不同的职能部门，在生产到消费的过程中，物流活动被分散在若干个阶段和环节来进行。由于没有信息技术的支持，物流信息本身也被分散在不同的环节和不同的职能部门之中，物流与信息之间的交流与共享变得十分困难，经常滞后于许多管理活动。随着计算机软硬件技术、网络通信技术、信息采集技术等信息技术的群体性突破，信息技术开始广泛应用到企业物流管理活动中，使得物流活动发生了根本性的变化。

由于信息采集技术、网络通信技术的广泛应用，物流信息不再局限于某一个物流环节上，在整个物流活动中，所有的企业、管理者都能得到所需要的信息，根据这些信息进行有关的管理、协调和组织工作。信息的共享开始超越企业内部不同职能部门的边界、乃至企业的边界，信息资源的共享使得物流活动可以与原有的生产过程和商品销售过程分离开来，成为一种独立的经济活动。在信息技术广泛应用以后，由于有了完整的信息和信息共享，物流活动从过去一个局部的环节变成了整个供应链上的系统化活动，从过去分散的活动变成了一种系统化的、全过程化的活动。通过现代信息技术的应用，特别是整个供应链所有参与者的信息共享，使得所有的参与者，都能够根据充分的信息来合理地进行分工和市场定位，来进行规范化的运作。

在供应链形成以后，特别是在第三方物流企业形成以后，这种竞争不再停留在单一的环节上，而是把整个物流过程或者供应链过程的管理效率和管理水平的提高作为竞争的主要焦点。所以到目前为止，在西方发达国家物流企业的竞争力已经不是用多么高的运输设备和自动化的仓库来衡量，而是对顾客的响应能力。而这种响应能力恰恰是建立在现代信息技术广泛完善的应用方面。所以物流竞争已经从原来关注物流设施水平转向了信息管理能力和信息技术水平的提高上。这就是信息技术影响着物流领域竞争手段的变化。信息处理的能力和信息管理的能力决定了整个供应链对市场的反应能力，决定了对顾客提供高效率高水平服务的能力。

信息技术在物流活动中的应用直接导致了新的物流组织的出现，使得物流组织的层次不断提高。现代信息技术影响物流组织逐级升级的过程基本上可以划分为三个阶段。

第一阶段：20 世纪 80 年代以前，以企业内部信息管理系统为基础的企业内部一体化物流组织。

第二阶段：20 世纪八九十年代，特别是第三方物流企业出现以后，可以概括为电子数据交换技术或 EDI 为基础的专业化的物流组织。

第三阶段：20 世纪 90 年代以后，以网络通信技术为基础的物流流程的一体化组织，以供应链管理为核心的物流企业。

（二）物流系统信息化的目的

为完善物流系统，减少物流信息的传递层次和流程、提高物流信息利用程度和利用率，引导物流系统的正常运行，应当把物流过程的信息化作为物流系统运行中的一个基本生产要素——实现物流系统信息化，力求以最短的流程、最快的速度、最小的费用，传输高质量的信息，完善物流系统的正常运行、提高行业整体效益及社会经济效益。

现代物流的信息化主要表现为物流商品的信息化、物流信息采集的标准化和自动化、物流信息处理的电子化和计算机化、物流信息传递的标准化和实时化及物流信息存储的数字化等。

物流系统信息化的目的是利用网络化、信息化的优势，通过对整个物流系统资源的优化整合，为社会物流系统提供共享交互的载体，为企业提供高质量、高水平的增值服务，提高资源的利用率，实现物流系统的优化运作。

（三）物流信息平台的组成

一个城市或地区物流信息化建设主要包括企业物流信息系统、物流园区（中心）信息平台和公共物流信息平台三个层面。

1. 企业物流信息系统

企业物流信息系统主要根据物流企业、生产企业、商业企业的内部物流信息一体化、网络化、高效化的需求，构建企业信息系统，提高物流运作效率，并逐步要求在供应链上、下游企业及合作伙伴之间实现信息共享，以实现供应链的协同运作，增强供应链的竞争优势。

生产企业、商业企业的信息系统根据不同的发展阶段，一般有三种形态。

（1）初级阶段。实现企业核心部门的信息化，解决信息处理问题，提高物流运作效率，减少错误率，降低成本。

（2）发展阶段。随着客户对企业柔性和快速反应能力需求的不断提高，企业对内部各系统进行跨职能的整合，实现内部物流系统的一体化。

（3）高级阶段。供应链管理是现代物流的发展方向，随着企业客户的全球化及 JIT 等方法的应用，企业需要对内部信息与供应商、客户等外部信息进行整合，利用信息技术实现全球供应链管理。

物流企业通过对内部系统的信息化建设，如优化配载、货物跟踪、车辆调度、路线安排、库存管理等，以及与被服务企业间的信息共享和交互，来提高服务效率、服务质量和服务能力。

2. 物流园区（中心）信息平台

物流园区（中心）信息平台整合物流园区（中心）内企业的信息资源，为物流园区（中心）内企业提供信息共享和增值物流服务，实现物流园区（中心）内企业间的信息共享，并促进物流园区（中心）内企业的信息化建设。根据不同物流园区（中心）的功能特点，信息平台的作用也有所不同，主要表现在以下几个方面。

（1）促进物流园区（中心）内中小企业的物流系统信息化建设。根据物流园区（中心）的性质，为物流园区（中心）内的中小企业提供企业物流系统的 ASP（应用服务提供）租赁服务，为中小企业节约在信息化方面的投资，加速企业信息化进程。

（2）信息共享。实现物流信息共享（物流园区内物流企业间的信息共享、物流园区内物流企业与社会物流企业间的信息共享、物流企业与客户间的信息共享）；在物流企业内部进行集中管理和信息共享，实现物流企业对客户关系管理、物流中心、配送中心、仓储中心、停车场、网络化运输的集中管理，以及对物流服务的全过程优化，为物流企业客户提供对物流服务全过程的动态跟踪和查询。

（3）物流园区（中心）管理信息化。通过对物流园区（中心）进行网络化、信息化、高效化管理、提升物流园区（中心）的水平，增强物流园区（中心）的运营效率和吸引程度。

3. 公共物流信息平台

公共物流信息平台整合城市的物流资源和社会资源，为城市内各物流结点和企业提供信息服务，优化整个城市物流系统。公共物流信息平台的主要作用如下。

（1）公共基础信息共享。现代物流是一个整合的过程，涉及很多行业、部门的资源和信息的优化整合，其中交通、海关、银行等部分基础信息的获取对于企业现代物流的发展的作用越来越大，因此企业非常需要对公共基础信息进行共享。但这些信息的获得涉及各行业、部门间的协调问题及资金投入问题，企业依靠自身难以获得，因此需要由专门的公共物流信息平台来提供这些信息的共享服务。

（2）物流信息资源和社会物流资源的整合和功效。对社会物流系统中的各类信息资源进行整合，并在全社会范围内对这些信息资源进行共享。对物流资源信息进行整合与共享，对社会物流资源进行重组，提高社会物流资源的利用率，实现对社会物流资源的整合。

（3）物流信息互通。为提升全社会物流服务水平，进行行业间信息互通、企业间信息沟通及企业与客户间的交流。

二、物流信息平台设计模式

企业物流信息系统的建设可以有自建和租用两种形式。大型企业或企业业务比较复杂的企业可以采用自建的方式，构建充分体现本企业特点的信息系统。对于中小企业可以采用租赁物流园区信息平台或公共物流信息平台提供的ASP系统的方式，节约信息化的投入，加快信息化建设步伐。因此，企业物流信息系统的规划由企业根据自身的条件进行，不需要政府的干预。

物流园区（中心）信息平台和公共物流信息平台的建设主要可以采用三种模式：①商业运营机构全资拥有模式。该模式比较有利于市场的培养和发展，但该商业运营机构必须能保证提供公平的竞争环境和持续的经费投入。②政府参与的业界协作组织模式。该模式能保持平台的中立性和支持平台总体目标的实现，但在市场培育和经费方面有所欠缺。③政府主导模式。该模式在平台的中立性、经费、支持总体目标的发展等方面有较好的保证，但在促进市场培育和发展方面有所欠缺。由于公共物流信息平台牵涉面广、用户群体广泛，不管采用哪种建设模式，都需要在政府的统一规划下进行。因此公共物流信息平台一般由政府进行统筹规划。

三、公共物流信息平台设计

（一）公共物流信息平台建设的意义

（1）物流信息资源的整合与共享。对物流活动中的各类信息资源进行整合，并在全社会范围内对这些信息资源进行共享。信息共享将超越企业内部不同职能部门的边界、企业的边界，使得供应链上所有的参与者都能够根据充分的信息来进行合理的分工和市场定位，进行规范化的运作。供应链上所有的企业、管理者、工作人员都能得到所需要的信息，根据这些信息进行有关的管理、协调和组织工作。

（2）物流资源整合与优化配置。在信息技术不发达的情况下，物流的很多技术手段是停留在设施能力和设施水平的提高上。随着信息技术的发达，特别是供应链形成以后，更重要的不是单一的设施水平的提高，而是通过信息技术可以把资源整合到一起，来提高整体的运作的效率，也就是说，信息处理和信息管理的能力决定了整个供应链对市场的反应能力，决定了对顾客提供高效率高水平的服务的能力。

（3）物流系统运行优化。现代物流社会化趋势是社会经济活动的发展、物流规模经济效益、物流资源综合利用的必然结果。物流系统信息化可以减少物流信息的传递层次和流程、提高物流信息利用程度和利用率，以最短的流程、最快的速度、最小的费用完善物流系统的正常运行，实现物流系统运行的优化。

（4）物流服务水平提升。物流系统信息化在一定程度上将解决行业间信息互通、企业间信息沟通以及企业与客户间交流的问题，实现对客户的个性化服务，从根本上提升物流服务水平。

（5）社会物流技术水平的提高。公共物流信息平台通过政府和社会各界的力量，能够实现单个或某几个企业所不能实现的技术，有利于推动社会物流系统先进技术的发展。

（6）物流企业信息化进程的加速。公共物流信息平台将促进中小物流企业向现代化、网络化、信息化的发展，特别是为中小物流企业提供实现信息化的有效途径。

（7）推动电子商务的发展。公共物流信息平台的建立，将从整体上提升全社会物流服务水平，从根本上解决困扰电子商务发展的物流服务问题，从而有利地推动电子商务的发展。

（二）公共物流信息平台建设的原则

（1）先进性。应采用先进的系统规划和设计理念、计算机软硬件和网络技术进行设计开发，选用技术先进、成熟的产品，同时又有完善的售后服务，各系统平台尽量一致，以减少系统开发和维护的成本。

（2）开发性。公共物流信息平台与众多异构的信息系统、信息平台之间产生信息交互，因此平台必须充分考虑兼容性，以实现不同信息源的数据组织。利用系统集成的理念整合社会物流系统。

（3）实用性。公共物流信息平台的功能设定应充分考虑服务对象的需求。

（4）扩充性。系统规划和设计应充分考虑今后物流业的发展方向，系统应具有一定的可扩充性，当今后出现新的需求时，系统能够以较低的费用和投资进行扩充。

（5）安全性。物流信息平台是对物流企业和社会开放的，在系统规划和设计时应充分考虑系统安全性问题，采用网络安全技术和严格的用户权限管理，以防止非法操作和恶意入侵造成系统灾难。

（6）可靠性。信息平台将提供24小时不间断服务，在系统规划和设计应充分考虑系统可靠性问题，应采用备份方案或其他手段提高系统可靠性，避免由于系统崩溃而造成灾难性后果。

（三）公共信息平台规划设计步骤

公共物流信息平台规划设计步骤如图3-1所示。

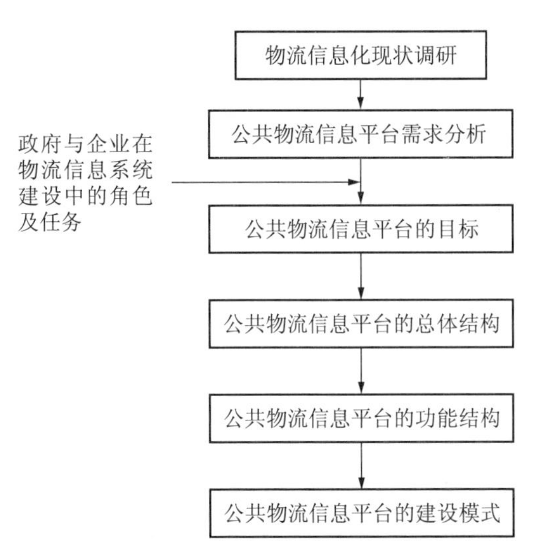

图 3-1　公共物流信息平台规划设计步骤

(四) 公共物流信息平台建设的目标

公共物流信息平台是整合一个城市或地区物流信息资源的关键，公共物流信息平台的建设目标是：适应物流业进步和提供全方位物流服务的要求，降低社会物流成本等；通过物流信息平台对物流系统进行资源整合，沟通相关部门（各物流企业、物流企业客户、政府管理部门等）之间的联系，促进协同工作和协同经营机制的建立；促进物流信息、物流基础设施的共享；通过信息手段，强化管理部门对物流企业、物流市场等的宏观调控能力，支持各物流部门的规范化管理；为物流业发展提供信息化的决策支持手段。

(五) 公共物流信息平台的功能结构

公共物流信息平台的功能结构应根据不同城市物流系统的特点和信息化水平来决定，一般来说，公共物流信息平台的功能主要由行业监管、公共信息服务、业务交易、数据交换和应用系统服务等组成。

1. 行业监管

行业监管功能为政府对物流行业的监管管理和规范运作提供技术支持手段，主要包括支持物流企业资质管理。其主要包括：支持物流企业准入资格审批；支持物流企业资质等级认证；支持物流企业取消资质审批。行业分析。其通过对相关数据信息的采集，利用一定的统计分析技术，定期分析行业内企业的运营状况、行业需求和供给市场的平衡状况、行业运作规范程度、行业水平等指标。监管信息发布。其包括的内容有：发布具有资质的物流企业的基本情况、资质等级、经营状况；发布被取消资质的物流企业的名单；发布行业监管的政策法规、动态信息。

2. 公共信息服务

公共信息服务功能为用户提供公共基础信息的共享，主要包括区域综合交通运输信息共享服务、城市综合信息共享服务、物流企业基础信息共享服务、物流相关信息和政策法规信息共享服务等。

（1）区域综合运输交通信息共享服务。包括以下内容。

公路路网信息：包括道路技术等级、起始城市、沿线收费点、沿线城市、里程、收费等。

港口综合信息：包括港口位置、码头情况、吞吐能力、联运情况等。

机场综合信息：包括机场位置、吞吐能力、航班情况、联运情况等。

铁路路网信息：包括铁路等级、起始车站、沿线车站、里程、技术速度、运价率等。

铁路运输信息：包括编组站能力、货运站能力、编组计划、行包专利等。

轮船公司综合信息：包括轮船公司情况、船期、货运能力等。

航空公司综合信息：包括航空公司情况、航班、货运能力等。

（2）城市综合信息共享服务。包括以下内容。

城市地理信息：包括国土总体规划信息，街区、小区的地理信息。

城市路网信息：包括城市路网、限制信息、道路管制信息等。

城市交通管理信息：包括驾驶员信息、车辆运行的许可证信息。

企事业单位信息：包括商务结构、企事业单位等信息。

（3）物流企业信息共享服务。包括以下内容。

物流结点信息：包括物流园区、物流基地、物流中心情况。

物流企业：包括专业物流企业信息。

物流相关企业信息：包括相关货运、货代、船代、仓储等企业信息。

物流企业资质：包括物流企业从业资质、历史记录。

物流相关信息共享。

口岸信息：它包括进出口报关通关数据、进出口贸易额等信息。

商检信息：包括商检、动植物检验、检疫及食品卫生检查等相关信息。

工商、税务等信息。

（4）政策法规信息共享服务。

物流相关政策。

物流相关法规。

3. 业务交易

业务交易功能主要表现在货运交易和电子商务贸易两个方面，通过对交易相关信息的统一有效的组织，使得资源能够有效利用，解决企业在交易过程中信息交流不畅等问题，从而降低了企业的交易成本。

（1）货运交易服务。货运交易服务通过对全社会货运交易所需的车辆与货物信息的采集与整理，整合社会物流供需资源，提供以多种方式进行货运交易信息的发布、查询、辅助交易的平台，为物流系统运作的优化提供手段和保障。

货运交易服务的主要功能如下。

供需信息发布与查询功能。车辆、货物需求与供给信息的发布（货主和车主可以通过互联网、服务终端等多种方式对详细的需求和供给信息进行发布）；车辆、货物需求与供给信息的综合查询（提供多种匹配条件的组合查询，方便用户获得所需信息）；货运交易相关运价、政策、法规等信息的查询。

货运交易功能。货运交易计算机优化配载（对采集的数据通过一定的规则进行匹配和自动撮合，为货主或车主提供多个方案进行选择，提高货运交易的效率和质量）；货运网上交易。

（2）电子商务贸易服务。电子商务贸易服务为各种贸易提供信息交流和交易的虚构平台。主要功能如下。

① 商贸信息发布与查询。商品需求和供给信息；国内外的商贸动态；展会信息；公司基本信息。

② 电子交易。自动撮合（根据供求信息的时间、数量、价格、质量等要素进行系统自动撮合，生成"意向订单"通知供求双方）；在线谈判（建立在线谈判室，对谈判过程进行自动跟踪记录）；电子合同（包括标的品种、数量、品质、等级规格要求、交货期、货款支付、运输、包装规格、双方责任、义务等合同条款）；订单管理（对已签订合同的有效订单进行管理，自动跟踪记录订单履行全过程）；网络结算（利用一定的标准交换文件、单证、票据、结算、合同履行确认等。对不能按合同履约的交易实施冻结，等待协调、仲裁或法院判决结果）；统计分析（信息发布、信息撮合、电子合同、订单履行的全过程，按品种、区域、时间、价格、主体等要素进行统计分析）。

4. 数据交换

企业信息系统的建设往往是自行建设，缺乏统一的标准，这为企业间的信息交换带来了一定的困难。而信息的集成和共享是供应链管理的重要内容，因此需要按照一定的标准对企业的数据进行转换，实现异构系统间的信息交流。数据交换功能就是实现不同企业异构系统之间数据交换的媒介。能够基于不同的标准如 ebXML、RosettaNet、EDI 等提供数据交换服务，以满足更多企业客户的需要。

5. 物流应用系统服务

物流应用系统服务通过物流综合应用系统为物流企业提供企业信息化服务，并整合供应链相关企业的信息资源，实现供应链相关企业之间业务信息的共享和资源的优化整合，提供个性化服务。物流应用系统服务平台为企业、物流结点等提供 ASP 服务，促进中小企业的信息化进程。

物流应用系统服务主要内容如下。

（1）运输管理系统。实现订单管理、货运业务管理、人车分配、车辆调度管理、车辆技术管理等功能。

（2）配送管理系统。实现车辆优化配载、配送线路优化等功能。

（3）仓储管理系统。实现货物出入库管理、库位管理、库存控制、仓库作业管理等功能。

（4）货代管理系统。实现进出口业务操作、业务单证打印、结算管理、箱管、运价管理、发票制作、统计分析等功能。

（5）客户关系管理。包括客户详细信息管理、客户分类管理、机会分析管理等功能。

（6）供应链管理系统。实现供应链结点企业间的信息共享和交互、供应商管理、客户管理、协同管理等功能。

（7）货物追踪系统。实现货物运输状态的实时信息查询。

（8）财务结算系统。

（六）公共物流信息平台关键技术

公共物流信息平台的建设必须依托现代高科技网络通信技术和计算机管理技术的支撑，为实现物流综合信息平台的各项设计功能，可采用如下各种 IT 技术及各种物流信息管理技术。

1. 数据自动采集与存储

对于大量共用信息进行组织处理，确保信息流正确、及时、高效、通畅是构筑物流信息平台成败的关键因素。各类信息的组织和存储将应用计算机数据库技术、数据挖掘技术和海量数据存储与管理等技术。实现物流信息的自动采集对提高物流服务水平具有重要的意义。在数据的采集点如仓库和停车场，将应用无线频率技术、条码技术、扫描识别技术、GPS 等技术，以满足信息采集的迅速性和准确性，并实时反映物流信息变化情况，提高和完善系统功能。

2. 数据及系统的安全维护

物流综合信息平台是一个开放式信息平台，为防止客户的误操作以及黑客的攻击，平台的程序接口将采用密码加密技术、密钥管理技术、数字签名技术、电子水印技术、防火墙等技术，平台的数据层将采用数据库实时备份技术及双机热备份技术等，以确保系统具有良好的安全性、稳定性和可靠性。

3. 数据通信与交互

物流综合信息平台需要各种通信技术和网络的支持，如 PSDN、DDN、综合业务网（ISDN）、数字移动通信网，以及广域网（WAN）、局域网（LAN）和增值网（VAN）等。通过这些网络来完成 EDI 通信（远程登录和文件传送等），应用 CORBA 技术、开放 EDI 技术和 Internet EDI 技术可满足信息共享和信息交换要求，并确保通信网络具有良好的开放性和扩展性。

4. 信息标准化

物流信息标准化是现代物流业走向规模化、全球化的基础。在物流综合信息平台数据机构设计中，所有信息均服从物流信息分类编码标准体系及EDI相关代码标准体系。物流信息分类编码标准体系可分为三个门类，第一门类为基础标准，这些标准是制定标准时所必须遵循的、全国统一的标准，是全国所有标准的技术基础和方法指南，具有较长时期的稳定性和指导性；第二门类为业务标准，它是针对物流活动（装卸、搬运、仓储、运输、包装和流通加工）的技术标准，对物流信息系统建设具有指导意义；第三门类为相关标准，如EDI（电子数据交换）应用与商业贸易和政府审批（如报关等）、GPS（全球定位系统）的动态实时跟踪和导航的工具系统等。

5. 物流决策与管理

为实现物流信息平台服务层中的相关功能，需综合应用计算机管理信息系统技术、企业业务流程重组技术、企业资源规划技术、计算机决策支持系统技术、商业智能技术、优化管理技术等。

【案例分析】

物流信息公共平台推动电子商务发展

2008年以来的珠三角地区经济，在国际金融危机冲击之下，面临区域经济增长方式转变的挑战，其中物流业也在所难免。而国务院在下发的《物流业调整和振兴规划》中提出，加快发展现代物流业要把“物流公共信息平台工程”作为提升物流信息化水平的重点工程，这充分说明了信息化在物流业调整和振兴中的重要作用。

通过提高物流信息化水平，整合现代物流业，能有效地促进产业结构优化升级，实现地区经济的可持续增长。当前，广州大力推动物流信息公共平台建设，发展电子商务物流模式，可谓正当其时。

一、物流业借道IT走向高端

广州是全国唯一一个具有海港、内河、航空、铁路、公路五种运输中心结合在一起的城市，作为珠三角的核心，强大的制造业引发的需求激发了巨大的物流的商机。近年来，广州加快培育第三方现代物流企业，降低制造业流通成本，到2007年，全市A级物流企业总数已经达28家，位于全国第二，仅次于上海。目前，广州已经初步形成国际大物流的格局。

在大物流的格局之下，走向整合的现代物流需要良好的公共信息服务平台。为了进一步降低物流成本，整合地区物流业向更高端发展，广州物流协会在2005年11月组织多家信息服务企业，对珠三角的50多家物流及生产流通企业进行了需求调研。调研中发现企业对物流跟踪、物流资源交易、系统间的信息交互及金融服务等物流信息服务存在巨大的需求。鉴于这一需求，广州市政府决定，由广州物流协会联合有实力的信息服务企业开发建设广州物流公共信息平台，为广大的物流企业提供全面的信息化服务。

2006年，广州物流公共信息平台在广州市经贸委立项。首建了兼容多家系统的GPS物流车辆监控调度平台，为该平台下一步的发展和更多功能平台的实施打下基础。

在广州物流协会的努力之下，企业与行业密切合作，打造物流公共信息平台。广州物流公共信息平台的会员企业宝供物流、南方物流等32家大型物流企业均先后参与该平台建设。此外，借助广州物流协会与全国各地物流协会的合作关系，平台还与山东、江苏、四川、成都、武汉、青岛、宁波等8个地区的省市物流协会签订了《关于共建物流公共信息平台战略合作协议》，从而为广州物流公共信息平台建成后进一步推动全国物流公共信息平台的建设奠定了良好的基础。

物流信息化，标准须先行。广州物流协会还联合广州物流龙头企业共同制定了一套物流公共信息标准，该标准包括："物流行业应用定位设备与定位信息数据规范"、"物流行业企业信息交换数据规范"、"物流公共信息平台定位设备数据元标准"。标准的建立，保障了物流公共信息平台建设与不同企业业务系统的数据的统一性、一致性、可交换性，从而使平台的信息服务更加贴近企业。

二、打造电子商务物流"火车头"

电子商务是20世纪信息化、网络化的产物，电子商务中的任何一笔交易，都包含着以下几种基本的"流"，即信息流、商流、资金流和物流。广州物流信息平台建设围绕电子商务模式，提供了比简单物流信息发布更为深入的物流资源电子商务服务。其最终发展目标是，通过提供真实、有效的物流交易信息，采用可靠的电子交易手段、完善的交易保证服务，使参与物流交易的各方，优化资源配置，最大限度提高物流资源的使用效率，减少物流时间，从而达到各方共赢的目的。

居于物流电子商务架构，广州物流信息公共平台系统从物流资讯、运输资源、仓储资源三个角度，按照物流服务管理的交易、监控、评价、结算4个流程，提供相应的物流交易和增值信息服务。

首先，该平台通过物流资讯门户Portal，向企业提供物流行业及相关信息服务，包括：物流市场动态、行业新闻、相关政策法规；物流企业名录和基础资源信息；路况和气象信息的发布与查询；港口、航运、公路货运、航空、铁路等信息的查询；物流园区及仓储设施信息查询；多式联运信息查询。从而全方位满足企业对物流信息的需求。

运输是物流业的主体部分，而在运输资源相关服务方面，该平台主要是通过运输资源交易管理子平台，显示车辆提供方（运输公司）和运输需求方（货主）的信息发布与交易状态。平台结合GIS技术、GPS监控，使货主通过运输资源交易管理平台，能够方便快捷地在广州范围内查找最合适的运输车辆资源进行货物的运输，且实时监控运输过程，保证货物的安全到达。同时，运输公司也可以根据货主发布的货物运输需求信息，推荐自己的运输车辆。从而达到货主运输需求与运输公司运输资源优化匹配，方便货主货物运输和运输公司资源的充分利用，达到双方资源的充分匹配，互赢共利。

三、仓库资源管理平台

另一方面，仓储资源相关服务是通过建立仓库资源管理平台来体现，并由一个仓储提供方（仓库）和仓储需求方（货主）的信息发布与交易平台组成。该平台结合GIS技术和视频监控技术，使货主可以通过仓库资源交易，方便快捷地在珠三角范围内查找最合适的仓库资源进行货物的存储。同时，仓储业主也可以根据货主的货物存储需求信息，推荐自己的仓库给货主进行选择。达到货主存储需求（仓储需求）与仓库资源（仓储提供）互相优化匹配，方便货主最优存货和对仓库资源的充分利用，减少资源浪费，达到互利共赢。另外，该平台还通过GIS技术，以网络地图的方式将各种仓库资源的详细信息和货主存储需求信息展示在仓库资源管理平台的电子地图上，供需双方通过互相查找适合的匹配信息，从而选定最适合自己的资源进行交易。

四、金融服务平台

支付及金融服务是发展电子商务交易的保障，作为第三方，广州物流公共信息平台为交易双方的订单执行和诚信提供安全可靠的保障。通过物流平台GPS车辆监控、货物跟踪和视频监控，使交易双方可以随时随地了解自己货物进出库、在途及存储安全状态。物流平台作为第三方，为交易双方提供支付和金融增值服务。为保证交易的顺利进行，该平台提供运费代收、代付服务，提供货物资金代收代付、货物抵押等服务。同时，平台还可为商户和货主提供银行业务代理、保险代办、货物担保等服务，以及其他配套增值服务，从而规避交易风险，保证了物流电子商务的安全有序进行。

毫无疑问，通过搭建广州物流公共信息平台，推动物流电子商务化，为物流与供应链行业提供一个实时互动的信息交换平台，将最大限度地整合社会资源，从而使物流成本降到最低。

思考题： 1. 结合案例说明广州物流公共信息平台的现状。

2. 设计广州物流公共信息平台时应该注意什么问题？

复习思考题

一、基本概念

物流结点　区域物流系统　物流信息平台　物流供应主体　物流需求主体　物流服务平台　物流结点的功能组合　区域物流园区

二、选择题（1—4单选，5—8多选）

1. 区域物流系统设计的任务，简而言之，就是要（　　）。

A. 建立合理的区域物流运作体系

B. 搞好区域内物流要素的合理布局

C. 搞好环境保护，建立区域生态系统的良性循环

D. 深化区域物流管理体制的改革，加强物流制度建设

2. 区域物流系统设计遵从一定的（　　）原理。

A. 经济学　　B. 管理学

C. 金融学　　D. 系统科学

3. （　　）既是现代物流网络中不可或缺的物流组织管理结点，相对于集中建设与发展的物流功能集结区，又是城市化发展中交通运输组织、信息组织、产业整合、资源整合调整、原材料采购和供应配送的经济功能协调区，它具有产业发展性质。

A. 物流园区　　B. 配送中心

C. 港口　　D. 物流结点

4. 现代信息技术影响物流组织逐级升级的过程基本上可以划分为（　　）阶段。

A. 两个　　B. 三个

C. 四个　　D. 五个

5. 公共物流信息平台建设的原则是（　　）。

A. 先进性　　B. 开发性

C. 实用性　　D. 扩充性

E. 安全性　　F. 可靠性

6. 从形态上看，区域物流系统在不同的发展阶段，呈现不同的网络形态，在理论上可以概括为（　　）三种形态。

A. 点辐射　　B. 线辐射

C. 面辐射　　D. 网辐射

E. 段辐射

7. 对物流供应主体的划分，需要考虑以下因素（　　）。

A. 物流服务的辐射范围　　B. 物流供应总量能力

C. 物流需求的分布特征　　D. 物流需求性质

E. 供应主体的平衡协调

8. 物流结点类型有（　　）。

A. 转运型物流结点　　B. 物流园区

C. 物流中心　　D. 仓储中心

E. 港口

三、判断正误题（正确的用 T 表示，错误的用 F 表示）

1. 物流结点存在的价值在于能够通过物流结点将各种物流活动进行集约化处理。（　　）

2. 物流供应主体的作用机制是在特定的物流资源的配置下，实现特定的物流服务功能。（　　）

3. 物流结点的服务内容应根据物流结点系统的任务及影响因素分析，按照服务目标市场的分类进行规划设计。（　　）

4. 区域物流系统设计的任务，简而言之，就是要建立合理的区域物流运作体系。（　　）

5. 区域物流作为区域经济社会的一个重要组成部分，涉及区域货物运输、仓储、包装、装卸、搬运、流通加工、配送、信息处理等领域。（　　）

6. 公共物流信息平台是整合一个城市或地区物流信息资源的关键。（　　）

7. 企业物流信息系统的建设可以有自建和租用两种形式。（　　）

8. 社会物流系统物流结点系统的设计主要立足于对公共物流基础设施的规划，通过对结点位置、功能设计、用地规模等的适当控制，实现政府在促进现代物流发展中所应该体现的职能。（　　）

四、简答题

1. 社会物流系统的含义是什么，你是怎样理解的？

2. 你认为社会物流系统与交通基础设施之间的关系是什么？

3. 查阅国外一些物流园区发展情况，结合我国物流发展，谈谈你对我国物流园区发展的见解。

4. 阐述区域物流系统设计的步骤是什么？

5. 如果让你对广州的物流信息平台进行规划，你会怎么做？

6. 物流结点中常见的结点类型有哪些？

7. 物流结点的设计步骤中，需要注意哪些问题？

8. 目前我国的物流服务平台发展现状如何？

五、综合运用题

1. 一个临时帮助服务中心计划在一个大城市的郊外开设一个新的办公室。在经过一定的精简之后，该公司有五大合作伙伴。在一个以 km 为单位的笛卡儿坐标系中，它们的坐标分别为：(4，4)，(4，11)，(7，2)，(11，11)，(14，7)。它们的服务需求量的权重分别为：$w_1 = 3, w_2 = 2, w_3 = 2, w_4 = 4$ 和 $w_5 = 1$ 。对于该服务中心来说，主要的日常费用是他们员工完成任务过程中的运输费用，因此，用城市距离进行考虑，要求新的办公室到各个合作伙伴之间的运输费用最小。请推荐一个新办公室的地址，用笛卡儿坐标来表达你的结果。

如果由于该地区人口稀少，城市还没有规模化，可以用欧几里德距离进行计算，那么新办公室该在哪里投建？试比较两次结果，分析一下它们之间的关系。

2. 现在给你一项新的任务，为一个食品供应公司在市中心商业区选择一个新店面的位置。在 xy 坐标系中，潜在的顾客的位置为：(4，4)，(12，4)，(2，7)，(11，11)，(7，14)。需求的期望权重为：$w_1 = 4, w_2 = 3, w_3 = 2, w_4 = 4$ 和 $w_5 = 1$。

用城市距离进行计算，推荐一个食物供应店面的地址，要求所有顾客到新店面的总距离最短。将前一步骤中的结果作为一个初始解，用欧几里德距离进行重新优化，推荐一个新的最优位置。

第 4 章

物流网络规划与设计

第一节　物流网络概述

随着人类社会发展的信息化、高科技化和全球化，物流已受到各国政府、学者和管理者的高度重视，并已成为当今社会经济活动的重要组成部分。我国对物流的定义为：物流是供应链的重要组成部分，是为了满足消费者需求，有效地计划、管理和控制原材料、中间仓储、最终产品及相关信息从起始点到消费地的流动过程。由此可见，物流网络涵盖物流及供应链中的各个环节，物流网络规划与管理是物流及供应链管理的最基础作业之一。

一、物流网络含义

物流网络是从网络的角度研究物流，这是物流研究的新视角。人们最熟悉的网络是计算机网络，它是指在一定区域内，两台或两台以上的计算机通过连接介质，按照要求进行的连接，以供用户共享文件、程序、数据等资源的一种组织形式。除此之外，还有交通运输网络、区域经济网络、社会网络等。从概念上讲，它们都具有相似性，但物流网络还具有其独特性。

（一）物流网络的定义

物流网络是物流过程中相互联系的组织与设施的集合，一个完整的物流网络是由各种不同运输方式的运输线路和物流结点共同组成的。物流网络定义为："在网络经济和网络信息技术条件下，适应物流系统化和社会化的要求发展起来的，由物流组织网络、物流基础设施网络和物流信息网络三者有机结合而形成的物流服务网络体系的总称。"

具体来说，物流网络是由多个结点和联系结点的连接（线路）共同构成的网状配置系统，网络成分之间是相互补充的。在线路上进行的活动主要是运输，包括集货运输、干线运输、配送运输等。物流功能要素中的其他所有功能要素，如包装、装卸、搬运、保管、分货、配货、流通加工等，都是在结点上完成的，信息处理则贯穿到整个物流网络中。所以从这个意义上来讲，物流结点是物流网络中非常重要的部分，需要认真地规划设计。实际上，物流线路上的活动也是靠结点组织和联系的，如果离开了结点，物流线路上的运动必然陷入瘫痪。

物流网络是物流网络化的一种具体形态。其中，物流组织网络是物流网络运行的组织保障；物流基础设施网络是物流网络高效运作的基本前提和运作；物流信息网络是物流网络运行的重要技术支撑。物流网络既不是单纯指企业内部的物流网络，也不是专指外部物流网络，而是一个相对综合的概念，是基于互联网的开放性、资源共享性，运用网络组织模式构建起来的新型物流服务系统。

物流网络的目的是实现物资的空间效益和时间效益，在保证社会再生产顺利进行的前提条件下，实现各种物流环节的合理衔接，并取得最佳的经济效益。具体而言，设计一个物流网络，可能包含以下多种目的。

（1）提供优质服务。物流作为现代服务业，其目的就是为客户提供优质服务。这种服务通过物流网络的功能——仓储、配送、运输、保管、流通加工和信息服务来直观体现；也可以通过提供物流服务一体化解决方案来间接体现。因此，作为物流企业，应牢固树立“客户至上”的服务理念，加强服务意识，有了好的服务，自然才会有好的利润回报。

（2）准时、快捷。优质服务的具体体现之一，就是准时与快捷。所谓准时，就是在客户需要之时，将所需物资送达，早了不行，晚了更不行。所谓快捷，就是强调物资流通的速度要快，要及时满足社会需求并跟上时代步伐，抢占市场头筹。

（3）节约。物资资源越丰富，浪费就越严重。在我们周围，随处可见浪费的现象，对于物流更是如此。节约包含几个方面：①时间节约，一个好的物流网络可以节约物资的存储时间、产品的制造周期和物资的流通时间，从而提高物资的使用价值或减少物流成本；②投入减少，一个好的物流网络其各项投入是经过精确计算、恰到好处的、没有盈余、没有浪费，用较低的投入来获取较高的投资回报；③能源节约，现代物流中心通常采用自动化设备，加上空调、照明、消防、监控、计算机等，其日常运营的电力、能源消耗是相当大的，如果物流量达不到一定规模，将会造成巨大的能源浪费。

（4）规模化。物流网络的主要特征之一就是规模化。工业革命以来，生产网络的规模化已经产生了明显的效益并为社会所认同。但在流通领域，一方面，人们对规模化的认识还很肤浅；另一方面，流通领域的规模化比生产领域更难实现。因此，物流的规模效益难以发挥。

（5）库存控制。谈到物流，必然涉及库存。在供应链中，库存产生的“牛鞭效应”是有目共睹的。由于生产具有周期性、运输需要时间、需求具有季节性等，现阶段还无法完全消除库存。但库存是可以调节和控制的，通过控制库存，可以节约资金占用，最大限度地发挥库存作用。

物流网络概念的另一要点是“构成要素的有机整体”。物流网络的构成要素包括物资、装卸搬运设备、物流设施、仓储、配送、包装和流通加工、运输、人员和信息。

物资是物流研究的对象。狭义的物资是指经过人们劳动加工的可以进入流通领域，并直接用于生产建设消耗的生产资料。物资丰富多样，在做物流网络设计时，需要做物流量分析，将不同的物资表示成可以描述和定量计算的物流量。

物资在存储或运输过程中，需要装卸搬运，物资装卸搬运的难易程度称为物料搬运活性系数，不同的物资，需要采用不同的装卸搬运设备，选择不同的搬运方案。

物流设施是指存放物资的场所，包括工厂（医院、机场、港口、码头、超市等）、物流中心、配送中心、仓库及其相关装备、这些设施存在选址和设计的问题。

仓储是物流网络要完成的主要功能之一，需要很好地规划设计。

配送是物流网络实现客户服务的主要方式，如何根据订单进行分拣、按客户订单装车、根据配送路线进行运送、评价配送网络的绩效、是配送规划设计要完成的任务。

包装和流通加工主要涉及物流装备选择问题，可以在“现代物流装备”课程中学习。运输是物流网络中最复杂的问题之一，可以通过“运筹学”中运输网络规划来解决。

从事物流工作的“人员”也是物流网络需要解决的关键问题之一，人是支配物流的主要因素，是控制物流网络的主体。人是保证物流网络高效运行的关键，提高物流网络从业人员的素质，是摆在我国物流业面前的关键问题之一，有关这一内容可以在“物流服务运作管理”课程中学习。

最后就是关于物流信息规划设计，它是物流网络可靠运行的重要保证。

上述要素将在后面的章节中进行详细的规划设计，以保证这些要素能够形成“有机整体”，充分发挥物流网络的整体效益。

（二）物流网络的基本特征

（1）服务性。物流网络运作的目的是以最低的成本在有效时间内将物资完好地从供给方送达需求方，逐步实现“按需送达、零库存、短在途时间、无间歇传送”的理想物流运作状态，使物流与信息流、资金流并行，以低廉的成本及时满足客户的需求。

（2）开放性。物流网络的运作建立在开放的网络基础上，每个结点可与其他任何结点发生联系，快速交换信息，协同处理业务。互联网的开放性决定了结点的数量可以无限多，单个结点的变动不会影响其他结点，整个网络具有无限的开放性和拓展能力。

（3）信息先导性。信息流在物流网络运作过程中起引导和整合作用。通过物流信息网络的构建，真正实现每个结点对其他结点询问的回答，向其他结点发出业务请求，根据其他结点的请求和反馈提前安排物流作业。

（4）外部性和规模效应。物流网络将各个分散的结点连接为一个有机整体，网络不再以单个结点为中心，网络功能分散到多个结点处理，各结点间交叉联系，形成网络结构。大规模联合作业降低了整体网络运行成本，提高了工作效率，也降低了网络对单个结点的依赖性，抗风险能力明显增强。

（5）整体性。物流网络包含许多构成要素或子网络，它们是物流网络规划设计的重要内容，相当多的工作是考虑这些子网络如何设计。但千万不要忘记，这些子网络的设计是为物流网络目的服务的，是实现物流网络目的的手段，不能只注意到这些子网络而忘记网络的目的，子网络的合理化和优化并不能代表网络的整体合理化和优化。

（6）服从性。物流网络通常是企业经营网络的一个子网络，是为企业经营网络服务的。物流网络目标的设定，应服从企业的战略目标和经营目标，并为实现企业的战略目标和经营目标贡献力量。绝不能将物流网络独立开来，过分夸大物流网络的作用。

（三）物流网络化

物流网络化就是用系统、科学的思想将物流网络规划设计“网络化”，把物流从一种“混沌”状态转变为有序的网络化状态，用系统思维统领物流网络的规划设计。物流网络化可以从微观和宏观两个层面来考虑。在微观层面，主要是通过一般企业和物流企业的物流规划设计，推动物流网络化；在宏观层面，则通过政府的物流产业政策，营造良好的物流运作环境，推动国家宏观经济物流的网络化。

对于一般企业的物流网络化，主要分三步来进行。①实现企业内部的物流网络化。通过将采购、存储、生产、销售等各个环节的活动和物流活动紧密结合起来，实现企业内部物流网络化。现在许多企业成立物流中心，将采购、外协加工、仓储、配送到工位、在制品转运、成品运输作为物流中心的主要任务，就是实现这种网络化的有力措施和表现。②实现交易双方企业间的物流网络化。这是指通过与供方和客户的合作，实现运输和物资保管活动的合理化。③实现同行业企业间的物流网络化。这是指通过与同行其他企业的合作，实现物流网络化，如实现共同配送、共同集货、共同仓储等。

物流企业的网络化，也是分三步来进行的。①运输手段的网络化。许多物流企业只有某种运输方式，而单一运输方式难以满足客户需求，需要将不同运输手段加以有机结合，以满足客户需求，方便客户运作，同时也可以降低物流成本，如提供多式联运、集装箱运输等。②物流企业间的网络化，即通过物流企业间的合作，实现共同配送中心、共享信息网络等。③物流需求信息整合，即通过对物流需求信息的集中、组合、优化配置等实现物流网络化，如小批量货物的配载运输等。

二、物流网络的研究对象

物流网络由结点和线路及伴随的信息组成。结点是一种物流基础设施，包括交通基础设施（如车站、码头、港口、机场等）、商品生产场所（如工厂）、商品存储场所（如仓库、物流中心、配送中心等）、商品市场场所（门店、超市等）及相伴随的信息收集处理点。线路表示商品在不同结点间的移动路线，即运输路线，或者通常所说的流通渠道，伴随有信息传递方式。线路有长短、宽窄的特性。在层次上，物流网络涉及宏观和微观两个层次。宏观上的物流网络研究国际、国家、区域、城市、园区物流网络构建与设计；微观物流网络研究企业物流网络构建与设计。

（一）微观物流网络

1. 制造企业——生产场所

对于制造型企业，物流网络包括设施网络、供应网络、仓储网络、配送网络和装卸搬运网络。

设施网络是指生产中所需的有形固定资产，如生产用地、厂房、各种加工机器设备、仓库、办公室、动力装置、公用系统（电话、电力、水、煤气、道路等）及物料和人员。设施网络的研究内容包括设施选址决策、设施规划设计。

供应网络涉及物流采购与供应，包括外协件获取。供应商选择、采购价格、数量折扣、支付条款和采购件质量是供应网络需要研究的关键问题。企业已经在减少与之做生意的供应商的数量，加强对供应商的培育和管理，与之建立长期合作伙伴关系，以稳定企业物料供应来源。通常采购价格占物流成本的60%以上，降低采购价格有利于减少物流总成本，前提是保证采购件的质量。数量折扣有利于降低采购价格，但需要考虑库存成本和存储空间，支付条款合适的情况下可以提高资金使用率和现金流。

仓储网络的核心是仓库设计与运作。仓库是仓储网络中为降低物流总成本和为改善客户服务而设立的存储场所。如果处理得当，仓库可以使降低物流总成本和改善客户服务的益处同时兼得。仓库的作用分为两类：一类是面向供应的仓库，用于原材料和零部件的存储；另一类是面向需求的仓库，用于生产、库存集成和市场分拨。支持生产的仓库，一般位于所支持的工厂附近；而支持市场分拨运作的仓库，则位于服务的市场中。

配送网络对于制造企业相对简单，主要任务是根据生产计划要求将需要的零部件实时配送到工位。

装卸搬运网络伴随在仓储网络和配送网络中，只要有仓储和配送作业，就必然伴随有装卸搬运。装卸是指随物品运输和保管而附带发生的作业。具体来说，它是指在物流过程中对物品进行装运卸货、搬运移送、堆垛拆卸、旋转取出、分拣配货等作业活动。搬运是指在同一场所内（通常指某一个物流结点，如仓库、车站或码头等），对物料进行以水平移动为主的物流作业。制造企业的装卸搬运作业主要发生在仓库和工厂的车间。根据物料的形态，搬运可分为单个包装物搬运、单元货载搬运（如利用托盘和集装箱）及散货（液体、气体、粉末等）搬运。装卸搬运需要解决的关键问题包括应用工位器具和机械提高装卸搬运效率、减少装卸次数和搬运距离及防止物料损坏。

2. 批发企业——存储场所

对于批发企业，物流网络同制造企业一样，同样涉及设施网络、供应网络、仓储网络、配送网络和装卸搬运网络，但其关注的重点有所不同。

批发企业的主要设施是配送中心。配送中心是接受生产厂家等供货商品多品种大量的货物，按照多家需求者的订货要求，迅速、准确、低成本、高效率地将商品配送到需求场所的物流结点设施。一般来说，为了提高物流服务水平，降低物流成本，从工厂等供货场所到配送中心之间实施低成本高效率的大批量运输，在配送中心分拣后，向区域内的需求者进行配送；在配送过程中，根据需要还可以在接近用户的地方设置末端集配点，从这里向小需求量用户配送商品。显然，配送中心的选址极为重要，配送中心的位置的恰当与否，关系到配送效率、物流成本及客户服务水平，对企业的销售战略会产生重要影响。配送距离、配送量、客户分布是配送中心选址的重要因素。

3. 零售企业——市场场所

零售企业的物流网络同样涉及设施网络、供应网络、仓储网络、配送网络和装卸搬运网络，其关键点在于终端设施网络和仓储网络。终端设施主要涉及选址和布置问题，要尽可能贴近消费者和满足客户的喜好。支持市场分拨的仓库通过向零售商提供花样繁多的产品的库存来创造价值。距离客户较近的仓库可以通过增加集并运输的货物量，相对缩短外运货物到达最终客户的时间，以使进货运输的成本降到最低。仓库所支持的市场分拨的区域范围取决于服务速度、平均订单量及单位运输成本。

（二）宏观物流网络

宏观物流网络包括物流园区物流网络、城市物流网络、区域物流网络和国际物流网络。

1. 物流园区物流网络

物流园区是指国家或地区为了研究和发展某个或者多个特定物流领域的事业，以此为基础逐步建设成为该领域内具有强大核心竞争能力主体而确定的中心性区域。

物流园区起源于日本，后来在欧洲也很普及。物流园区的出现是为了解决城市功能紊乱、交通拥堵、环境污染严重等问题而采取的一项重要举措。物流园区多半建在郊区或城乡结合部，通过配套完善各项基础设施、服务设施，提供各种优惠政策，吸引物流企业云集于此，并使其获得规模效益，降低物流成本，同时，减轻物流企业在市中心分布所带来的种种弊端。

物流园区是一个大的物流结点，其主要功能是集成和整合。它集成了小的物流结点，不仅是不同的物流线路的交会点，还是集商流、信息流、物流运作、物流文化于一体的集散中心；它整合第三方物流业务、物流企业业务和企业物流业务，为入驻企业和物流相关部门提供一体化服务。它具有资源共享、信息共享、环境共建、优势互补、专业化运作、集成辐射等优点。

2. 城市物流网络

城市物流是现代物流发展的一个新课题，目前关于城市物流还没有形成统一的定义。日本学者谷口教授认为："城市物流是在市场经济框架内，综合考虑交通环境、交通阻塞、能源浪费等因素，对城市内私有企业的物流和运输活动，进行整体优化的过程。"王之泰教授1995年在《现代物流管理》中提到："城市物流要研究城市生产、生活所需物资如何流入，如何以更有效的形式供给每个工厂、每个机关、每个学校和每个家庭，城市巨大的耗费所形成的废物又如何组织物流等"；1999年他在《城市物流研究探要》中又指出："城市物流与洲际、国际、省际、市际物流系统不仅是规模和范围不同，更重要的是服务对象、服务性质的不同。在城市物流系统中，为保证一个城市的经济活动和人民生活。'物'作为物流系统的对象显然是不可少的，但是在城市物流系统中，物流系统的服务对象主要是人，其次才是物。"

由上可知，城市物流是为实现城市经济社会可持续发展，通过对城市物资流动，特别是人流和物流进行统筹协调、合理规划、整体控制，解决交通阻塞、环境污染、能源浪费等一系列物流公害、减轻城市环境压力，实现物流活动的整体最优。

一方面，城市是经济活动发展到一定阶段的必然产物，是经济活动的中心，城市的发展促进了经济的发展。另一方面，应该看到，随着城市的发展，企业的增多，人口的增长，城市的物流量越来越大。

城市物流网络的主要功能是聚集、扩散和中介。聚集是通过从城市外部向城市的流通，实现资金、商品、人口、信息、技术等的集中，保证城市经济社会的正常运行，促进城市经济的稳步发展。扩散是聚集的保证和交换条件，通过由城市向城市外部的流通，带动整个区域经济的发展，同时也促进城市不断地扩大和扩散，推动区域城市化进程。中介是指城市的市场作用通过各种过境流通、代理服务，增强城市物流的辐射力、影响力和吸引力，实现区域内的广泛联系。

3. 区域物流网络

区域物流是为实现区域经济可持续发展，对区域内物资流动统筹协调、合理规划、整体控制，实现区域内物流各要素的系统优化，以满足区域内生产、生活需要，提高区域经济运行质量，促进区域经济协调发展。

区域经济是商品经济发展到一定阶段的产物，为了谋求最小投资风险，降低机会成本，最大化投资收益，形成了一体化的区域经济合作组织，如欧洲经济共同体、北美自由贸易区和亚太经济合作组织，以及我国环渤海湾、珠江三角洲、长江三角洲等地区，通过区域经济合作，推动区域经济整体协调发展。区域经济活动加速了区域物流活动，导致了区域物流的产生。

区域经济不同于行政区域经济，它没有明确具体的界限，是一定等级的经济中心相对应的自然、地理和经济综合体，是社会经济活动专业化分工与协作在空间上的反映，自身存在着其特有的经济规律。区域物流作为区域经济活动的重要组成部分，是区域功能得以发挥的有力支柱，体现区域资源的合理配置和有效利用，满足区域经济社会可持续发展的战略需要。

区域物流网络以城市为核心，通过点辐射、线辐射和面辐射的方式，实现区域内的物资流通，带动并促进区域经济协调发展。区域物流网络具有明显的层次特征，依托大中城市内部的物流网络、大中城市与周围地区或毗邻地区或经济区内的物流网络、大中城市与国内其他城市和地区之间的物流网络、一些城市与国外一些城市或地区的物流网络，形成了城市物流、区域物流、国内物流和国际物流市场；区域物流网络依托信息网络，实现区域物流的一体化管理与协调，全面综合地提高物流规模效益。

4. 国际物流网络

国际物流是指各个国家和不同组织之间对物流活动进行计划、执行和协调的过程。国际物流是以实现国际商品交易为最终目的而进行的原材料、半成品、成品及相关信息从起点到终点在国际间的有效流动，以及为实现这一流动所进行的计划、实施和控制的过程。国际物流依照国际惯例，按国际分工协作的原则，利用国际物流网络，实现货物在国际间的流动与交换，以促进区域经济的协调发展和全球资源的优化配置。

国际物流与城市物流、区域物流相互叠加、相互联系、相互作用，形成一个全球一体化的物流网络。国际物流网络依托物流结点（口岸、保税仓库、中转仓库）、运输航线（海洋、航空和陆地）和物流信息（单证、支付、客户资料、市场行销和供求信息等）将货物运送到世界各地。电子数据交换（EDI）是国际物流网络信息化的重要基础。

国际物流跨越不同地区和国家，跨越海洋和大陆，具有跨国性、多样性、复杂性和风险性等特征。跨国性主要表现为国际物流涉及多个国家和地区，各个国家和地区在经济、文化、法律法规和生活习惯等方面各不相同，物流标准也不一样，需要具体了解并熟悉各国情况，才能做好国际物流业务；跨国性还表现在货物运输距离大、库存量较大、作业周期较长、物流费用较高。多样性表现在运输方式多样，需要穿越国际边界。复杂性表现在通信系统设置的复杂性以及经济、文化、法律的差异性。风险性是指由于长的作业周期、各国法律的差异、高昂的物流费用等导致的经营风险，开展国际物流业务的公司需要深入了解这些特征。

第二节　物流网络的结构模式

组成网络相互联系的要素的整体形态叫做网络的结构。物流网络的要素在时间和空间的排列顺序就构成了物流网络的结构。这里概括地介绍物流网络的流动结构、功能结构、供应链物流结构、治理结构、网络结构和产业结构。

一、流动结构

物流网络就像是一条完整的河流，从表面上看，它具有河流的 7 个流动要素：流体、载体、流向、流量、流径、流速和流效。这 7 个要素是相互关联的。流体的自然属性决定了载体的类型和规模，流体的社会属性决定了流向、流量、流程和流速，流体、流向、流量、流径和流速决定采用的载体的属性，载体对流向、流量、流径和流速有制约作用，载体的状况对流体的自然属性和社会属性均会产生影响，流体、载体、流向、流量、流径和流速决定流效。因此，应根据流体的自然属性和社会属性、流向、流程的远近及具体运行路线、流量大小、流速快慢和流效的高低决定载体的类型和数量。

在物流网络中，会存在卡车空驶、仓库空置、集装箱空回等现象，这是流体为空、流量为零的一种特殊但普遍存在的物流情况，其绩效自然很低，在物流网络规划设计中应尽量减少或避免。在网络型的物流网络中，还会存在载体变换、流向改变、流量分解与合并、流径调整等现象，除非必要，应设法减少这种调整和变换。

二、功能结构

物流网络的功能结构就是前面提到的物流网络的基本功能，即运输、仓储、包装、装卸、搬运、流通加工和物流信息处理。其中，运输和存储是物流网络的最基本功能，首先是有运输，然后是仓储，装卸、搬运伴随运输和存储而生，包装和流通加工是在流通过程中产生的，信息处理则贯穿整个物流过程并起核心作用。再次强调，物流网络的功能结构取决于生产和流通的模式。

三、供应链物流结构

供应链包括物料供应、生产、流通和消费 4 个环节。在每一个环节背后，都需要物流网络的支持与服务。因此，供应链的物流结构由供应物流、生产物流、流通物流和消费物流组成。在每一个环节，都存在运输、仓储、装卸、搬运、包装、流通加工和信息处理作业。工厂采购物料之后，供应商将物料送到工厂，工厂将其存储在自己的仓库中；在生产中，物料被领用并被加工成半成品和成品，再存储到工厂的仓库中；商品销售时，工厂将其成品运送到零售商的仓库中（可能需要进行流通加工），消费者购买时再将其运送到消费者手中；消费者购买商品后，可能存在退、换货情况，退回的商品可能要再退给工厂。

四、治理结构

物流网络的治理结构是指物流网络资源配置的管理与控制的机制和方法。物流网络的资源在区域或行业。部门和企业之间的初始配置状态是历史形成的，不是按照一个特定的物流网络的要求来分布的。如何解决将产权分散的物流资源为特定的物流网络服务问题，这就是物流网络的治理结构需要解决的问题。

根据 Oliver Williamson 关于合同治理的契约理论，可以把物流网络的治理结构分为 4 类：多边治理、三边治理、双边治理和单边治理。

（1）多边治理，又称为市场治理，古典合同治理。这种治理的原理是，在建立一个物流网络的过程中，所需要的所有资源都可以从物流市场中通过交易购买得到，但这些资源不是专门为某一个物流网络定制的专用性资源，它能够用于许多物流网络。比如一般的铁路运输资源、公路运输资源、水路运输资源等。这种物流市场的特征是：参与物流市场资源交易各方的身份并不重要；交易各方通过合同确立交易关系；赔偿有严格的规定；合同出现纠纷时可以引入第三方机制，即法律。多边治理是一种理想化的治理模式，在市场不完善的情况下，会导致治理成本过高。多边治理又是一种有效的治理方式。多边治理属于第三方治理，应成为中国物流治理的主要模式。

（2）三边治理，即通过物流资源的需求方、供给方和第三方共同治理的模式。它适用于偶尔进行的交易和资产高度专业化的交易，如麦当劳、摩托罗拉、沃尔玛、IBM 均是采用这种治理结构的。

（3）双边治理，即通过物流资源买卖双方共同治理的模式。这种治理适用于交易重复发生、资产专用和非标准化情况。

（4）单边治理，又称垂直一体化，是将外部治理变成内部治理，将企业外部供给变成企业内部供给的行为。它基于这样的理论，即当交易双方都在一个共同的产权下时，可使共同利润最大化。这种治理模式避免了有限理性带来的合同订立风险和因为资产专用性带来的机会主义现象。

偶尔发生的需要专用型资产的交易既可以采用三边治理，也可以采用单边治理，取决于其投资和交易成本。如果投资专用型资产可以获得市场平均利润，则可以采用三边治理；如果采用三边治理所花费的交易成本高于需要这种投资的一方的预期成本，则可以采用单边治理。

五、网络结构

网络结构是指物流网络的空间结构，可以分为增长极网络、点轴网络、多中心多层次网络和复合网络。

（1）增长极网络，是指经济社会集中在一点形成的经济增长点，也是经济集聚与扩散相互协同形成的一种地域经济社会结构。它以一点为核心，呈放射状分布。扇状和星状网络是其呈现的两种典型网络结构形式。直观上可以用一对多网络结构来理解。一对多网络结构在工厂—配送中心或者在单个配送中心—客户的关系当中最为常见。该结构的特点是货物从中央配送中心（如工厂等），分发配送到多个下一级单位（如一级配送中心或区域配送中心），而货物的流经层数可以有多层。图 4-1（a）是扇状网络结构，图 4-1（b）是星状网络结构。

（2）点轴网络，是指消费者大多产生和聚集于一点，形成大小不等的市场，而相邻结点间的相互作用力并不是平衡辐射，而是沿交通线、资源供应线进行。以点轴为核心的社会经济系统呈现沿干线以带状分布为主，物流网络在沿线重要交通站点及枢纽呈放射状分布。带状网络和环状网络是其呈现的两种典型网络结构形式。

（3）多中心多层次网络，是不同地域之间相互联系、密切合作所形成的一种物流空间网络。它是生产社会化和社会分工协作发展到一定阶段的必然结果，也是物流网络发展的必然趋势。网格状网络就是它的典型形式。直观上可以用多对多网络结构来调整。在多对多物流网络模型中，还可以细分成一级物流网络、二级物流网络和多级物流网络。大批量的生产和费用之间多采用这种网络结构，它可以避免中间不必要的库存等过程，从而大大降低物流费用。图 4-1（c）是网格状网络结构。

（4）复合型网络，是指由两种以上网络结构组合而成的一种新型网络结构，它更能适应社会经济发展的特殊需求。

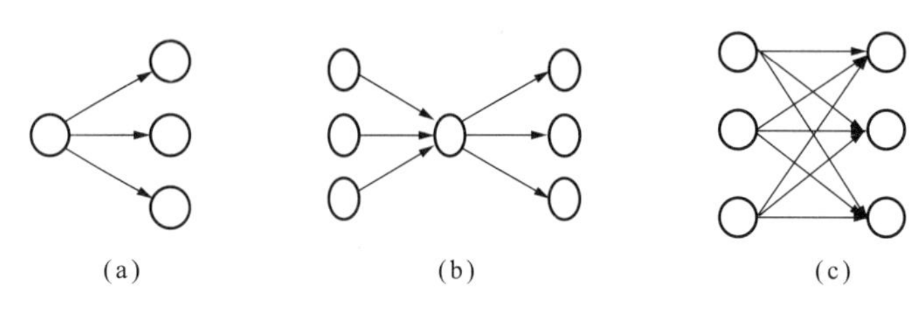

图 4-1　典型网络结构形式

六、产业结构

物流是一个产业，这是因为在物流中包含交通运输、仓储邮政和电信服务，它已成为 21 世纪中国经济发展的支柱型产业和新的经济增长点。产业又是由诸多相关行业聚合而成的群体。物流是一个跨地区、跨行业、跨部门的综合性、基础性产业。具体包括物流基础业、物流装备制造业、物流系统业、第三方物流业和货主物流业。

物流基础业涉及各种不同的运输路线的规划、设计、建设和运输路线结点的规划、设计和建设，是向各个经济系统运行所提供的物流基础设施。它的主要行业构成有铁道、公路、水运、空运、仓储等。主要的物流设施是车站、货场、港口、码头、机场、铁路线、公路、仓库等。

物流装备制造业为物流结点和路线提供基础装备，包括集装设备生产、货运汽车生产、铁道货车生产、货船、货运航空器、仓库设备、装卸搬运机具、产业车辆、输送设备、分拣与理货设备、物流工具等。

物流系统业则提供物流网络规划设计与咨询、物流网络运作总体解决方案、物流系统软件和硬件、系统管理与服务等。

第三方物流业是代理货主，向货主提供物流代理服务的各种行业所组成的产业。货主物流业是货主自办物流，如连锁配送业、分销配送业、流通加工业等。

第三节　物流网络设计与分析

一、物流网络设计的原理

物流网络是一种复杂网络，规模庞大，结构复杂，目标众多，动态多变，跨越时空，涉及众多行业，既要满足社会需求、节能环保，又要经济合理、节约物流总成本，这些都对物流网络设计提出了新的挑战。为了在规划中不迷失方向，必须遵循 4 项基本原理：系统分析原理、供需平衡原理、供应链一体化原理和成本效益分析原理。

（一）系统分析原理

系统分析原理是物流网络设计的核心思想方法。通过系统分析，可以了解物流网络的内在联系，把握物流网络的内在特征和规律。

系统思想的核心是全局性和整体性，物流网络设计要站在全局高度，从整体上把握物流网络的目标、功能、环境、总成本和效益之间的平衡，确保整体效益最优和有限资源配置最佳。

系统分析强调科学方法，尤其是数学方法和优化方法，对物流网络进行定量分析，或定量与定性相结合进行分析。

系统分析通常采用工业工程最基本的 5W1H 分析方法，以求得对所研究问题的充分理解。如表 4-1 所示。

表 4-1　系统分析要点（5W1H 分析方法）

分析内容	第 1 次提问	第 2 次提问	第 3 次提问
目的	做什么（What）	是否必要	有无其他更合适的对象
原因	为何做（Why）	为什么要这样做	是否不需要做
时间	何时做（When）	为何需要此时做	有无其他更合适的时间
地点	何处做（Where）	为何需要此处做	有无其他更合适的地点
人员	由谁做（Who）	为何需要此人做	有无其他更合适的人选
方法	怎么做（How）	为何需要这样做	有无其他更合适的方法和工具

系统分析的步骤是由问题入手，按照选择问题→确定目标→收集资料→拟订可行方案→建立模型→选择方案指标→综合评价方案的顺序，不断循环往复，以获得对所研究问题的彻底了解。

（二）供需平衡原理

物流网络规划的目的是解决如何提供物流供给以满足物流需求的问题，因此供给与需求的平衡是物流网络规划的基本指导思想，应用这一指导思想来设计物流网络，才能保证以尽可能少的投入最大限度地满足物流供给和发展要求。

物流供给是生产、流通、消费三大领域的后勤支援与保障，涉及物流结点和线路的供给。线路主要指运输网络中的线路，包括航空线路、航海线路、内河航道线路、陆路交通线路、铁路线路及管道线路等交通基础设施的能力和服务水平；结点主要指连接线路的车站、货场、码头、机场、仓库等物流基础设施的能力和服务水平及所能提供的包装、装卸、搬运、仓储、流通加工等设施设备的容量和服务水平。

物流需求是社会经济活动尤其是制造、经营、消费活动所派生的一种次生需求，包括物资的位移及相关服务方面的需要。物资的流动是由于社会生产与社会消费的需要，它受生产力水平、生产资源分布、制造过程、消费水平、运输仓储布局等因素制约。物流需求随着社会经济发展、收入和消费水平的提高、新政策的实施而变化；物流需求也随着人们的生活方式、消费习惯、供应链关系的变化而变化。从宏观上看，经济建设与发展的不同阶段对物资需求的数量、品种、规模是不同的；从微观上看，物流需求的数量和品种常常随着季节而变化。现代科技的发展加速了产品更新换代的周期，人们消费观念的日新月异，也提高了物流需求随时间变化的敏感性。此外，生产力布局、社会经济水平、资源分布、用地规模等，也使物流需求呈现出地域差异和分布形态差异。

物流供需平衡分析包括三个环节：物流内部分析、内部与外部联系分析和供需平衡分析。

物流网络规划的具体目标是实现物流的空间效益和时间效益。从操作层面看，是在保证社会再生产顺序进行的前提条件下，实现各种物流环节的合理衔接，并取得最佳的经济效益和社会效益。物流网络的输入是在物资运送、仓储、装卸、搬运、包装、流通加工、信息处理等物流环节所消耗的劳务、设备和材料等资源，经过处理转化，形成物流网络的输出，即物流服务和客户需要的相关产品。物流网络设计，就是保证输入最少、消耗的资源最少，即物流总成本最低，同时输出最大，即物流服务的数量和质量最高。

（三）供应链一体化原理

供应链是由通过协同合作来共同制定战略定位和提高运作效率的一些相互关联的企业组成的。对供应链上的各个企业而言，供应链关系反映了企业的战略选择。供应链策略是建立在相互依存、相互关联的管理理念基础之上的渠道管理的合理安排。这要求相关部门建立跨部门的管理流程，并使这个流程突破企业组织的界限，与上下游的贸易伙伴和客户相互连接起来。

供应链一体化是将多个企业之间的运作能力、信息、核心竞争力、资金及人力资源等整合到一起，就像一个企业一样，在从物料的采购到将产品或服务交付给客户的过程中，发挥供应链整合后的优势，提高供应链的核心竞争力。

通过对现有资源的优化整合，培育和巩固竞争力是供应链一体化的目标。集中优势专注于核心业务，对于非核心业务采取放松管制、分立、外购外包是供应链一体化思想的精髓。集中优势专注于核心业务可以使企业有效地规避因为业务流程太长而带来的竞争性风险，对非核心业务采取放松管制、分立、外购外包可以使企业最有效地利用现代社会资源，降低投入成本，缩短生产时间，提高进入市场的速度，获得竞争优势，同时，合理利用合作伙伴的专业化资源，提高客户服务质量，增加客户价值。

组织结构柔性化和业务流程规范化是供应链一体化的基础和保证。

供应链一体化原理体现在协同合作、资源共享、优势互补、管理提升、形成供应链核心竞争力5个方面。

虽然在市场经济条件下，竞争仍占主导地位，但协同合作也日益发挥出明显作用。这同自然发展规律类似，适者生存，但也有合作共生。供应链强调的就是各成员企业之间协同合作。要实现这种合作，供应链上各企业必须转变职能，规范业务流程，建立供应链信息网络，以供应链为目标，而不是以自己的企业为目标。

协同合作的突出表现是资源共享，尤其是信息共享，这样才可能提高供应链的核心竞争力。

优势互补是指在供应链一体化过程中，供应链上各成员企业要做到优势互补，这样才可能保证供应链的稳定和长久。

管理供应链远比管理一家企业要复杂得多，因此，要实现供应链一体化，就必须提升管理水平。这可以从以下几个方面来理解。

（1）供应链是一个复杂网络，一家企业可能参与几条供应链，供应链成员企业就形成了复杂的供应链网，这其中，供应链间的目标是不一致的，各企业的目标也是不一致的。因此，要管理这样的供应链就极具挑战性。

（2）在一条供应链中，供应和需求的匹配是一件困难的事情，因为在需求实现之前，制造商必须以某种水平进行生产，这就意味着存在财务和供应上的巨大风险。

（3）供应链是随时间动态变化的，这种变化的一个突出表现就是需求的波动，另一个是价格的波动，而且这种变化是随机的，管理这种变化需要高度的灵活性和精确的预测水平。

与企业的核心竞争力类似，供应链的核心竞争力是该供应链所特有的、其他供应链难以模仿的关键能力。供应链一体化的目标就是要形成这种核心竞争力，如果不能实现这样的目标，物流网络设计就不能算成功。

（四）成本效益分析原理

在物流网络设计中投入多少供给才能很好地满足需求，这就需要对投入的成本及所能产生的效益进行分析。在资源（物资、资金、人力、能源等）十分有限的情况下，规划必须找到投入产出效益最佳的设计方案。物流成本效益分析原理就是运用工程经济学和技术经济学的原理和方法来研究物流的成本和效益问题。

物流成本按其范围，有狭义和广义之分。狭义的物流成本是指由于物资的位移而引起的有关运输、装卸、搬运、包装等成本；广义的物流成本是指包括生产、流通、消费全过程的物资与价值变换而发生的全部成本，具体包括从生产企业内部原材料的采购、供应开始，经过生产制造过程中的半成品存放、装卸、搬运、成品包装及运送到流通领域，进入仓库验收、分类、存储、保管、配送、运输，最后到消费者手中的全过程发生的所有与物流活动有关的成本。

然而，在我国，由于物流成本没有被列入企业的财务会计制度中，因此难以精确计算。制造企业习惯将物流成本计入产品成本，商业企业则把物流成本与商品流通费用混在一起。这样，无论是制造企业还是商业企业，不仅难以按照物流成本的内涵完整地计算出物流成本，而且连已经被生产领域或流通领域分割开来的物流成本，也不能正式地单独计算并精确反映出来。

1. 物流成本的计算

物流成本的计算并不复杂，通常有标准成本法和完全成本法。

（1）标准成本法。标准成本法以两部分来计算物流成本，即用预期成本加上实际发生的与该标准偏差的那部分成本。该方法广泛应用于制造企业，但很少用在物流配送活动中。采用标准成本法的关键是制定标准。这需要会计、物流和工程技术人员的通力合作，对不同的物流作业进行分析研究，设定不同的标准。

（2）完全成本法。完全成本法，又称分摊成本法、吸收成本法，是一种产品成本计算方法。它首先将生产某种产品发生的各种消耗（包括直接材料、直接人工和其他费用）全部计入产品成本，不管它们是变动的还是固定的，当产品出售时，再转入销售成本，然后得出企业的收益。所以，完全成本法计算的产品成本既包括变动成本，也包括固定成本。

以上介绍的是两种基本方法，企业在实际应用时，还会有变异。

2. 物流总成本的计算

知道了物流成本的计算方法，还要计算物流总成本。物流总成本（TLC）包括运输成本（TC）、存货成本（IC）、仓储成本（SC）、订单处理和信息成本（OIC）、批量成本（BC），即有 TLC＝TC＋IC＋SC＋OIC＋BC。上述物流成本之间存在相互作用、相互制约的关系。物流网络设计时不能只考虑降低某一种物流成本，而应当考虑在满足一定客户服务水平的基础上，追求物流总成本最低，实现效益最大化。这就需要采用系统的观点分析和控制物流总成本，常用的方法有盈亏平衡分析和资金成本分析。

（1）盈亏平衡分析。盈亏平衡分析就是寻找销售额刚好弥补变动成本和固定成本之和的点。当各种不确定性因素（如投资、成本、销售量、产品价格、项目建设周期）发生变化时，可能会影响管理部门决策的经济效果。

（2）资金成本分析。资金成本分析是考虑企业取得和使用资金需要支付的各项费用，包括资金占用费和资金筹集费用。一般而言，一个项目的投资回报应高于资金成本，才值得进一步考虑该项投资。通常有 3 种简单的资金成本计算方法。

第 1 种最简单的资金成本计算是考虑企业从单一渠道筹资，即银行贷款，则

资金成本＝利息率（1－所得税率）/（1－筹资费率）

第 2 种是加权平均资金成本，又称综合资金成本，是企业各种来源资金成本与该资金来源占全部资金比重的乘积之和。

第 3 种是机会资金成本，它把资金投入其他方面，而非投入目前考虑的项目时可能产生的报酬率。对于大多数决策而言，机会资金成本对既定决策的重要性要远远大于已经发生的实际资金成本的重要性。

3. 物流效益

了解了物流成本，再来看物流效益。物流效益包括经济效益和社会效益。经济效益用财务指标来衡量，包括以下指标。

（1）时间指标，如订单处理时间、入库时间、出库时间、信息查询时间、等待时间、装卸时间、在途时间、结算时间、配送时间、资金周转时间、回款时间、差错处理时间等。

（2）客户服务水平指标，如差错率、货物损毁率、缺货率、订单准确率、资源利用率。

（3）成本指标，如单位成本、人力成本、资源成本、各种费用支出、成本所占比例、实际损失及机会损失等。

（4）资源消耗指标，如原料消耗、燃料消耗、能源消耗、材料消耗、人力消耗、工具消耗、设备消耗等。

（5）社会效益指标包括企业诚信、企业履行的社会责任、企业的公众形象、企业在当地社区的知名度、企业对社区的贡献等。

值得一提的是，物流网络设计在作成本效益分析时，不能只注重经济效益而忽视社会效益，或者只注重社会效益而忽视经济效益。必须两方面都考虑，才能设计出好的物流网络，否则，都将留下残缺或遗憾。

二、物流网络设计的程序

物流网络设计遵循一定的科学方法和程序。首先是网络设计，这是规划的重点。为了设计好物流网络，需要确定客户服务水平，制定标准。然后进行详细的网络结构设计。

（一）物流网络规划层次

物流网络的设计问题是整个物流规划的起点。如图 4-2 所示。

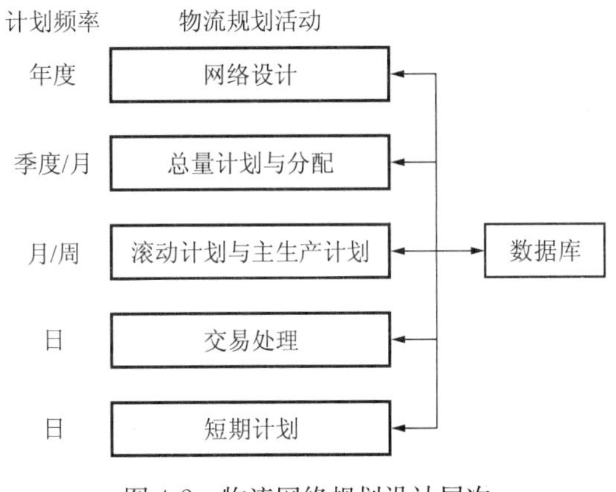

图 4-2　物流网络规划设计层次

（1）网络设计，即设计良好的物流网络实现企业的战略目标。确定配送中心、工厂及其他结点的数量、选址与运行能力（容量或产量）。设定各结点的库存水平，确定客户服务水平。网络设计所需的数据为总量数据与长期预测，该项工作的时间间隔通常在 1 年以上。

（2）总量计划与分配。决定配送中心、工厂及原材料来源的总量（需求量、产量或采购量），以及总量在各结点的分配。计划间隔期为季度或月。

（3）滚动计划或主生产计划。本层计划与上一层计划不同之处在于计划的对象是各种具体的产品而非笼统的总量。目标是确保需求预测与库存目标的实现。计划期间隔为月或周。

（4）交易处理。指为随机来到的客户订单安排供货。

（5）短期安排。指合理利用运输等企业资源，保证按时向客户送货。

（二）客户服务水平评价

网络设计的第一步是客户服务水平评价。评价方法分为外部评价和内部评价。

1. 外部评价

外部评价典型的方法是客户问卷调查，需要客户回答的问题包括：客户所期望的服务水平是什么？竞争对手所提供的客户服务水平是什么？竞争对手如何实现其服务水平？公司在多大程度上保证其战略可以达到成本与对最终客户服务的期望水平？公司在多大程度上从“渠道观点”来决定分配渠道中哪个部门该做什么，什么时候做，在哪里做，怎么做的问题？公司的物流战略是否支持企业的战略？

2. 内部评价

内部评价是了解企业实际提供的服务水平，需要回答的问题包括：企业是如何衡量服务水平的？衡量单位是什么？业绩标准或目的是什么？目前达到什么水平？结果与目标之间的差异有多大？这些衡量指标是如何得到的？是否有内部客户服务报告系统？企业各业务部门是如何理解客户服务的？企业各业务部门在交流和控制中是如何相互作用的？订单周转时间的波动有多大？是如何影响客户业务的？

综合内部和外部客户服务水平评价结果，重新确定适当的客户服务水平，作为物流网络规划设计的依据。

（三）设定标准

以企业当前的管理政策、物流运作模式与绩效作为参照，即设定基准目标。典型的基准是企业当前物流系统的成本与客户服务水平。建模分析是解决网络设计问题的流行方法，因为很多分析工作不可能放到实际运作中来进行，只能借助于适当的模型。基准的设置是模型分析中重要的一步，通过调整模型中的参数与变量，得到不同的运行结果，将这些结果与基准进行对比分析，可以确定一些重要参数（如需求量、库存量、运输批量等）与模型运行结果（如物流成本和客户服务水平）之间的关系，据此才能选择出最优的物流网络设计方案。

（四）物流网络结构设计

网络构架有以下 3 个主要目标。

（1）在一定的客户服务水平约束下求得最低的物流总成本。

（2）在一定的物流总成本约束下实现最优的客户服务水平。

（3）通过尽可能地扩大特定的客户服务水平所创造的收益与相对应的物流总成本之间的差距，获得最大的利润。

其中，第3个目标与企业的经济目标最为接近，但由于难以对产品销售与客户服务水平之间的关系精确定义，绝大多数模型都围绕第1个目标而设计，即在满足特定的客户服务水平及工厂生产能力与仓库容量约束的情况下，对发生在生产、采购、仓储、运输等环节的物流成本进行权衡与平衡，实现最低的物流总成本。

网络构架主要确定设施的选址。与之相关的各结点的库存与结点之间的运输问题都是从总量上考虑的，此外，还需要考虑各种产品究竟是如何在物流网络中流动，直至到达消费者手中。渠道设计的核心在于对网络的实际运作进行规划。一些物流管理较为出色的企业往往设有专门的渠道管理人员（如渠道专员），负责对产品在物流网络中的流动与存储进行监控与协调。

三、物流网络设计所需数据

物流网络设计工作不是拍脑袋，也不是长官意志，而是科学工作。科学工作的基础在于数据，让数据说话。因此，在物流网络设计时要求收集大量真实可靠的数据，并对数据进行处理，将数据转化为设计需要的信息。

（一）数据清单

物流网络设计需要来自各方面的大量数据作为规划的基础，这些数据通常包括以下内容。

（1）产品线上的所有产品清单，如产品名称、型号、规格、质量、尺寸、材质、用途等。

（2）客户、存货点、原材料供应源的地理分布，可以在地图或GIS中将它们的位置清楚地标注出来。

（3）每一区域内客户对每种产品的需求量。可以画出客户－产品对应表，以便建立客户数据库和产品数据库，从客户中知道所需产品，从产品中知道有哪些客户需要。

（4）运输成本和费率。运输成本依赖于运输方式，在5种运输方式中，运输成本由高到低依次为航空、汽车、铁路、管道和水路。费率是指每公里运价。

（5）运输时间，订货周期，订单满足率。运输时间是指产品离开仓库到客户手中的时间，通常以天计算，可以精确到以小时或分钟计算。订货周期是指订单发出到收到产品的时间，通常以天计算，包括采购周期、制造周期和运输周期。订单满足率是指发出的订单中，满足订单要求的百分比。

（6）仓储成本和费率。仓储成本指库存产品在存储期间的费用。仓储费率是指每件产品存储的费用。

（7）采购/制造成本。指产品中原材料、标准件、成品、半成品的采购成本及自制件的制造成本。

(8) 产品的运输批量，即产品一次运送的数量，可以是一辆卡车的载质量、一个集装箱的容量、一个托盘的容量或一个包装箱的容量等。

(9) 网络中各结点的存货水平及控制方法。存货水平就是指库存量，通常有上下限，即最高和最低库存量。

(10) 订单的频率、批量、季节波动情况。订单的频率是指一段时间内发出订单的数量，订单的批量是指一个订单中每种产品的数量，季节波动是指产品受季节的影响情况。

(11) 订单处理成本与发生这些成本的物流环节。

(12) 客户服务目标。

(13) 在服务能力限制范围内设施的可用性。

(14) 产品配送模式。产品配送模式有自营配送、共同配送、互相配送和第三方配送 4 种。自营配送指配送的各个环节由企业自身筹建并组织管理，这有利于企业供应、生产、销售的一体化作业，系统化程度相对较高，但当配送规模较小时，配送成本也相对较高。共同配送是配送企业之间为了提高配送效率及实现配送合理化所建立的一种功能互补的配送联合体，这有利于企业提高配送能力、扩大配送规模，从而更好地满足客户需求，提高配送效率，降低配送成本。互用配送是几个企业为了各自的利益，以契约的方式达成某种协议，互用对方的配送系统，这有利于企业在较少的投资和人力的条件下，扩大配送规模和范围，但对企业管理和组织协调提出了更高要求。第三方配送是由供需交易双方之外的第三方对供需双方提供部分或全部配送服务，这有利于企业发挥各自优势，形成稳定供应链，提高供应链绩效和竞争力。

（二）数据来源

如何收集上述数据，是物流网络设计首先要解决的问题。目前，我国绝大多数企业没有正式的物流信息系统，这给数据收集带来了极大的困难。因此，主要的数据来源是通过其他渠道，如企业经营运作文件、财务会计报告、物流研究报告、公开出版物、人员调查等。

企业的经营业务管理中会产生一些业务报告文件，这些文件可以作为物流网络设计的原始数据。例如，可以从订单管理中获取有关客户地理位置分布的数据、销售历史数据、订单批量数据和订单满足率数据；从运输管理中获取运输批量和运输成本数据；从库存管理中获取存货水平数据。

财务会计报告的作用在于提供包括物流活动在内的所有经营活动的成本数据。尽管这些数据没有细分，但还是可以从中分析和归纳相关各项物流成本。

物流研究报告描述和定义一些十分重要的基本关系、如销售与服务的关系、运输费率与运输距离的关系等，企业内部、企业外部的咨询机构、科研院所、高等院校等都可以开展物流研究。物流研究有时并非直接为某个企业所开展，社会上的一些研究机构经常开展行业性的物流研究，并将研究报告提供给会员单位。对同行业甚至其他行业的企业来说，这些研究报告也是物流数据的来源。

公开出版物，如物流行业杂志、政府资助的物流研究报告及一些学术期刊中，包含着大量关于物流成本、产业发展趋势、物流技术新发展、物流活动业务水平及市场预测等重要信息。这些公开出版物也是物流数据的来源。

人员调查是通过向企业的物流经理、咨询顾问、销售人员、物流运作人员、供应商等进行调查访问，他们都是企业数据的宝贵来源。做这样的调查访问，往往无需任何投资，但却可获得可靠真实的数据。

（三）数据编码

编码是将事物或概念赋予一定规律性、易于人或计算机识别的数字、符号、图形、颜色、文字等，它是人们统一认识、统一观点和传递、交换信息的一种技术手段。数据编码就是给数据赋予代码的过程，它是一项数据处理技术，在信息化条件下，数据编码尤为重要。数据编码有利于实现计算机信息处理、信息传递、信息交换和信息共享。就物流而言，产品编码、客户编码、地理编码等，对于快速识别和处理物流信息都是必不可少的。

计算机技术、激光技术和全息摄影技术大大改善了数据录入方式，无须人工录入就可以将数据输入到计算机中。条形码技术是当前比较流行的数据录入方式，此外还有无线射频（RF）技术。条形码技术通过对一系列数字信息的光学扫描可以识别不同的产品、包装箱和不同批次的货物。这项技术便于快速而准确地传输数据，同时有助于对数据进行分类、筛选和重组，将数据转化为网络规划所需要的信息。产品编码设计就成为其中的关键。产品编码就是将产品特性用数字来表示，借助于扫描工具，自动识别产品并将其相关信息自动录入计算机系统中。客户编码和地理编码也具有类似的功能。编码技术解决了数据录入和特征识别问题，而且显著地改进了公司的经营。

（四）数据转化为信息

数据仅仅是对现实的一种客观描述，有了数据之后，还必须对收集的数据进行组织、概括、分类等处理工作，使之成为辅助决策的有用信息。针对物流网络设计问题，有必要研究信息的关键要素，以及信息的产生过程。

1. 数据单位

在物流分析中常用的单位有质量单位［如 kg（千克）、t（吨）］、货币单位（如元、美元、欧元、日元等），长度单位［如 m（米）、km（公里）］、面积单位［如 m^2（平方米）、km^2（平方公里）］、体积单位［如 L（升）、gal（加仑）］、计数单位（如箱、件）等。物流数据库以何种单位为主取决于企业管理层对数据的使用和分析习惯，生产制造企业往往采用质量或计数单位，而批发和零售企业多采用货币单位。

2. 产品分类组合

企业的产品线中往往包含成百上千种类别，这种多样性一方面产生于不同的产品特性与式样，另一方面也产生于同种产品的不同包装与尺寸。在物流网络设计中，显然不可能针对每一种如此细分的产品类别进行数据收集与分析，这就需要对产品进行分组归类。网络设计通常要求作为分析对象的产品类别不超过 20 个。

3. 运输费率估算

物流网络设计中，运输费率是一个重要的数据。由于物流成本是网络设计的主要决策依据，因此必须对各种方式的运输费率作出准确的估算。企业自备运费的费率估算需要掌握较为详细的运作成本数据及运输工具的行驶路线。从企业资源优化配置的目标出发，企业通常会将一部分产品运输工作交给企业外部运输力量来完成。租用外部运输力量的运输费率由承运企业提供。

4. 客户集聚处理

企业的客户通常散步在各地，但又相对地集中在中心城镇。在物流网络设计中，没有必要对每个客户进行单独分析；成千上万的客户产生的购买需求量可以用地理分布上的一定数量的聚集点来表示。将整个市场销售用这些聚集点来代表而进行网络设计分析，在运输成本估算的准确性上不会有大的偏差。

5. 设施成本

与仓库设施相联系的成本可以分为三大类：固定成本、存储成本和操作成本。固定成本包括税收、租金、管理费用、资产折旧等项目，这类成本不随仓库存储量的变动而变动；存储成本是平均存货水平的函数；操作成本则随货物周转量的变动而变动。对于企业自行建造的仓库等设施，会计部门会定期提供成本清单。物流管理人员需将这些成本细分为上述三大类，以便进行物流网络规划分析。当企业租用公共仓库时，则只需考虑可变的存储成本与操作成本，相关的费率很容易计算出来。

6. 库存量与周转量的关系

物流网络设计中涉及仓库的数量、选址与容量决策，有必要弄清仓库的库存量与周转量之间的关系，估算仓库的库存水平。一个简单的方法是根据企业的库存政策来确定。例如，企业的仓库周转率目标是每年周转 13 次，则表示该仓库平均库存量是它所服务的市场年销售量的 1/13。这种描述虽然对管理层来说容易理解，但并不十分准确。更加准确的描述需对仓库库存数据进行分析后得到。

7. 需求预测

完全根据历史数据和当前数据进行物流网络设计是没有意义的。因为物流网络设计是为企业未来的物流运作而设计的，因此在分析中有必要采取一些中长期预测方法。在实践中，许多企业采取 5 年预测数据进行网络设计。

8. 其他需要考虑的因素

其他需要考虑的因素包括财务限制、规划所能提供的最大投资额；法规和政治限制，如选址必须排除某些特殊区域、要符合环保要求等；人力资源限制，即要充分考虑是否有足够数量和质量的物流专业人员来支持新规划；时间限制，即是否能在规定的时间内完成新规划的任务；合同限制，包括现有的及未来可能发生的合同。这些限制性的条件也会对网络设计有重要影响。

四、物流网络设计模型的选择

虽然可用于网络分析的模型有许多种，但可以把它分为很少的几类：数学分析技术；仿真模型；启发式模型；最优模型；专家系统模型；决策支持系统。

（一）数学分析技术

这类技术泛指各种只借助简单数学分析技术的方法，包括统计图表、制图技术和表格对比等几种方法。但是，这类技术的分析结果不一定就是低质量的。洞察力、经验和对网络规划的良好理解使得人们能够作出满意的设计。这类方法能够考虑主观因素、例外情况、成本和限制条件等许多最复杂的数学模型也不能包括的因素。这使得分析内容更丰富，并且有可能得出能直接用于实施的设计方案。

例如，某生产卡车刹车部件、分销各种卡车和公共汽车备件的公司的老板打算将他的生产厂/仓库转移到其他地区。已知满足该限制条件的选址点只有几个，可以很容易用计算机来分析每个地点的成本。一旦确定了大致范围，就可以通过一些主观因素的比较选出最终位置，这些主观因素包括当地的教育质量、公众对企业的态度、运输和公共事业的可得性。与该地点相关的特殊成本也应该考虑在内，这些成本包括房地产和地方税、公共事业费和租金。

（二）仿真模型

网络的仿真通常包括模拟成本结构、约束条件和其他能够合理地代表网络的因素。这类模拟通常利用随机的数学关系来完成。因而，仿真程序就是对系统的模型进行抽样试验的技术。

也就是说，将一定的网络结构表示为仿真模型，然后提供与系统方案运营相关的成本和其他数据，就同样的、不同的方案反复多次进行试验，就可以生成有助于比较不同设计方案的统计数据。由于模型关系非常复杂，所处理的信息量巨大，因此仿真通常是通过计算机进行的。

仿真可被用来处理物流管理中的各种规划问题。如利用仿真模型进行仓库选址、进行网络优化和选择运输策略等。

绝大部分仿真模型要针对所分析的具体问题专门设计。大多数的仿真模型还是建立在通用仿真语言的基础之上的。这些语言包括 SIMSSCRIPT，GPSS，SIMULA，DYNAMO，SIMFACTORY 和 SLAM。现在，这些语言中的大多数都具有图像功能，模拟时产品的流动和库存的水平可以动画的形式展现在屏幕上，便于对结果进行解释。

如果在某个复杂问题的描述中有大量十分重要的细节，如果问题中存在许多随机因素，如果寻找数学上的最优解并不是问题的关键，就可以选用仿真技术。物流业界将仿真技术看做第二常用的分析技术，仅次于统计方法。

（三）启发式模型

启发式模型是某种形式的混合模型，它将仿真模型定义的真实性与最优模型所能实现的寻找最优解的过程结合在一起。启发式模型一般可以解决许多复杂的问题，但无法保证获得最优解。模型是围绕启发式方法的概念建立的，欣克尔（Hinkle）和库恩（Kuehn）对启发式方法概念的定义如下：

这是一个简化了的推理过程，寻求得到满意答案，而不是最优解。启发式方法包括一种规则或计算程序，可以限制问题的可行解的个数，它模拟人的一些行为准则，对无法求得最优解的问题，得出一个可接受的解，从而缩短了问题的求解时间。

启发式模型对某些物流中难以解决的问题是一种很实用的方法。如果人们建模的目的是要找到最佳答案，且利用优化法对问题求解要求的条件过多时，那么启发式模型会非常有用。常常在规划时使用启发式方法，它们可以表现为某些准则或概念。以下是一些启发式方法的规则。

（1）最适合建仓库的地点是那些需求最大的地区或临近这些地区的地方。

（2）应该由供货点直接供货给那些按整车批量购买的客户，不应再经过仓储系统。

（3）如果某产品出、入库运输成本的差异能够弥补仓储成本，就应该将该产品存放在仓库里。

（4）生产线上最适合采用适时管理而不是采用统计库存管理方法的物料是那些需求和提前期波动最小的物料。

（5）下一个进入分销系统的仓库就是那个节约成本最多的仓库。

（6）从分销的立场来看，成本最高的客户就是那些以小批量购买且位于运输线末端的客户。

（7）从分销网络最远端开始，沿途搭载小批量货物直到装满整车，再回到运输起点的运输方法是最经济的。

上述规则都可以纳入一个模型，一般是计算机软件，这样在求解时就能遵循这些逻辑规则。

（四）最优模型

最优模型是依据精确的数学过程评价各种可选方案，且能保证得到针对该问题的数学最优解（最佳选择），即从数学上可以证明所得到的解是最优的。许多确定性的运筹学模型或管理科学的模型都属于此种类型。这些模型包括数学规划（线性规划、非线性规划、动态规划和整数规划）、枚举模型、排序模型、各种各样的微积分模型和设备替换模型。许多最优模型已经过概括总结，可以买到相应的软件包。

最优模型的优势如下。

（1）在给定一整套假设条件和数据下，可以保证用户能得到最优解。

（2）可以正确处理许多复杂的模型结构。

（3）因为得到了所有的方案，并进行了评估，所以分析的效率会更高。

（4）因为每次都保证得到最优解，所以可以放心地对各次运行的结果进行比较。

最优模型和启发式模型所获得的解在成本上或利润上的差异是很明显的。尽管最优模型的这些优势使人印象深刻，但它也并不是没有缺点。最优模型最主要的缺点就是随着问题的复杂程度的增加，即使利用最大型计算机，也无法在合理的计算时间内得到最优解。因此常常需要在求解时间和问题描述的现实性之间取得平衡。虽然如此，有限的最优模型也可以应用在启发式模型中，求得部分问题的最优解。

例如，用于库存控制的基本的经济订货批量（EOQ）模型就是最优模型的一个极好例子。EOQ 是以微积分为基础的模型，在实践当中应用非常广泛。尽管该模型的应用范围有限，但是抓住了许多库存管理问题的核心问题，可作为某些规划模型（如供应渠道仿真模型）的子模型。EOQ 模型给出了当产品库存水平降到预定值时再订货的最优批量。

（五）专家系统模型

如果曾对某个规划问题（如网络规划问题）进行过多次求解，规划人员就会对该问题的解决方法积累一定的经验。这些经验往往胜过最复杂的数学公式。如果能将这样的知识或经验融入现有模型或专家系统中，就能够比单独使用仿真技术、启发式方法或最优化方法得出的结果总体质量更高。

专家系统的定义为：专家系统是一种人工智能的计算机程序，能够利用专家的知识和求解的逻辑推理方法以专家的水平解决问题。

尽管专家系统目前还处于发展的初级阶段，但已经有一些关于该系统应用的报道，如辅助医疗诊断、探测矿物、设计海关计算机系统结构和在托盘上码放货箱等。在物流管理的库存、运输和客户服务等领域也已开始应用专家系统模型。与传统的规划系统相比，专家系统有以下几个明显的优点。

（1）专家系统既能处理定性的信息，也能处理定量的信息，使得某些关键性的主观因素（如管理人员的主观判断）可以很容易成为决策过程的组成部分。

（2）专家系统能够处理不确定的信息，而且利用部分信息也能够对问题求解，这样能够解决一些更复杂的、未能很好地组织起来的问题。

（3）专家系统解决问题时使用的信息最少，因此解决问题的速度更快，成本更低。

（4）专家系统展示的是专家解决问题的逻辑方法，使得物流管理人员能够很快地提高决策能力。

（5）专家系统提供的知识可转移、可复制且具有文档化特征。

开发专家系统模型的最大困难就是指定专家、确定知识库和获得专家们的相关知识。专家系统提出了通过掌握规划的技术和知识来弥补当前规划过程所使用的科学方法的不足，这种观点很有吸引力，专家系统无疑会在将来得到更普遍的应用。

（六）决策支持系统

在计算机的帮助下，数据库和分析工具已经结合在一起，形成现在所谓的决策支持系统。决策支持系统使用户直接与数据库交互作用，将数据直接导入决策模型，以简洁的描述分析来辅助决策过程。决策支持系统包括 4 个基本的子系统。

（1）交互系统，使用户和系统可以直接交流。

（2）数据管理系统，该系统能够从内部数据库和外部数据库获取必要的信息。

（3）建模子系统，该系统允许用户通过输入参数，针对具体决策需要调整条件来实现与管理科学模型的交互作用。

（4）输出系统，该系统具有图像功能，这样用户可以提出假定推测问题，并可以得到便于解释的输出形式。

这样的系统为决策者提供的可能是仅仅能够与之进行交互的环境，但为用户做最终决策则留有很大的余地。与之相反，决策支持系统也可以为决策者提供可执行的方案。如果涉及战略设计，前一种情况比较典型；如果只是做短期计划，则后一种特征更重要。无论在哪种情况下，以计算机为基础的决策支持系统都为规划过程提供了更为广阔的空间。

【案例分析】

网络优化是供应链管理的基础

年前，作为咨询公司，欧麟物流在业务拓展上面临着两个挑战，一个是业务层面上如何从一般的工程设计提升到战略规划上；另外一个是如何突破仓库的四堵墙，将咨询业务扩展到配送中心以外。很显然，供应链咨询就成为我们的必然选择。但是什么样的服务产品会成为国内企业未来最迫切需要的？我们不得不将眼光放到亚洲以外的美国和欧洲，看看我们的同仁在做些什么。

当时的美国，正进行大规模的产业转移，外包业务方兴未艾。美国的跨国企业站在战略高度以全球视野来考虑其供应链结构，亚洲特别是中国成为产业转移的理想之地。选择外包商或者在中国建厂，已经脱离了简单的全球采购或者一般意义上的选址，而是更具战略性，其实质是构建一个全球性的供应链体系。所以“设计”供应链便成了企业发展中运营战略的重要部分。决策者希望能够清楚地知道“如果这样……那么……的结果”！许多新的供应链的理论和策略正在被创立和实施中。而在欧洲，欧盟的成立导致了欧洲历史上最大的一次供应链网络体系的重构整合，我们的欧洲同行正忙于思考应当如何帮助客户关闭地区性的配送中心。与此同时，中国也开始以惊人的速度成为全球供应链上最为重要的环节，供应链咨询服务的需求由此诞生。

一、供应链优化是物流咨询的一次革命

站在咨询公司的立场上，供应链优化咨询所遇到的最大挑战如下。

1. 量化的战略决策

供应链优化涉及整个跨企业的合作伙伴，客户的战略决策的难点不仅仅是要说服企业自身的决策者，更重要的是能够让整个供应链上的合作伙伴理解供应链网络优化的整合举措具有长远的战略意义，用量化的结果告诉合作伙伴的利益所在，证明未来举措并非零和游戏。咨询公司如果仅仅提供文档去描述客户存在的问题或者定性地判断重构方案的好处，客户将不会接受这样的成果物。

2. 动态的战略决策

在激烈变动的商业环境下，供应链网络决策的可维护性极为重要。咨询公司递交的成果物是静态的，无法反映未来瞬息万变的商业环境中客户所遇到的供应链新挑战。客户更希望咨询公司的成果是一个架构精巧的数学模型，使其在商业环境变化后或者企业战略变化后，仍能够从中找到答案。

3. 战略方案的可操作性

供应链网络优化咨询既是战略层面的咨询，又与战术层面的操作密切相关。不管是采购的集中化或者 VMI/X—DOCKING/DSD 等策略的实现，都与客户具体的作业密切相关，客户的资源或者供应链上的话语权受限，决定了客户的实施过程不是快速和短暂的。咨询公司和客户必须找到共同的语言，在同一个平台上进行对话，才能确定合适的可操作过渡方案。而且客户企业组织之间的对话和交流也需要一个大家都认同的平台。

应对以上的挑战就是供应链网络优化咨询业务的核心意义。可以说，供应链网络优化是物流咨询的一次革命，改变了那种与客户之间"一锤子买卖"的关系。一些有丰富工程咨询经验的物流咨询公司，可以通过一个业界公认的标准决策工具，建立一个精巧的数学模型，在计算机里置信客户现在的供应链运作状况，并设计多种商业情景或供应链策略，用计算机模型来模拟仿真，按照成本最优或服务最优的原则去求得最佳情景。客户也可以用此模型去模拟未来商业变化对供应链的影响。从长期的意义来讲，供应链网络优化使咨询公司与客户能够有更密切的合作。

二、供应链网络优化的实质——求得整体最优

在传统意义上，供应链就是一些离散业务的松散连载，而现代的概念中，供应链就是"网络"。所以供应链的另一个定义是：供应链是一个网络，是一群互为联系、互为依存的组织机构构成的网络，他们一起协同工作，以控制和管理从供应商到最终用户的物流和信息流。在一个动态的供应链环境里，供应链的调控和协调者面临的最大挑战就是"牛鞭"效应，而解决之道除了信息的透明化和共享外，其基础是必须具备一个优化的网络结构。供应链网络的优化，考虑的是有关在网络中如何决定作业设施的理想数量以及它们的地理位置，还有采购的数量、制造产出的数量，以及这些产出的流程，其目的是在既定的服务水平下获得总成本的最小化。

所谓总成本最小化，就是要在传统单一企业内成本概念之外去理解和认清一些在物流网络上我们不曾注意的投资，其中包括以下内容。

（1）物流网络设施：除传统意义上的建筑和设备的租金以及折旧、运行费用外，还要考虑与作业密切相关的设施的设计、规划、建造及设备设施的维护服务等开销。

（2）物流网络人力：除考虑传统意义上的劳动力成本（包括税收）外，还要考虑到期后的解聘成本、招聘成本以及培训成本。

（3）行政/人头费用：不仅仅要考虑供应链的管理费用和客户服务成本，也要考虑到供应链优化项目本身的项目管理费用和团队费用。

（4）运输：不仅仅是传统意义上的内外向运输成本，也要考虑在项目实施过程中的存货设施搬迁费用。

（5）库存：不仅考虑传统意义上的库存占用资金成本，也要考虑在网络整合搬迁期间的库存占用资金的增加。

（6）信息系统：不仅仅要考虑传统 IT 系统维护和启动费用，还要考虑因为供应链网络优化所带来的信息系统重新配置所产生的许可费、硬件和网络费用。

按照 DTT（德勤全球）的研究："仅仅有 7%的公司能够有效地管理他们的供应链，然而，这些公司比其他公司能够多获得 73%的利润。"足以见得架构优化的供应链网络意义巨大。而根据埃森哲、斯坦福和 INSEAD（欧洲工商管理学院）的研究："尽管供应链的理念在目前很是流行，但是很少的管理者能够确切地知道应该如何投资及投资在什么地方，以使其投资效果最大化，这是一个严重的不匹配。"这表明，相当多的企业都是从局部而不是从全局和战略层面来考虑供应链的问题，没有考虑到设施地点不同等因素会极大地影响到整个供应链结构。此外，缺乏有效的风险管理能力也是因为许多企业从来没有风险池和风险共享的概念。

传统的库存理论考虑的是局部优化，解决的是低的库存周转率、不一致的服务水平、频繁的运输、物流成本的增加等问题。而供应链网络优化是从全局和战略层面出发，其重点是战略性的配置库存、管理供应链的不确定性、实施推拉策略和确立剥离点。从细节入手，解决诸如网络上工厂的服务效率低对供应链造成的成本增加、如何设置 DC 中的 SKU、不同订货周期对成本的影响、新系统投入和节省成本的关系等问题。因此，基于供应链网络优化的库存策略决策考虑的因素包括以下几种。

（1）供应链影响因素：包括网络的结构、产品流和 VMI/XD 等策略。

（2）合作管理的因素：是否建立了信息共享的合作伙伴关系、供应合同中对服务的要求和合同的柔性程度。

（3）局部的影响因素：需求和供应的因素，包括预测及预测错误、承运商的可靠性，以及局部的库存策略。

三、供应链网络优化的应用——你什么时候需要?

网络优化其实并不是什么新课题，问题的来源是从简单的运输优化开始，运输结点的确定是整个运输优化的关键，所以早期的许多工具提供商都是 TMS（运输管理系统）供应商。

当年，I2、CAPS、Managistics等几家大型的供应链软件公司也在国内推销他们的供应链网络决策支持工具。但由于这些基于运输结点优化为基础的运作优化软件太过烦琐，无法表现其战略性，所以一直没有能够在国内得到推广应用。直到2002年左右，季建华老师翻译出版了MIT著名教授DavidSimchi-Levi的*Designing and Managing the Supply Chain*一书，清晰地阐述了供应链网络优化的建模道理。基于该理论的Logictools供应链优化工具很快成了一个被咨询公司和客户广泛使用的标准决策平台工具。

在中国，外资企业很早就开始大量应用供应链网络优化这一工具来进行决策。例如，百事可乐的装瓶厂的选址、肯德基的配送中心的服务区域确定等项目都是在10多年前就应用了供应链优化工具来进行决策。近年来，跨国公司开始整合旗下的各个工厂以及分销渠道，将中国的供应链网络纳入亚太或者全球的供应链网络结构中，最为常用的辅助决策工具就是供应链优化软件。随着中国经济的发展和全面进入消费社会，尤其那些直接面向中国市场的快速消费品企业，更是将供应链网络优化作为一种持续优化的日常决策的手段。

总结起来，两种驱动因素会迫使企业考虑供应链重构。其一是商业环境的变化，要求企业变革目前的供应链现状。具体体现在以下方面。

（1）市场容量的变化：当企业所面对的市场突然容量增长或者减小时，需要考虑其目前的物流网络是否能够适应这种变化。

（2）新的客户：当企业突然获得一批从未涉足的细分市场的客户或者失去一批某地域的一类客户时，也应当考虑是否要重构供应链网络，以适应这种变化。

（3）分销能力的变化：当企业的分销渠道发生变化，或者分销商的能力发生变化时，必须考虑现有的供应链网络结构与这种变化的适应性，进行供应链网络结构优化。

（4）新的服务水平的变化：不论是提高或者降低某些产品的服务水平，这背后都意味着需要企业改变其供应链网络结构，以确保能够实现这些变化并且成本最优。

（5）区域市场的增加或者紧缩变化：这一点在中国这样的区域经济发展不平衡的国家显得尤为重要。当企业开拓一个全新的区域市场时，就要考虑是否改变目前的供应链网络结构。

（6）导入新的产品：导入一个新的产品，绝不仅仅意味着在市场营销上的投入，也许这个产品的独特特性和服务水平的要求，使得企业不可能用习惯的供应链网络结构去支持其运营，需要考虑重构其供应链网络结构。

（7）兼并或者卖出业务：在剧烈商业环境变化的中国，行业的整合是正在上演的故事，无论企业卖出还是买入了新的业务，在资源整合中重要的一块就是物流资源或者供应链网络结构的整合。

（8）外包业务决策：企业考虑将物流运作外包时，选择什么样的外包商是正确的选择，是否要将已经外包的业务重新拿回来，这些决策背后的逻辑仍然是要求其进行供应链网络结构的优化。

四、供应链服务和成本控制

另一个因素是为了改变供应链在服务和成本的曲线，以求得更好的服务水平或者降低成本。改变供应链曲线包括以下驱动因素。

(1) 合理化库存：这是绝大多数中国企业想到的供应链网络优化的第一驱动力，与国际相比，中国无论是零售业还是制造业，库存周转率都相当低，库存的不合理比比皆是。

(2) 降低运输成本：毫无疑问，运输成本在物流成本中占了较大的比率，不合理的供应链网络结构造成了大量的运输浪费。

(3) 降低仓库空间成本：没有整合的物流网络结构，不仅仅是造成存货的增加，而且直接造成了仓储空间的浪费，尤其是没有经过库存合理配置的网络，挖下去就是"富矿"。

(4) 降低行政成本：中国的物流网络体系绝大多数都是随企业的发展而自然形成的，其布局大多与企业行政管理的划分有关，仓储资源管理耗费了大量平时不易察觉的行政成本。

(5) 降低税收：在全球化的今天尤其显得必要。即便在中国，各地政府给你或者你的合作伙伴的优惠政策是不同的，如何在优化供应链网络结构时考虑税收的因素，是许多跨国公司重点考虑的驱动因素。

(6) 降低订单履行错误和提高订单履行率：一个优化的供应链网络结构和一系列好的供应链策略，可以帮助你大幅度降低订单履行错误，提升服务水平。

(7) 增加运营的灵活性：当企业希望增加其系统的灵活性时，一个优化的网络体系可以在不增加成本的情况下，大幅度提升系统反应的及时性和灵活性，使得系统具备相当的实时功能。这在追求精益物流的今天尤为重要。

当然，供应链网络优化并不是跨国公司的专利，许多中国企业正在从中分享其带来的好处，比如苏宁电器等。我们预计，目前中国供应链网络优化最热门的客户主要是：全国性的品牌制造企业，如家电、汽车、快速消费品、消费类电子产品、食品等企业；全国性的零售连锁企业，如大卖场、超市、便利店、专业杀手店、药店等；全国性布局国有非竞争性的行业，如烟草商业、电信、移动、能源、化工等行业；全国性虚拟品牌分销企业，如服装、时尚用品、酒类等企业；全球性的大型出口企业，主要是希望向供应链前段整合的出口导向型企业。

思考题：1. 结合案例说明物流网络设计的步骤。

2. 从供应链优化角度看物流网络设计主要考虑哪些驱动因素?

复习思考题

一、基本概念

物流网络　物流园区物流网络　城市物流网络　区域物流网络　国际物流网络　仿真模型　启发式模型　最优模型

二、选择题（1—4 单选，5—8 多选）

1. 物流网络由（　　）组成。

A. 结点和线路及伴随的信息　　B. 物流

C. 网络　　D. 结点

2. 设施网络是指（　　）。

A. 生产中所需的有形固定资产　　B. 设施结点

C. 网络线路　　D. 网络中的设施

3. 组成网络相互联系的要素的整体形态叫做（　　）。

A. 网络的结构　　B. 物流网络

C. 整体网络　　D. 网络形态

4. 物流网络规划的目的是解决如何提供物流供给以满足物流需求的问题，因此（　　）是物流网络规划的基本指导思想。

A. 供给与需求的平衡　　B. 供给平衡

C. 需求平衡　　D. 供需原理

5. 根据 Oliver Williamson 关于合同治理的契约理论，可以把物流网络的治理结构分为（　　）。

A. 多边治理　　B. 三边治理

C. 双边治理　　D. 单边治理

E. 周边治理

6. 物流网络设计必须遵循（　　）。

A. 系统分析原理　　B. 供需平衡原理

C. 供应链一体化原理　　D. 成本效益分析原理

E. 量本利原理

7. 虽然可用于网络分析的模型有许多种，但可以把它分为很少的几类：（　　）。

A. 数学分析技术　　B. 仿真模型

C. 启发式模型　　D. 最优模型

E. 专家系统模型

8. 宏观物流网络包括（　　）。

A. 物流园区物流网络　　B. 城市物流网络

C. 区域物流网络　　D. 国际物流网络

E. 国内物流网络

三、判断正误题（正确的用 T 表示，错误的用 F 表示）

1. 物流网络是从网络的角度研究物流，这是物流研究的新视角。（　　）

2. 物流网络定义为："在网络经济和网络信息技术条件下，适应物流系统化和社会化的要求发展起来的，由物流组织网络、物流基础设施网络和物流信息网络三者有机结合而形成的物流服务网络体系的总称。"（　　）

3. 物流网络化就是用系统、科学的思想将物流网络规划设计"网络化"，把物流从一种"混沌"状态转变为有序的网络化状态，用系统思维统领物流网络的规划设计。（　　）

4. 物流园区是指国家或地区为了研究和发展某个或者多个特定物流领域的事业，以此为基础逐步建设成为该领域内具有强大核心竞争能力主体而确定的中心性区域。(　　)

5. 区域物流是为实现区域经济可持续发展，对区域内物资流动统筹协调、合理规划、整体控制，实现区域内物流各要素的系统优化，以满足区域内生产、生活需要，提高区域经济运行质量，促进区域经济协调发展。(　　)

6. 物流网络的治理结构是指物流网络资源配置的管理与控制的机制和方法。(　　)

7. 系统分析原理是物流网络设计的核心思想方法。(　　)

8. 系统分析通常采用工业工程最基本的5W1H分析方法，以求得对所研究问题的充分理解。(　　)

四、简答题

1. 解释什么是物流网络规划。

2. 选择几种类型企业（制造业、流程业、零售业），具体讨论如何做物流网络规划。

3. 一般而言，分析性技术与仿真技术的本质区别是什么？

4. 与仿真技术相比，常见的优化方法的主要优点有哪些？

5. 什么是成本效益分析？如何计算物流总成本和建立效益指标？

6. 物流网络设计的原理有哪些？

7. 物流网络设计的步骤是什么？

8. 物流网络设计所需的数据是哪些？

五、综合运用题

1. 试比较物流网络设计中各种模型的异同？

2. 某公司生产可乐，它有4个加工厂 A_1、A_2、A_3、A_4，每月产量分别为6000L，9000L，13000L，8000L。该公司将这些产品分别销往6个主要代理商 B_1、B_2、B_3、B_4、B_5、B_6，它们每月的需求量分别为4000L，5000L，7000L，6000L，5000L，9000L。已知从各个加工厂运往每个代理商的单位运费如表4-2所示。

表4-2　单位运费表　　　　(单位：元/L)

代理商 / 工厂	B_1	B_2	B_3	B_4	B_5	B_6
A_1	0.05	0.01	0.07	0.02	0.08	0.04
A_2	0.03	0.09	0.06	0.08	0.07	0.06
A_3	0.05	0.10	0.05	0.04	0.15	0.08
A_4	0.08	0.12	0.13	0.04	0.19	0.05

试求：在满足各个代理商的需求、不超过单独一个加工厂的供应能力的情况下，如何调运现有的货物才能使总运费最小？

第5章

物流结点选址与布局设计

第一节　物流结点选址概述

一、物流结点

（一）物流结点含义

物流结点是物流网络中货物运往最终消费者过程中临时经过停顿的地方，是物流网络的重要组成部分，是整个物流网络的灵魂所在。物流功能要素中的其他所有功能要素，如包装、装卸、保管、分货、配货、流通加工等，都是在结点上完成的。所以，从这个意义来讲，物流结点是物流系统中非常重要的部分。物流结点又称物流接点，是物流网络中连接物流线路的结节之处。物流的过程，如果按其运动的程度即相对位移大小观察，是由许多运动过程和许多相对停顿过程组成的。一般情况下，两种不同形式的运动过程或相同形式的两次运动过程中都要有暂时的停顿，而一次暂时的停顿也往往连接两次不同的运动。物流过程便是由这种多次的运动—停顿—运动—停顿所组成的。

与这种运动形式相呼应，物流网络结构也是由执行运动使命的线路和执行停顿使命的结点两种基本元素所组成的。线路与结点相互关系、相对配置及其结构、组成、联系方式不同，形成了不同的物流网络，物流网络的水平高低、功能强弱则取决于网络中这两个基本元素的配置和两个基本元素本身。全部物流活动是在线路和结点上进行的。

其中，在线路上进行的活动主要是运输。包括：集货运输、干线运输、配送运输等。

物流功能要素中的其他所有功能要素，如包装、装卸、保管、分货、配货、流通加工等，都是在结点上完成的。所以，从这个意义来讲，物流结点是物流系统中非常重要的部分。实际上，物流线路上的活动也是靠结点来组织和联系的，如果离开了结点，物流线路上的运动必然陷入瘫痪。

现代物流网络中的物流结点对优化整个物流网络起着重要作用，从发展来看，它不仅执行一般的物流职能，而且越来越多地执行指挥调度、信息等神经中枢的职能，是整个物流网络的灵魂所在，其选址决定了整个物流网络的结构和规模，影响到物流系统中物流费用和客户服务水平的高低。物流效率的发挥依赖于物流结点的位置和功能配置。无论是对于整个国家的物流业发展，还是企业的物流网络规划，选址决策都具有举足轻重的作用。因而更加受到人们的重视。所以，在有的场合也称之为物流据点，对于特别执行中枢功能的又称物流中枢或物流枢纽。

物流结点是现代物流中具有较重要地位的组成部分，这是因为物流学科形成初期，学者们和实业家都比较偏重于研究物流若干基本功能，如运输、储存、包装等，而对结点的作用认识不足。物流系统化的观增强，就越是强调总体的协调、顺畅，强调总体的最优，而结点正是处在能联结系统的位置上，总体的水平往往通过结点体现，所以物流结点的研究是随现代物流的发展而发展的，也是现代物流学研究不同于以往之处。

（二）物流结点的功能及作用

综观物流结点在物流系统中的作用，物流结点是以以下功能在物流系统中发挥作用的，其主要功能如下。

1. 衔接功能

物流结点将各个物流线路联结成一个系统，使各个线路通过结点变得更为贯通而不是互不相干，这种作用称之为衔接作用。

在物流没有形成系统化之前，不同线路的衔接有很大困难，例如，轮船的大量输送线和短途汽车的小量输送线，两者输送形态、输送装备都不相同，再加上运量的巨大差异，所以往往只能在两者之间有长时间的中断后再逐渐实现转换，这就使两者不能贯通。物流结点利用各种技术的、管理的方法可以有效地起到衔接作用，将中断转化为通畅。

物流结点的衔接作用可以通过多种方法实现，主要方法如下。

（1）通过转换运输方式衔接不同运输手段；

（2）通过加工，衔接干线物流及配送物流；

（3）通过储存衔接不同时间的供应物流和需求物流；

（4）通过集装箱、托盘等集装处理衔接整个“门到门”运输，使之成为一体。

2. 信息功能

物流结点是整个物流系统或与结点相接物流的信息传递、收集、处理、发送的集中地，这种信息在现代物流系统中起着非常重要的作用，也是复杂物流单元能连接成有机整体的重要保证。

在现代物流系统中，每一个结点都是物流信息的一个点，若干个这种类型的信息点和物流系统的信息中心结合起来，便成了指挥、管理、调度整个物流系统的信息网络，这是一个物流系统建立的前提条件。

3. 管理功能

物流系统的管理设施和指挥机构往往集中设置于物流结点之中，实际上，物流结点大都是集管理、指挥、调度、信息、衔接及货物处理于一体的物流综合设施。整个物流系统的运转的有序化和正常化，整个物流系统的效率和水平取决于物流结点的管理职能实现的情况。

4. 物流处理功能

物流结点是整个物流系统的重要组成部分，是仓储保管、物流集疏、流通加工、配送、包装等活动的基地和载体，是完成各种物流功能、提供物流服务的重要场所。

5. 需求预测功能

需求预测是指将物流需求与生产需求的社会经济活动进行相关分析的过程。由于物流活动日益渗透到生产、流通、消费等整个社会经济活动过程之中，与社会经济的发展存在着密切的联系，是社会经济活动的重要组成部分，故物流需求与社会经济发展有密切的相关性，社会经济发展是影响物流需求的主要因素。另一方面，物流结点根据商品进货、出货情况信息预测未来一段时间内商品进出库数量，进而预测市场对商品的需求。通过需求预测保证企业生产过程获得及时、准确、质量完好的物资供应。

6. 物流系统设计咨询功能

物流结点利用自身的经验充当物流咨询专家的角色，进行物流规划、系统工程的咨询和设计，为客户提供物流系统的解决方案，进行物流一体化方案设计，代替顾客选择和评价运输商、仓储商及其他物流服务商等。这是物流增值服务的一个重要方面。

7. 物流教育与培训功能

物流教育与培训功能有两个方面功能。①对内进行培训，以提高员工的实际操作能力，强化职业技能，从而提高客户服务能力。使员工的技能随时代的需求而跟得上发展，进而留住优秀的员工。同时，亦使员工感受到公司对他的重视，进而增加其忠诚度。②对外进行培训，通过向客户提供物流培训服务，可以使客户全面了解物流结点的经营理念、物流作业标准和运作流程，增强客户的认同感，同时也可以提高客户的物流管理水平。

8. 物流金融服务功能

物流产业的繁荣也为金融市场的发展带来机遇，催生了物流金融的快速发展。物流金融作为一种新的盈利模式，正在成为业内关注的目标。物流结点通过物流金融服务能帮助中小企业向银行进行融资，物流金融服务的发展有利于解决中小企业融资难、银行放贷难和物流企业突破瓶颈难的矛盾。物流企业通过库存管理和配送管理，可以掌握库存变动，掌握充分的企业信息，在一定程度弥补了银行的不足，由物流供应商作为监管方和银行的代理人，展开货押授信是可行的。物流金融服务不仅可减少企业交易成本，也降低了金融机构信息不对称产生的风险，已成为物流企业的重要增值业务模式。

此外，物流结点还可以在有关部门如商检、法律、保险、银行、铁路、民航等的配合下，开展以下领域的配套服务：协助进行商品的检验、报关和代理征税；设立货物运输紧急救援系统，利用信贷技术协助进行货物跟踪；通过仲裁系统，帮助交易人处理纠纷等。物流结点所提供的服务越完善，其所具有的市场竞争力就越大。

（三）物流结点的种类

1. 按结点功能划分

（1）转运型结点。公路货运站、铁路货运站、公铁联运站、港口、水陆联运站、空运转运站、综合转运站等。以连接不同运输方式为主要职能的结点；铁道运输线上的货站、编组站、车站，不同运输方式之间的点站，水运线上的港口、码头，空运中的空港等都属于此类结点。一般而言，由于这种结点处于运输线上，又以转运为主，所以货物在这种结点上停滞的时间较短。

（2）储存型结点。储备仓库、营业仓库、中转仓库、货栈等。以存放货物为主要职能的结点，货物在这种结点上停滞时间较长。在物流系统中，储备仓库、营业仓库、中转仓库、货栈等都属于此种类型的结点。尽管不少发达国家仓库职能在近代发生了大幅度的变化，一大部分仓库转化成不以储备为主要职能的流通仓库甚至流通中心，但是，在现代世界上任何一个有一定经济规模的国家，为了保证国民经济的正常运行，保证企业经营的正常开展，保证市场的流转，以仓库为储备的形式仍是不可缺乏的，总还是有一大批仓库仍会以储备为主要职能。在我国，这种类型的仓库还占主要部分。

（3）流通型结点。流通仓库、集货中心、分货中心、加工中心、配送中心、物流园区等。以组织物资在系统中运动为主要职能的结点，在社会系统中则是组织物资流通为主要职能的结点。现代物流中常提到的流通仓库、流通中心、配送中心就属于这类结点。需要说明的是，在各种以主要功能分类的结点中，都可以承担其他职能而不完全排除其他职能。如转运型结点中，往往设置有储存货物的货场或站库，从而具有一定的储存功能，但是，由于其所处的位置，其主要职能是转运，所以按主要功能应归入到转运型结点之中。

（4）综合型结点。在物流系统中集中于一个结点中全面实现两种以上主要功能，并且在结点中并非独立完成各自功能，而是将若干功能有机结合于一体，有完善设施、有效衔接和协调工艺的集约型结点。这种结点是为适应物流大量化和复杂化，适应物流更为精密准确，在一个结点中要求实现多种转化而使物流系统简化、高效的要求而出现的，是现代物流系统中结点发展的方向之一。

2. 按社会化程度划分

（1）社会物流中心。所谓社会物流中心，是从整体国民需求出发，依据社会物流规模的数量及交通通信状况等条件，建立起来的社会化程度较高、开放式经营型的物流中心。一般来说，社会物流中心主要建立在人口集中、市场发达、交通通信设施优越的中心城市，规模较大。

（2）企业物流中心。相对于社会物流中心而言，企业物流中心主要是从企业自身生产经营活动的需要出发，依据自身生产经营活动的规模和区域等条件，建立起来的专门为企业自身提供物流服务的物流中心。其社会化程度相对较低，但专业化程度较高，主要提供和企业生产经营活动相关的专业化物流服务。相对于社会物流中心来说，企业物流中心规模较小。

3. 按综合程度划分

（1）综合物流中心。综合物流中心是指能提供多种货物物流服务项目的物流中心。一般来说，综合物流中心规模较大，服务范围广，社会化程度较高，大都设置在交通和通信发达的中心城市及货物的集散地。发达国家的经验表明，多功能、高层次、集散功能强、辐射范围广的综合物流中心在地区经济发展中发挥着极其重要的作用。日本和平岛物流园区、荷兰鹿特丹物流园区及遍布美国大城市群的物流中心都对当地的经济发展发挥重要作用，其中日本的东京、阪神和京都三大经济圈的物流总量占日本全国物流量的比重长期保持在44%以上，不仅对日本经济发挥了支持作用，使日本能够充当东亚经济的生产总值中枢，还优化了该地区的物流结构，繁荣和完善了市场体系，提高城市经济档次，并带动运输业的发展，提供新的就业机会，增加税收。

（2）专业物流中心。专业物流中心是指能提供一种或几种货物物流业务或者能提供一种或几种物流服务项目的物流中心。相对于综合物流中心而言，专业物流中心规模较小，服务范围较窄，专业化程度较高，专业性较强，既可设置在交通和通信发达的中心城市及货物的集散地，也可设置在中小城市。

4. 按地理区域划分

（1）区域物流中心。区域物流是指在区域范围内的一切物流活动，包括运输、保管、包装、装卸、流通加工和信息传递等功能实体性的流动及物流过程中各环节的物品运动。区域划分原则应该按“经济区域”而不是按“行政区域”进行，行政区域划分有着明确具体的界限，且具有相对长期的稳定性，经济区域的界限是模糊的，是一条过渡带，这形成了经济区域的开放性、动态的扩展性与收缩性。区域性物流中心必须满足两个基本条件：①其所处地区对周围区域必须具有对商品的集散和辐射功能；②该城市还必须具有物流中心所需具备的便利的交通运输条件。因此，区域性的物流中心一般建在该区域的中心城市。

（2）城市物流中心。城市物流中心是以某一城市为主要服务对象的物流中心。此类物流中心是从整个城市对物流服务的需求出发，依据各个城市自身的不同特点建立起来的、为城市居民经济、生活的发展建设服务。城市物流中心大都表现为配送中心。

二、物流结点选址的意义

物流系统设计的一个重要方面是物流系统应该在什么地方进行、物流系统应该在什么地方实施等，这些问题都是物流系统规划设计中的重要问题。选址在整个物流系统中占有非常重要的地位，属于现代物流战略管理层的研究问题，选址决策就是确定所要分配的设施的数量、位置及分配方案。这些设施主要指物流系统中的结点，如制造商、供应商、仓库、配送中心、零售商网点等。

就单个企业而言，选址决定了整个物流系统及其他层次的结构，例如，某公司的配送物流系统设计、企业布局问题。该物流系统其他层次（库存、运输等）的规划又会影响选址决策。因此，选址与库存、运输成本之间存在着密切联系。一个物流系统中设施的数量增大，库存及由此引起的库存成本往往会增加。所以，减少设施数量、扩大设施规模是降低库存成本的一个措施。这也说明了大量修建物流园区、物流中心，实现大规模配送的原因。

就供应链系统而言，核心企业的选址决策会影响所有供应商物流系统的选址决策。尽管选址问题是一个宏观战略的问题，泛地存在于物流系统的各个层面，如一个仓库中货物存储位置的分配，这一点对于自动化立体仓库中的货物存取效率十分重要。

随着全球一体化进程的加快，现代物流作为一种先进的经济组织方式和管理技术，在世界范围内获得迅速发展。作为现代物流要素之一的物流结点，其选址及功能设置的合理性与科学性是决定物流系统性能优劣的关键。

三、物流结点选址影响因素

影响物流结点选址的因素很多，在进行设计时需要考虑的主要因素如下。①区域经济发展背景资料，包括社会经济发展规划；产业布局，工业、农业、商业、住宅布局规划；交通运输网及物流设施现状。交通运输干线、多式联运小转站、货运站、港口、机场布局现状。②城市规划，包括城市人口增长率，产业结构与布局。物流中心选址不合适，往往会在主干线通道上造成交通阻塞，运距过长造成能源浪费、车辆空载率高、调度困难等问题。③环境保护与社会可持续发展，在规划物流中心时应充分注意到环境保护和社会可持续发展问题，不仅涉及城市交通阻塞、物流中心选址，而且涉及筹资组建与运营及运输经营集约化等综合问题。在现代物流系统设计过程中，物流结点的选址主要应考虑以下因素。

1. 自然环境因素

（1）气象条件。物流结点选址过程中，主要考虑的气象条件有温度、风力、降水量、无霜期、冻土深度、年平均蒸发量等指标。如选址时要避开风口，因为在风口建设会加速露天堆放的商品老化。

（2）地质条件。物流结点是大量商品的集结地。某些容重很大的建筑材料堆码起来会对地面造成很大压力。如果物流结点地面以下存在着淤泥层、流沙层、松土层等不良地质条件，会在受压地段造成沉陷、翻浆等严重后果，为此，土壤承载力要高。

（3）水文条件。物流结点选址需远离容易泛滥的河川流域与上溢的地下水区域。要认真考察近年的水文资料，地下水位不能过高，洪泛区、内涝区、故河道、干河滩等区域绝对禁止。

（4）地形条件。物流结点应选在地势高、地形平坦，且应具有适当的面积与外形的地方。若选在完全平坦的地形上是最理想的；其次选择稍有坡度或起伏的地方；对于山区陡坡地区则应该完全避开；在外形上可选长方形，不宜选择狭长或不规则形状。

2. 经营环境因素

（1）经营环境。物流结点所在地区的优惠物流产业政策对物流企业的经济效益将产生重要影响；数量充足和素质较高的劳动力条件也是物流中心选址考虑的因素之一。

（2）商品特性。经营不同类型商品的物流结点最好能分别布局在不同地域。如生产型物流结点的选址应与产业结构、产品结构、工业布局紧密结合进行考虑。

（3）物流费用。物流费用是物流结点选址的重要考虑因素之一。大多数物流结点选择接近物流服务需求地，如接近大型工业、商业区，以便缩短运距，降低运费等物流费用。

（4）服务水平。服务水平也是物流结点选址的考虑因素。由于现代物流过程中能否实现准时运送是服务水平高低的重要指标，因此，在物流结点选址时，应保证客户可在任何时候向物流中心提出物流需求，都能获得快速满意的服务。

3. 基础设施状况

（1）交通条件。物流结点必须具备方便的交通运输条件。最好靠近交通枢纽进行布局，如紧临港口、交通主干道枢纽、铁路编组站或机场，有两种以上运输方式相连接。物流结点作为物流诸要素活动的主要场所，为保证物流作业的顺畅进行，必须具有良好的交通运输联络条件。

① 物流结点所在区域的货物运输量。可以从一个侧面表明运输物流市场的供给情况，反映运输业的发展水平。一般包括铁路、公路货运量和港口吞吐量。此指标可用地区货物运输总量加以衡量。

② 交通通达度。用路网密度能很好地表明物流结点所服务地区的交通通达质量，该因素可以用铁路网及公路网密度加以衡量。

③ 物流结点货物平均运距。表明一般情况下物流结点可能的覆盖范围。可采用地区货物周转量与地区总货运量之比进行衡量。

④ 交通运输设施的发展水平。交通运输设施发展水平较高的地区，较有利于未来物流结点的集疏运。可用交通运输设施建设投资的增长率加以衡量。

（2）公共设施状况。物流中心的所在地，要求城市的道路、通信等公共设施齐备，有充足的供电、水、热、燃气的能力，且场区周围要有污水、固体废物处理能力。

4. 其他因素

（1）国土资源利用。物流结点的规划设计应贯彻节约用地、充分利用国土资源的原则。物流结点一般占地面积较大，周围还需留有足够的发展空间，为此地价的高低对布局规划有重要影响。此外，物流结点的布局还要兼顾区域与城市规划用地等其他要素。

① 土地价格。物流结点的建设需要占用大面积的土地，所以土地价格的高低将直接影响

物流结点的规模大小。有的区域鼓励物流企业的发展，对在当地建设物流结点予以鼓励与支持，土地的获得就相对容易，地价及地价以外的其他土地交易费用也可能比较低。该指标用单位土地的开发成本进行衡量。

② 大面积土地的可得性。用预留用地规模指标进行衡量。

（2）环境保护要求。物流结点的选址需要考虑保护自然环境与人文环境等因素，尽可能降低对城市生活的干扰。对于大型转运枢纽，应适当设置在远离市中心区的地方，使得大城市交通环境状况能够得到改善，城市的生态建设得以维持和增进。

（3）周边状况。由于物流结点是火灾重点防护单位，不宜设在易散发火种的工业设施（如木材加工、冶金企业）附近，也不宜选择居民住宅区附近。

大中城市的物流结点应采用集中与分散相结合的方式选址；在中小城镇中，因物流结点的数目有限且不宜过于分散，故宜选择独立地段；在河道（江）较多的城镇，商品集散大多利用水运，物流结点可选择沿河（江）地段。应当引起注意的是，城镇要防止将那些占地面积较大的综合性物流中心放在城镇中心地带，带来交通不便等诸多因素。

5. 系统内部因素

影响物流网点规划与设计的因素有许多，而且这些因素在具体设计中的重要性也不同。除以上所述的外部因素以外，以下为物流网点设计中通常需要重点考虑的具体因素。

（1）产品数量、种类；

（2）供应地和需求地客户的地理分布；

（3）第一区域的顾客对每种产品的需求量；

（4）运输成本和费率；

（5）运输时间、订货周期、订单满足率；

（6）仓储成本和费率；

（7）采购/制造成本；

（8）产品的运输批量；

（9）物流结点的成本；

（10）订单的频率、批量、季节波动；

（11）订单处理成本与发生这些成本的物流环节；

（12）顾客服务水平；

（13）在服务能力限制范围内设备和设施的可用性。

物流结点布局与选址是很复杂的问题，涉及法律、法规、规划、土地使用权、物流业务种类、物流设施、筹资能力、交通环境、经营环境、自然条件等因素。因此，物流结点布局选址所涉及的一些关键因素，需要将定性分析和定量分析结合起来进行，或采用综合集成的方法进行选址工作。

6. 结点选址影响因素的权衡

在进行结点设施选址时，企业有很多要考虑的影响因素。在考虑这些因素时，需要注意的是：①必须仔细权衡所列出的这些因素，决定哪些是与设施选址紧密相关的，哪些虽然与企业经营或经营结果有关，但是与设施位置的关系并不大，以便在决策时分清主次，抓住关键。否则，有时候所列出的影响因素太多，在具体决策时容易主次不分，作不出最佳的决策。②在不同情况下，同一影响因素会有不同的影响作用，因此，绝不可生搬硬套任何原则条文，也不可完全模仿照搬已有的经验。③对于制造业和非制造业的企业来说，要考虑的影响因素及同一因素的重要程度可能有很大不同。

一项在全球范围内对许多制造业企业所作的调查表明，企业认为下列 5 组因素（每一组中又可分为若干因素）是进行设施选址时必须考虑的：①劳动力条件；②与市场的接近程度；③生活质量；④与供应商和资源的接近程度；⑤与其他企业设施的相对位置。

由此可见，制造业企业在进行设施选址时，要更多地考虑地区因素，而对于服务业企业来说，由于服务项目难以运输到远处，那些需要与顾客直接接触的服务业企业的服务质量的提高有赖于对最终市场的接近与分散程度，设施必须靠近顾客群。例如，一个超级市场，影响其经营收入的因素有多种，但其设施位置有举足轻重的作用。如设施周围的人群密度、收入水平、交通条件等，将在很大程度上决定企业的经营收入。对于一个仓储或配送中心来说，与制造业的工厂选址一样，运输费用是要考虑的一个因素，但快速接近市场可能更重要，可以缩短交货时间。此外，对于制造业企业的选址来说，与竞争对手的相对位置有时并不重要。而在服务业企业，可能是一个非常重要的因素。服务业企业在进行设施选址时，不仅必须考虑竞争者的现有位置，还需估计他们对新设施的反应。在有些情况下，选址时应该避开竞争对手，但在商店、快餐店等情况下，在竞争者附近设址有更多的好处。在这种情况下，可能会有一种“积聚效应”，即受聚焦于某地的几个公司的吸引而来的顾客总数，大于这几个公司分散在不同地方情况下的顾客总数。

四、物流结点选址的内容与步骤

1. 物流结点选址的主要内容

物流结点的设计应以顾客服务水平、选址决策、库存规划、运输管理 4 个主要规划项目为基础。

顾客服务水平指产品的可得性、产品的交货周期、收到产品的状况等。

选址决策与供应和需求的分配有关。

库存规划包括建立适当的库存水准和库存补充计划。

运输管理涉及运输方式选择、运输路线选择、车辆时间安排、货物拼装等。

这四个方面相互联系，为了获得最大效益必须对它们进行综合考虑。

物流网点规划设计的主要任务是确定货物从供应地到需求地整个流通渠道的结构。包括确定物流结点的类型，确定物流结点的数量，确定物流结点的位置；分派各物流结点服务的客户群体，确定各物流结点间的运输方式等。

由于供应地和需求地顾客数量较大、物流结点可选地址太多、运输方式选择因素复杂，设计最优的物流网络结构是一项相当艰巨的任务。

2. 物流结点选址的步骤

（1）物流设施选址约束条件分析。选址时，首先要明确建立配送中心的必要性、目的和意义。然后根据物流系统的现状进行分析，制订物流系统的基本计划，确定所需要了解的基本条件，以便大大缩小选址的范围。

① 需求条件。包括配送中心的服务对象、顾客的现在分布情况及未来分布情况预测、货物作业量的增长率及配送区域的范围。

② 运输条件。应靠近铁路货运站、港口和公共卡车终点站等运输结点，同时也应靠近运输业者的办公地点。

③ 配送服务的条件。向客户提供到货时间、发送频度、根据供货时间计算的从客户到配送中心的距离和服务范围。

④ 用地条件。需考虑是利用配送中心现有土地，还是重新征地。如果需要征地，应了解新地的费用和可选择的用地范围，指定用地是否符合城市总体规划。

⑤ 法律法规条件。掌握政府对配送中心建设的法律法规要求，哪些地区不允许建设物流结点、哪些地区政府对发展现代物流中心有优惠政策等。

⑥ 流通职能条件。3 种商流功能和物流功能是否分开，即配送中心是否设置流通加工功能。如设置，应确定用工人数及通勤方式。原则上就近招工。

⑦ 其他条件。不同物流类别，有不同的特殊需要。如为了保持货物质量的冷冻、保温设施，防止公害设施或危险品保管等设施，对选址都有特殊要求，是否有能满足这种条件的地区。

（2）收集整理资料。选择地址的方法，一般是通过成本计算，也就是将运输费用、物流设施费用模型化，根据约束条件及目标函数建立数学公式，从中寻找费用最小方案。但是，采用这种选择方法，寻求最优的选址解时，必须对业务量和生产成本进行正确的分析和判断。

业务量需考虑：①工厂到物流设施之间的运输量；②向顾客配送的货物数量；③物流设施保管的数量；④配送路线上的其他业务量。

由于这些数量在不同时期会有种种波动，因此要对所采用的数据水平进行研究。另外，除了对现况的各项数据进行分析外，还必须确定设施使用后的预测数值。

费用需考虑：①工厂至物流设施之间的运输费；②物流设施到顾客之间的配送费；③与设施、土地有关的费用及人工费、业务费等。

由于①和②两项费用会随着业务量和运送距离的变化而变动，所以必须对每一吨公里的费用进行分析（成本分析）；③项包括可变费用和固定费用，最好根据这两者之和进行成本分析。

用缩尺地图表示顾客的位置、现有设施的配置方位及工厂的位置并整理各候选地址的配送路线及距离资料；对必备车辆数、作业人员数、装卸方式、装卸机械费用等，要与成本分析结合起来考虑。

（3）地址筛选。在对所取得的上述资料进行充分的整理和分析，考虑种种因素的影响并对需求进行预测后，就可以初步确定选址范围，即确定初始候选地点。

（4）定量分析。针对不同情况选用不同的模型进行计算，得出结果。如果是对多个配送中心进行选址，可采用奎汉-哈姆勃兹模型、鲍摩-瓦尔夫模型、CELP 法等；如果是对单一配送中心进行选址，可以采用重心法。

（5）结果评价。结合市场适应性、购置土地条件、服务质量条件、服务质量等，对计算所得的结果进行评价，看其是否具有现实意义及可行性。

（6）复查。分析其他影响因素对于计算结果的相对影响程度，分别赋予它们一定的权重，采用加权法对计算结果进行复查，如果复查通过，则原计算结果即为最终结果；如果复查发现原计算结果不适用，则返回步骤（3）计算，直至得到最终结果为止。

（7）确定选址结果。在用加权法复查通过后，则计算所得结果即可作为最终的计算结果。但是所得解不一定为最优解，可能只是符合条件和满意解。

物流结点选址流程如图 5-1 所示。

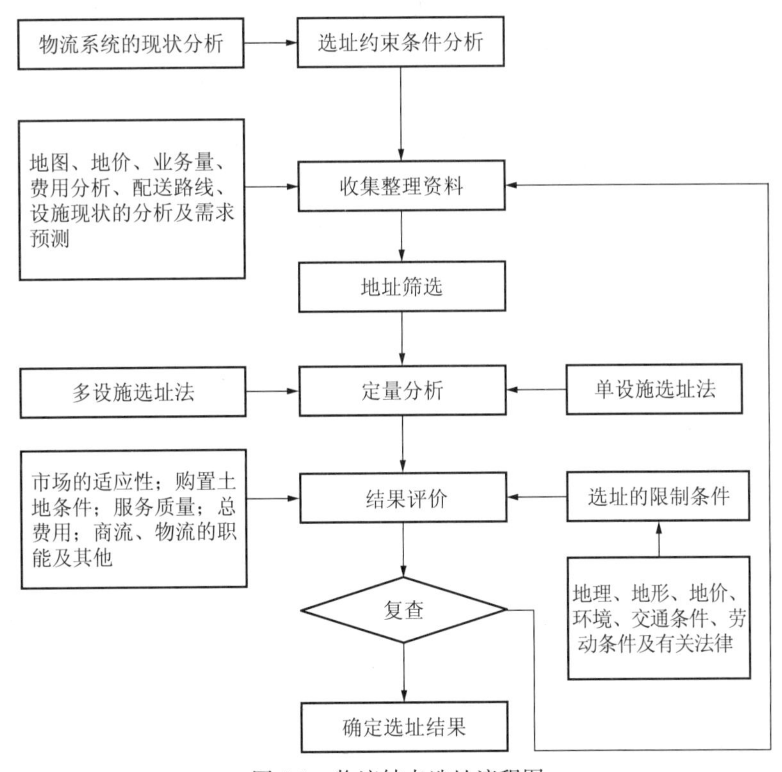

图 5-1　物流结点选址流程图

第二节　物流结点选址方法

物流结点的选址基于以下几个条件：城市之间经济交往促进物流量的急剧增加，给物流结点提供了设立的可能性；物流配送系统的广泛建立，使物流结点之间的干线运输与在城市区域内的配送有效地组合成新型的现代物流系统，从而完善了整个物流系统；城市环保与可持续发展促进物流结点的建立，通过合理的物流规划和物流组织，限制汽车在城市中的运行时间和运行数量，减少货运铁路、专用线、货运站场在城市内的占地等，促进城市可持续发展；科技进步对物流结点提供了全方位的科技支持。例如，完善的计划系统可以对时间作出精确的安排，有效的末端物流系统可以保证集货、配送的准时，先进的装卸系统可以实现火车与汽车之间的直接衔接，计算机网络可以保障各个业务环节的畅通等。

在选址与布局过程中，常采用以下一些方法。①解析技术：这是一种物流地理重心方法，它根据距离、重量或两者的结合，通过在坐标上显示，以物流结点位置为变量，用代数方法来求解物流结点的坐标。②线性规划：这是一种最优化技巧，是一种广泛使用的物流计划与设计工具，它一般是在一些特定的约束条件下，从许多可选择的方案中挑选出一个最佳方案。③仿真技术：它通过模拟仿真，如计算机三维显示技术，根据选址与设计中的实际条件，来确定物流中心的选址与设计。目前仿真技术主要有两种，一是静态仿真；一是动态仿真。

近年来，随着选址理论的迅速发展，选址方法越来越多，特别是计算机技术的应用促进了物流系统选址理论的发展，对不同的方案的可行性分析提供了强有力的技术支持。目前选址的方法大致有以下几种。

一、专家选择法

专家选择法是以专家为索取信息的对象，运用专家的知识和经验，考虑选址对象的社会环境和客观背景，直观地对选址对象进行综合分析研究，寻求其特性和发展规律，并进行选择的一种选址方法。专家选择法中最常用的有因素评分法和德尔菲法。

二、解析法

解析法是通过数学模型进行物流网点布局的方法。采用这种方法首先根据问题的特征、外部条件及内在的联系建立数学模型，然后对模型求解以获得最佳布局方案。采用这种方法的优点是能够获得较为精确的最优解，缺点是对一些复杂问题建立恰当的模型比较困难。解析法中最常用的有重心法和线性规划法。

三、模拟法

模拟法是将实际问题用数学方法和逻辑关系表示出来，然后通过模拟计算及逻辑推理确定最佳布局方案。这种方法的优点是比较简单，缺点是分析者必须提供预订的各种网点组合方案以供分析与评价，从中找出最佳组合，因此决策的效果依赖于分析者预订的组合方案是否接近最佳方案。

四、启发法

该法是针对模型的求解而言的，是一种逐次逼近的方法。对这种方法进行反复判断，实践修正，直到满意为止。该方法的优点是模型简单，需要进行方案组合的个数少，因而，容易寻求最佳的答案。缺点是这种方法得出的答案很难保证是最优化的，一般情况下只能得到满意的近似解。一般包括以下步骤：

（1）定义一个总费用的方法；

（2）制定评判准则；

（3）制订方案改进的途径；

（4）给出初始方案；

（5）迭代求解。

五、其他方法

在重心法和线性规划法中只考虑了运输费用，即物流成本的一部分，而实际选址工作还受到许多环境因素的影响（如人力资源、物料供应与搬运、产品市场、政策法令、社会条件与基础设施、气候等自然条件、决策者的个人偏好等），因此是一项系统性工作。一般设施选址是根据以上因素及其内在要求，提出若干结点选择的具体原则和注意事项，并采用定性与定量相结合的方法辅助进行结点和具体位置的选择。除上述方法外，以下方法亦在结点选址中使用。

（1）费用—效果分析法。该方法是对技术方案的经济效果进行分析评价的一种方法。其实质是要求系统给社会提供财富或服务的价值，效益必须超出支出费用。该方法以经济评价为主，是所有评价方法的基础。

（2）关联矩阵法。该方法是对多目标系统方案从多个因素出发进行综合评定优劣程度的方法。

（3）层次分析法（AHP 法）。该方法是一种定性与定量相结合的评价与决策方法。它将评价主体或决策主体对评价对象进行的思维过程数量化。应用 AHP 方法，首先将评价对象的各种评价要素分解成若干层次，并按同一层次的各个要素以上一层次要素为准则，进行两两的比较、判断和计算，以求得要素的权重，从而为选择最优替代方案提供依据。

（4）基于遗传算法的选址模型。该模型利用遗传算法采用全局寻优和优胜劣汰的随机搜索策略，使模型具有较好动力学特性，可有效、快速求得选址问题的全局（或近似）最优解。

（5）模糊综合评价法。该方法适用于多个评价主体或多位专家参加的评价方法。

（6）仿真技术。静态仿真试图设计一种特定计划的结果或未来行动的路径。静态仿真是一种非常灵活的工具，它可对广大的复杂渠道结构范围进行评估。一个综合性静态仿真器的能力及运作范围，比最优化技术更能对市场、产品、分销设施及运输量大小进行更为详细、重要的合成。

近年来选址方法发展很快，除上述介绍的以外，还有网络布点模型、整数或混合整数规划法、蒙特卡洛法等。

结点选址是任何组织整体战略规划中的关键部分，是企业物流网络规划的重要内容。随着全球经济一体化及科学技术的飞速发展，企业竞争的全球化趋势愈演愈烈，对于企业来说，跨地区、跨国家进行生产协作、在全球范围内寻找市场已经是不得不为之的事情之一，而结点选址的恰当与否，对生产力布局、城镇建设、企业投资、建设速度及建成后的生产经营状况都具有重大意义。因此，企业应该进行充分的调查研究与勘察，具体分析本企业的自身设施、产品特点、资源需求状况和市场条件，慎重进行结点选址决策。

结点选址的标准已不仅仅局限在成本或运输距离的最小化，许多定性和定量的因素也影响着企业的决策，因此在进行结点选址的综合分析比较时，可根据条件采用定性的、定量的或定性定量相结合的方法。

为了实现可持续发展，在结点选址时，除了做市场研究、原料和工艺技术路线选择及经济评价等工作外，还要做环境影响评价工作。

第三节 物流结点的选址模型

一、物流结点选址问题类型

物流结点选址问题是指用数学方法确定物流系统中网点的数量、位置和规模，其目标是通过合理规划物流网络的结构和布局，使物流成本达到最小。一般来说，可将选址问题按下面几种方法分类。

1. 按设施对象划分

不同的物流设施其功能不同，选址时所考虑的因素也不相同；在决定设施定位的因素中，通常某一个因素会比其他因素更重要。在工厂和仓库选址中，最重要的因素通常是经济因素。服务设施（如零售网点）选址时，到达的容易程度则可能是首要的选址要素，在收入和成本难以确定时，尤其如此。在地点带来的收入起决定性作用的选址问题中，地点带来的收入减去场地成本就得到该地点的盈利能力。

2. 按设施的维数划分

根据被定位设施的维数，可以分为体选址、面选址、线选址和点选址 4 种类型。

（1）体选址，是用来定位三维物体的，如卡车和飞机的装卸或箱子外货盘负载的堆垛。

（2）面选址，是用来定位二维物体的，如一个制造企业的部门布置。

（3）线选址，是用来定位一维物体的，如在配送中心分拣区域，分拣工人向传递带按照订单拣选所需要的货品。

（4）点选址，是用来定位零维设施的。相对于设施的目标位置区域而言，当设施的尺寸可以忽略不计时，可使用点选址模型。大多数选址问题和选址算法都是基于这种情况的。本章主要介绍的是点选址模型，如在企业的配送系统中定位一个新的配送中心。

3. 按设施的数量划分

根据选址设施的数量，可以将选址问题分为单一设施选址问题和多设施选址问题。单一设施的选址与同时对多个设施选址是截然不同的两个问题，单一设施选址无须考虑竞争力、设施之间需求的分配、集中库存的效果、设施成本与数量之间的关系等，而运输成本是要考虑的首要因素。单一设施选址是两类问题中较简单的一类。

4. 按选址的离散程度划分

按照选址目标区域的特征，选址问题分为连续选址、离散选址和网格型选址三类。

（1）连续选址问题。连续选址问题是指在一个连续空间内所有点都是可选方案，需要从数量是无限的点中选择其中一个最优的点。这种方法称为连续选址法（Continuous Location Methods），常应用于设施的初步定位问题。即待选区域为一个平面，无须考虑其他结构，可能的选址位置的数量是无限的。然而这种情况比较少见，在实际选址时，由于客观条件的限制，很难实现连续选址。这种情况往往发生在一个企业物流中心的初步选址上。

（2）离散选址问题。离散选址问题是指目标选址区域是一个离散的候选位置的集合。候选位置的数量通常是有限的，可能事先已经过了合理的分析和筛选。这种模型是较切合实际的，称为离散选址法（Discrete Location Methods），常应用于设施的详细选址设计问题。即待选区域是一个离散的候选位置的集合，只能从这有限的备选点中选择最合适的一个或几个设立物流配送中心，这是比较符合现实情况的。典型应用是一个企业的物流中心的详细选址设计。

（3）网格型选址问题。即待选区域是一个平面，其被细分为很多通常是正方形的相等面积的区域，候选地址的数量有限，但也非常的巨大。典型的应用是在一个仓库中不同货物的存储位置的分配。

5. 按目标函数划分

按照选址问题所追求的目标和要求不同，模型的目标函数可分以下几种。

（1）可行点（Feasible Solution）/最优点（Optimal Solution）。对于许多选址问题来说，首要的目标是得到一个可行的解决方案，即一个满足所有约束的解决方案。可行方案得到以后，第二步的目标是找到一个更好的解决方案。

（2）中点问题（Median Problem）。在区域中选择（若干个）设施位置，使得该位置离客户到最近设施的距离（或成本）的“合计”最小。这种目标通常在企业问题中应用，所以也称为“经济效益性”（Economic Efficiency）。在中点问题中，被选择设施的数量往往预先确定，当选择设施数量为 P 时，称为 P-中点问题。

P-中点问题是研究如何选择 P 个服务站使得需求点和服务站之间的距离与需求量的乘积之和最小。近年来，P-中点问题仍然是研究的热点，许多学者研究 P-中点问题的各种变形和扩展模型。如 Wesolowsky 和 Ruscott、Drezner 研究了动态 P-中点问题，ReVelle 将目标函数定义为新建的服务站所占据的市场份额的最大化，成功地将中点问题运用于竞争环境下的零售商店选址问题中。

(3) 中心问题（Center Problem)。根据使得离客户最近的设施的距离（或成本）“最大值”最小的原则，在区域中选择设施位置的方法称为中心问题。P-中心问题也叫 min-max 问题，是探讨如何在网络中选择 P 个服务站，使得任意一需求点到距离该需求点最近的服务站的最大距离最小问题。

(4) 单纯选址问题（Pure Location Problem）/选址分配问题（Location-Allocation Problem)。如果新设施和已存在设施间的关系与新设施的位置无关，而是固定的，则选址问题称为单纯选址问题，也称为有固定权重的选址问题。

如果这种权重或关系与新设施的位置相关，那么，这些权重本身就成为变量，这种问题被称作“选址分配问题”。例如，配送中心的客户分配问题，添加一个新的配送中心不仅改变了原配送中心的客户分配，同时也改变了配送中心到客户的距离。

6. 根据选址约束条件分类

根据选址问题的约束种类，可以分为有能力约束的选址问题和无能力约束的选址问题，以及可行区域与不可行区域的选址问题。按能力约束划分，可以分为有能力约束的选址问题和无能力约束的选址问题两种，如果新设施的能力可充分满足客户的需求，那么，选址问题就是无能力约束的设施选址问题；反之，若各设施具有所能够满足需求的上限，就是有能力约束的选址问题。无能力约束设施选址问题往往被称为“单纯设施配置问题”。按区域约束划分，分为可行区域和不可行区域，如果在目标区域内有些区域不适合作为选址地点，那么这个选址问题就包含了不可行区域的约束，如河道、湖泊等。

根据实际情况的不同，物流结点选址可以分为不同的类型，因此需要针对不同类型的需要构建合理的模型来解决选址问题。

二、物流结点选址问题及特点

1. 确定选址问题

在建立一个选址模型之前，需首先确定以下几个问题：

(1) 选址的对象是什么？

(2) 选址的目标区是怎样的？

(3) 选址的目标和成本函数是什么？

(4) 有什么样的一些约束？

根据以上这些不同的问题，选址模型可以分为相应的类型，不同的类型将建立不同的数学模型，进而选择相应的算法进行求解。这样，就可以得到该选址问题的方案。

2. 选址问题特点

在选址问题的研究中，Mark S. Daskin 总结了 5 个特点。

（1）选址决策是研究不同层次的人类组织的选址问题，从个人、家庭到公司、政府机构甚至是国际机构。

（2）选址决策是一个战略决策，需要考虑长期的资金利用和经济效益。

（3）选址决策还涵盖了经济的外延含义，包括污染、交通拥挤和经济潜力等。

（4）由于大多数选址问题是 NP-HARD 问题，很难求得选址模型的最优解，特别是大型问题。

（5）选址问题都有相应的应用背景，模型的结构（目标函数、变量和约束）由相应的应用背景决定。

3. 物流结点间距离的计算

选址问题模型中，最基本的一个参数是各个结点之间的距离。一般采用两种方法来计算结点之间的距离，一种是直线距离，也叫欧几里得距离（Euclidean Metric）；另一种是折线距离（Rectilinear Metric），也叫城市距离（Metropolitan Metric）。如图 5-2 所示。

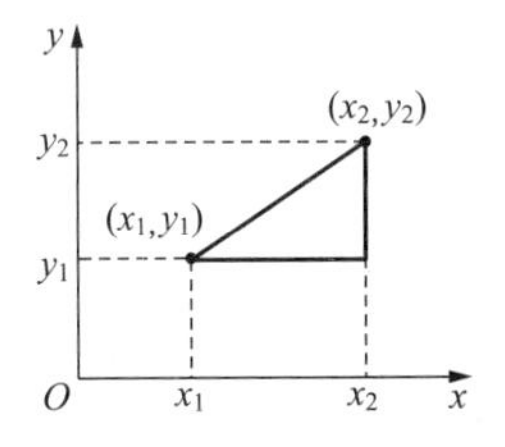

图 5-2　物流结点间距离

（1）直线距离。当选址区域的范围较大时，网点间的距离常可用直线距离近似代替，或用直线距离乘以一个适当的系数 ω_{ij} 采近似代替实际距离，几何直线距离，如城市间的运输距离、大型物流园区间的间隔距离等都可用直线距离来近似计算。

区域内两点（x_i, y_i），（x_j, y_j）间的直线距离 d_{ij} 的计算公式为：

$$d_{ij} = \tilde{\omega}_{ij} \sqrt{(x_i - x_j)^2 + (y_i - y_j)^2} \tag{5-1}$$

其中，ω_{ij} 称为迂回系数，$\omega_{ij} \geqslant 1$，一般可取定一个常数，当 ω_{ij} 取为 1 时，d_{ij} 为平面上的几何直线距离，ω_{ij} 取值的大小要视区域内的交通情况而定，在交通发达地区，ω_{ij} 取值较小；反之，ω_{ij} 取值较大。

（2）折线距离。折线距离也称为城市距离，当选址区域的范围较小而且区域内道路较规则时，可用折线距离代替两点间的距离。如城市区的配送问题、具有直线通道的配送中心、工厂及仓库内的布置、物料搬运设备的顺序移动等问题。折线距离计算公式如下：

$$d_{ij} = \omega_{ij} \left(| x_i - x_j | + | y_i - y_j | \right) \tag{5-2}$$

三、物流结点选址模型

可以把整个物流系统看作由结点和运输路线构成的网络。因此，在物流系统中，最重要的是从需求者需求的物流服务水平出发，以尽可能小的物流费用来实现物流网络结构的合理化。基于功能、费用的物流结点选址的数学模型研究已有六十多年的时间。现在已研究出了多种解决此类问题的方法，大致可归纳为以下两种：连续点选址模型和离散点选址模型。

目前，有多种物流配送中心选址模型，应用较多的为连续型选址模型和离散型选址模型，如解决连续型选址问题的有重心法模型、交叉中值模型，解决离散型选址问题的有 CELP 模型、鲍莫尔-沃尔夫法模型（Baumol-Wolfe）、覆盖模型、混合整数规划法模型等。物流结点的选址应综合运用定性分析和定量分析相结合的方法，在全面考虑选址影响因素的基础上，粗选出若干个可选的地点，进一步借助比较法、专家评价法、模糊综合评价法等数学方法进行量化比较，最终得出较优的方案。

（一）单一物流结点的选址模型

单个物流结点选址是指在规划区域内设置唯一物流设施的选址问题。

1. 重心模型

重心模型（Gravity Method）是选址问题中最常用的一种模型，可解决连续区域直线距离的单点选址问题。这种方法将物流系统中的需求点和资源点看成是分布在某一平面范围内的物流系统，各点的需求量和资源量分别看成是物体的重量，物体系统的重心作为物流网点的最佳设置点，利用求物体系统重心的方法来确定物流网点的位置。重心法用占物流成本绝大部分的运输费用来代替物流成本，认为物流运输费用和工厂到物流结点的距离成正比，求最小的物流成本，从而将选址问题转化为物流中心与物流网络平面空间的若干物流点之间的距离最小时，求最优解的问题。

重心法的假设条件如下。

① 需求量集中于某一点上。实际上需求来自分散于广阔区域内的多个消费点。市场的重心通常被当作需求的聚集地，而这会导致某些计算误差，因为计算出的运输成本是到需求聚集地而不是到单个的需求点。

② 不同地点物流结点的建设费用、运营费用相同。

③ 运输费用随运输距离成正比增加。实际上，多数运价是由不随运距变化的固定费用和随运距变化的可变费用组成的。起步运费和运价分段则进一步扭曲了运价的线性特征。

④ 运输线路为空间直线。实际上这样的情况很少，因为运输总是在一定的公路网络、铁路系统、城市道路网络中进行的。可以在模型中引入一个比例因子把直线距离转化为近似的公路、铁路或其他运输网络里程。例如，计算出的直线距离加上 25％得到公路实际运输距离，如果是城市道路，则可能需要加入 41％的比例因子。

（1）问题描述。设有 n 个客户（零售店）p_1，p_2，…，p_n 分布在平面上，其坐标分别为

(x_1, y_1)，(x_2, y_2)，…，(x_n, y_n) 客户的需求量分别为 ω_1，ω_2，…，ω_n，费用函数为设施（配送中心）与客户之间的直线距离乘以需求量。确定设施 p_0 的位置 (x_0, y_0)，使总运输费用最小。如图 5-3 所示

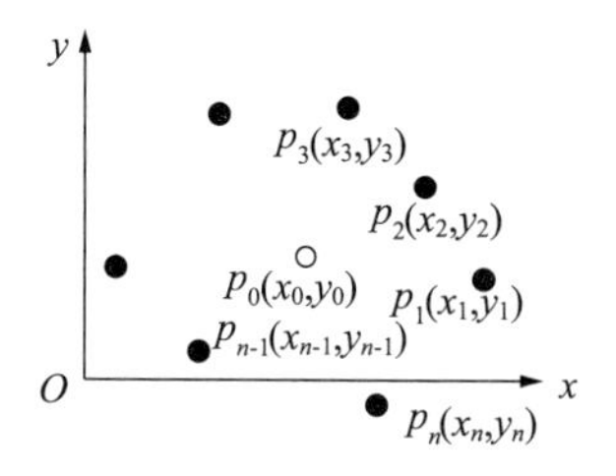

图 5-3　单一物流结点选址示意图

（2）数学模型。

设有 n 个零售店，它们的坐标是 $(x_j, y_j)(j=1,2,3,\cdots,n)$，

h_j——从配送中心到零售店 j 的发送费用；

w_j——从配送中心向零售店 j 的发送量；

d_j——从配送中心到零售店 j 的距离，采用直线距离。

则总运输费用 H 为

$$H=\sum_{j=1}^{n} h_j w_j d_j \tag{5-3}$$

$$d_j=\left[(x_0-x_j)^2+(y_0-y_j)^2\right]^{\frac{1}{2}} \tag{5-4}$$

求从配送中心到各零售店的总发送费用 H 的极小值点 (x_0^*, y_0^*)。由于 H 为凸函数最优解的必要条件为：

$$\frac{\partial H}{\partial x_0}=\sum_{j=1}^{n}\left[h_j w_j (x_0-x_j)/d_j\right]=0 \tag{5-5}$$

$$\frac{\partial H}{\partial y_0}=\sum_{j=1}^{n}\left[h_j w_j (y_0-y_j)/d_j\right]=0 \tag{5-6}$$

得到

$$x_0^*=\frac{\sum_{j=1}^{n}(h_j w_j y_j/d_j)}{\sum_{j=1}^{n}(h_j w_j/d_j)} \tag{5-7}$$

$$y_0^*=\frac{\sum_{j=1}^{n}(h_j w_j x_j/d_j)}{\sum_{j=1}^{n}(h_j w_j/d_j)} \tag{5-8}$$

用迭代法求出使 H 为最小的 (x_0, y_0)。

(3) 重心法的迭代计算步骤。

① 确定各产地和需求地点的坐标值 (x, y),同时确定各点货物运输量和直线运输费率。

② 不考虑距离因素 d_j 用重心公式估算初始选址点 (x_0^*, y_0^*)。

③ 根据式(5-4),计算得到的 d_j。

④ 将 d_j 代入式(5-3) 和式(5-4),解出修正的 (x_0^*, y_0^*) 的坐标值。

⑤ 根据修正的 (x_0^*, y_0^*) 坐标值,再重新计算 d_j。

⑥ 重复步骤④和⑤,直至 (x_0^*, y_0^*) 的坐标值在连续迭代过程中都不再变化,或变化很小,继续计算没有意义,结束计算。

⑦ 计算总成本。

(4) 重心法的优缺点。

① 不加固定限制,有自由选择的长处。

② 自由度过多是一个缺点。

③ 迭代法计算求得的最佳地点实际上往往很难找到。

④ 计算量较大。

⑤ 将运输距离用坐标来表示,并认为运输费用是两点间直线距离的函数,这与实际情况有较大的差距。

(5) 重心法选址示例。假设物流设施选址范围内有 5 个需求点,其坐标、需求量和运输费率如表 5-1 所示。现在设置一个物流设施,问物流设施的最佳位置为何处?

表 5-1 需求量和运输费率列表

需求点	坐标	需求量 (w_j)	运输费率 (h_j)	综合权重
A	(3, 8)	2000	0.5	1000
B	(8, 2)	3000	0.5	1500
C	(2, 5)	2500	0.75	1875
D	(6, 4)	1000	0.75	750
E	(8, 8)	1500	0.75	1125

迭代 60 次时达到要求,结束计算。如表 5-2 所示。

表 5-2 迭代结果列表

迭代次数	x_0^*	y_0^*	总运费
0	5.160000	5.180000	21471.002980
1	5.037691	5.056592	21434.215810
2	4.990259	5.031426	21427.110404
3	4.966136	5.031671	21426.140542
4	4.950928	5.036766	21425.686792
⋮	⋮	⋮	⋮
59	4.910110	5.057677	21425.136231
60	4.910110	5.057677	21425.136231

此时 $x_0=4.910110$，$y_0=5.057677$，$H=21425.136231$。点 F（4.910110，5.057677）为物流设施的最佳位置。

2. 交叉中值模型

当网点间距离要求用折线距离计算时，可用如下交叉中值方法（Cross Median）进行单点选址。交叉中值模型是用来解决连续点选址问题的一种十分有效的模型。通过交叉中值的方法可以对单一的选址问题在一个平面上的加权的城市距离进行最小化。

（1）问题描述。设有 n 个客户 p_1，p_2，…，p_n 分布在平面上，其坐标分别为（x_i，y_i），客户的需求量为 w_i，费用函数为设施与客户之间的城市距离乘以需求量。确定一个设施 p_0 的位置（x_0，y_0），使总费用（即加权的城市距离和）最小。

（2）建立模型。通过交叉中值的方法可以对单一结点选址问题在平面上的和加权城市距离进行最小化，其目标函数为：

$$\min H=\sum_{i=1}^{n} w_i(|x_i-x_0|+|y_i-y_0|) \tag{5-9}$$

$$H=\sum_{i=1}^{n} w_i|x_i-x_0|+\sum_{i=1}^{n} w_i|y_i-y_0|=H_x+H_y \tag{5-10}$$

$$H_x=\sum_{i=1}^{n} w_i|x_i-x_0| \tag{5-11}$$

$$H_y=\sum_{i=1}^{n} w_i|y_i-y_0| \tag{5-12}$$

因此，将求式（5-9）的最优解问题转化为求式（5-11）和式（5-12）的最小值。

对于式（5-11）进行分解，则有：

$$H=\sum_{i=1}^{n} w_i|x_i-x_0|=\sum_{i\in\{i|x_i\geqslant x_0\}} w_i(x_i-x_0)+\sum_{i\in\{i|x_i\leqslant x_0\}} w_i(x_0-x_i) \tag{5-13}$$

求式（5-13）的极小值点，由于 x_0 在区域内是连续的，可以对式（5-13）求微分并令其为零，可得：

$$\frac{\mathrm{d}H}{\mathrm{d}x_0}=\sum_{i\in\{i|x_i\leqslant x_0\}} w_i-\sum_{i\in\{i|x_i\geqslant x_0\}} w_i=0$$

$$\sum_{i\in\{i|x_i\leqslant x_0\}} w_i=\sum_{i\in\{i|x_i\geqslant x_0\}} w_i \tag{5-14}$$

通过式（5-14）的结论证明了当 x_0 是最优解时，其两方的权重都为 50%，即 H_x 的最优值点 x_0 是在 x 方向对所有的权重 w_i 的中值点。同样，可以得到 H_y 的最优点 y_0 是在 y 方向对所有的权重 w_i 的中值点，即 y_0 满足式（5-15）：

$$\sum_{i\in\{i|y_i\leqslant y_0\}} w_i=\sum_{i\in\{i|y_i\geqslant y_0\}} w_i \tag{5-15}$$

由于 x_0，y_0 两者可能或者同时是唯一的值或某一范围，所以，最优的位置也相应地可能是某一个点，或者是线段，也可能是一个区域。

（3）交叉中值法选址示例。假设有 8 个需求点，位置和需求量如表 5-3 所示，求要新增的物流中心的位置。

表 5-3　各需求点的位置和需求量

需求点	位置	需求量	需求点	位置	需求量
1	(10，20)	50	5	(45，25)	60
2	(20，80)	40	6	(60，70)	75
3	(30，30)	35	7	(70，55)	100
4	(35，60)	40	8	(80，40)	50

首先，按照上表中给出的需求量，确定中值：

$$\overline{w} = \frac{1}{2}\sum w_i = (50+40+35+40+60+75+100+50)/2 = 225$$

然后寻找 x 方向的中值点。分别将需求点按 x 值从小到大（如表 5-4 所示），从大到小（如表 5-5 所示）排列，并求出满足各需求点的累积需求量。可以看出，在需求点 5、6 之间对于 x 方向是一样的。即 x_0 在 45～60 之间。

表 5-4　x 方向的中值计算（从左到右）

需求点	x 方向位置	$\sum w_i$
1	10	50
2	20	90
3	30	125
4	35	165
5	45	225
6	60	300
7	70	400
8	80	450

表 5-5　x 方向的中值计算（从右到左）

需求点	x 方向位置	$\sum w_i$
8	80	50
7	70	150
6	60	225
5	45	285
4	35	325
3	30	360
2	20	400
1	10	450

同理，寻找 y 方向的中值点。分别将需求点按 y 值从小到大（如表 5-6 所示），从大到小（如表 5-7 所示）排列，并求出满足各需求点的累积需求量。可以看出，在需求点 7 对于 y 方向是一个有效的中值点。即 $y_0=55$。

表 5-6　y 方向的中值计算（从上到下）

需求点	y 方向位置	$\sum w_i$
2	80	40
6	70	115
4	60	155
7	55	255
8	40	305
3	30	340
5	25	400
1	20	450

表 5-7　y 方向的中值计算（从下到上）

需求点	y 方向位置	$\sum w_i$
1	20	50
5	25	110
3	30	145
8	40	195
7	55	295
4	60	335
6	70	410
2	80	450

综合考虑 x 和 y 方向，可能的选址是位于 A（45，55），B（60，55）线段上。表 5-8 对 A、B 两个位置进行了比较，比较结果均证明位于它们的直接加权距离是完全相等的。可以看出，利用交叉中值方法可能得到的选址方案不是一个点，而是一条线段或者是一个区域，从而增加了决策的灵活性。

表 5-8　A、B 两个位置的加权距离

A				B			
需求点	距离	需求量	总和	需求点	距离	需求量	总和
1	70	50	3500	1	85	50	4250
2	50	40	2000	2	65	40	2600
3	40	35	1400	3	55	35	1925
4	15	40	600	4	30	40	1200
5	30	60	1800	5	45	60	2700
6	30	75	2250	6	15	75	1125
7	25	100	2500	7	10	100	1000
8	50	50	2500	8	35	50	1750
加权距离 16550				加权距离 16550			

3. 对单设施选址问题的评述

这些方法体现现实的程度、计算的速度、得出最优解的能力各不相同。没有任何模型具有某一选址问题所希望的所有特点，也不可能由模型的解直接导出最终决策，这些模型可提供指导性解决方案。

模型往往需要假设一些条件，如果简化假设条件对选址问题没有影响或影响很小，可以证明简单的模型比复杂的模型更有效。

（1）模型假设需求量集中于某一点，而实际上需求来自分散于广阔区域内的多个消费点。市场的重心通常被当作需求的聚集地——导致某些计算误差，计算出的运输成本是到需求聚集地而非单个的消费点。

（2）单设施选址模型一般根据可变成本来进行选址。模型没有区分在不同地点建设仓库所需的资本成本，及在不同地点经营的劳动力成本、库存持有成本、公共事业费等。

（3）总运输成本通常假设运价与运距成正比，然而，大多数运价是由不随运距变化的固定部分和随运距变化的可变部分组成的。起码运费和运价分段统一进一步扭曲了运价的线性特征。

（4）模型中仓库与其他网络结点或之间的路线通常假定为直线。实际上在既有的公路网络、铁路网络中或环绕的城市街道网络内，可在模型中引入一个比例因子，将计算出的直线距离转化为近似的公路、铁路或其他运输网络的里程。计算出的直线距离转化为实际距离的比例：公路，21%；铁路，24%；城市街道，41%。

（5）对这些模型还有某些不足，如不是动态的，模型无法反映未来收入和成本。

（二）多物流结点选址模型

1. 单品种选址模型

（1）问题描述。从一组候选的地点中选择若干个位置作为物流设施网点（如配送中心），使得从已知若干个资源点（如工厂），经过这几个设施网点（配送中心），向若干个客户运送同一种产品时总的物流布局成本（或运输成本）为最小。如图 5-4 所示。

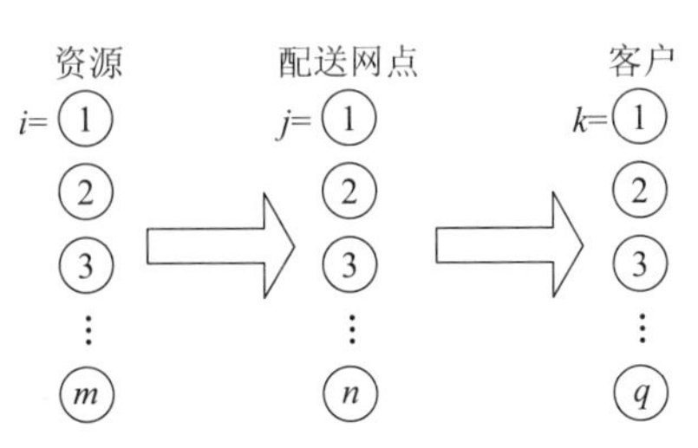

图 5-4　单品种多配送点选址问题

（2）建立模型。

记：S_i 为资源点的产品供应量；

D_k 为客户的产品需求量；

X_{ij} 为从资源点 i 到备选网点 j 的货物量；

Y_{jk} 为从备选网点 j 到客户 k 的货物量；

Z_{ik} 为客户 k 从资源点 i 直达进货数量；

U_j 为备选网点 j 是否选中的决策变量（0—1 变量）；

c_{ij} 为备选网点 j 从资源点 i 进货的单位物资进货费率；

d_{jk} 为备选网点 j 向客户 k 供货的单位物资发送费率；

e_{ik} 为客户 k 从资源点 i 直接进货的单位物资进货费率；

W_j 表示备选网点 j 每单位货物通过量的变动费（如仓库管理或加工费等，与规模相关）；

V_j 表示备选网点 j 选中后的基建投资费用（固定费，规模无关的费用）。

假设为网点布局方案的总成本，根据网点布局的概念，应使总成本最低，于是有目标函数：

$$\min F=\sum_{i=1}^{m}\sum_{j=1}^{n}c_{ij}X_{ij}+\sum_{j=1}^{n}\sum_{k=1}^{q}d_{jk}Y_{jk}+\sum_{i=1}^{m}\sum_{k=1}^{q}e_{ik}Z_{ik}+\sum_{j=1}^{n}(V_jU_j+W_j\sum_{i=1}^{m}X_{ij}) \quad (5\text{-}16)$$

在这个模型中，各个资源点调出的物资总量不大于该资源点的生产、供应能力，各个用户调运进来的物资总量不小于它的需求量，则有如下的约束条件存在：

$$\sum_{j=1}^{n}X_{ij}+\sum_{k=1}^{q}Z_{ik}\leqslant S_i(i=1,2,3,\cdots,m)$$

$$\sum_{j=1}^{n}Y_{jk}+\sum_{i=1}^{m}Z_{ik}\geqslant D_k(k=1,2,3,\cdots,q)$$

对于一个物流网点，由于它既不能生产物资，也不消耗物资，因此，每个物流网点调进的物资总量应等于调出物资的总量，即有如下的约束条件存在：

$$\sum_{i=1}^{m}X_{ij}=\sum_{k=1}^{q}Y_{jk}(j=1,2,3,\cdots,n)$$

此外，网点布局经过优化求解后的结果，可能有的备选地址被选中，而另外的一些被淘汰。被淘汰的备选网点，经过它中转的物资数量为零。这一条件可由下面的约束条件满足：

$$\sum_{i=1}^{m}X_{ij}-MU_j\leqslant 0(j=1,2,3,\cdots,n)$$

其中，当 j 点被选中时，$U_j=1$，当 j 点被淘汰时，$U_j=0$。

以上不等式中的 M 是一个相当大的正数。由于 X_{ij} 是物资调运量，不可能小于零，故当 $U_j=0$ 时，$X_{ij}=0$ 成立；当 $U_j=1$ 时，M 是一个相当大的正数；MU_j 足够大，X_{ij} 为一有限值，所以不等式成立。

综上所述，可以写出多点单品种物流网点布局的数学模型如下：

$$\min F=\sum_{i=1}^{m}\sum_{j=1}^{n}c_{ij}X_{ij}+\sum_{j=1}^{n}\sum_{k=1}^{q}d_{jk}Y_{jk}+\sum_{i=1}^{m}\sum_{k=1}^{q}e_{ik}Z_{ik}+\sum_{j=1}^{n}(V_iU_j+W_j\sum_{i=1}^{m}X_{ij}) \quad (5\text{-}17)$$

$$\text{s.t.}\ \sum_{j=1}^{n}X_{ij}+\sum_{k=1}^{q}Z_{ik}\leqslant S_i(i=1,2,3,\cdots,m)$$

$$\sum_{j=1}^{n} Y_{jk} + \sum_{i=1}^{m} Z_{ik} \geqslant D_k (k = 1,2,3,\cdots,q)$$

$$\sum_{i=1}^{m} X_{ij} = \sum_{k=1}^{q} Y_{jk} (j = 1,2,3,\cdots,n)$$

$$\sum_{i=1}^{m} X_{ij} - MU_j \leqslant 0 (j = 1,2,3,\cdots,n)$$

其中 $$U_j = \begin{cases} 1\text{——}j\text{ 点被选中} \\ 0\text{——}j\text{ 点被淘汰} \end{cases} (j = 1,2,3,\cdots,n)$$

X_{ij}，Y_{jk}，$Z_{ik} \geqslant 0$，$i=1$，2，3，…，m；$j=1$，2，3，…，n；$k=1$，2，3，…，q

这是一个混合整数规划的数学模型，解这个模型，可以求得 X_{ij}，Y_{jk}，Z_{ik} 的值。X_{ij} 表示了网点 j 的进货来源，$\sum_{i=1}^{m} X_{ij}$ 决定了该网点的规模；Y_{jk} 表示了网点 j 与用户 k 供应关系与供货量，相应地也就知道了该网点的供货范围；而 $\sum_{i=1}^{m} Z_{ik}$ 表示直接供货部分，$\sum_{j=1}^{n} U_j$ 为计划区域内应布局网点的数目。

2. 多品种选址模型

某几家工厂生产数种产品，其中，这些工厂的生产能力已知，每个消费区对每种产品的需求量已知。产品经由物流结点运往消费区，每个消费区由某一指定物流结点供货。物流结点的可能位置是给定的，但最终使用哪个地点则需要作出选择，以达到总的分拨成本最低的目标。

（1）问题描述。从多个候选的地点中选择若干个位置作为物流设施网点（如配送中心、仓库等），使得从已知若干个资源点（如工厂），经过这几个设施网点（如配送中心、仓库等），向若干个客户运送多种产品时，总的运输成本为最小。

（2）建立模型。不妨设这里的物流设施均为物流仓库。

记：h 为产品（1，2，…，p）；

i 为工厂（1，2，…，q）；

j 为仓库（1，2，…，r）；

k 为客户（1，2，…，s）；

c_{hij} 为从工厂 i 到仓库 j 运送产品 h 时的单位运输费；

d_{hjk} 为从仓库 j 到客户 k 之间配送产品 h 时的单位运输费；

X_{hijk} 为从工厂 i 经过仓库 j 向客户 k 运送产品 h 的数量；

F_j 为货物在仓库 j 期间的平均固定管理费；

Z_j 为 0—1 变量，表示当 $\sum_{h,j,k} X_{hijk} > 0$ 时，取 1，否则取 0。

$S_{hj}(\sum_{i,k} X_{hijk})$ 为仓库 j 为保管产品 h 而产生的部分可变费用（如管理费、保管费、税金及投资的利息等）；

$D_{hk}(T_{hk})$ 为向客户 k 配送产品 h 时，因为延误时间而支付的损失费；

Q_{hk} 为客户 k 需要的产品 h 数量；

W_j 为仓库 j 的能力；

Y_{hi} 为工厂 i 生产产品 h 的能力；

$\sum_{hjk} X_{hijk}$ 为各工厂由仓库 j 向所有客户配送产品的最大库存定额。

则多产品多网点的选址问题可表示为：

$$\min f(x) = \sum_{h,i,j,k}(c_{hij} + d_{hjk})X_{hijk} + \sum_{j}F_jZ_j + \sum_{h,j}S_{hj}(\sum_{i,k}X_{hijk}) + \sum_{j=1}^{n}D_{hk}(T_{hk}) \tag{5-18}$$

$$\text{s. t.} \sum_{i,j}X_{hijk} = Q_{hk}$$

$$\sum_{j,k}X_{hijk} \leqslant Y_{hi}$$

$$\sum_{h,j,k}X_{hijk} \leqslant W_j$$

（3）模型的求解。同多个网点单品种选址模型一样，这也是一个混合整数规划模型。目前常用（奎汉一哈姆勃兹）启发式算法来求解该模型。

3. 多重心法选址

精确重心法是一种以微积分为基础的模型，用来找出起止点之间使运输成本最小的物流结点数量，若确定的物流结点数目不止一个，就有必要将起止点预先分配给位置待定的物流结点，这就形成了个数等于待定选址结点数量的许多起讫点群落，找出每个起讫点群落的精确重心点。

算法思想：

① 把相互间距离最近的起讫点组合起来形成群落，运用精确重心法找出各群落的精确重心，作为物流结点的初步方案；

② 根据物流结点的初步方案，按照距离最近原则重新分配起讫点，形成新群落；

③ 根据精确重心法重新计算新群落的精确重心，作为新的物流结点方案；

④ 重复②，直到群落无变化为止。

4. 服务设施选址

考虑的因素则是如何方便客户，如急救中心、消防中心、银行、废品回收中心、派出所、超市等。

一个典型的问题是覆盖问题：对于一系列已知需求的需求点，确定数量最少的一组服务设施来满足所有这些需求点的需求。

例如，一家连锁零售商准备在郊区的商住区中开设一批连锁便利店，郊区中各商住区分布如图 5-5 所示。零售商希望任一住区中的居民可以在 20 min 之内到达一家，问应开设几家门店，各位于什么地方？

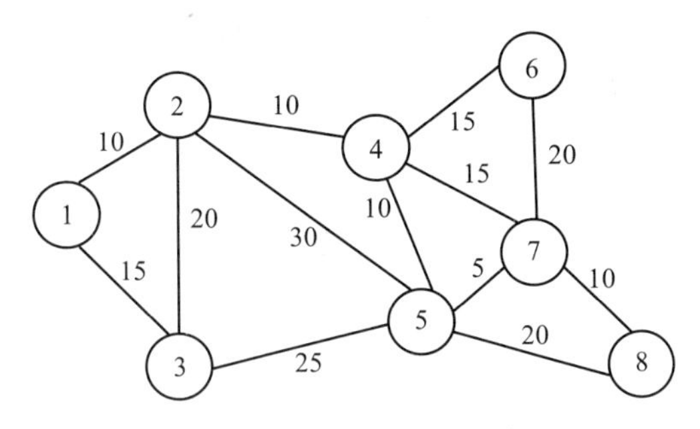

图 5-5 服务设施选址示意图

将每个备选地点所能服务的商住区列表如表 5-9 所示。

表 5-9 备选地点服务范围

地点	服务范围
1	1，2，4
2	1，2，3，4，5
3	1，2，3
4	2，4，5，6
5	2，4，5，7，8
6	4，6，7
7	4，5，6，7，8
8	5，7，8

问题等价于找出第二列中最小的集合数，使它们的集合数最小并能够“覆盖”所有的点，例如一个可行的解是{2，7}。

5. 动态仓库选址

需求和成本模式会随时间变化而变化，今天最优的方案明天可能不是最优的。通常采用以下方法：

（1）使用现期条件和未来几年的预期情况找出仓库的最佳位置；

（2）按照当前的最优情况进行网络布局。在新的一年到来时，根据实际情况找出新的布局，如果效益的增加大于搬迁成本，则考虑搬迁；

（3）根据将来的效益及搬迁成本情况，找出最优的布局路径。

［例 5-1］　根据未来五年的需求预测，利用重心法得到仓库最优选址点分别为 A、B、C、D 和 E 点，每年的利润折现值（第 n 年的利润/（$1+r$）n）（万元）如表 5-10 所示。

表 5-10 备选地点每年的利润折现值

	第一年	第二年	第三年	第四年	第五年
A	194	356.1	623.2	671.1	1336
B	176.5	372	743.4	750	1398.2
C	172.3	344.7	836.4	862.2	1457.6
D	166.7	337.6	756.1	973.3	1486.6
E	159.4	303.4	715.5	892.8	1526

问应如何为仓库选址？

解 假设从一个地址搬到另一地址均需耗费100万元。资金成本为每年20%，从第五年年初开始计算，假设年初选在*A*点，则不同的方案可以得到不同的利润：

AA：1336

AB：$1398.2-100/(1.2)^4=1350.2$

AC：$1457.6-100/(1.2)^4=1409.2$

AD：$1486.6-100/(1.2)^4=1438.2$

AE：$1526-100/(1.2)^4=1477.8$

这样，算得最佳方案为AE，同理算得BE，CE，DD，EE。

AE	BE	CE	DD	EE
1477.8	1477.8	1477.8	1486.6	1526

再考虑第四年年初，如果仓库在*A*点，则可以算出各种方案的累计利润：

AA-AE：$671.1+1477.8=2148.9$

AB-BE：$750-100/(1.2)^3+1477.8=2127.8$

AC-CE：$862.2-100/(1.2)^3+1477.8=2240$

AD-DD：$973.3-100/(1.2)^3+1486.6=2402$

AE-EE：$892.8-100/(1.2)^3+1526=2360.9$

这样，算得最佳方案为AD-DD，同理算得BD-DD，CD-DD，DD-DD，EE-EE。

AD-DD	BD-DD	CD-DD	DD-DD	EE-EE
2402	2402	2402	2459.9	2418.8

再考虑第三年年初，如果仓库在*C*点，则可以算出各种方案的累计利润：

CA-AD-DD：$623.2-100/(1.2)^2+2402=2955.8$

CB-BD-DD：$743.4-100/(1.2)^2+2402=3076$

CC-CD-DD：$836.4+2402=3238.4$

CD-DD-DD：756.1－100/（1.2）^{2}＋2459.9＝3146.6

CE-EE-EE：715.5－100/（1.2）^{2}＋1418.8＝2064.9

这样，算得最佳方案为 CC-CD-DD，同理算得 AC-CD-DD，BC-CD-DD，DD-DD-DD，EC-CD-DD。

最后，可以算得最优方案是：前三年在 *C*，第四年年初搬往 *D*，第四、五年留在 *D*。如表 5-11 所示。

表 5-11　动态仓库选址优化方案

X	$P_1(X)$		$P_2(X)$		$P_3(X)$		$P_4(X)$		$P_5(X)$	
A	AA	3719.7	AA	3525.1	AC	3169	AD	2402	AE	1477.8
B	BB	3717.5	BB	3541	BC	3169	BD	2402	BE	1477.8
C	CC	3755.4	CC	3583.1	CC	3238.4	CD	2402	CE	1477.8
D	DD	3720.3	DD	3553.6	DD	3216	DD	2459.9	DD	1486.6
E	EE	3659.2	EC	3500	EC	3169	DE	2418.8	EE	1526

注：AA 表示第 5 年在 *A* 点的利润，AB 表示在 B 点的利润，其他类推。

AA-AE 表示上年由 *A* 点搬到 *E* 点的利润之和。

四、LINGO 软件在物流结点选址中的应用

LINDO/LINGO 是由美国芝加哥大学的 Linus Schrage 教授于 1980 年前后开发出来的一套专门用于求解最优化问题的软件包，并成立 LINDO 系统公司（LINDO Systems Inc.）进行商业化运作，取得了巨大的成功。LINGO 是 Linear Interactive and General Optimizer 的缩写，即“交互式的线性和通用优化求解器”，可以用于求解非线性规划，也可以用于一些线性和非线性方程组的求解等。其特色在于允许决策变量是整数（即整数规划，包括 0—1 整数规划），方便灵活，而且执行速度非常快。

一般来说，使用 LINGO 求解混合整数规划模型可以分为以下两个步骤来完成。

（1）根据实际问题，建立数学模型。

（2）根据 LINGO 软件，把数学模型转译成计算机语言，借助于计算机来求解。模型混合整数规划仓库选址如图 5-6 所示。

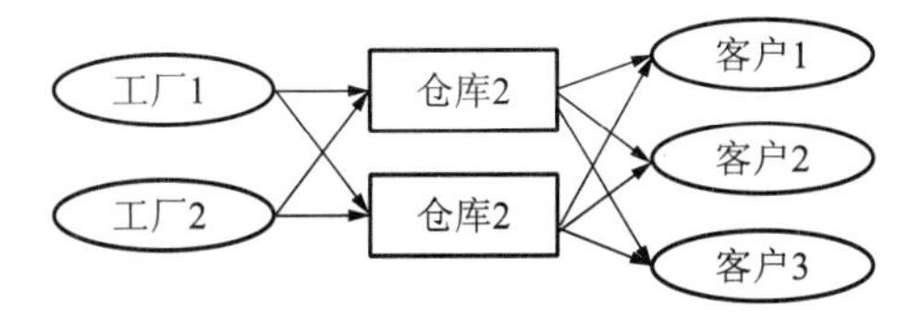

图 5-6　混合整数规划仓库选址模型示意图

［例 5-2］　现有三个顾客需要两种产品，产品 1 的需求量分别为（50000，100000，50000），产品 2 的需求量分别为（20000，30000，60000），但每个顾客只能由同一个仓库供货。仓库 1 的货物搬运成本是 2 单位，如果投入运营该仓库的固定成本是每年 10 万单位，仓库的处理能力是每年 11 万单位；仓库 2 的货物搬运成本是 1 单位，如果投入运营该仓库的固定成本是每年 50 万单位，仓库的处理能力无限制，不存在维持仓库运营的最低数量限制，有两个工厂为仓库提供产品，每个工厂都可以生产其中任何一种产品，但每个产品的单位生产成本是不同的，工厂 1 的生产能力是可生产 6 万单位产品 1，5 万单位产品 2；工厂 2 生产任意一种产品都没生产能力限制。试从两个备选仓库选出一个最适合的地址，使整个费用最小。

解　假设商品 j 从工厂 i 生产经仓库 k 到达客户 l 的单位生产、搬运、运输成本为 C_{ijkl}；商品 j 从工厂 i 生产经过仓库 k 到达客户 l 的数量为 x_{ijkl}；fk 表示固定成本；fw 表示仓库的搬运成本；wc 是 0－1 变量，若仓库 k 为客户 l 提供服务，则 wc＝1，否则 wc＝0；yw 也是 0－1变量，如仓库 k 投入运营，则 yw＝1，否则 yw＝0。

目标函数：

$$\min f(x) = \sum_{ijkl} c_{ijkl} x_{ijkl} + \sum \mathrm{fk}(k)\mathrm{yw}(k) + \sum_{k}\Big[\sum_{l}\Big(\sum_{j} d(j,l)\Big)\mathrm{wc}(k,l)\Big]\mathrm{fw}(k) \tag{5-18}$$

约束条件如下。

（1）供给不能超过工厂的生产能力：

$$\sum_{k,l} x_{ijkl} \leqslant P_{ij} \quad i=1,2 \quad j=1,2$$

（2）满足所有顾客的需求：

$$\sum_{j} x_{ijkl} = d(j,l) \times \mathrm{wc}(k,l) \quad i=1,2 \quad k=1,2 \quad l=1,2,3$$

（3）每个顾客由一个仓库提供服务：

$$\sum_{k} \mathrm{wc}(k,l) = 1 \quad l=1,2,3$$

（4）$x_{ijkl} \geqslant 0$，yw(k)、wc(k，l) 为 0－1 变量。

利用 LINGO 软件求解以上混合整数规划（包括 0－1 变量），编程如下：

```
model:
! 集合定义;
sets:
foctory/P1, P2/;
chanpin/s1, s2/;
warhouse/w1, w2/: w, fk, fw;
customer/c1.c3/: d, d1, d2;
zw/zw1, zw2/: yw;
link (foctory, chanpin): produce;
```

```
link1 (foctory, chanpin, warhouse, customer): c, x;
link2 (chanpin, customer): dem;
link3 (warhouse, customer): wc;
endsets
! 给出已知数据;
data:
w = 110000 999999;! 货运站约束能力;
fk = 100000 500000;! 固定成本;
fw = 2 1;! 搬运成本;
produce = 60000 999999 50000 999999; ! 生产能力;
c = 8 7 9 11 10 11 12 11 13 8 7 8 6 5 7 11 10 11 9 8 10 7 6 7;! 单位运输费用;
dem = 50000 100000 50000 20000 30000 60000;! 顾客需求;
d1 = 50000 100000 50000;
d2 = 20000 30000 60000;
d = 70000 130000 110000;
enddata
! 目标函数;
min = @sum (link1 (i, j, k, l): c * x)  + @sum (warhouse (i): fk (i)  * yw (i))  + @sum (link3
(k, l): fw (k)  * d (l)  * wc (k, l));
! 生产能力;
@for (link (i, j):
@sum (link1 (i, j, k, l): x (i, j, k, l)) <produce (i, j));
! 货运站容量约束;
@for (warhouse (k):
((@sum (link3 (k, l): wc * d (l))) < (w (k)  * yw (k)));
! 顾客需求约束;
@for (link3 (k, l):
@sum (link1 (i, j, k, l)  | i#eq#1: x (i, j, k, l))  = wc (k, l)  * d1 (l));
@for (link3 (k, l):
@sum (link1 (i, j, k, l)  | i#eq#2: x (i, j, k, l))  = wc (k, l)  * d2 (l));
! 限制一个顾客只能由一个货运站供货;
@for (customer (l):
@sum (link3 (k, l): wc (k, l))  = 1);
! 限制下面变量为 0 - 1 变量;
@for (zw (i): @bin (yw));
@for (link3 (k, l): @bin (wc));
end
```

通过以上程序可以得到配送中心选址结果，并得到最终费用的多少。由于参数较多，在此不一一列举。

Objective value：3050000

Variable	Value	Reduced Cost
yw（zw1）	0.000000	100000.0
yw（zw2）	1.000000	500000.0

根据 yw（zw1）＝0，yw（zw2）＝0 可知配送中心选址在仓库 2，而不是仓库 1，并得到最终费用为 3050000。

第四节　物流（配送）中心设施布局设计

一、物流（配送）中心设计内容

物流（配送）中心设施布局的设计目标是根据企业战略及其目标，对物流配送中心的经营功能进行定位，同时结合分销策略与生产策略制定相应的物流策略，明确物流配送中心所要实现的目标。

1. 经营定位确定

在进行物流配送中心的设计时，首先必须确定物流配送中心的经营定位和客户群。因其面对的客户不同，也就是说其市场定位不一样，其设施布置规划的重点与方法就有区别。因此明确进行物流配送中心的经营定位是规划的前提。物流配送中心设计一般需明确以下几个问题：①为客户提供的服务项目及其具体内容；②物流服务地域范围；③物品种类；④重点服务的行业；⑤客户群的特征。

2. 流通渠道分析

明确物流配送中心的经营定位和客户群后，需要对配送中心的物流渠道进行分析，明确配送中心在产销流通渠道结构中的位置，分析上游供应源及下游配送点的特征。一般需进行以下几个方面的分析：① 客户对象是属于企业体系内的单位还是其他企业；②客户偏向于制造业、中间批发商、经销商还是末端的零售业；③配送客户之间属于独立经营的企业还是具有连锁性质；④ 上下游企业属于开放性的还是封闭性的；⑤是否随时会有新客户产生。上述类型均将影响配送中心在通路中的作用与经营特性，也间接限制了配送中心区位的选择和内部设计。

但是由于企业特性与规模的差异，故一般不易明确区分，必须进行仔细分析，并根据企业的经营战略与目标，来确定物流配送中心在通路结构中的物流功能定位。

3. 网点数量及布局

在整个供应链物流通路的运作过程中，接近末端消费者的通路一般较多且分散，储运配送成本相对也较高，因此一般配送中心若以末端消费通路为主，则应设在接近消费者的地区为宜，相反地，若以上游原料或半成品的供应为主，则以接近生产厂为宜。若以末端消费通路为主，由于距离与配送量分散，将使物流管理协调困难度增加，反应速率降低，因此当各区营运量足够大时，可考虑在分区设立物流配送中心以提高储运效率，但是若据点太过分散使各区均无足够的营运规模，则效率又将递减。

4. 服务水平确定

一般客户较为关心的物流服务项目主要以服务内容、时效、品质、成本、弹性、付款方式等项目为主，包括接单后的处理时间、及时送货能力、可接受送货的频率、送货内容的正确性、是否可配合上架作业、客户抱怨的响应、商品信息的提供等。

若要满足所有客户的需求，其成本势必很高，即服务水平是与成本成正比的。而物流系统的最终目标是在合理的成本下提高顾客的满意度，以达到最具竞争力的服务水平。因此在制定物流配送中心顾客服务水平的目标时，应把握主要的客户群，以其物流服务需求水平为目标。

5. 实行系统整合

物流配送中心连接从上游供应源到下游客户的流通服务过程，如果只是单纯作为储运连接的角色，则失去了整合功能。信息技术的应用与系统整合，应该是一个现代化的物流配送中心的关键。

（1）作业层次：如储运作业的整合与标准化（托盘、储运箱与容器共同化）、配送运输作业整合（车辆共同化）、作业信息输入整合（条形码化）、采购作业与订单信息传递（EDI、EOS）等。

（2）作业管理层次：如库存管理、存货管理（MRP、ABC 分级）、分销信息反馈（POS）与分析、出货订单排程、拣货工作指派等作业的规划管理。

（3）决策支持层次：如配派车系统、配送区域规划、物流成本分析与计费定价策略等。

（4）经营管理层次：策略联盟、联合采购、共同配送等企业间的资源整合。

6. 物流配送中心设计目标

在物流配送中心经营定位及物流策略明确以后，就需要制定配送中心的具体规划目标。一般企业设立物流配送中心常见的规划执行目标有：降低物流成本；降低库存水平；提高顾客服务水平；缩短物流作业周期；支持零售通路据点；降低物流作业错误率；提升物流服务竞争力；集中分散的处理量以产生规模经济效果；迅速掌握分销分配信息等。

7. 基本设计条件的确定

基本规划条件是指进行物流配送中心规划的基本参数或要求，主要包括以下几个方面：

（1）基本储运单元的设计。经 EIQ-PCB 的物性分析，应可决定配送中心内基本储运的单元负载单位，其目标即在使储运单位易于量化及转换，并且使不同作业阶段的装载单位逐一确认。通常各区域的储运单位不尽相同，如进货时为托盘进货、储存时以箱储存、出货时则以箱或单品出货等。在此需强调，在进行后续分析及配送中心各项设备规划设计时，必须先行设计基本储运单位。

（2）基本运转能力的设计。包括进货区、仓储区、拣货区、出货区的基本运转能力的估计及规划设计。除需考虑基本作业需求量以外，也需配合作业弹性及未来成长趋势，而在此处所估计的运转能力为一个初估的参考值，当进入各区域的详细设计时，则将逐步修正为比较实际的数值。

（3）自动化程度的设计。在对自动化需求、作业时序及基本运转能力分析的基础上，确定配送中心各类设备的自动化要求。应该根据实际需求及改善效益来引入自动化设备，发挥自动化整合的效果。因此在制定未来设置配送中心的自动化水平时，设计者仍应作出慎重的考虑。

8. 配送中心系统设计的程序

系统布置设计（SLP）是一种最早应用于工厂设计的系统设计步骤的系统布置设计方法，该方法具有很强的实践性，同样，SLP 也可应用于配送中心的系统布置设计中。配送中心系统布置的一般程序如图 5-7 所示。

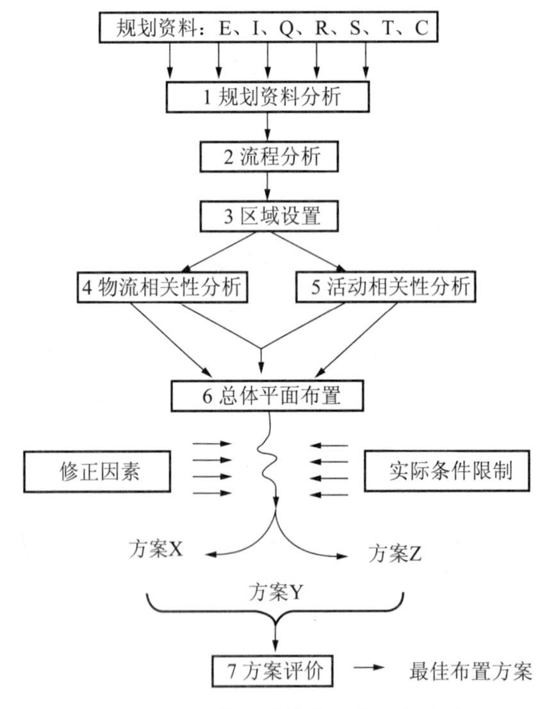

图 5-7　配送中心系统布置的一般程序

二、物流（配送）规划设计资料的分析

1. 物流（配送）的规划设计资料

配送中心的规划设计要素就是影响配送中心系统设计的基础数据和背景资料，主要包括如下几个方面。

E—Entry：指配送的对象或客户。

I—Item：指配送货品的种类。

Q—Quantity：指配送货品的数量或库存量。

R—Route：指配送的通路。

S—Service：指物流的服务水平。

T—Time：指物流的交货时间。

C—Cost：指配送货品的价值或建造的预算。

(1) 配送的对象或客户（E）。配送中心的服务对象或客户不同，配送中心的订单形态和出货形态就会有很大不同。例如，为生产线提供 JIT 配送服务的配送中心和为分销商提供服务的配送中心，其分拣作业的计划、订单传输方式、配送过程的组织将会有很大的区别；而同是销售领域的配送中心，面向批发商的配送和面向零售商的配送，其出货量的多少和出货的形态也有很大不同。

(2) 配送的货品种类（I）。在配送中心所处理的货品品项数差异性非常大，多则上万种以上，少则数百种甚至数十种，如制造商型的配送中心；由于品项数的不同，则其复杂性与困难性也有所不同；例如，所处理的货品品项数为 10000 种的配送中心与处理货品品项数为 1000 种的配送中心是完全不同的，其货品储放的储位安排也完全不同。

另外，配送中心所处理的货品种类不同，其特性也完全不同。如目前比较常见的配送货品有：食品、日用品、药品、家电品、3C 货物、服饰货物、录音带货物、化妆品、汽车零件及书籍货物等。它们分别有其货品的特性，配送中心的厂房硬件及物流设备的选择也完全不同。例如，食品及日用品的进出货量较大，而 3C 货物的货品尺寸大小差异性非常大，家电货物的尺寸较大。

(3) 货品的配送数量或库存量（Q）。这里 Q 包含三个方面的含义：①配送中心的出货数量；②配送中心的库存量；③货品的出货数量的多少和随时间的变化趋势会直接影响到配送中心的作业能力和设备的配置。例如，一些季节性波动、年节的高峰等问题，都会引起出货量的变动。

配送中心的库存量和库存周期将影响到配送中心的面积和空间的需求。因此应对库存量和库存周期进行详细的分析。一般进口商型的配送中心因进口周期的原因，必须拥有较长的库存量（约 2 个月以上）；而流通型的配送中心，则完全不需要考虑库存量，但必须注意分货的空间及效率。

(4) 配送的通路（R）。物流通路与配送中心的规划也有很大的关系。常见的几种通路模

式如下：

工厂→配送中心→经销商→零售商→消费者

工厂→经销商→配送中心→零售商→消费者

工厂→配送中心→零售店→消费者

工厂→配送中心→消费者

因此规划配送中心之前首先必须了解物流通路的类型，然后根据配送中心在物流通路中的位置和上下游客户的特点进行规划，才不会造成失败的案例。

(5) 物流的服务水平 (S)。一般企业建设配送中心的一个重要的目的就是提高企业的物流服务水平，但物流服务水平的高低恰恰与物流成本成正比，也就是物流服务品质越高，其成本也越高；但是站在客户的立场而言，希望以最经济的成本得到最佳的服务。所以原则上物流的服务水准，应该是合理的物流成本下的服务品质，也就是物流成本不会比竞争对手高，而物流的服务水准比它高一点即可。

物流服务水平的主要指标包括：订货交货时间；货品缺货率；增值服务能力等。应该针对客户的需求，制定一个合理的服务水准。

(6) 物流的交货时间 (T)。在物流服务品质中物流的交货时间非常重要，因为交货时间太长或不准时都会严重影响零售商的业务，因此交货时间的长短与守时成为物流业者重要评估项目。

所谓物流的交货时间是指从客户下订单开始，订单处理、库存检查、理货、流通加工、装车及卡车配送到达客户手上的这一段时间；物流的交货时间依厂商的服务水准的不同，可分为 2 小时，12 小时，24 小时，2 天，3 天，1 星期送达等几种。同样地物流的交货时间越短，则其成本越高，因此最好的水准约为 12～24 小时，稍微比竞争对手好一点，但成本又不会增加。

(7) 配送货品的价值或建造的预算 (C)。在配送中心规划时除了考虑以上的基本要素外，还应该注意研究配送货品的价值和建造预算。首先，配送货品的价值与物流成本有很密切的关系，因为在物流的成本计算方法中，往往会计算它所占货品的比例，因此，如果货品的单价高，则其百分比相对会比较低，则客户比较能够负担得起；如果货品的单价低，则其百分比相对会比较高，则客户负担感觉会比较高。另外，配送中心的建造费用预算也会直接影响到配送中心的规模和自动化水准，没有足够的建设投资，所有理想的规划都是无法实现的。

2. 规划资料的分析

(1) 物品特性分析。物品特性是货物分类的参考因素，如按储存保管特性可分为干货区、冷冻区及冷藏区；按货物重量可分为重物区、轻物区；按货物价值可分出贵重物品区及一般物品区等。因此配送中心规划时首先需要对货物进行物品特性分析，以划分不同的储存和作业区域。

(2) 储运单位分析。储运单位分析就是考察配送中心各个主要作业（进货、拣货、出货）环节的基本储运单位。一般配送中心的储运单位包括 P—托盘、C—箱子和 B—单品，而不同的储运单位，其配备的储存和搬运设备也不同。因此，掌握物流过程中的单位转换相当重要，需要将这些包装单位（P、C、B）进行分析，即所谓的 PCB 分析。

常见的例子为企业的订单资料中同时含有各类出货形态，包括订单中整箱与零散两种类型同时出货，以及订单中仅有整箱出货或仅有零星出货。为使仓储与拣货区得到合理的规划，必须将订单资料按出货单位类型加以分析，以正确计算各区实际的需求。配送中心物流系统的储运单位组合形式如表 5-12 所示。

表 5-12　配送中心包装单位分析表

入库单位	储存单位	拣货单位
P	P	P
P	P、C	P、C
P	P、C、B	P、C、B
P、C	P、C	C
P、C	P、C、B	C、B
C、B	C、B	B

注：P：托盘；C：箱；B：单品。

（3）EIQ 分析。EIQ 分析就是利用“E”、“I”、“Q”这三个物流关键要素，来研究配送中心的需求特性，为配送中心提供规划依据。日本铃木震先生积极倡导以订单品项数量分析方法来进行配送中心的系统规划，即从客户订单的品项、数量与订购次数等出发，进行出货特性的分析。分析的内容如下。

订单量（EQ）分析：单张订单出货数量的分析。

订货品项数（EN）分析：单张订单出货品项数的分析。

品项数量（IQ）分析：每单一品项出货总数量的分析。

品项受订次数（IK）分析：每单一品项出货次数的分析。

EQ 分析主要可了解单张订单订购量的分布情形，可用于决定订单处理的原则、拣货系统的规划，并将影响出货方式及出货区的规划。如图 5-8 所示。

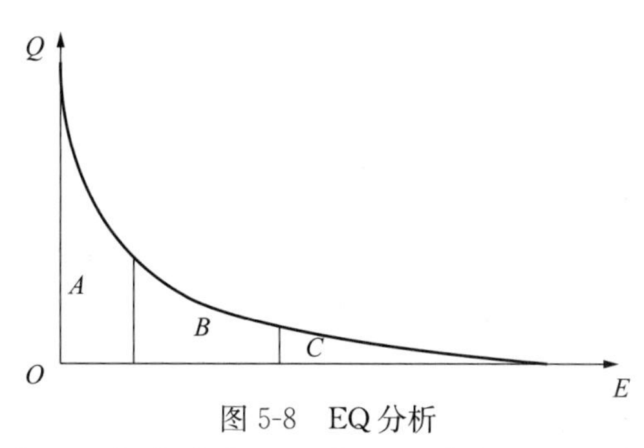

图 5-8　EQ 分析

品项数量（IQ）分析主要了解各类货品出货量的分布状况，分析货品的重要程度与运量规模。可用于仓储系统的规划选用、储位空间的估算，并将影响拣货方式及拣货区的规划。如图 5-9 所示。

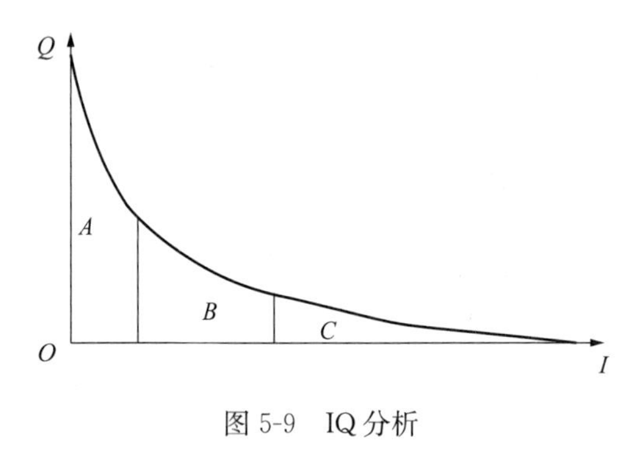

图 5-9　IQ 分析

订单品项数（EN）分析主要了解单张订单订购品项数的分布，对于订单处理的原则及拣货系统的规划有很大的影响，并将影响出货方式及出货区的规划。通常需配合总出货品项数、订单出货品项累计数及总品项数三项指标来综合考虑。

品项受订次数（IK）分析主要分析各类货品出货次数的分布，对于了解货品出货频率有很大的帮助，主要功能可配合 IQ 分析决定仓储与拣货系统的选择。

（4）订单变动趋势分析。配送中心配送能力的规划目标，需利用过去的经验值来预估未来趋势的变化。因此在配送中心的规划时，首先须针对历史销售资料或出货资料进行分析，以了解出货量的变化特征与规律。常见的变动趋势分析及应用如表 5-13 所示。

表 5-13　常见订单变动趋势分析

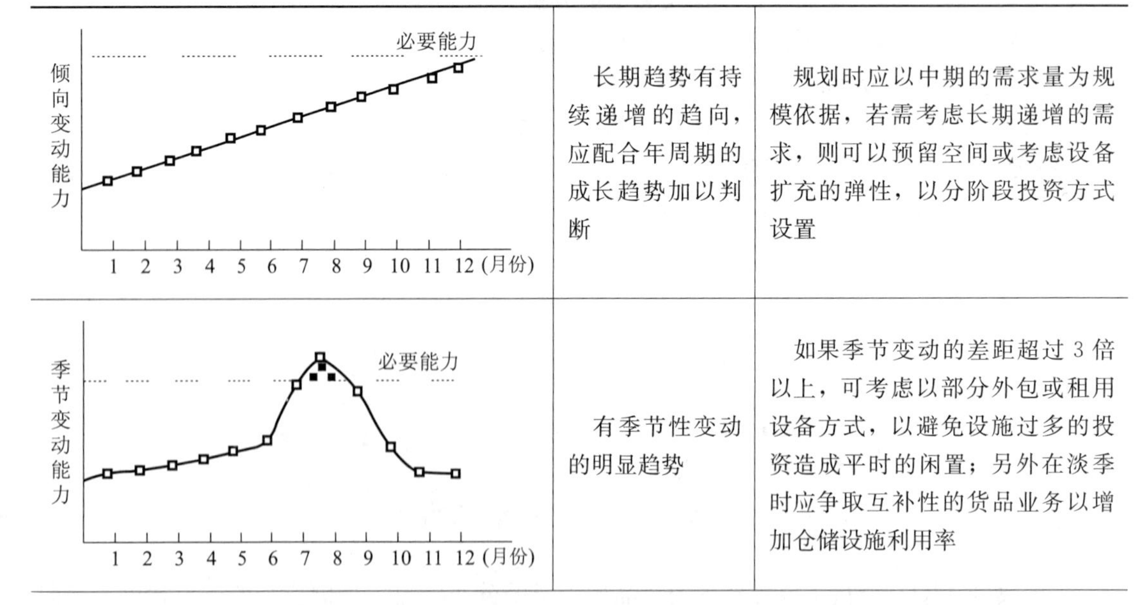

	长期趋势有持续递增的趋向，应配合年周期的成长趋势加以判断	规划时应以中期的需求量为规模依据，若需考虑长期递增的需求，则可以预留空间或考虑设备扩充的弹性，以分阶段投资方式设置
	有季节性变动的明显趋势	如果季节变动的差距超过 3 倍以上，可考虑以部分外包或租用设备方式，以避免设施过多的投资造成平时的闲置；另外在淡季时应争取互补性的货品业务以增加仓储设施利用率

续表

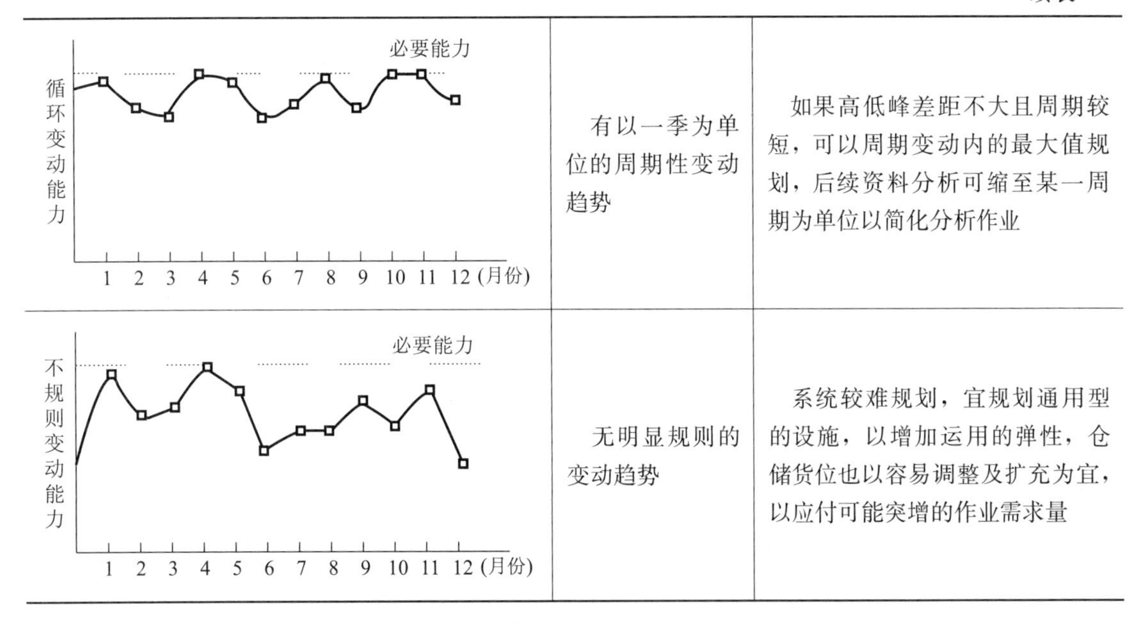

循环变动能力；必要能力；1 2 3 4 5 6 7 8 9 10 11 12（月份）	有以一季为单位的周期性变动趋势	如果高低峰差距不大且周期较短，可以周期变动内的最大值规划，后续资料分析可缩至某一周期为单位以简化分析作业
不规则变动能力；必要能力；1 2 3 4 5 6 7 8 9 10 11 12（月份）	无明显规则的变动趋势	系统较难规划，宜规划通用型的设施，以增加运用的弹性，仓储货位也以容易调整及扩充为宜，以应付可能突增的作业需求量

三、物流（配送）中心内部布局设计

物流配送中心布置设计，首先应在其经营策略与物流功能定位的基础上，分析内部作业区域需求，合理设置作业区域，并明确各区域因具备的物流功能及能力。只有在区域设置明确以后才能进行总体布置设计。即在流程分析的基础上，首先确定各类作业功能区域及其能力，然后对各区域进行细分，确定各子区域的功能和能力。

1. 流程分析

在物流配送中心的作业活动中，主要有进出货、仓储、订单拣取、配送作业等活动，必须在布置规划前先确定主要的物流配送活动及其有关作业程序。有些物流配送中心尚需处理流通加工、贴标、包装等作业，而当退货发生时也需处理退货品的分类、保管及退回等作业。

在经过基础资料的分析与基本规划参数确定后，即可针对物流配送中心的特性作进一步的分析及探讨，并制定合理的作业程序，并作为后续设备选用及空间设计的参考。按照物流配送中心作业分类的原则，配送中心作业以物品储运单位的转换及作业特性的分类为主。物品储运单位可依储运物品为托盘、箱、内包装盒或单品等特性来作分类，一个物流配送中心中可能仅有一种或包含各类型储运单位的出货形态；作业特性的分类则包括操作、搬运、检验、暂存、储存等性质，其中配送中心的操作以上货、卸货、拣取、补货等作业为主。

物流配送中心作业流程的分析可利用作业流程分析图来进行，逐步将操作、搬运、检验、暂存、储存保管等不同性质的工作加以分类，并将各作业阶段的储运单位及作业数量加以整理统计，并标出该作业所在区域，即可得知各项物流作业的物流量大小及分布。

2. 作业区域划分

经作业流程规划后即可针对物流配送中心的营运特性规划所需作业区域，各区域包括物流作业区及外围辅助活动区，物流作业区如装卸货、入库、订单拣取、出库、出货等，通常具有流程性的前后关系；而外围辅助活动区如公室、计算机室、维修间等，则与各区域有作业上相关性的关系，可逐一探讨建立其活动间的相关分析。基本上将配送中心各类作业区区分为以下类型，包括：一般性物流作业区域；退货物流作业区域；换货补货作业区域；流通加工作业区域；物流配合作业区域；仓储管理作业区域；厂房使用配合作业区域；办公事务区域；厂区相关活动区域。通过基本作业区域子功能分析及作业区域的确定，进行详细区域设置分析，即可得出作业区域需求。

3. 作业区域能力设计

确认所需的子作业区域后，并依据各项基础需求分析资料，考虑各子区域的设计要点，来确定各子区域的功能及作业能力，完成作业区域的基本需求设计。如仓储管理作业区域的储存区要根据最大库存量需求、物品特性基本资料、产品品项 、储区划分、储位指派原则、存货管制方法、自动化程度需求、产品使用期限、储存环境需求 、盘点作业方式、物品周转效率、未来需求变动趋势等规划设计要点，进行子作业区域功能设计，并确定作业能力。

4. 作业区域能力确定方法

物流配送中心作业区域因其功能要求不同，其作业能力需求就有差异。仓储及拣货区是两个核心的作业区域，其作业能力是物流配送中心物流能力的具体体现，下面主要介绍仓储及拣货区的作业能力确定方法。

（1）仓储区的储运能力计算。仓储区的储运能力的估算方法有两种。

① 周转率估计法。利用周转率来对储存区储存量进行估计，是一简便而快速的初估方法，可适用于初步规划或储量概算。其计算公式为：

$$\text{规划库容量（估算）}=\frac{\text{年仓储运转量}}{\text{周转次数}}\times\text{安全系数} \tag{5-19}$$

② 商品送货频率估计法。在缺乏足够的分析信息时，可利用周转率来进行储存区储量的估计，如果能收集产品的年储运量及工作天数，针对上游厂商商品送货频率进行分析，或进一步制定送货间隔天数的上限，则可以此估算仓储量的需求。计算公式为：

$$\text{规划库容量}=\text{平均单日储运量}\times\text{送货频率}\times\text{安全系数}=\frac{\text{年仓储运转量}}{\text{年出货天数}}\times\text{送货频率}\times\text{安全系数} \tag{5-20}$$

（2）拣货区的设计。物流配送中心拣货区的设计以运转量作为主要依据，但要注意，仓储区的容量是维持一定期间（厂商送货期间）内的出货量需求的，因此对进出货的特性及出货量均需加以考虑；而拣货区则以单日出货货品所需的拣货作业空间为主，故以品项数及作业面为主要考虑因素，一般拣货区的设计不需包含当日所有货品的出货量，在拣货区货品不足时则由仓储区进行补货。拣货区的储运量设计步骤如下。

① 品项类别单日出货规模计算。拣货区品项类别单日出货量公式为：

$$平均单日出货规模（量）=\frac{年出货量}{出货天数} \tag{5-21}$$

② ABC 分析。根据产品类别进行年出货量及平均出货天数的出货量 ABC 分析，并定出出货量高、中、低的等级及范围，在后续规划设计阶段，可针对高、中、低类的产品组作进一步的特性分析，进行适当的分类及分组。可依照出货高、中、低类别，制定不同类别产品的存量水平，再乘以各类别的产品品项数，即可求得拣货区储运量的初估值。

5. 作业需求能力平衡分析

在完成相关作业程序、需求功能及其需求能力的设计后，可依照作业流程的顺序，整理各环节的作业量大小，将物流配送中心内由进货到出货各阶段的物品动态特性、数量及单位表示出来。因作业时序安排、批次作业的处理周期等因素，可能产生作业高峰及瓶颈，因此需调整原先规划的需求量，以适应实际可能发生的高峰需求，而由于主要物流作业均具有程序性的关系，因此也需考虑前后作业的平衡性，以避免因需求能力规划不当而产生作业的瓶颈。

四、物流（配送）中心作业区域布局

1. 作业区域布局设计

（1）物流作业区域的布置设计。以物流作业为主，仅考虑物流相关作业区域的配置形式，由于物流配送中心内的基本作业形态大部分为流程式的作业，不同订单具有相同的作业程序，因此适合以生产线式的布置方法进行配置规划。若是订单种类、物品特性或拣取方法有很大的差别，则可以考虑将物流作业区域区分为数个不同形态的作业线，以分区处理订单内容，再经由集货作业予以合并，如此可有效率地处理不同性质的物流作业，此概念即类似于传统制造工厂中群组布置的观念。

（2）其他作业区域的布置设计。除了物流作业以外，物流配送中心中仍包含其他管理辅助作业区域，各区域与物流作业区之间无直接流程性的关系，因此适合以关系型的布置模式作为厂房区域布置的规划方法。此时的配置模式有两种参考的程序。①可视物流作业区为一个整体性的活动区域，并与其他各活动区进行相关配置规划的程序，分析各区域间的活动关系，以决定各区域之间相邻与否的程度。②将物流作业区域内各单一作业区域分别独立出来，转化其间的物料流程为活动关系的形式，并与厂房内各区域综合分析其活动相关性，来决定各区域的配置。

（3）总体布置设计。厂房建筑内的相关区域布置完成后，仍需就厂区范围内的相关区域，如厂区通道、停车场、出入大门及联外道路形式等因素进行分析，规划整个物流配送中心厂区的布置。此外，总体布置时尤需注意未来可能的扩充方向及经营规模变动等因素，以保留适当的变动弹性。

2. 区域布置设计的基本内容

以上所述三个阶段的布置过程，如果在实际道路形式、大门位置等条件已有初步方案或已确定的情形下，也可由后向前进行规划，先规划厂区的布置形式，再进行厂房内物流及外围辅助区域的规划，当可减少不必要的修正调整作业，以配合实际的地理区位限制因素。就上述三种不同阶段的布置规划而言，不论在哪一个布置阶段，基本的布置规划程序均可按区域布置规划的程序进行。

（1）作业空间布置设计。作业空间的布置设计在整个物流配送中心的规划设计中占有重要影响，将是营运成本与空间投资效益的关键，如何在有效率的使用下使物流作业空间发挥最大效益应是着重的要点。空间需求规划需针对作业流量、作业活动特性、设备型式、建筑物特性、成本与效率等因素加以分析，以决定适合的作业空间大小及长、宽、高度比例。而由于相关物流仓储设备具有整数单位的特性，在面积的估算下，通常需作部分的调整，可能增加设备及作业量的需求，或者修改部分设备的规格。但是在区域布置规划的阶段，相关的设计参数均为参考值，需在详细布置时以明确的设备规格尺寸资料来修正正确的面积需求及配置方案。

（2）区域的配置。区域布置方法有两种，即流程性布置法和相关性布置法。在规划区域布置时应按各作业区域性质决定其配置程序。

① 流程性布置法。由于流程性布置是根据物流移动路线作为布置的主要依据，而物流作业区域多半具有流程性的作业关系，流程性布置因此适用于物流作业区域的布置。通常在以模板进行配置时考虑区域间物流动线的形式，作为配置过程的参考。

② 相关性布置法。相关性布置法是根据各区域的活动相关表进行区域布置。一般用于整个厂区或辅助性区域的布置。经由活动相关性分析所得出各区域间的活动关系，可以在两区域之间以线条表示出来。为减少关系密切的区域间经历的距离时间太长，应该将此两区域尽量接近。物流中心区域布置可以采用模板配置法，也可采用计算机辅助布置法。

（3）区域布置的动线设计。物流配送中心物流区域间的物流动线模式有以下几种基本类型，可根据具体情况选择使用。如图 5-10 所示。

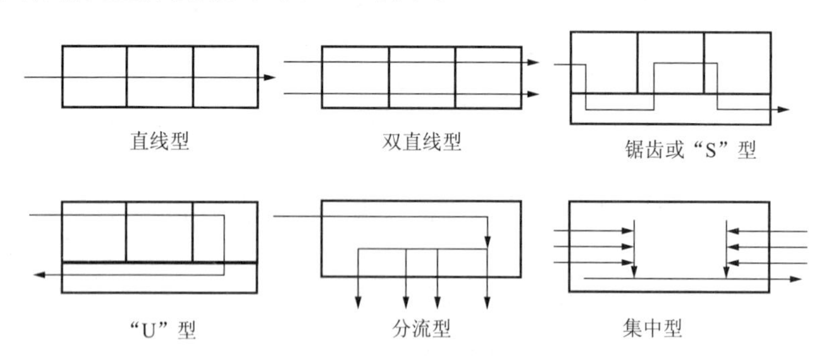

图 5-10 物流配送中心物流区域间的物流动线模式

① 直线型。适用于出入口在厂房两侧，作业流程简单规模较小的物流作业，无论订单大小与检货品项多少，均需通过厂房全程。

② 双直线型。适用于出入口在厂房两侧，作业流程相似但是有两种不同进出货形态或作

业需求的物流作业（如整箱区与零星区、A 客户与 B 客户等）。

③ 锯齿型（或“S”型）。通常适用于多排并列的库存料架区内。

④“U”型。适用于出入口在厂房同侧，可依进出货频率大小安排接近进出口端的储区，缩短拣货搬运路线。

⑤ 分流型。因批量拣取而作分流作业。

⑥ 集中型。因储区特性将订单分割在不同区域拣取后作集货的作业。

（4）实体限制的修正。经由前述各阶段的设计分析，物流配送中心区域布置的设计已接近完成，但是仍有一些限制条件必须加以考虑，以作必要的修正与调整。这些因素如下。

① 库房与土地面积比例：确认库房建蔽率、容积率、绿地与环境保护空间的比例及限制等因素是否符合。

② 库房建筑的特性：有无特定建筑物造形、长宽比例、柱位、跨距、梁高等限制或需求。

③ 法规限制：需考虑土地建筑法规、环保卫生安全相关法令、劳动基准法等因素。

④ 交通出入限制：如果已有预定的厂区方案时，需考虑有无交通出入口及所在地形区位的特殊限制等因素。

⑤ 其他：如经费预算限制、策略配合因素等。

当各项总体设计方案完成后，为配合布置区块的完整性，各区实际配置的面积与基本需求可能略有差异，可制作各方案面积配置比较表，以利方案评估比较的进行，并进入方案详细设计的阶段。

五、物流（配送）中心外部布局设计

物流配送中心除了主要的物流设备以外，其他各项配合性设施，在设计过程中也需逐步进行分析及设计。虽然辅助作业区域的设施与物流作业流程并无直接关联，但是一些相关因素仍需待物流作业区域规划完成后再进行调整。

1. 辅助作业区域设施

物流配送中心内主要的外围设施如下。

（1）办公生活设施，如办公桌椅、会议演示文稿设施、文件保管设备、休闲康乐设施等。

（2）计算机与计算机外围设施，如信息系统设施、计算机主机、网络设施及相关外围设备等。

（3）劳务设施，如盥洗室、康乐室、休息室、餐厅、司机休息室、医务室等。

辅助作业区域在完成作业功能与需求规划后，即可针对各区域的特性规划所需设备的功能、数量并说明各项配合事项。

2. 通道空间的布置设计

通道虽不直接属于任一作业区域，但是通道的合理设置与宽度设计是影响物流效率的关键。一般厂房布置规划必先划定通道的位置，而后分配各作业区域。通道的设计应能方便货物的存取、装卸设备的进出及必要的服务区间。

（1）通道空间规划的影响因素。影响通道位置及宽度的因素包括：①通道形式；②搬运设备，型式、尺寸、产能、回转半径；③储存货品的尺寸；④与进出口及装卸区的距离；⑤储存货物的批量、尺寸；⑥防火墙的位置；⑦行列空间；⑧服务区及设备的位置；⑨地板承载能力；⑩电梯及坡道位置。

（2）通道的类型。配送中心的通道可分为厂区通道及库内通道。厂区通道将影响车辆、人员的进出，车辆回转、上卸货等动线。

厂房内通道一般包含下列几种。

① 工作通道：物流仓储作业及出入厂房作业的通道。又包括主通道及辅助通道，主通道通常连接厂房的进出门口至各作业区域，道路也最宽；辅助通道为连接主通道至各作业区域内的通道，通常垂直或平行于主通道。

② 人行通道：只使用于员工进出特殊区域的场合，应维持最小数目。

③ 电梯通道：提供出入电梯的通道，不应受任何通道阻碍。通常此通道宽度至少与电梯相同，距离主要工作通道约 3～4.5 m。

④ 其他各种性质的通道：为公共设施、防火设备或紧急逃生所需的进出通道。

（3）通道的设计要点。空间分配最重要的因素是通道的设置及宽度大小，因此，良好通道的设计要点如下。

① 流量经济：让所有厂房通道的人、物移动皆形成路径。

② 空间经济：通道通常需占据不少厂房空间，因此需谨慎地设计以发挥空间运用的效益。

③ 设计的顺序：应先以主要通道配合出入厂门的位置进行设计，其次为出入部门及作业区间的通道设计，而后才是服务设施、参观走道等通道的设计。

④ 大规模厂房的空间经济：在一个 6 m 宽的库房内仍需有一个宽约 1.5～2 m 的通道，约占有效地板空间的 25%～30%；而一个 180 m 宽的厂房可能有 3 个宽 3.6 m 的通道；只占所有空间的 6%，即使再加上次要通道，也只占 10%～12%。因此，大厂房在通道设计上可达到大规模空间经济性。

⑤ 危险条件：必须要求通道足够空旷，以适应危险时尽快地逃生的目的。

⑥ 楼层间的交通：电梯是通道的特例，其目的在于将主要通道的物品运至其他楼层，但又要避免阻碍到主要通道的交通。

3. 进出货区的规划

（1）进出货平台的规划。货品在进货时可能需拆装、理货、检验或暂存以等待入库储存，同样地在出货前也需包装、检查或暂存以等待卡车装载配送，因此在进出货平台上需留空间作为缓冲区。

另外，进出货平台常需衔接设备，以便平台与车辆的高度不同时能顺利地装货及卸货，因而在作进出货规划时，也需考虑到这些衔接设备的需求空间，通常若使用可拆装式的衔接设备只需保留 1～2.5 m 的空间；但若使用固定式衔接设备，则需保留 1.5～3.5 m 的空间，实际尺寸需视衔接设备大小而定。为使搬运车辆及人员能顺畅进出，在暂存区与衔接设备之间还需规划出入通道，以避免动线受到货物阻碍。而进出货暂存区的规划则需视每日进出货车辆数、进出货量及时段的分布来决定。

（2）进出货站台配置形式。有关出入货站台的设计可根据公司作业性质及厂房形式来考虑，以仓库内物流的动线来决定进出货站台的安排方式。为使物料能顺畅地进出仓库，进货站台与出货站台的相对位置安排非常重要，很容易影响进出货的效率及品质。一般来说，两者间的布置方式有四种。

① 进货及出货共享站台：此种设计可提高空间及设备使用率，但有时较难管理，尤其在进出货高峰时刻，容易造成进出货相互干扰的不良效果。所以此安排较适合进出货时间得以规划错开的仓库。

② 进出货区分别使用站台，但两者相邻以便管理：此安排设备仍可共享，但进货及出货作业空间分隔，可解决上一方式进出货互相干扰的困扰；但进出货空间不能弹性互用，使空间效益变低。此方式的安排较适合厂房空间适中，且进出货容易互相干扰的仓库。

③ 进出货区分别使用站台，两者不相邻：此种站台安排方式进出货作业等于完全独立的两部分，不仅空间分开，设备的使用也作划分，可使进出货更为迅速顺畅，但空间及设备的使用率较前者降低。对于厂房空间不足者较不适宜。

④ 数个进货、出货站台：若厂房空间足够且货品进出频繁复杂，则可规划多个站台以适应及时进出货需求的管理方式。

（3）站台形式的设计。站台本身的设计形式一般分为两大类型：锯齿型及直线型（见图 5-11）。而此两种形式的设计优缺点如下。

- 锯齿型（见图 5-11（a））：其车辆回旋纵深较浅，但其缺点是占用仓库内部空间较大。
- 直线型（见图 5-11（b））：其优点在于占用仓库内部空间较小，缺点是车辆回旋纵深较深，外部空间需求较大。

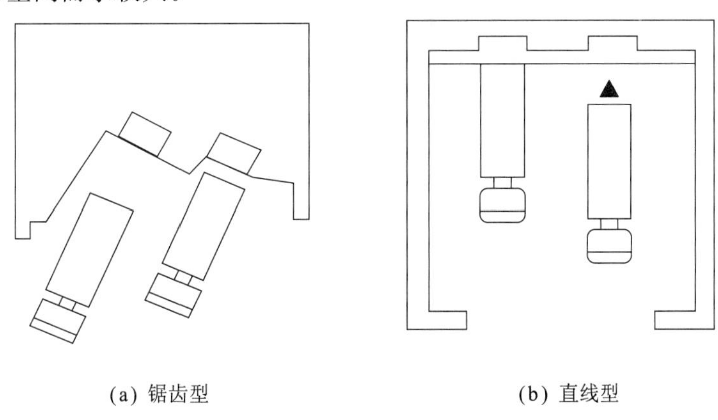

(a) 锯齿型　　(b) 直线型

图 5-11　进出货码头类型

由以上优缺点比较可得知，所需内部空间小则外部空间就大，因而经营者在作决策时可考虑土地及建筑物的价格，如果土地价格与仓库的造价差距不大，以直线型为佳。

进出货空间的设计除考虑效率及空间外，安全也是必要的考虑因素，尤其是车辆与站台之间的连接设计，以防止大风吹入仓库内部、雨水进入货柜或仓库及避免库内空调冷暖气外泄等灾害损失及能源浪费。

（4）进出货站台与库区的配合。进出货站台与库区的配合方式主要有内围式、齐平式、开放式三种。

① 内围式。如图 5-12（a）所示，将月台围在厂房内，进出货车辆可直接开进厂房装卸货，此形式的设计针对上述因素最为安全，不怕风吹雨打，也不用担心冷暖气外泄。

② 齐平式。如图 5-12（b）所示，月台与仓库外缘刚好齐平，此形式虽没有上一种形式安全，但至少整个月台仍在仓库内受保护，能避免能源浪费。此形式因造价较为便宜，是目前最广为采用的形式。

③ 开放式。如图 5-12（c）所示，月台全部突出于厂房外的形式，此形式在月台上的货品等于完全不受遮掩保护，且库内冷暖气更容易外泄。

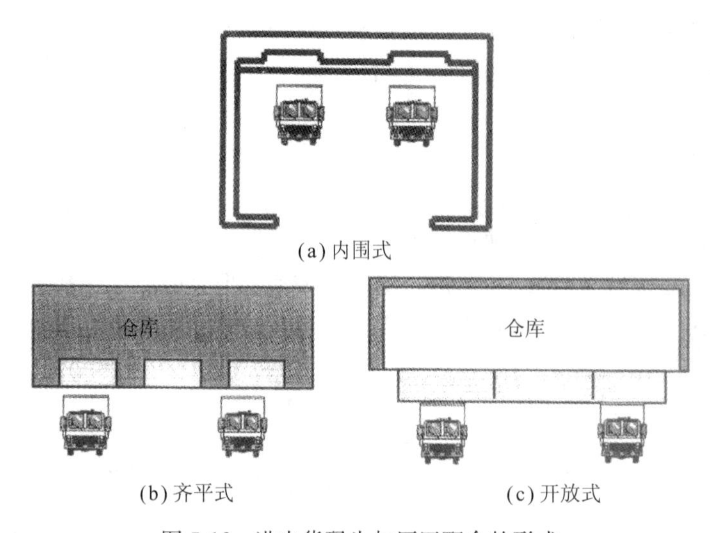

图 5-12　进出货码头与厂区配合的形式

（5）月台数量计算。要准确地估算月台数量，需掌握以下资料：①有关进出货的历史资料；②高峰时段的车数；③每车装卸货所需时间。

此外，还需考虑未来厂房扩大或变更的可能性，使其具有较好的弹性。

为允许必要的设备在站台与车辆之间进出，需估计每一停车月台门的尺寸，物流配送中心月台门高度一般为 2.44m 左右，门宽约 2.75m，此尺寸可允许将货柜尾端开入月台。

4. 行政劳务区的空间规划

行政劳务区包括非直接从事生产、物流、仓储或流通加工作业的行政作业区域，如办公室、会议室、福利、休息设施等。

（1）办公室。办公室分为一般办公室或现场办公区，乃按作业人数及内部设备来决定其面积，其一般规划参考值如表5-14所示。

表5-14 办公室空间规划参考值

项　目	空间需求	项　目	空间需求
办公室通道	90cm以上	行政主管办公室面积	$28\sim38m^2$
每人办公空间	$4.5\sim7m^2$	单位主管办公室面积	$14\sim28m^2$
两桌椅之间距离	0.8～1.2m	管理人员办公室面积	$9\sim18m^2$
桌与档案柜之间通道	1～1.5m		

（2）档案室。档案室的主要用途是储存保管文件，除档案架或档案柜空间外，需预留通道及档案存取空间，有抽屉取出端需留宽1.2～1.5m通道以利于作业。

（3）会客室。会客室以接近主管办公室为宜。

（4）会议室。会议室需考虑会议桌椅、放映器材等的空间需求。

（5）休息室。休息室应按人员数及作息时间确定，如人员较多可另行设置茶水间及吸烟室，以提供不同的使用需求。在配送中心工作应禁止于仓库、工作区域内吸烟，但考虑一般作业人员的吸烟习惯，故有专门设置吸烟室之必要。

（6）司机休息室。为配合车辆司机作业习惯及库存区管制要求，可在入出库作业区附近另设司机休息区，以便利司机上、卸货或等待相关业务作业。

（7）盥洗室。良好的卫生设施使员工心情愉快，有利于工作。

（8）更衣室。为满足员工个人物品的保管需求，可在库存区外另行设置员工个人更衣室，每个员工一个格位并配给门锁。方便员工放置个人物品。

（9）膳食区。膳食区需考虑厨房、餐厅等，餐厅部分按高峰时段人数与台位面积计算，每人约$0.8\sim1.5m^2$，厨房面积约为餐厅区域的20%～35%。

六、物流（配送）中心周边设施布局

为配合物流配送中心的整体运作与使用，需要考虑厂房建筑结构的主要形式，以及相关的水电、动力、土木、空调与安全消防等厂房建筑的外围等设施。在物流配送中心库房布置规划时，还需综合考虑，并针对主要设施进行规划选用。由于一些设施必须待主要物流作业区域与外围辅助区域基本规划完成后才能进行，因此在系统设计阶段，仅就实际具有作业空间区域的设施进行初步规划，并预估各区域所需的作业面积，其程序与辅助作业区域的设施规划相同。厂区空间区域包括停车场、警卫室、环境美化等区域。

1. 出入大门与警卫室

出入大门与警卫室需配合厂区对外出入及联外道路位置来规划。

（1）出入口共享一个出入门。适用于厂区仅单侧有连外道路且出入道路不宽，警卫室可设置于大门一侧并进行出入车辆管制。

（2）出入口相邻且位于厂区同侧。适用于厂区仅单侧有连外道路，若出入道路较宽，可将出入路线分开，警卫室可设置于出入口中间，分别进行出入车辆管制。

（3）出入口位于厂区不同侧。适用于厂区两侧均有连外道路可使用时，可分别设置出入口与警卫室，或严格限制一边进厂、一边出厂的出入管制，通常用于进出货时段重叠且进出车辆很频繁的情况下。

2. 停车场

停车场需考虑员工使用、来宾使用及进货车辆暂停等的停车需求，估计各类使用需求的数量以及车型的尺寸大小，配合厂区空间的大小，并估计所需的停车空间，安排停车格位。

停车场的布置方式按停车的角度可分为90°、60°、45°等。由于停车位需配合车辆行走车道，在不同角度下车辆进出所需的车道宽度需求不尽相同。

（1）60°角停车场的布置。60°角停车场的特点是车辆行驶进出较容易，车道宽度较小，但是停车格位深度较深，同一列可停车辆数也较少。各种类型车辆的停车格位参数如表5-15所示。

表 5-15　60°角停车场停车格位参数表

参数名称	停车格位尺寸/m				
车辆宽度 *A*	2.44	2.59	2.74	2.90	3.05
车辆长度 *B*	5.79	5.79	5.79	5.79	5.79
停车格位长度 *C*	2.82	3.00	3.18	3.35	3.51
停车格位深度 *D*	6.22	6.32	6.40	6.48	6.55
车道宽度 *E*	5.79	5.64	5.49	5.49	5.49

（2）90°角停车场布置。90°角停车场的特点是车辆行驶进出较困难，车道宽度需要较大，停车格位深度与车长相同，而同一列可停车辆数较多。各种类型车辆的停车格位参数如表5-16所示。

表 5-16　90°角停车场停车格位参数表

参数名称	停车格位尺寸/m				
车辆宽度 *A*	2.44	2.59	2.74	2.90	3.05
车辆长度 *B*	5.79	5.79	5.79	5.79	5.79
停车格位长度 *C*	2.44	2.59	2.74	2.90	3.05
停车格位深度 *D*	5.79	5.79	5.79	5.79	5.79
车道宽度 *E*	7.92	7.62	7.31	7.31	7.31

实际进行停车格位布置时，需配合停车车辆大小及可用空间的长宽比例进行合理的规划和布置，以充分利用有限的空间。

3. 运输车辆回车空间

运输车辆回车空间，需根据进出物流配送中心的车辆类型加以分析，并预留泊车及回车所需空间。各种车型的转弯半径如表 5-17 所示。

90°角停车场的特点是车辆行驶进出较容易，车道宽度较小，但是停车格位深度较深，但同一列可停车辆数也较少。

表 5-17　各种车型的转弯半径

	2t 以下小型车	5t 以下中型车	21t 大型车
车长/m	5	8	12
转弯半径/m	4	6	9

4. 绿化空间

一般工程建设对绿化覆盖率有一定要求，因此规划时要充分考虑绿化的要求，一般在车辆停车场周围与围墙周围设计绿化区域，以美化配送中心园区。

【案例分析】

联邦快递亚太转运中心的选址决策

在与美国最大的航空快递物流企业联邦快递“联姻”前，广州白云机场有着众多的“情敌”。当时，广州白云机场并非联邦快递的唯一选择。背靠珠三角的香港机场是世界知名的航空枢纽机场，多家快递巨头亚太总部均落地香港；深圳机场得南航货运基地之优势，货运量一直领先白云机场；坐拥长三角经济优势的上海机场，国际航线数量明显多于广州；另外，在菲律宾，联邦快递已经与菲律宾苏比克湾亚太转运中心续约三年至 2010 年到期，克拉克机场则更具发展潜质。

在考虑选址的时候，联邦快递将广州、香港、深圳、上海、菲律宾作为候选的方案，但是随着中国市场的不断成熟和壮大，夺取中国市场成为未来各大物流快递巨头的首要任务，联邦快递还是把主要目光放在了中国市场上。然而 UPS 已经表态将在 2007 年在上海建设其转运中心，为了避免两巨头的直接对话，上海不可能成为联邦快递的落户点，因此最后的备选方案就只有广州、香港、深圳这三个区域。

一、设立其影响选址的因素以及评定等级分数

在对研究影响物流中心选址因素的相关文献的归纳整理后，主要设立了具有代表性的地理位置、基础设施、人力资源等八个影响因素，并设有 A、B、C、D、E 五个等级类别，其中按照顺序分别代表不同的分数：4、3、2、1、0 对各因素进行分数评定。以下对八个主要影响因素进行对比分析和等级的评分。

1. 地理位置

广州市是广东省的政治、经济、科技、教育和文化中心。广州市位于中国内地南方，广东省的中南部，珠江三角洲的北缘，同时广州有中国“南大门”之称。使广州成为中国远洋航运的优良海港和珠江流域的进出口岸。广州又是京广、广深、广茂和广梅汕铁路的交汇点和华南民用航空交通中心。在亚洲地位上，地处太平洋、印度洋之间海上航路之要冲，海运、空运交通十分便捷。

香港位于珠江口东侧，背靠中国内地，面朝南海，为珠江内河与南海交通的咽喉，南中国的门户；是亚洲及世界的航道要冲。在香港全境领域之中，海域约占三分之二。由于本港的海域，面阔水深，群山屏障，是可供船只停泊的理想海港，所以一直以来既是国际航运的主要通道，又是世界上最繁忙的港口之一。

深圳市位于祖国的南疆，广东省南部，毗邻香港，东临大亚湾与惠州市相连，西至珠江口伶仃洋，与中山市、珠海市相望，南至深圳河，与香港毗邻，北与东莞市、惠州市接壤。作为最早开放的经济特区，深圳市凭借其得天独厚的地理位置赢得了巨大的发展。

从作为亚洲中心及中国重要发展区域珠江三角洲的两者兼备性来看，广州无疑是最为出色的两者结合点，地理位置可见一斑，因此分别对其进行等级评分：广州为A，香港为B，深圳为B。

2. 基础设施

广州每年都会投入将近25亿人民币作为基础设施的建设费用，广州的基础设施尤其是交通设施处于世界一流的水平，配套完善的设备为物流业的发展提供了雄厚的物力支持。这种优势体现在海、陆、空三方面。海运上广州拥有广州港、黄埔港、南沙港三个大型港口，其中广州港为世界十大港之一。空运上的优势当数广州新白云国际机场。广州新白云国际机场是中国三大枢纽机场之一，是迄今国内规模最大，功能最先进，现代化程度最高的国际机场。陆地上广州拥有四通八达的交通运输网络，是华南地区的高速公路枢纽，已经建成连接珠三角主要城市的快速公路网。

香港在海运的能力远比广州要强，设备也更加先进，管理更加有效。香港是一个天然港口，香港港是国际上的货运大港，货物吞吐量在国际上的排名每年都稳步提升。同样地，在空运上香港是一个国际化城市，亚洲的中转站，其中著名的是香港国际机场，为满足日益增加的航空交通需求，香港国际机场正不断增添新设施及建筑；随着多项扩展计划的完成，香港国际机场正发展成亚洲的客货运枢纽。

深圳市拥有蛇口港和盐田港两大港口，出口航线主要有美洲西线、美洲东线、地中海线、欧洲线、澳洲线、南非南美线，基本上囊括了所有中国出口国家。基础设施完备，配备了完善的港口物流操作工具。在空运上深圳同样拥有不俗的实例——深圳宝安国际机场。它是中国境内第一个实现海、陆、空联运的现代化国际空港，也是中国境内第一个采用过境运输方式的国际机场。不过在公路及铁路运输上优势不太明显，陆路运输网络缺乏足够的承载能力。

联邦快递作为航空快递业务的巨头，主要交通方式还是依靠空运为主，因此这个因素的凸出点就是航空的速度、成本、覆盖面。广州新白云机场虽然是国际化的先进机场，但是相比香港的国际机场，还是略显不足。因此，分别对其进行等级评分：广州为B，香港为A，深圳为A。

3. 人力资源

我国的物流也仍然处于高速发展的起步阶段，目前主要处于人手操作阶段，因此大量的人力成本成为物流成本的重要部分。因此培养高素质物流人才成为制约物流行业发展的瓶颈。广州物流行业人力资源充足。在同样时间，广州的外来工人数达到350万人次，并且平均薪水只有700～900元，能够胜任很多劳累的物流操作。在高素质的物流人才培养上，广州也不甘落后，全市共有大专以上院校64所和200余所中等专业学校。中山大学、华南理工大学、广东外语外贸大学、暨南大学、华南师范大学、华南农业大学、广东工业大学和广东商学院等位于广州的高校是全国知名的学府，每年为广州等地培养了大量的优秀毕业生。

香港同样拥有香港理工大学、香港科技大学、浸会大学、中文大学等知名学院，每年向香港乃至全世界输送大量高素质人才。其开放式及创新式的教学方式培育出来的学生综合素质都比内地的学生要强，可是香港的用人薪资水平远比内地要高，据统计资料显示，2005年香港物流从业人员的平均工资为15000元左右，是内地的一倍，因此这也制约了这种粗放型的行业发展。

深圳市无论是在高素质的物流人才培养还是在用人的成本上都并不理想。其中培训机构或者是院校缺乏、生活消费水平高是导致用人成本过高的重要原因。

物流成本可以分为固定成本和可变成本，而人工成本就是变动成本的最大组成部分，以最低成本化的原则，人工较低的地区就会具有比较优势，因此分别对其进行等级评分：广州为A，香港为E，深圳为D。

4. 政策扶持

为了更快更好地发展物流业，在2005年广州的城市规划政策中，广州市政府出台了不少相关的优惠政策和扶持政策。这一系列的政策包括了放宽市场准入，物流产业向所有经济成分开放；调整用地政策，对企业以原划拨土地为条件引进资金和设备建设物流配送中心，可按规定补交土地出让金后，将土地使用权作为法人资产作价出资。对重点物流企业新上马的物流基地、物流中心、配送中心、信息系统建设及物流装备的升级改造等技改项目，由市财政每年给予每家300万元贴息。

香港政府在首届特区政府首份施政报告书上已开宗明义地提出，要充分推动物流行业的发展，而且香港政府也做了不少工作，例如，成立“物流发展督导委员会”，设立“物流发展局”，切实去执行各项措施，不定期收集各界意见由物流发展局下属小组讨论研究，多项正在施行和即将制定的措施，都对行业发展产生一定积极作用。同时在国家的“十一五”规划中，已经明确了发展香港物流业，保持航运中心的地位的目标。

深圳市政府为了加快物流行业的发展，也出台了《关于加快发展深圳现代物流业的若干意见》。深圳市对物流业主要采取以下政策措施：优惠的土地和用电政策、支持物流业发展立项和投资、加快电子口岸建设、实施外向带动战略、营造市场环境、拓宽人才引进渠道等。深圳将利用土地政策杠杆，最大限度地发挥土地资源对物流业的调节引导作用，并对重点物流企业及项目进行联合审核、认证，经过认证的重点项目给予政策优惠。在未来的远景上与其他两地大致相同，但在实际的补贴力度上却稍显不足。

国家“十一五”规划中明确了以物流业作为我国的支柱产业，因此广州、香港、深圳这三个沿海地区对于物流行业的发展投入力度及重视程度一定会十分充分，无差别可言。因此分别对其进行等级评分：广州为A，香港为A，深圳为A。

5. 市场条件

根据《广州统计年鉴2005》数据资料，2005年，全市完成货运量28153万吨，增长6%：全年港口货物吞吐量26604.94万吨，列全国第三，增长11.4%。集装箱吞吐量507.77万标箱，增长33.1%。白云国际机场2005年全年货邮吞吐量60.06万吨，增长11.1%。从以上的数据显示中，广州的物流市场发展潜力十分巨大。并且在竞争对手方面，虽然TNT、DHL、UPS等已先后在广州设立华南总部或者广东分公司，但是并没有对其设立转运中心有太大的影响，广州本土的物流企业更是缺乏与联邦快递这样的跨国型物流企业竞争的实力。

香港港每年进出港旅客达1000万人次，集装箱装卸作业量平均每年增加11%，集装箱船的装卸时间平均13.2小时。2005年香港港口货物吞吐量按年增长4%，至23010万公吨。年内抵港及离港港口货物分别增长5%及4%，至14100万公吨及8920万公吨，而且根据国际机场协会（ACI）的最新统计数字显示，香港国际机场在2005年成功蝉联全球最繁忙国际货运机场，总货量340万吨。但与此同时，香港国际机场却面临着一个瓶颈问题，其300万的货运量已经是极度饱和了，根本满足不了联邦快递建立后所需要增加的货运量。

据深圳市港务管理部门的资料显示，深圳港2005年的货物吞吐量为12856.7万吨，远远领先广州港的6200.73万吨，但是与香港港面临的问题一样，深圳港同样地已经达到了货物吞吐量的饱和。即使深圳机场拥有在2005年，旅客吞吐量达到2062万人次，货邮吞吐量达到62万吨，起降架次达到18万架次的成绩，但是却容不下未来空运机的主流——A380，相反，广州新白云国际机场是中国首个按照中枢理念设计建设的机场，也是规模最大、功能最完善的民航中枢机场，是目前国内唯一能够满足最大型飞机A380起降要求的机场。机场已预留充足的土地作为未来发展，远期规划5条跑道，为联邦快递未来发展预留了足够的空间。

从绝对优势上看，无论是航空、海港，广州的运量及运力都处于劣势，但是从战略性原则的角度上，广州却是最具发展能力，而与联邦快递优先考虑的不谋而合。因此分别评定等级为：广州B，香港C，深圳C。

6. 供应商分布

联邦快递亚太区转运中心属于转运型的物流中心，大多数经营的是倒装、转载或者是短期存储的周转性商品。这种转运型的物流中心对于供应商的选择条件考虑得比较少，但是仍然要顾及其他类型的物流中心，在此一致评定分数为A。

7. 交通条件

2005 年相关数据显示，广州新白云国际机场每天起降航班最高达 870 班，现开通国内外航线达 123 条，其中国际航线 37 条，到 2010 年，国际航线总数将超过 81 条，通达超过 80 个国际城市。海港上目前广州港国际国内直达航线达到 18 条，通达世界八十多个国家三百多个港口，腹地辐射范围包括广东、江西、湖南、湖北、广西和贵州等省份。陆路上共有 16 条高速公路和二十多条普通公路连接到珠三角及附近省市，3 条铁路线京广线、京九线、广港线与广州交汇，广州还将在 2008 年在番禺兴建新的火车站，这将大大提高广州铁路的承载能力。

香港和深圳在海运和空运上都有比广州优胜的地方，无论是在设备管理，还是在运载能力上都超出广州数倍，但是却缺乏一张完善的陆地运输网络，公路总长及铁路线路都小于广州。

即便如此，广州的交通道路却非常拥挤，道路压力比香港和深圳要大，同时广州的道路收费问题一直是人们所诟病的问题，在燃油和航班起飞成本上，香港的成本也要少，因此对其进行等级评分：广州为 C，香港为 A，深圳为 B。

8. 发展潜力

广州市在《广州现代物流发展实施纲要》中已经提出要将广州初步建成为中国南方国际现代化物流中心的战略目标，并对建设和发展广州现代物流信息平台、运输平台、物流园区和物流中心、物流企业等进行了布局和规划，在此基础上提出了加快广州现代物流发展的 5 项政策：将广州初步整合为服务华南、辐射大西南和东南亚、面向全国和全球的现代物流中心；建成功能健全的物流信息平台和运输平台；大力发展信息化、自动化、网络化、智能化的第三方物流；形成现代物流圈；物流成本占 GDP 的比重下降，达到 10%左右，第三方物流占物流市场的份额为 30%左右，达到经济发达国家水平。

深圳市在未来发展的规划上也提出了“三步走”的发展规划。近期打好基础，在 2005 年物流业增加值占第三产业增加值的比重达到了 20%，中期快速发展，支持现代物流企业快速发展，2010 年第三方物流的市场份额超过 30%，物流成本占 GDP 比重下降到 13%。远期成熟完善，形成依托香港，连线国际的物流经营网络，形成中国内地最为完善的物流服务体系。

在发展的潜力上香港作出了以下工作的侧重：①兴建通往珠江西岸的大桥，简化香港与内地货物过境的验关手续；②争取成为亚洲的储运中心；③利用亚洲航空枢纽的优势，带动相关产业的发展，以创造新职位；④对运输费用，包括码头处理费、行运费作出合理下调，保持香港物流业的竞争力；⑤与内地合作，在保持香港国际航运中心和物流枢纽地位的前提下，加强协作，保障珠江三角洲港口与物流行业的良性发展。

在此因素的评分标准上，采用统一性的原则。因为三地在物流行业的发展规划中都已经把物流行业作为自身发展的巨大推动力，等级分数为：A。

二、计算影响因素的权重

计算权重的方法采用了问卷调查法。将影响因素罗列出来，然后被调查者按照经验对其进行一次重要程度即从重→轻的顺序进行排列，在综合数据，对数据进行整理、分类、计算，得出每一个因素的权重比例。本次采用的是抽样调查法，样本容量为50人，发出问卷50份，回收50份，有效50份。样本结构：物流行业主管占50%，物流从业人员占25%，物流专业学者占25%。

设八个因素依次为F1、F2、F3、F4、F5、F6、F7、F8。根据调查结果如表5-18所示。

表5-18　各因素出现次数表

	各因素出现次数							
排列顺序	F1	F2	F3	F4	F5	F6	F7	F8
1	8	3	0	0	4	4	0	1
2	4	1	0	1	6	1	6	1
3	4	1	0	3	5	1	5	1
4	2	4	1	3	2	2	3	3
5	0	4	2	4	2	3	3	3
6	0	3	2	3	2	4	1	5
7	0	4	5	3	0	4	0	4
8	0	1	7	3	0	4	1	4

因此，按照重要程度排列可以到结果：F1、F7、F5、F2、F4、F8、F6、F3。按照这个结果分别赋值分数：7、6、5、4、3、2、1、0。得到顺序分数后可以按照公式：权重＝分数×调整比例（各位置因素所得票数/总票数），因此各因素的权重可以确定，结果如表5-19所示。

表5-19　各因素权重表

	因素代号							
	F1	F2	F3	F4	F5	F6	F7	F8
顺序分数	7	4	0	3	5	1	6	2
调整比例	0.40	0.20	0.35	0.20	0.25	0.20	0.30	0.25
权重	2.8	0.8	0	0.6	1.25	0.2	1.8	0.5

三、计算综合得分

计算综合得分如表5-20所示。

表 5-20　各备选方案综合得分表

影响因素	权重	各备选方案等级及分数		
		广州	香港	深圳
地理位置 F1	2.8	A/11.2	B/8.4	B/8.4
基础设施 F2	0.8	B/2.4	A/3.2	A/3.2
人力资源 F3	0	A/4	E/0	D/1
政策扶持 F4	0.6	A/2.4	A/2.4	A/2.4
市场条件 F5	1.25	B/3.75	C/2.5	C/2.5
供应商分布 F6	0.2	A/0.8	A/0.8	A/0.8
交通条件 F7	1.8	C/3.6	A/7.2	B/5.4
发展潜力 F8	0.5	A/2	A/2	A/2
综合得分		30.15	26.5	24.7

因此选择广州为最优地址，本例基于加权因素法评价联邦快递亚太转运中心的选址与现实一致，这在一定程度上说明了该方法的实用性。但是也并不能说明这就是最好的方法，因为物流中心选址的方法多种多样，不同的类型应该有与之相适应的方法。当今的主流方法是运用数学模型为主，但是也不能一味地追求主流，因为数学模型虽然说服力较强，而且随着计算机技术的应用也越发简单，但是却难以掌握，其运算过程复杂，假设条件多。加权因素法虽然在运用上具有一定的主观性，定性的成分较大，但是却简单、实用、易于掌握、适用范围很广。在今后的研究领域中，定量分析的方法还是占据着主流的位置，今后的研究应该更加注重定量与定性分析相结合，这样才能更具有说服力。

思考题： 1. 说明加权因素法的选址步骤？

2. 联邦快递亚太转运中心的选址主要考虑哪些因素？

复习思考题

一、基本概念

物流结点　专家选择法　解析法　模拟法　启发法　费用—效果分析法　中点问题　中心问题　重心模型　交叉中值模型

二、选择题（1—5 单选题，6—10 多选题）

1. 物流结点将各物流线路连接成一个系统，使各线路通过物流结点形成相互贯通的网络，而且将各种物流活动有效地联系起来，使各种物流活动通过物流结点的整合实现无缝隙连接，属于物流结点的（　　）。

A. 物流处理功能　　B. 衔接功能

C. 信息功能　　D. 管理功能

2. 一般认为，重心法适用于物流结点选址的是（　　）。

A. 批发零售业　　B. 综合型

C. 单一型　　D. 多层级型

3. 设置配送中心的规模、确定配送范围、配送中心选址，以及配送中心内部布局等工作属于（　　）。

A. 制订配送中心计划　　B. 制订配送计划

C. 下达配送计划　　D. 配送店按计划配送

4. EIQ分析是利用E、I、Q这三个物流关键因素来研究物流系统的特征，I是指（　　）。

A. 信息　　B. 输入

C. 交换　　D. 货品种类

5. 物流中心选址的方法有数值分析法和（　　）。

A. 定性分析法　　B. 排序法

C. 加权平均法　　D. 重心法

6. 物流结点选址约束条件分析包括（　　）。

A. 需求条件　　B. 运输条件

C. 配送服务的条件　　D. 用地条件

E. 法规制度

7. 物流设施选址在建立一个选址模型之前，需首先确定以下几个问题（　　）。

A. 选址的对象　　B. 选址的目标区

C. 选址目标和成本函数　　D. 约束条件

E. 物流经营战略

8. 物流中心除应具备6个基本功能外，根据物流中心的具体情况，还可以具有（　　）等增值性功能。

A. 结算功能　　B. 物流信息处理功能

C. 需求预测功能　　D. 物流系统设计咨询功能

E. 物流教育与培训功能

9. 库房内的通道可分为（　　）。

A. 运输通道（主通道）　　B. 作业通道（副通道）

C. 安全通道　　D. 检查通道

E. 通风道

10. 结点是物流基础设施比较集中的地方。根据结点所具备的功能可以将其分（　　）。

A. 单一功能点　　B. 复合功能点

C. 枢纽点　　D. 交叉点

E. 双向点

三、判断正误题（正确的用T表示，错误的用F表示）

1. 物流结点是物流网络的重要组成部分。（　　）

2. 单设施选址模型一般根据固定成本来进行选址。(　　)

3. 无能力约束设施选址问题往往被称为“单纯设施配置问题”。(　　)

4. 物流集货中心是将零星货物集中成批量货物的物流中心。(　　)

5. 城市物流中心与其他网络结点或之间的路线通常采用直线距离。(　　)

6. 物流结点选址是任何组织整体战略规划中的关键部分。(　　)

7. 离散选址问题是指目标选址区域是分散的。(　　)

8. 物流配送中心布置设计的基础是货物的品种。(　　)

四、简答题

1. 简述物流结点的功能及作用。

2. 简述物流结点的种类。

3. 简述物流结点选址的意义。

4. 简述物流结点选址影响因素。

5. 简述物流结点选址的主要内容。

6. 简述物流结点选址问题类型。

7. 简述物流配送中心内部布局设计步骤。

8. 简述物流配送中心作业区域布局。

五、综合运用题

1. 试对比物流系统多设施选址的各种方法的异同。

2. 论述定量化和定性化选址技术的应用前提与效果。

3. 现有三个客户需要两种产品，产品 1 的需求量分别为（40000，800000，50000），产品 2 的需求量分别为（30000，40000，60000），但每个顾客只能由同一个仓库供货。仓库 1 的货物搬运成本是 2 单位，如果投入运营该仓库的固定成本是每年 8 万单位，仓库的处理能力是每年 10 万单位；仓库 2 的货物搬运成本是 1 单位，如果投入运营该仓库的固定成本是每年 40 万单位，仓库的处理能力无限制，不存在维持仓库运营的最低数量限制，有两个工厂为仓库提供产品，每个工厂都可以生产其中任何一种产品，但每个产品的单位生产成本是不同的，工厂 1 的生产能力是可生产 5 万单位产品 1，4 万单位产品 2；工厂 2 生产任意一种产品都没生产能力限制。试从两个备选仓库中选出一个最适合的地址，使整个费用最小。

4. 某公司拟在某城市建设一座仓库，该仓库每年要从 A、B、C、D 四个原料供应地运来不同的原料。各地与城市中心的距离和年运量如表 5-21 所示，假定各种材料运输费率相同，试用重心法确定该仓库的合理位置。

原材料供应地	A		B		C		D	
供应地坐标	X_1	Y_1	X_2	Y_2	X_3	Y_3	X_4	Y_4
	40	50	70	70	15	18	68	32
年运输量/t	1800		1400		1500		700	

第 6 章

物流运输系统设计与分析

随着专门化物质传输系统的形成，以及对运输这一概念认识的深化，人们不仅已经不把输电、输水、供暖、供气等形式的物质位移列入运输的范围，而且也已不再把语言、文学、符号、图像等形式的信息传输列入运输的范围。据此，从专业角度出发，一般可以认为交通是指“运输工具在运输网络上的流动”。事实上，随着社会的进步、经济的发展、物质的位移、人员的流动，运输工具也越来越多地被使用，因此交通的含义习惯于特指运输工具在运输网络上的流动。作为物流的基本功能环节，运输的地位是非常重要的。特别是运输网络直接影响着物流网络的构成，物流结点往往与交通运输结点相一致，因此研究物流系统必然把运输系统放到首要位置。

第一节　物流运输系统概述

一、物流运输系统

运输是指借助公共运输线及其设施和运输工具来实现人与物空间位移的一种经济活动和社会活动。但是，经济活动中的输电、输水、供暖、供气和电信传输的信息等，虽然也产生物质位移，但都已各自拥有独立于运输体系之外的传输系统，它们完成的物质位移已不再依赖于人们一般公认的公共运输工具，因此不属于运输的范围；又如，一些由运输工具改作它用的特种移动设备（包括特种车辆、船舶、飞机）的行驶所引起的人与物的位移，虽然利用了公共运输线，但它们本身安装了许多为完成特种任务所需的设备，因而也不属于运输的范围。此外，在工作单位、家庭周围、建筑工地由运输工具所完成的人与物的位移，由某种工作性质引起的位移，在娱乐场所人的位移，这些位移也都不属于运输的范围。

一般而言，运输具有两大功能：产品转移和产品存储。

（一）产品转移

市场交易中的任何产品，运输是必不可少的环节。从材料、零部件、装配件、在制品到制成品等，每个环节的转移都离不开运输。运输的主要功能就是产品在价值链中的来回移动。运输过程中消耗了时间资源、财务资源和环境资源等，因此产品的转移必须能实现增值。

在供应链的战略下，为减少制造和配送中心的库存，人们利用 JIT、无线射频等技术，其中涉及的转移货物，就包括时间资源。物流运输中的各种开支，如驾驶员的工资、运输工具的运行费用及一般杂费和行政管理费用等都是运输消耗一定的财务资源的体系。运输过程中消耗能源，造成空气污染和环境污染等，也使我们不能忽视由运输引起的直接或间接的环境问题。

运输的主要目的就是要以最短的时间、最小的财务和环境资源成本，将产品从初始地转移到规定地点。同时产品转移所采用的方式必须能满足客户有关交付履行和装运信息的可行性等方面的要求。

（二）产品存储

市场产品交易往往不是从上游制造商直接递送到下游最终客户的，产品存储是供应链的必需中间环节。对产品进行临时储存是一个特殊的运输功能。

一种情况，如果转移中的产品需要储存，并且在短时间内就要重新转移，当产品在仓库的装卸成本加上库存费用超过储存在运输工具中的费用，那么将运输车辆作为储存设施就不失为一种可行的方法。

另一种情况，如果起始地或目的地仓库空间有限，也可利用运输车辆进行储存。同时，库存及存储到流通市场的循环少不了运输车辆作为一种临时性储存设施。

所以当受到装卸成本、储存能力等限制时，从总成本角度出发，可以使用较为便利的运输工具来储存产品。例如，Dell 公司对客户的紧急需求订单会采取紧急递送策略，即从获取供应商的零部件到产品组装成成品一直到最终客户手中，全部活动都可以在运输途中完成。

二、物流运输系统的构成要素

现代化的物流运输都必须要有运载工具、通路、场站、动力、通信、经营机构等要素与之配合，且运输经营的成功与否，服务质量能否令人满意，也取决于构成要素能否发挥其应用的功能，以及彼此能否密切配合。

（一）运载工具

运载工具的功能在于容纳与保护被运送的人和货。早期的运载工具多是天然的，且本身兼具动力来源，如人、牛、马、骆驼等。现代化的运载工具则大多数是人造的，如汽车、火车、轮船、飞机等，其中有的运载工具与动力完全分离，如铁路的货车、海上的驳船、集装箱拖车等，有的则与动力同体，如汽车、飞机、轮船等。理想的运载工具应具备结构简便、安全、轻巧、易于操纵管理、造价低、宽敞舒适、耐用、故障少、易维修、容量大、振动小、耗用能源少、污染少等特性。

（二）通路

通路是在运输网络中，连接运输始发地、到达地，供运输工具安全、便捷运行的线路。通路有些是自然形成的，如空运航线、水运的江河湖泊、海洋的航路；有些则是人工修建的专门设施，如铁路、公路、运河、管道等。良好的通路应具备安全可靠、建造及维护费用低、便于迅速通行及运转、不受自然气候及地理条件影响，使用寿命长、距离短等条件。

（三）场站

场站是指运输工具出发、经过和达到的地点，为运输工具到发停留，客货集散装卸，售票待运服务，运输工具维修、管理、驾驶及服务人员休息，以及运输过程中转连接等的场所。理想的场所应具备地位适中、设备优良齐全、交通便利、自然气候条件良好、场地宽广等条件。

（四）动力

古老的运载工具动力都是自然的，如人力、兽力、风力等，现代的动力则都是人造的，如蒸汽机、核能发动机等，利用空气、煤、核燃料等能源的燃烧运转作用，产生推动运载工具所需的动力。良好的动力设备应具备构造简单、操作方便、维修容易、成本低、能源取得方便、价廉、使用效率高等条件。

（五）通信

通信设备的功能在于营运管理人员能迅速、准确掌握运输服务的进展情况，遇有突发事故时能迅速处理，以确保运输持续与安全，提高运输服务质量与运输效率。越是现代化的运输事业，运输速度越快，乘客或托运人因收入提高，或商场上竞争激烈，对运输服务质量的要求越高，则通信越重要，对通信迅速灵活与正确的要求也就更加迫切。良好的运输通信设备应具备优良、迅速、操作简便、维修容易等条件。

（六）经营管理人员和经营机构

运输工具、通路、场站、动力和通信都属于交通运输的硬件要素。实际上，具备了这些设施，还无法从事运输服务，更不足以成功地经营运输业务。一切管理事务的原动力和中心都在于人，所以运输系统的构成，人是最重要的另一个构成要素。运输服务的提供需要驾驶人员、机械维修养护人员、运输工具上的服务人员（如列车员、空中小姐等）及运输工具外的服务人员（如铁路、公路运输的售票员等），以及许多其他业务管理与经营人员的参与，才能使那些硬件交通运输构成要素或设施真正发挥作用。既然要有这么多具有不同技能、不同功能的人员参与及合作，才能推动经营运输事业，提供运输服务，则胜任的经营管理人才及合理的组织，就更是构成交通运输不可缺少的关键因素。管理人才及运输企业组织的功能，在于建立规章与制度，以有效运用所有的运输设备，充分利用运输设备能力，以期达到企业的经营目标，并充分发挥交通运输事业的功能，满足社会的运输需求，促进经营发展、社会和文化进步，增强国防力量。良好的管理与组织，必须具备组织体系与制度完善、分工合理、调度指挥灵活等条件。

三、物流系统运输方式选择

运输是生产过程在流通过程阶段的继续，运输使投入流通领域的产品发生位置移动，从而将生产和消费联结起来，使产品的使用价值得以实现。根据客户的要求及承运商所承运的货物种类，选择合适的运输方式。在预定的时间内高效率、低成本地将货物运达目的地，是运输管理的基本内容。运输有五种基本方式，分别是公路运输、铁路运输、水路运输、航空运输和管道运输。在实际中，公司可通过对货物的种类、运输量、运输距离、运输时间、运输成本等几个方面的综合考虑，来选择合适的运输方式。

（一）运输方式的衡量指标

不同的运输方式有不同的特征和适用范围，在选择时，可按以下几个技术经济指标来衡量。

（1）货物运输量。是反映交通运输业工作量的数量指标。不同运输部门有不同的计量方式。如公路部门按经营量进行计算，铁路部门主要用货物发送吨数计算，水运可按航次、装卸情况或排水吨位来计算。

（2）货物周转量。是反映交通运输业工作量的另一数量指标。货物运输量只表示货物的运送吨数，而不能反映所运送的距离。货物周转量指标是一个全面反映数量和运输距离的复合计量指标。如铁路货物周转量是指一定时间内（年、月）铁路部门或某条铁路在货运工作方面所完成的货物吨公里数。

（3）货物平均运程。即货物的平均运输距离，表示平均每吨货物运送的距离。货物的平均运程，与货物周转量和运输费用的大小、车辆周转的速度、货物的送达时间等有关。各类货物的平均运程，是分析各地区之间和国民经济各部门、各企业之间经济联系的重要指标之一。

（4）货车周转时间。是指货车在完成一个工作量的周转过程中平均花费的时间。这一指标是考核运输部门与有关部门的协作关系和工作效率，以提高专用线作业与管理水平，是加速货车周转时间的关键指标。

（5）货物装卸量。是指进出车站、港口范围内装卸货物的数量，以“吨”表示。它是衡量车站、港口货物装卸工作量大小的数量指标。

（6）运送速度。是各种运输方式技术经济效果的重要指标之一，在保证质量、良好地完成运输任务的前提下，用最快的速度把商品送达目的地，尽可能缩短在途时间，是对运输的基本要求。

各种运输方式的技术经济特征与运输特征如表 6-1 所示。

表 6-1 各种运输方式的技术经济特征与运输特征

运输方式	技术经济特征	运输特征
公路	运输组织灵活，适应性强，投资规模小，实效好，运输成本较高	适于短距离、小宗货运，可实现门到门（指从发货人直接运达收货人）服务
铁路	运量大，运输成本低，初期投资大，连续性强	适于长距离、大宗、运输时间相对较长的货物
水路	运量大，运输成本低，能耗低，系统投资大	适于长距离、大宗、运输时间相对较长的货物
航空	速度快，运输成本高，风险大，基础设施投资大	适于长距离、小宗、时间要求紧的高附加值货物
管道	传输量大，污染小，运输成本低，初期投资大	适于液体或气体的运输

（二）影响运输方式选择的因素

一般来说，运输方式的选择受运输物流的种类、运输量、运输距离、运输时间和运输成本五个方面因素的影响。显然这些条件不是相互独立，而是紧密联系、相互影响的。对运输方式选择条件进行具体分析，可以分成两种类型：可变因素与不可变因素。

运输物品的种类、运输量和运输距离三个条件是由货物自身的性质和库存地点决定的，因而不属于不可变因素。事实上，即使对这几个条件进行大幅度变更，改变运输方式选择的可能性也不大。与此相反，运输时间和运输成本是不同运输方式相互竞争的重要条件，运输时间与成本的变化必然带来所选择的运输方式的改变，是可变因素。

运输时间和运输成本之所以如此重要，背景在于现代企业物流需求发生了改变。运输服务的需求者一般是企业，现代企业对缩短运输时间、降低运输成本的要求越来越强烈，这主要是在当今经营环境复杂、市场竞争激烈的情况下，只有不断降低各方面的成本，加快商品周转，才能提高企业经营效率，实现竞争优势。所以在企业的物流体系中，JIT 运输在急速普及，这种运输方式要求为了实现库存的最小化，对其所需的商品，在必要的时间、以必要的量必须快速进行运输。JIT 运输方式要求必须削减从订货到进货的时间，正因为如此，从进货方式而言，为了实现迅速的进货，必然会在各种运输方式中选择最为有效的手段来从事物流活动。

此外，削减成本是企业任何时期都十分关注的战略，尤其是在企业经营面临高度竞争与高度不确定性的现代社会，运输成本的下降是企业生存、发展的重要手段之一，物流成本一直被称作企业经营中的“黑暗大陆”，只有真正高度重视运输成本的削减，选择合适的运输方式，才能使物流成为企业利润的第三大源泉。

缩短运输时间与降低运输成本是一种此消彼长的关系，如果要利用快速的运输服务方式，就有可能增加运输成本；同样，运输成本下降有可能导致运输速度减缓，所以如何有效地协调这两者的关系，使其保持一种均衡状态是企业选择运输方式时必须考虑的重要内容。

（三）运输方式选择举例

某制造商分别从供应商 A 和供应商 B 处买了共 3000 个配件，每个配件单价 100 元。目前这 3000 个配件是由两个供应商平均提供的，其中，供应商 A 的配件发送是由第三方物流企业 C 提供的，采用铁路运输方式。如供应商缩短运达时间，则可以通过和该制造商协商争取到更多交易份额。假定运达时间每缩短一天，可从交易量中多得 5%的份额，即 150 个配件。供应商从每个配件可赚得占配件价格（不包括运输费用）20%的利润。

供应商 A 和物流企业 C 协商将运输方式从铁路运输改为卡车运输或航空运输以缩短货物的运达时间。各种方式的运输率和运达时间如表 6-2 所示。该物流企业应采取哪种运输方式，又如何向供应商收取费用?

表 6-2　各种运输方式的运费率和运达时间

运输方式	运费率/（元/件）	运达时间/天
铁路	2.50	7
卡车	6.00	4
航空	10.35	2

显然就本例来说，物流企业 C 需要根据供应商 A 可能获得的利润来对运输方式进行选择决策，以求达到和客户的一致。如表 6-3 所示是供应商 A 使用不同的运输方式可能获得的预期利润。

表 6-3　使用不同运输方式时供应商 A 的利润比较表

运输方式	配件销售量/件	毛利/元	运输成本核算/元	净利润/元
铁路	1500	30000	3750	26250
卡车	1950	39000	11700	27300
航空	2250	45000	23287.5	21712.5

根据上表可知，如果制造商对能提供更好运输服务的供应商 A 给予更多交易份额的承诺实现，则供应商 A 应当选择卡车运输，而卡车运输与铁路运输之间的利润差额就是物流企业可以向供应商 A 争取的利润空间。

第二节　物流运输线路选择

一、物流运输线路影响因素分析

物流运输网络设计的核心内容是线路选择。物流运输线路选择是一个复杂的过程，需要经过多次反复迭代，才能得到满意的结果。一条运输线路的建立，不仅会对当地的经济产生直接影响，还会对当地的交通环境和生活环境产生影响。总的来说，影响运输线路选择的因素可分为两类：成本因素和非成本因素。成本因素是指与直接成本相关的、可用货币单位衡量的因素。非成本因素是指与成本无直接关系，但能够影响成本和企业未来发展的因素。

1. 运输成本

对上下游企业来讲，运输线路与它们之间的距离及采取的运输手段、运输方式（整车运输还是零担运输）等有直接的关系。通过合理选择，使运输距离最短，可以使运输成本尽量降低，服务最好。

2. 营运成本

营运成本是指运输线路建成后，营运所需花费的各种可变费用，主要包括所选线路的动力和能源成本、劳动力成本、利率、税率和保险、管理费用和运输工具设备维修保养费等。

3. 运输线路建设成本和土地成本

运输线路选择后，基于交通线路的建设费用，由于不同的方案，在对土地的征用、道路建设要求等方面有不同的要求，从而可能导致不同的成本开支，而且各个国家和地区对运输线路建设的土地征用有不同的规定。

4. 固定成本

固定成本主要指运输线路进行运作所需的设备支出，包括软硬件费用，主要有运输工具、线路维护、装卸机械、信息管理系统。

除了上述的成本因素外，下面的非成本因素也构成了对运输线路选择的影响。

（1）交通因素。在运输线路选择时，一方面要考虑现有交通条件，比如运输线路是否靠近现有的交通枢纽或不久的将来会在运输线路附件兴建运输中心；另一方面交通也要同时作为布局的内容，只布局运输线路而不布局综合交通网络，有可能会使运输线路的布局失败。

（2）环保因素。随着人们环保意识的加强，运输线路的选择要充分考虑运输车辆对环境的污染。

（3）政策法规因素。在选择运输线路之前，一定要到相关部门进行咨询，查清所选地区在未来是否会作为他用。交通管制与环境保护也是重要的法律因素。

二、物流运输线路设计原则

在综合考虑了影响物流运输线路选择的因素后，要依据一定的准则对各个地区进行比较，从而得出可能的地点。要用系统的观点，从各个方面进行综合比较。当然，也可以根据企业的战略目标选定某一种或几种原则作为评价标准。选择运输线路一般应遵循以下几个原则。

（一）费用最小原则

运输成本最低一般是企业首先追求的目标。运输线路的规模越大，数目越多，产品的在途量就越大，相应的运输成本费用就越高。运输营运费、在库维持费、收发货处理费与运输线路选择的据点数成正相关，一般而言据点数目越多，费用越多。

而末端配送费用会随着运输线路据点数目的增多而减少。这时因为配送距离缩短，使配送费用下降。

总之，物流的总费用曲线是一个凹形函数，即在一定的据点数目范围内，物流总费用会随着运输量的增多而下降。但是在经过一定的均衡点后，物流的总费用反而会随着运输时间的延长而上升。

（二）动态性原则

与运输线路选择相关的许多因素不是一成不变的。例如，用户的数量、用户的需求、经营的成本、价格、交通状况等都是动态因素，所以，在选择运输线路时应该以发展的目光考虑运输线路的布局，特别要充分考虑城市的发展规划的影响。同时，对运输线路的规划设计应该具有一定的弹性机制，以便将来能够适应环境变化的需要。

（三）简化作业流程原则

减少或消除不必要的作业流程，是提高企业生产率和减少消耗最有效的方法之一。这一点反映在设计运输线路时，应以直达运输、尽量减少中间的换装环节为准则。

（四）适度原则

合理规划运输线路还应考虑物流费用的构成，如商品由工厂到物流中心的输送费、物流中心的营运费、配送费、在库维持费、收发货处理费等。在运输线路的布局与选址问题上，可以将总投资最低、营运成本最低、配送费用最低作为求解目标，建立数学模型或利用线性规划方法求得最优解。在设置方案上，应设计多种方案，采用决策最优化的原则，经过分析比较，选出最佳方案。

三、物流运输线路优化模型

（一）直达运输线路优化

1. 直达运输线路优化问题

在物流系统的设计中，如何根据已有的运输网络，制定调研方案，将货物运到各需求地，而使总运费最小，是非常典型的运输决策优化问题。

已知有 m 个生产地点可供应某种物资，其供应量分别为 a_i（$i=1, 2, \cdots, m$），有 n 个销地（需求地）B_j（$j=1, 2, \cdots, n$），其需求量分别为 b_j（$j=1, 2, \cdots, n$），从 A_i 到 B_i 运输单位物资的运价为 C_{ij}。整理如表 6-4 所示产销平衡表。

表 6-4　产销平衡表

运价 产地＼销地	1	2	…	n	产量
1	C_{11}	C_{12}	…	C_{1n}	a_1
2	C_{21}	C_{22}	…	C_{2n}	
…	…	…	…	…	…
m	C_{m1}	C_{m2}	…	C_{mn}	a_m
销量	b	b_2		b_n	

在产销平衡的条件下，要求使总运费最小的调运方案。

2. 直达运输线路优化模型

直达运输线路优化是一个产销平衡的运输模型，即 m 个供应点的总供应量等于 n 个需求点的总需求量，运输问题满足供需平衡。这时，由各供应点 A_i 调出的物资总量应等于它的供应量 a_i（$i=1, 2, \cdots, m$），而每一个需求点 B_j 调入的物资总量应等于它的需求量 b_j（$j=1, 2, \cdots, n$）。

若用 x_{ij} 表示从 A_i 到 B_j 的运量，其数学模型如下：

$$\min z=\sum_{i=1}^{m}\sum_{j=1}^{n}C_{ij}x_{ij}$$

$$\text{s.t.}\begin{cases}\sum_{i=1}^{m}x_{ij}=b_j & (j=1,2,\cdots,n)\\ \sum_{j=1}^{n}x_{ij}=a_i & (i=1,2,\cdots,m)\\ x_{ij}\geqslant 0\end{cases}$$

直达运输线路优化模型求解方法有很多，表上作业法是常用的手工求解方法。

利用表上作业法，寻求运费最少的运输方案，有三个基本步骤：依据问题列出运输物资的供需平衡表及运价表；确定一个初始的调运方案；根据一个判定法则，判定初始方案是否为最优方案。

当判定初始方案不是最优方案时，再对这个方案进行调整。一般来说，每调整一次得到一个新的方案，而这个新方案的运费比前一个方案要少一些，如此，经过几次调整，就会得到最优方案。

（二）中转运输优化模型

1. 问题的提出

前面讨论的运输问题，都是假定任意产地和销地之间都有直达路线，可直接运输物资，并且产地只输出货物，销地只输入货物，但实际情况可能更复杂一些。例如，可考虑下列更一般的情况。

产地与销地之间没有直达路线，货物由产地到销地必须通过某中间站转运。

某些产地既输出货物，也吸收一部分货物；某些销地既吸收货物，又输出部分货物，即产地或销地也可以起中转站的作用，或者既是产地又是销地。

产地与销地之间虽然有直达路线，但直达运输的费用或运输距离分别比经过某些中转站还要高或远。

存在以上情况的运输问题，统称为转运问题。

2. 约束分析与数学模型

解决中转运输问题的思路是先把它化为无转运的平衡运输问题。为此，作如下假设。

首先根据具体问题求出最大可能中转量 Q（Q 是大于总产量 $\sum_{i=1}^{m} a_i$ 的一个数）。

纯中转站可视为输出量和输入量均为 Q 的一个产地和销地

兼中转站的产地 A_i 可视为一个输入量为 Q 的一个产地和销地。

兼中转站的 B_j 可视为一个输出量为 Q 的产地及一个销量为 b_j+Q 的销地。

在此假设的基础上，列出各产地的输出量、各销地的输入量及各产销地之间的运价表，最后用表上作业法求解。

下面设有 m 个生产地点 A_i（$i=1, 2, \cdots, m$），其供应量分别为 a_i（$i=1, 2, \cdots, m$），有 n 个销地 B_j，其需求量为 b_j（$j=1, 2, \cdots, n$），且 $\sum a_i = \sum b_j$，有 P 个纯中转站 T_p（$p=1, 2, \cdots, P$），单位物资的运价为

$$C_{xy}（x=1, 2, \cdots, m+p+n, y=1, 2, \cdots, m+p+n）$$

A_i 可视为产地，输出量为 $\sum a_i + a_i$；B_j 可视为销地，输入量为 $\sum a_i$。

兼中转站的销地 B_j 可视为一个输出量为 $\sum b_j$ 的产地，一个销量为 $\sum b_j + b_j$ 的销地；

纯中转站 T_p 可视为输入、输出量均为 $\sum a_i$ 的一个产地和一个销地。于是，可建立下列数学模型：

$$\min z = \sum_{x=1}^{m+n+p} \sum_{y=1}^{m+n+p} C_{xy} X_{xy}$$

$$
\text{s. t.}\begin{cases}
\sum_{y=1}^{m+n+p} X_{xy} = \sum a_i + a_i & (x = 1,2,\cdots,m) \\
\sum_{y=1}^{m+n+p} X_{xy} = \sum a_i & (x = m+1+p,\cdots,m+n+p) \\
\sum_{x=1}^{m+n+p} X_{xy} = \sum b_j + b_j & (y = m+1+p,\cdots,m+n+p) \\
\sum_{x=1}^{m+n+p} X_{xy} = \sum b_j & (y = 1,2,\cdots,m+p) \\
X_{xy} \geqslant 0
\end{cases}
$$

注：X_{xy}表示从A_x到B_y的运量。

(三) 起讫点重合的问题

扫描法是一种很简便易行的优化车辆行走路线的方法。用扫描法确定车辆运行路线的方法简单易行，甚至于可以用手工计算完成。一般来说，它求解所得方案的误差率在10%左右，这样水平误差率通常是可以被接受的。因为调度员往往在接到最后一份订单后的一个小时内就要制订出车辆运行路线计划。扫描法的步骤可简述如下。

(1) 将仓库和所有的停留点的位置画在地图上或坐标图上。

(2) 通过仓库位置放置一直尺，直尺指向任何方向均可，然后顺时针或逆时针方向转动直尺，直到直尺交到一个停留点。询问：累计的装货量是否超过了送货车的载重量或载货容积（注意首先要使用最大的送货车）？如是，将最后的停留点排除后将第一辆车的停留点确定下来。再从这个排除的停留点开始继续扫描，从而开始一条新的路线。这样扫描下去，直至全部的停留点都被分配完毕。

(3) 安排每辆车运行路线的停留点的顺序，以求运行距离最小化。停留点顺序可用凸状法来安排。

[例 6-1]　某物流企业从其所属的仓库用送货车辆到各客户点提货，然后将客户的货物运至仓库，以便集运成大的批量再进行远程运输。全天的提货量见图 6-1，提货量以件为单位，送货车每次可运载 1000 件。完成一次运行路线一般需要一天时间。该公司要求确定：需多少条路线（即多少辆送货车）？每条路线上有哪几个客户点？送货车辆服务有关客户点的顺序如何？

解　仓库与各客户的地理位置关系及各客户需求量如图 6-1 所示。

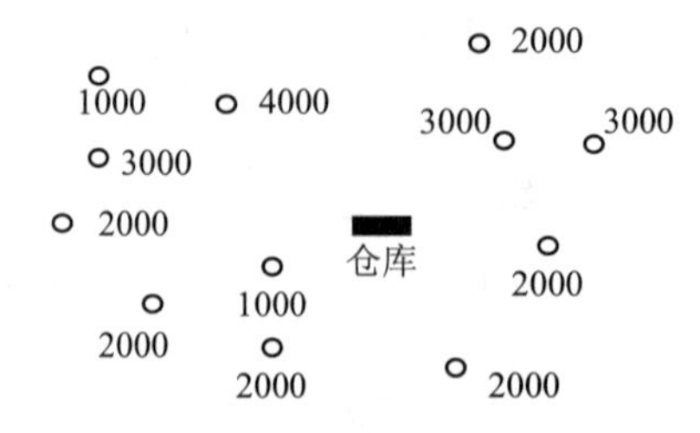

图 6-1　客户点分布及提货量数据

最终的路线设计如图 6-2 所示。

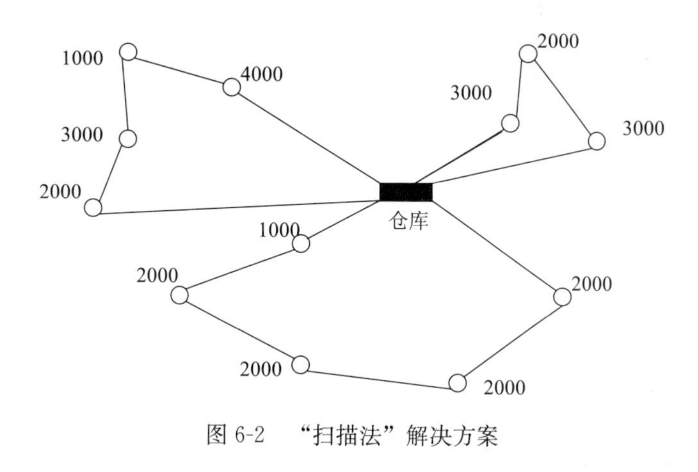

图 6-2　“扫描法”解决方案

第三节　物流需求企业运输系统设计

这里，物流需求企业是指有物流业务需求的各类工商企业，企业的物流需求可以自己承担，也可以选择由第三方物流企业承担。因此，物流需求企业的运输系统规划涉及以下几个问题。

一、运输系统的定位

不同经营领域的工商企业要求的运输服务效率不同，对运输系统的定位也不同。物流需求企业运输系统的定位直接关系到企业运输业务模式的选择决策。

一般地，运输服务对于工商企业而言，是为企业的主营业务——生产和销售服务的辅助性部门，不是企业的核心竞争力所在。但也有例外，如沃尔玛将高效的物流运作作为企业的运营战略获得了极其突出的成效。

企业运输系统乃至物流系统的定位与企业的经营领域密切相关。竞争性较强、品牌替代性强的日用消费品、必需品等领域需要企业具有很强的铺货能力，以及时把握销售机会，因而对货物运输的速度和效率要求较高，企业对运输服务的要求也会较高。高档消费品、奢侈品和工业品的技术含量高，品牌效应较强，企业间主要竞争的不是货物布点和速度，因而对货物运输的速度要求就会相应降低。企业需要根据自身运营的特点对运输系统、运输服务作出恰当的定位分析。可以说，如果企业的“第一利润源”和“第二利润源”还有足够的利润空间，经营者是不会太多地关注“第三利润源”的。

二、运输业务模式选择

企业对运输系统的定位有了明确的判断后，就可以根据自身所具有的物流能力对运输业务的运作模式进行分析，如使用四象限分析法进行分析，如图 6-3 所示。

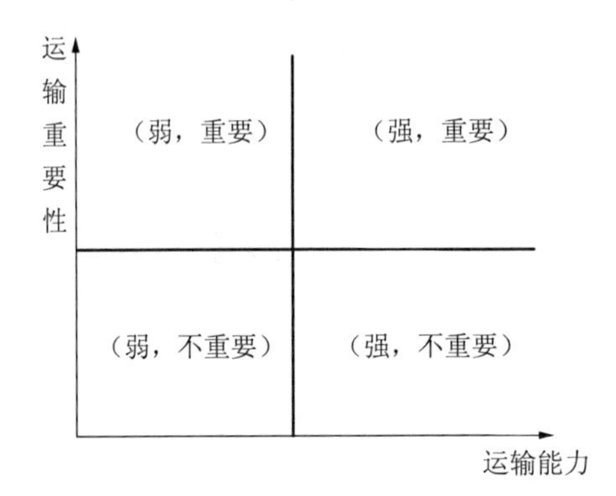

图 6-3　运输业务模式选择四象限分析图

一般地，如果企业自身拥有的运输能力（包括硬件能力、管理能力）强，对运输服务的要求又较高，可以选择自营运输业务。将运输业务纳入企业范围内，可以保证企业运输能力对运输业务的监控，并便于各部门之间的协调。

如果企业自身的运输能力较弱，对运输服务的要求又较高，可以考虑将运输业务外包给实力较强的物流企业，并采取紧密合作的方式，如参股、签订长期的合作协议、信息共享等。

如果企业自身的运输能力较强，但对运输服务的要求并不是很高，则可以考虑将剩余的运输资源对外输出，成立独立的物流部门，采取市场化运作，实现资源的充分利用。

如果企业的自身运输能力较弱，对运输服务的要求又不高，则可以将运输业务外包，并采取松散的合作方式，在保证一定的服务水平的基础上以降低运输成本为主要目标。

三、运输系统规划设计的内容

物流需求企业采取了不同的运输业务模式，其运输系统规划设计的内容也不同。

（一）运输业务外包的企业

企业将运输业务外包并不意味着对运输业务的工作完全放弃，企业还必须有专门的部门或人员负责对运输业务的考核、监督、协调等工作，其中最重要的就是对运输服务商的选择和评价。运输服务商是物流服务商的一种。

（二）运输业务自营的企业

企业如果选择自营运输业务，其运输系统规划与物流服务企业的运输系统规划是基本相同的，需要考虑到各种运输方式的结合、运输工具的配置、运输线路、运输流量等的规划。所不同的是，物流服务企业面临的是市场化需求，具有很强的随机性，而且需要兼顾企业的长期发展战略。物流需求企业是以企业自身的运输需求为前提，需求具有相对的稳定性和可预知性，需要更加关注的是企业内部各部门之间的配合。

四、定量方法在运输业务模式选择中的应用

运输模式的选择除上述定性分析外，在数据充足的情况下也可借助于定量分析。在此举两个简单的例子加以说明。

[例 6-2]　某企业有 2 个仓库和 3 个客户，需要经常由仓库发货给各客户。货物的运输，企业可以选择自营，也可以选择外包。若选择自营运输，每年因车辆的购置费、保养费、专职运输人员的工资福利等，预计支出为 50 万元；若选择外包运输，则没有固定费用，但每件货物的运输费用要高于自营时的费用。具体数据如表 6-5 所示。

表 6-5　数据表

	客户 1		客户 2		客户 3		供应量/（万件/年）
	自营	外包	自营	外包	自营	外包	
仓库 1	3	4	2	3	2	4	40
仓库 2	4	5	2	4	3	6	60
需求量/（万件/年）	20		30		50		

解　这个问题需要确定运输业务的经营模式，是自营还是外包，同时还要确定各仓库与各供应商之间的供应关系。在此，可以引入 0—1 变量，表示对运输业务的经营模式的选择。

$$y=\begin{cases}1\text{(表示选择自营运输)}\\0\text{(表示选择外包)}\end{cases}$$

本题目可设变量 $x_{ij}(i=1,2;j=1,2,3)$ 表示自营运输时仓库 i 到供应商 j 的供应量。变量 $y_{ij}(i=1,2;j=1,2,3)$ 表示外包运输时仓库 i 到供应商 j 的供应量，单位：万件。

本问题可用数学模型表示如下：

$$\min z=50y+3x_{11}+2x_{12}+2x_{13}+4x_{21}+2x_{22}+3x_{23}+4y_{11}+3y_{12}+4y_{13}+5y_{21}+4y_{22}+6y_{23}$$

$$\text{s.t.}\begin{cases}x_{11}+x_{12}+x_{13}=40y\\x_{21}+x_{22}+x_{23}=60y\\x_{11}+x_{21}=20y\\x_{12}+x_{22}=30y\\x_{13}+x_{23}=50y\\y_{11}+y_{12}+y_{13}=40(1-y)\\y_{21}+y_{22}+y_{23}=60(1-y)\\y_{11}+y_{21}=20(1-y)\\y_{12}+y_{22}=30(1-y)\\y_{13}+y_{23}=50(1-y)\\x_{ij}\geqslant 0,y_{ij}\geqslant 0(i=1,2;j=1,2,3)\end{cases}$$

本模型经求解后，应选择外包运输，且仓库与客户之间的供应关系如表 6-6 所示，年度的运输费用为 440 万元。

表 6-6　仓库与客户之间的供应关系

	客户 1		客户 2		客户 3		供应量/（万件/年）
仓库 1	4		3		4	40	40
仓库 2	5	20	4	30	6	10	60
需求量/（万件/年）	20		30		50		

运输模式的选择也可使用量本利分析法。量本利分析是经营管理决策中常用的一种简单的数量分析方法，主要用于盈亏平衡点的分析。

［例 6-3］　某工厂生产的产品要运往销售地，运送方式有两种，自运或外包（交由运输公司运送）。如果自运，工厂需添置运输装卸设备，每年将增加设备固定成本 12 万元，此外运输每件产品的直接成本为 40 元。如果让运输公司运送，每件要支付 100 元。试分析该工厂应该选择自运还是外包。

解　设每年运输量为 X 件，则自运的成本函数为：$f_1(X) = 40X + 120000$

外包的成本函数为：$f_2(X) = 100X$

两个成本函数之差为：$f_1(X) - f_2(X) = -60X + 120000$

令成本函数之差为零，求出平衡点：

$$X_0 = 120000 \div 60 = 2000$$

由于 $f_1(X) - f_2(X)$ 是关于 X 的递减函数，所以当 $X \geqslant X_0$ 时，$f_1(X) < f_2(X)$，即自运的总成本比外包成本低。因此，当每年运输量大于 2000 件时，采用自运为宜，否则宜交由运输公司运送。

在运输模式的选择中，量化方法只能起到一个辅助作用，对自营与外包业务模式的定性分析是非常关键的。当通过定性分析对两种模式的可行性都予以认可时，可以借助于定量分析的方法，并在结合企业的长期发展前景和战略的基础上，确定运输业务的运作模式。因为一旦选择自营运输，其运输工具的固定投入是非常大的，要改变决策的成本也非常高。运输业务模式的选择属于企业战略层次的决策。

第四节　物流运输系统设计实例

Arcelik 是土耳其最大的一家家用电器生产商，在 1992 年的销售总量是 11 亿美元。

Arcelik有7个工厂，8个配送中心（仓库）和大约1500个销售代理。产品在仓库进行包装并运送到代理商手中。主要使用卡车进行运输，某些工厂和仓库之间使用铁路进行运输。

ATILIM集团负责所有Arcelik产品在土耳其全国范围内的配送。它包含5个子公司，全国被划分为5个区域（地理上相连接），每个子公司负责1个区域内所有市场范围的供应。一个市场范围是某地区（通常是一个城市及其周边）内若干个销售代理的集合。

截至1992年，ATILM经营着5个仓库，每个仓库归一个子公司所有。因此在原有系统中，将产品分配到不同的仓库不是太困难的问题。不过现在ATILIM打算建立3个新仓库以便更快地响应零售户的需求和提高在某些地区的市场占有率。这样一个子公司会管理多个仓库，使分配产品到不同仓库这个问题变得复杂，为了增加系统柔性，ATILIM还允许几个子公司共用一个仓库。

ATILIM意识到这些新的仓库有可能使运输费用降低。不过它必须首先设计一个新的配送计划。为了给这个大批量月配送计划寻找一些帮助，ATILIM在1992年3月联系了Bogazici大学工业工程系，它所要求的最终结果是可用来决定工厂与仓库之间和仓库与市场之间的分配方案的模型。这还涉及每月的订单与卡车结合问题，而这个问题将由仓库里有经验的调度员经计算后解决。

一、运输问题建模

对于基础的运输问题，线性规划模型已经成功地应用于配送规划。简单地说，现在的问题属于一个两级、多种商品的分配问题。其约束除了装载能力外，还有来自于管理层方面的因素。通过考虑几种不同的模型来求解这个每月配送计划问题，最后采用混合整数规划问题。

首先讨论一下要用到的数据。在这个月配送计划中，相关的数据如下：①每个工厂每月的生产计划；②每个市场每月的需求分配；③每个仓库的容量；④从工厂到仓库和从仓库到市场的单位产品单位运输成本。

工厂的月生产计划根据销售预测、市场预测、出口协定、过去的销售状况及主观判断来制订。市场的需求分配和生产计划、销售预测及过去的销售情况密切相关。5个销售公司的CEO每年开会制订一次市场分配计划，然后按月实现计划。仓库的容量是由配送经理根据每月每个仓库能够进行装载和卸载的卡车的数量来估计的。

运输成本取决于运费和单位产品体积。从工厂到仓库的运费是可以得到的，因为发货都有规律性。其成本是由实际的铁路运输和卡车运输成本乘以相应的权重来计算的。由于一些原因，从仓库到市场的装卸费却是无法计算的。例如，新成立的仓库在独立的运输公司和销售公司之间，在费用上根本没有协议，所谓的数据由在这个项目中获益的一方公布。

通过以上分析，现在定义在第一个模型中要用到的参数，然后建立模型。尽管更加简洁一些的描述也是可能的，但是还是将从工厂到仓库和从仓库到市场的运输量定义成不同的变量。

参数定义如下：

C_{ij}=产品i从其工厂到仓库j的单位运输成本；

D_{ijk}=产品 i 从仓库 j 到市场 k 的单位运输成本；

B_i=每月产品 i 的产量；

U_j=仓库 j 的容量（卡车数）；

A_{ik}=产品 i 对市场 k 的需求分配；

R_i=产品 i 的体积系数。

决策变量如下：

X_{ij}=产品 i 到仓库 j 的数量；

Y_{ijk}=产品 i 从仓库 j 到市场 k 的数量。

数学模型如下：

$$\min \sum_i \sum_j C_{ij} X_{ij} + \sum_i \sum_j D_{ijk} Y_{ijk} \tag{6-1}$$

满足

$$\sum_j X_{ij} = B_i (\text{对 } i) \tag{6-2}$$

$$\sum_j Y_{ijk} = A_{ik} (\text{对 } i、k) \tag{6-3}$$

$$X_{ij} = \sum_k Y_{ijk} (\text{对 } i、j) \tag{6-4}$$

$$\sum_i R_i Y_{ij} \leqslant U_j (\text{对 } j) \tag{6-5}$$

$$X_{ij}, Y_{ijk} \geqslant 0 (\text{对 } i、j、k) \tag{6-6}$$

尽管处理的是一些整数数据，但是为了更一般性的考虑问题，没有将这些变量限制在整数上。因为关心的是一个月的综合配送问题，而不是每天的分配，所以需要的仅仅是一个全面的运输路线和产品分配数据。如果需要用整数的话，采用线性规划进行局部优化可以解决这一问题。

这个模型实际上非常庞大。假设有 30 种不同的产品、10 个仓库和 100 个销售市场的话，那就需要 30000 个变量和 3000 个限制条件。解决这么庞大的一个问题没有采取复杂的线性规划的软件，而是用拉格朗日方法来解除式（6-5）的限制。当式（6-5）的限制被解除时，问题就变得非常简单了。因为这样，问题都能够通过 i 和 k 得到分解。因此可以将每一产品、每一市场都作为一个独立的问题来解决。这样无论是对产品 i，还是市场 k，问题都变成从产品 i 到市场 k 之间寻找最低成本路线的问题。通过比较很容易得到答案。不考虑产品的数量，需要解决的那些独立问题的个数就是产品的种类和市场的数量之和。

上面的模型实际上解除了式（6-5）的限制，那么是否需要更加精确的模型并考虑以上模型中忽略的一些因素呢？例如，卡车装载限制等。为此建立了第 2 个模型，当然是包括卡车装载限制的模型。

根据仓储工人的经验，产品可分成两类：重的与轻的。它们在装载时需要考虑体积和重量的限制。冰箱、烤箱、洗碗机、洗衣机等属于重的种类；其他的东西被认为是轻的。在体积方面，一个冰箱的重量被认为是洗衣机、洗碗机或者烤箱的 2 倍。冰箱也是唯一的不能被放在其他产品上面的一种产品。其他 3 种重产品可以以两个一组的形式重叠放着，但是它们不能放在冰箱或者其他轻的产品上面运送。轻的产品可以放在重的产品上面。

根据上面的分法限制，可以将卡车分成上下两部分。下面的部分的高度与 1 个冰箱（或 2 个烤箱）的包装箱相同。在考虑了体积的因素之后，所有的产品都可以放在卡车下面的部分。一种产品的体积因子等于 48 除以这种产品能最大限度地放进卡车低的部分的包装箱的数目。例如，冰箱的体积因子是 2（因为 24 个冰箱刚好装满卡车低的部分），而烤箱的体积因子是 1。

尽管两类产品都可以放进卡车的下面部分，但是只有轻的可以放进上面的部分。产品放在上面是基于它们的面积因子。一个产品的面积因子等于该产品可以放在一个冰箱上面的包装箱的个数的倒数。例如，一个电视的面积因子是 1，一个录像机的面积因子为 0.2（5 个录像机刚好放在一个冰箱的上面）。考虑了体积和面积因子之后，就可以精确建立卡车装载的模型。通过咨询一个仓库管理人员来确定这些因子，然后通过考察一个仓库来进行校验。

在该案例里，用产品的包装箱的体积来计算单位运输费用。例如，一个卡车可以装载 24 台冰箱（绝大部分卡车都是这个尺寸）。从工厂到仓库，一个冰箱的运费可以看作是一辆卡车运费的 1/24。不过，从仓库到市场的运费有些问题，因为在仓库，产品是成批包装好的，一个卡车可以装载许多不同的产品。因此，对这种情况，使用实际的市场与仓库之间的卡车运费。

于是，当一个给定的市场遵循上述的装载规则的时候，就可以建立一个数学规划，比较理想地解决最小化总运输费用的问题。

数学模型：

$$\min\sum_{i\in H}\sum_{j}C_{ij}X_{ij}+\sum_{i\in L}\sum_{j}C_{ij}(Z_{ij}+W_{ij})+\sum_{j}D_{j} \tag{6-7}$$

满足

$$\sum_{i\in H}E_{i}X_{ij}+\sum_{i\in L}E_{i}X_{ij}\leqslant 48Y_{j}(j=1,\cdots,8) \tag{6-8}$$

$$\sum_{i\in L}F_{i}W_{ij}\leqslant 24Y_{j}(j=1,\cdots,8) \tag{6-9}$$

$$\sum_{j}X_{ij}=A_{i}(i\in H) \tag{6-10}$$

$$\sum_{j}(Z_{ij}+W_{ij})=A_{i}(i\in L) \tag{6-11}$$

$$X_{ij},Z_{ij},W_{ij},Y\geqslant 0(\text{对所有 } i、j) \tag{6-12}$$

式中，C_{ij}——产品 i 从产地到配送仓库 j 的单位运费；

D_j——从配送仓库 j 到市场的整车运费；

E_i——产品 i 的体积因子；

F_i——产品 i 的面积因子；

A_i——市场对产品 i 的需求；

H——重的产品集合；

L——轻的产品集合。

变量：

X_{ij}——重产品 i 运往仓库 j 的数量；

Z_{ij}——运往仓库 j，然后装在卡车下面部分运往市场的轻产品 i 的数量；

W_{ij}——运往仓库 j，然后装在卡车上面部分运往市场的轻产品 i 的数量；

Y_j——从仓库 j 到市场的卡车数量。

目标函数式（6-7）是为了最小化总体运输费用。前面两部分属于工厂到仓库的运输费用。第 1 部分是重产品的运输费用，第 2 部分是轻产品的运输费用。式（6-7）中第 3 部分是仓库到市场的卡车的运输费用。约束式（6-9）是关于轻产品的，它限制每个卡车的上面部分装载的轻产品总面积不大于 24。约束式（6-10）、式（6-11）限制运往一个市场的运输量与该市场对每个产品的需求相同。

当没有式（6-5）的限制的时候，可以认为上述模型与式（6-1）至式（6-6）所表示的模型是相似的。不过，上述模型包括了式（6-1）至式（6-6）所表示模型没有涉及的卡车运输的方面。

公司管理层讨论了上述模型，认为模型的某些结果不符合实际情况。例如，从超过 2 个仓库向一个市场供货会使系统复杂化；而如果一个仓库完全向一个市场供货，每个月至少需要 10 辆以上的卡车（3 天需要 1 辆车），否则，要么零售户的订单被延迟，要么会出现空载的现象。在项目的第 1 个阶段，基本上采用讨论、修正的方式，逐一完善上述模型的约束。

在第 1 个阶段采用手工改动的方式是可行的，因为这个阶段的目标是向 ATILIM 提供月配送计划的解决方案。然而，在第 2 个阶段，由于需要向 ATILIM 提供一个用户界面友好的软件系统来解决不同的配送问题，所以，第 2 个阶段需要对模型进行修改。主要是增加一些决策变量，定义

$t_j=1\ (0)$，如果 $y_i>0\ (=0)$

$y_t \leqslant M t_j$，对每一个 j

$\sum_j T_j \leqslant 2$ 来满足每个市场由不超过两个仓库供货的限制。

由 $y_t \geqslant 10 t_j$ 来满足最少 10 辆卡车的要求。

尽管修正使得数学模型变得复杂，但是这样更接近实际的情况，而且，考虑到实际情况，求解并不是非常困难。例如，对一些月需要不大于 20 辆卡车的市场（由 1 个仓库供货），最优化的仓库选址可以通过 8 个选项的相互比较很容易地找到。而且，对于一些需求量很大的市场，也不难判断哪两个仓库会是最优的。

但是，需要指出的是，建模是一个不断进化的过程。上述修改都是建立在公司领导对自身经验上的。在整个过程结束之前，问题是不会彻底解决的。还要指出的是，数学模型使得在整个过程中由公司管理层施加的约束的影响进行量化成为可能。

被送往 ATILIM 的软件包解决上述式（6-7）至式（6-12）所示的模型加上上面所说的 4 个另外的约束。它是一个混合的整数规划，但是规模小到足以用一般的优化软件来解决。为了使模型在整个过程中都有效，不用已经存在的关于一般的配送问题的模型，而是选择了自己做的一个模型。最终的模型最有意义的地方在于它较好地解决了与卡车的装卸限制有关的一些问题。这些限制使得该模型更加现实。事实上，如果没有这些限制，模型可能最终得到

"优化的"结论，不过由于重产品及轻产品的不均衡，这些结论也许会造成一些附加的配送费用。由于能够在一个线性规划里面合并这些限制，就不用再在一个一般的模型基础上进行修改了。

这个规划设计最重要的作用并不是模型的发展，而是对公司面临的紧急的配送问题的解决；最终是完成一个用户界面友好的决策支持系统，它应该能为一个不懂得数学规划的管理人员所使用。不过，随着模型的发展，它或许对一些面临类似配送问题的公司有帮助。

二、运输系统优化结果

由于暂时得不到其他子公司的运输费用数据，主要着眼于 ATILIM—伊斯坦布尔的配送问题。解决了 ATILIM—伊斯坦布尔所服务的 15 个市场区域的线性方程式（6-7）至式（6-12）的线性规划模型。这个公司所提供的运输费用数据只允许从 3 个仓库进行装运。其他 5 个仓库的位置使它们不太可能被 ATILIM—伊斯坦布尔所使用。大多数的结果看起来合理，不过一小部分结果需要作一些调整。因为卡车装载约束会导致一些奇怪的分配，例如，深底锅在 Layjrova 附近生产，可是有些城市的深底锅却从其他仓库运来。这是由于从 Layirova 出来的卡车已经装满了，按该线性规划的话，从其他仓库运送这些深底锅将更便宜，因为它们可以放在大件货物的顶部以享受"免费装运"。可是这个方案是理想化的。需要对方程作轻微改动以要求所有深底锅由 Layirova 的仓库进行装运，这些改动对目标函数的影响可以忽略。

计算结果显示，伊斯坦布尔附近的新仓库使用率比较低。实际上，由于这个地区的旧仓库所提供的对土耳其国土欧洲部分的装运只使主要费用提高不到 1%，而若使用新仓库来提供同样服务的话将使费用提高 15%。而且这只是运输费用，还不包括建立和管理这个仓库的费用。在伊斯坦布尔附近建立新仓库的目的是为了减轻一直超负荷运作的旧仓库的压力。于是租一块地方作为新仓库，公司高层决定在建立一个长期性仓库之前先要对该仓库的经济效益进行严格的考虑。

经过一些主要的调整之后，得到了一个显示 ATILIM—伊斯坦布尔所服务区域内每一种产品的装运路线的表格。

由于下列原因，可以认为这是一个合理的方案。

（1）经调整后的方案的费用与未调整的线性规划得出的方案的费用相差不到 1%。

（2）所有在 Layirova 生产的产品直接装运到该市场区域，而没有经过间接的仓库。这会降低仓库运作和装运费用。

（3）Eskisehir 仓库只需存储 31 种产品中的 10 种，这会使该仓库的管理大大简化。而在这之前，该仓库要存储几乎全部 31 种产品。

（4）在这个方案里，卡车的装载约束将有富余，这意味着卡车装载将有更大的柔性。

（5）运往大部分市场的轻便货物都放在卡车的顶部，这样将不会因装载这些货物而导致额外的费用。

（6）分配到这两个仓库的轻便货物和货物总量是成比例的。对于 Layirova 仓库和

Eskisehir，比例分别是 25.7%和 20.7%。

(7) 没有零散装运。对于特定市场和特定产品，全部产品由一个仓库进行装运，正如该公司所要求的一样。

(8) 有 4 个市场的产品来自一个仓库。

(9) 其他 11 个市场由 2 个仓库提供服务，31 种产品中有 30 种只存储在其中一个仓库中。

其中一个部门对把所有要运往一地的产品统一存储在一个仓库里。显然，这样简化了分配管理，同时便于有效利用卡车空间，不过这种方法将会增加运输成本。对 2 个需求旺盛的销售区（即布尔沙和 ANTALYA）来说，假如所有运往这些销售区的产品都被统一存储到 Layirova 仓库，那么评估后会发现，其成本增幅很大，约为 14%～15%，而且，这样将极大增加 Layirova 仓库的负担；同样，若是都放于 Eskisehir 仓库，运输成本增幅达 23%～26%。另外，除了这么大的成本增长，这种方法也使很多较重的产品搬运了 2 次。因此，不采用这种方法，而且在 ATILIM—伊斯坦布尔区域普遍地采用 2 个仓库存储多个地区货物的方法。

当实施这个模型的时候，缺少其他 4 个区域的当前数据。尽管如此，用距离代表运输成本，人口数代表需求，解决了 ATILIM—伊斯坦布尔区域外的 7 个城市的线性规划，最佳方案使用了 3 或 4 个仓库。不过，倘若限制每个区域的仓库数不多于 2 个，所得最佳方案也只是成本稍有增长（平均 2.6%），这就给了“每区限有 2 个仓库”这一客观重要约束以支持，即在此约束下，模型同样有效。另外，一个已有的仓库和一个新的仓库在最佳方案里并没有起作用。若把这 2 个仓库加到方案里，得出的最优方案使成本上升了 10%～20%。主管人员这样解释增加的理由：为了减少交付时间并增加市场覆盖面而使费用上升。尽管如此，当运用实际数据时，线性模型将提供详尽的花费，包括这些较远的仓库的管理费用。

对于一个公司来说，从一个项目所得到的最重要的结果就是节约了成本。不过，对这个项目想要得出一个精确的节约数字是很难的。不容置疑的是 1992 年 7 月以后 ATILIM 的运输成本降下来了，但想要把因增加仓库而引起的减少量和因改进分配计划而引起的减少量分开比较困难。

三、方案讨论及评价

在讨论之前，ATILIM 想要使用一种电子表格来进行每月的分配计划，而项目最后采用了线性规划模型。下面将讨论一下这两种方案的优缺点。

毫无疑问，电子表格的优点是简单、容易理解和使用，但是，采用电子表格无法确定优化的方案。而线性规划模型是一种优化的方法，在一系列约束下，它能找到一个问题的最优解。线性规划模型通常要复杂得多，但它可以封装起来，变成像电子数据表的输入输出一样简单的软件。这就是这个项目中的工作内容之一。这样，任何一个管理人员都可以轻松操作这种软件，即使没有任何的线性规划知识。该项目也可使用 LINDO 和 QUICK BASIC 来完成。

通过该项目，反映出线性规划具有以下优点。

（1）对装置约束的处理。

（2）最优化能力。

（3）柔性（可加入新的约束）。

（4）可扩展性（可加入新的产品和仓库）。

（5）数据错误检测（不正确的数量和成本数据会导致不合理的方案）。

但线性规划模型方法的一个最大的优点却带来了一个缺点：精确性。因为对装载约束的严格处理，如果较近仓库的卡车没有足够的空间，线性规划模型提供的解决方案可能是从较远的仓库运送小件的物品。而实际上，这些装载约束并不是严格的约束，因为仓库的管理员总会有一些灵活的方法来使卡车多装些东西。因此，完全按照“最优”解来处理对于一个公司来说可能非常不切合实际的。这种问题可以通过对解决方案作出前面所解释的小调整来解决。

最后，还要指出这个配送问题存在的缺点。月配送计划模型假设环境是静态的，但实际上，环境是动态的，需求和供给数据是一个月连续不断进入系统，不一定是以一个统一的方式。另外，产品的需求是批量化的，这些订单不能被分离。这个约束使得要实现模型假设那样的装载十分困难。因此，预期的成本数据只能看作是一个目标，在实际运作中可能会有偏差。

【案例分析】

物流运输组合优化

运输成本在整个物流成本中占有非常重要的地位，运输成本占物流总成本的35%～50%，占商品价格的4%～10%。所以运输成本的减少对物流总成本的节约具有举足轻重的作用。不合理运输是指在现有条件下可以达到的运输水平而未达到，从而造成了运力浪费、运输时间增加、运费超支等现象。目前我国企业存在的主要不合理运输形式有：运输方式选择不当，运输路线不合理，重复运输，返程或启程空驶等。

一般情况下，运输费用由三个因素决定：运输方式、运输里程、运输重量/或体积。其中，运输方式是由企业决定的，不同的运输方式其单位费率不同；运载量也是由企业控制的；运输里程与选择的运输路径有关。在选择运输方式或运输路线上不合理，是使得物流运输显性成本增加的一个重要原因。

一、物流运输中要解决的关键问题

针对企业在选择运输方式或运输路线上不合理的问题，利用管理运筹学方法能有效地解决该问题。利用管理运筹学要解决的有两个关键问题：一是最短路径的运输路线问题；二是在企业给定的运输目标下找到运输成本最低的运输组合。

首先，解决最短路径的运输路线问题。在运输路线的选择中，大多根据距离来进行，但运输路线最短并不一定是最优的选择，要考虑两地交通便利条件、路面状况、两地距离等综合因素。可以在算法中引进这样的运算机制：将距离、交通条件、路面状况等进行综合评估后得出路径权数，再用路径权数与实际距离的乘积作为所要选择的权数路径距离，运用管理运筹学网络规划中的最短路径算法找出最短路径。

其次，解决运输成本最低的运输组合，可以通过假定企业有多个运输目标，比如运输时间不超过企业指定时间，运输工具的总安全系数要达到企业给定的数值等，运用管理运筹学中的目标规划模型方法来找到运输成本最低的运输组合。

二、应用案例

某企业需要从点 S_1 运送500t的货物到另一个企业 S_{10}，该企业拥有三种运输工具，分别是大型卡车、中型卡车、小型卡车。其中各卡车的数量、运输重量、单位运输成本（包括所有运输费用）及安全系数（指运输工具没有发生意外的概率）的具体数据如表6-7所示。

表6-7 运输工具数据

运输工具/卡车	大型	中型	小型
拥有数量/辆	10	20	30
运输重量/t	20	10	5
单位成本/（元/t）	1.0	0.8	0.6
安全系数	0.998	0.995	0.993

由于两地路途及运输工具本身的性质原因，大型卡车和中型卡车从启程到返程需要2天时间，小型卡车从启程到返程需要1天时间；货物每天存储成本为10元/t（按每天运输后剩下的货物重量计算），每次启程时间固定，该企业要求货物在3天内全部运出，且每天启程所有的运输工具的总安全系数不低于0.9，通过数学建模求该企业在这次运输货物中费用最低的运输日程安排表，企业可选择的运输路线如图6-4所示。

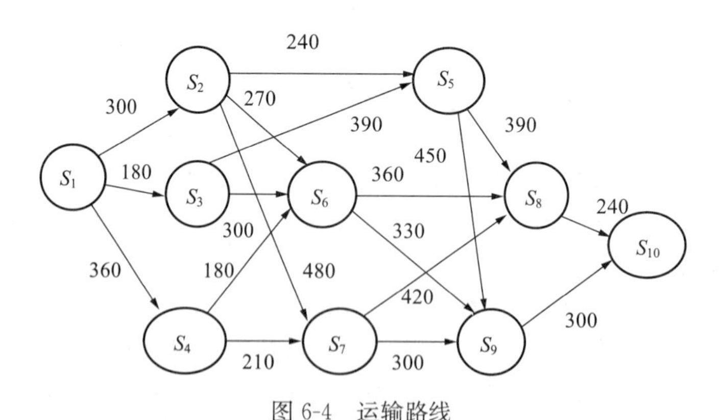

图6-4 运输路线

1. 模型建立与求解

（1）解决运输路线最短问题。

根据运筹学中最短路径算法，寻找最短路线，就是从最后一段开始，用由后向前逐步递推的方法求出各点到终点的最短路线，最终求得由起点到终点的最短路线。

首先，将图 6-4 的路线问题看成四个阶段的问题，由 S_1 到 S_2，S_3，S_4 为第一阶段；由 S_2，S_3，S_4 到 S_5，S_6，S_7 为第二阶段；由 S_5，S_6，S_7 到 S_8，S_9 为第三阶段；由 S_8，S_9 到 S_{10} 为第四阶段。下面引进几个符号。

$d(S_k, S_m)$ 为 S_k 到 S_m 的距离，$f(S_k)$ 为 S_k 到终点的最短距离。

① 在第四阶段。目前状态可以是 S_8 或 S_9，可选择的下一状态是 S_{10}，所以有

$$f(S_8) = d(S_8, S_{10}) = 240$$

$$f(S_9) = d(S_9, S_{10}) = 300$$

② 在第三阶段。目前状态可以是 S_5 或 S_6 或 S_7，可以选择的下一状态为 S_8 或 S_9，所以有

$$f(S_5) = \min\begin{Bmatrix} d(S_5, S_8) + f(S_8), \\ d(S_5, S_9) + f(S_9) \end{Bmatrix} = \min\begin{Bmatrix} 390 + 240, \\ 450 + 300 \end{Bmatrix} = 630$$

$$f(S_6) = \min\begin{Bmatrix} d(S_6, S_8) + f(S_8), \\ d(S_6, S_9) + f(S_9) \end{Bmatrix} = \min\begin{Bmatrix} 360 + 240, \\ 330 + 300 \end{Bmatrix} = 600$$

$$f(S_7) = \min\begin{Bmatrix} d(S_7, S_8) + f(S_8), \\ d(S_7, S_9) + f(S_9) \end{Bmatrix} = \min\begin{Bmatrix} 420 + 240, \\ 300 + 300 \end{Bmatrix} = 600$$

③ 在第二阶段。目前状态可以是 S_2 或 S_3 或 S_4，可以选择的下一状态为 S_5 或 S_6 或 S_7，所以有

$$f(S_2) = \min\begin{Bmatrix} d(S_2, S_5) + f(S_5), \\ d(S_2, S_6) + f(S_6), \\ d(S_2, S_7) + f(S_7) \end{Bmatrix} = \min\begin{Bmatrix} 240 + 630, \\ 270 + 600, \\ 480 + 600 \end{Bmatrix} = 870$$

$$f(S_3) = \min\begin{Bmatrix} d(S_3, S_5) + f(S_5), \\ d(S_3, S_6) + f(S_6) \end{Bmatrix} = \min\begin{Bmatrix} 390 + 630, \\ 300 + 600 \end{Bmatrix} = 900$$

$$f(S_4) = \min\begin{Bmatrix} d(S_4, S_6) + f(S_6), \\ d(S_4, S_7) + f(S_7) \end{Bmatrix} = \min\begin{Bmatrix} 180 + 600, \\ 210 + 600 \end{Bmatrix} = 780$$

④ 在第一阶段。目前状态只有 S_1，可以选择的下一状态为 S_2 或 S_3 或 S_4，所以有

$$f(S_1) = \min\begin{Bmatrix} d(S_1, S_2) + f(S_2), \\ d(S_1, S_3) + f(S_3), \\ d(S_1, S_4) + f(S_4) \end{Bmatrix} = \min\begin{Bmatrix} 300 + 870, \\ 180 + 900, \\ 360 + 780 \end{Bmatrix} = 1080$$

通过最短路径算法计算，可知从 S_1（出发点）到 S_{10}（终点）的最短运输路程为 1080km（权数路径距离），所走的最优路线采用“顺序追踪法”来确定，最优运输路径：$S_1 \rightarrow S_3 \rightarrow S_6 \rightarrow S_8 \rightarrow S_{10}$。

（2）解决运输成本最低的运输组合问题。

由于解决了最短运输路线问题，且最短运输路程为 1080km，则选择每种运输工具运输一次的总费用如表 6-8 所示。

表 6-8　运输工具总费用

运输工具/卡车	大型	中型	小型
运输费用/元	21600	8640	3240

模型建立过程如下。

在计算问题之前，先引进一些变量符号。

$i(i=1,2,3)$：天数变量。

x_{di},x_{zi},x_{xi}：第 i 天运输时所选择的大型卡车、中型卡车、小型卡车的数量。

y_{di},y_{zi},y_{xi}：第 i 天空闲的大型卡车、中型卡车、小型卡车的数量。

c_i：第 i 天的运输费用。

p_i：第 i 天的运输人员数量。

u_i：第 i 天运输的总安全系数。

s_i：第 i 天的存储费用。

① 第一天情况。

运输费用：

$$C_1=21600x_{d1}+8640x_{z1}+3240x_{x1}$$

存储费用：

$$S_1=10(500-20x_{d1}-10x_{z1}-5x_{x1})$$

运输人员数量：

$$p_1=20$$

各空闲卡车的数量：

$$y_{d1}=10$$
$$y_{z1}=20$$
$$y_{x1}=30$$

总安全系数：

$$u_1=(0.998)^{x}_{d1}\times(0.995)^{x}_{z1}\times(0.993)^{x}_{x1}\geqslant 0.95$$

启程车辆数量：

$$0\leqslant x_{d1}\leqslant y_{d1}$$
$$0\leqslant x_{z1}\leqslant y_{z1}$$
$$0\leqslant x_{x1}\leqslant y_{x1}$$

启程车辆总数量：

$$x_{d1}+x_{z1}+x_{x1}\leqslant p_1$$

② 第二天和第三天情况：以此类推。

货物已全部运出：

$$\frac{S_2}{10}-20x_{d3}-10x_{z3}-5x_{x3}\leqslant 0$$

总费用目标函数：

$$\min f = C_1 + S_1 + C_2 + S_2 + C_3 + S_3$$

模型求解如下。

借助计算机软件 Excel 求解该模型，结果如图 6-5 所示。

	A	B	C	D	E
1	已知数据				
2		运输工具类型	大型卡车	中型卡车	小型卡车
3		拥有数量（辆）	10	20	30
4		运输重量（吨）	20	10	5
5		运输费用（元）	21600	8640	3240
6		安全系数	0.998	0.995	0.993
7		运输人员：	20		
8		存储成本（元/吨）：	10		
9		要求安全系数：	0.95		
10					
11	费用最低的运输安排表				
12		运输工具类型	大型卡车	中型卡车	小型卡车
13		第一天运输安排	6	5	2
14		第二天运输安排	2	3	4
15		第三天运输安排	8	7	0
16					
17	总费用最低的目标函数	500140			
18					

图 6-5 模型求解结果

从图 6-5 可以看出，在满足企业运输目标的条件下，企业运输货物的运输安排如下：第一天运输用 6 辆大型卡车、5 辆中型卡车和 2 辆小型卡车；第二天运输用 2 辆大型卡车、3 辆中型卡车和 4 辆小型卡车；第三天运输用 8 辆大型卡车和 7 辆中型卡车。运输费用最低为 500140 元。

三、结果分析评价

首先，运筹学在寻求物流运输成本最低的运输组合中起着重要的作用，在企业拥有资源有限的情况下，比如，运输工具有限，运输人员有限，运输时间的限制等，利用管理运筹学把现实中的抽象问题转化成具体的数学问题，再建立相应的数学模型并求解，使问题得到解决，因而使运输成本最小化。

其次，在算法中引进这样的运算机制：将距离、交通条件、路面状况等进行综合评估后得出路径权数，再用路径权数与实际距离的乘积作为所要选择的权数路径距离，运用管理运筹学网络规划中的最短路径算法找出最短路径。同时考虑运输时间不超过企业指定时间，运输工具的总安全系数要达到企业给定的数值等。

最后，随着企业在运输过程中提出的目标不断增加，并且决定运输成本的因素也不断增加，问题会越来越复杂，如果不借助科学的方法，很难找到成本最低的最优组合。正是因为这样，运筹学在物流运输成本控制中的作用越来越重要。

思考题： 1. 物流运输中要解决的关键问题是什么？

2. 设计一个物流运输系统时应该注意哪些因素？

复习思考题

一、基本概念

物流运输系统　运载工具　通路　场站　动力　通信　经营机构　物流运输线路影响因素

二、选择题（1—4 单选，5—8 多选）

1.（　　）是指借助公共运输线及其设施和运输工具来实现人与物空间位移的一种经济活动和社会活动。

A. 运输　　B. 配送

C. 仓储　　D. 搬运

2.（　　）是指货车在完成一个工作量的周转过程中平均花费的时间。

A. 货车周转时间　　B. 货物平均运程

C. 货物周转量　　D. 货物运输量

3.（　　）主要指运输线路进行运作所需的设备支出，包括软硬件费用，主要有运输工具、线路维护、装卸机械、信息管理系统。

A. 固定成本　　B. 运营成本

C. 营运成本　　D. 设备成本

4.（　　）主要目的就是要以最短的时间、最少的财务和环境资源成本，将产品从初始地点转移到规定地点。

A. 运输　　B. 配送

C. 仓储　　D. 搬运

5. 运输的基本方式有（　　）。

A. 公路运输　　B. 铁路运输

C. 水路运输　　D. 航空运输

E. 管道运输

6. 一般来说，运输方式的选择受（　　）因素的影响。

A. 运输物流的种类　　B. 运输量

C. 运输距离　　D. 运输时间

E. 运输成本

7. 总的来说，影响运输线路选择的因素可分为（　　）。

A. 成本因素　　B. 非成本因素

C. 财务因素　　D. 时效因素

E. 空间因素

8. 现代化的物流运输都必须要有（　　）等要素与之配合。

A. 运载工具　　B. 通路
C. 场站　　D. 动力
E. 通信　　F. 经营机构

三、判断正误题（正确的用 T 表示，错误的用 F 表示）

1. 运输是指借助公共运输线及其设施和运输工具来实现人与物空间位移的一种经济活动和社会活动。（　　）

2. 一般而言，运输具有两大功能：产品转移和产品存储。（　　）

3. 运输的主要功能就是产品在价值链中的来回移动。（　　）

4. 运输工具、通路、场站、动力和通信都属于交通运输的硬件要素。（　　）

5. 在实际中，公司可通过对货物的种类、运输量、运输距离、运输时间、运输成本等几个方面的综合考虑，来选择合适的运输方式。（　　）

6. 总的来说，影响运输线路选择的因素可分为两类：成本因素和非成本因素。（　　）

7. 运输成本最低一般是企业首先追求的目标。（　　）

8. 货物平均运程即货物的平均运输距离，表示平均每吨货物运送的距离。（　　）

四、简答题

1. 运输的概念是什么?

2. 运输的功能有什么?

3. 物流运输系统是什么?

4. 物流运输系统有哪些构成要素?

5. 物流系统有哪些运输方式可以选择?

6. 物流运输线路选择有哪些影响因素?

7. 物流运输线路设计的原则有哪些?

8. 物流运输线路优化模型有哪些?

五、综合运用题

1. 试对比物流运输线路优化的各种模型的异同?

2. 现有一个家电生产公司，需要对附近的 11 个城市提供洗衣机、冰箱等。各个城市的需求量如表 6-9 所示，表中同时也给出了城市的笛卡儿坐标系的坐标（原点为家电生产公司所在地，不在上面的 11 个城市中），代表各个城市的相对位置。假设冰箱和洗衣机可以混装，需求为冰箱和洗衣机需求的总和。每趟车可以装载 16 个单位货物。

试求：在每辆车只能出车一次的条件下，最少需要几辆货车对下面几个城市进行配送?

提示：可以用扫描法求解。

表 6-9　需求量和极坐标的角坐标值

城市	1	2	3	4	5	6	7	8	9	10	11
需求/台	8	7	2	6	9	11	4	5	3	8	6
x	20	70	22	−20	−23	45	−32	35	40	20	44
y	50	−60	35	80	−55	−10	−30	35	20	−40	35

第 7 章

物流信息系统设计

第一节　物流信息系统概述

现代物流与传统物流的主要区别在于物流对象从起点至终点及相关信息有效流动的全过程。它将运输、仓储、包装、装卸、加工、整理、配送和信息等方面有机结合，形成完整的供应链，为用户提供多功能、一体化的综合性服务。经济全球化和技术革命的发展极大地推动了计算机技术、网络技术、远程通信技术在物流业中的应用，使企业建立完善的物流信息系统，实施一体化物流和供应链管理，也使第三方物流、电子商务、虚拟企业取得成功成为可能，提高了企业的经营、管理水平和竞争能力。

物流在现代经济发展中发挥着越来越大的作用。随着信息技术的发展，物流信息系统在企业中得到了广泛运用。对于企业来说，准确地了解物流信息和物流信息系统的概念具有非常重要的指导意义。信息革命，它不仅改变传递信息、收集信息和处理信息的方法，节省信息的交易成本，还对各个行业的发展产生深远的影响。为了实现现代物流的目的，物流企业必须利用信息技术，建立完善的物流信息系统。

一、物流信息概述

（一）物流信息的概念

1. 数据

数据——是人们用来反映客观事物而记录下来的可以鉴别的符号，是客观事物的基本表达。数据包括数值型数据和非数值型数据。数据还可以分为空间数据和非空间数据。如图 7-1 所示。

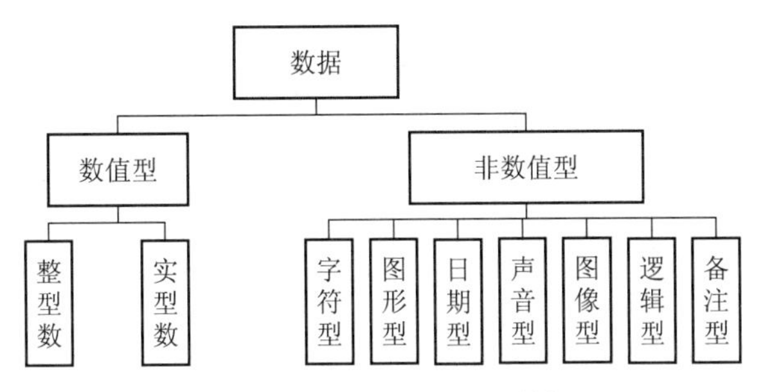

图 7-1　计算机可处理的数据

2. 信息

（1）定义。

信息是能反映事物内在本质的外在表现，如图像、声音、文件、语言等，是事物内容、形式和发展变化的反映。即指数据处理后而形成的对人们有意义的、看得懂的、有用处的某种形式。

（2）信息的特征。

真实性：不符合事实的信息是没有价值的；

增值性：人们通过信息的使用，可以获得效益；

不对称性：市场中交易的双方所掌握的信息是不相等的；

滞后性：信息有间隔时间和加工时间；

有效性：信息的增值性只表现在一定的时间内；

传输性：信息可以从一个地方传输到其他若干个地方；

共享性：不具有独占性，在同一时间可以为多人所掌握；

可扩散性：信息可以通过各种介质向外扩散；

粒度：度量信息的详细程度。

（3）数据和信息之间的关系。

信息是加工后的数据：数据是原材料，信息是产品，信息是数据的含义。

数据和信息是相对的：一些数据对某些人是信息，而对另外一些人则可能只是数据。例如，运输单对司机来说是信息，对管理者是数据。

信息是观念上的：信息揭示数据内在的含义，是观念上的。例如，经济统计指标的发展变化。

3. 物流信息

（1）物流信息定义。物流信息就是物流活动的内容、形式、过程及发展变化的反映，它表示了品种、数量、时间、空间等各种需求信息在同一个物流系统内，在不同的物流环节中所处的具体位置。在物流活动中，供给方与需求方需要进行大量的信息交换和交流。

（2）物流信息分类。

① 按发生的范围划分。

·物流系统内部信息：物品流转信息、物流操作信息、物流控制信息、物流管理信息。例如，物品的状态信息、货物跟踪信息。

·物流系统外部信息：市场信息、同行信息、政策信息区域物流系统信息等。如货主信息、运输供求、合作伙伴的情况。

② 按物流信息的方向划分。

·正向物流信息：物流对象从起源地到消费地的流动和储存以满足顾客要求的过程中产生的相关信息。

·逆向物流信息：指物流对象从消费点到起点，从而达到回收价值和适当处置的过程中产生的相关信息。例如，关于物品回收数量以及不确定性的信息、再制造物品、零件以及物料的市场需求信息、物品回收处理以及废弃物处置的作业信息等。

（3）物流信息的特点。和其他领域信息比较，物流信息特殊性主要表现在如下几个方面。

① 信息源点多、分布广、信息量大。由于物流是一个大范围内的活动，物流信息源也分布于一个大范围内，信息源点多、信息量大。如果这个大范围中未能实现统一管理或标准化，则信息便缺乏通用性。例如，信息源覆盖供应商、制造商、分销商、零售商，内容包括企业内部的订单、库存信息、相关的道路、港湾、机场等相关信息。

② 种类繁多，物流信息种类多，不仅本系统内部各个环节有不同种类的信息，而且由于物流系统与其他系统，如生产系统、销售系统、消费系统等密切相关，因而还必须收集这些类别的信息。这就使物流信息的分类、研究、筛选等难度增加。例如，多式联运、供应、生产、销售、消费等。

③ 动态性强，物流信息动态性特别强，信息的价值衰减速度很快，这就对信息工作及时性要求较高。在大系统中，强调及时性，要求信息收集、加工、处理速度快。

不同类别的物流信息还有一些不同特点，例如，物流系统产生的信息，由于需要向社会提供，因而收集信息力求全面、完整。而收集的其他系统信息，则要根据物流要求予以选择。

（4）物流信息的功能。

① 流程控制：记录、控制物流活动的基本内容；

② 管理控制：管理物流服务的水平和质量以及现有管理个体和资源；

③ 工作协调：沟通货主、用户、物流服务提供者之间的联系，满足各类货主、用户、中介服务人员的需要，满足不同物流环节协同运作的需要；

④ 支持决策和战略：物流决策和战略管理需要大量经过处理的信息支持，包括评估信息、成本/收益信息等；

⑤ 信息共享：物流企业和上游企业之间共享；物流企业和上下游企业三方共享；物流企业和下游企业之间共享，如图 7-2 所示。

（5）物流信息的作用。对物流信息的作用有多种认识的描述，其中以“中枢神经作用”和“支持保障作用”两种看法为最典型。

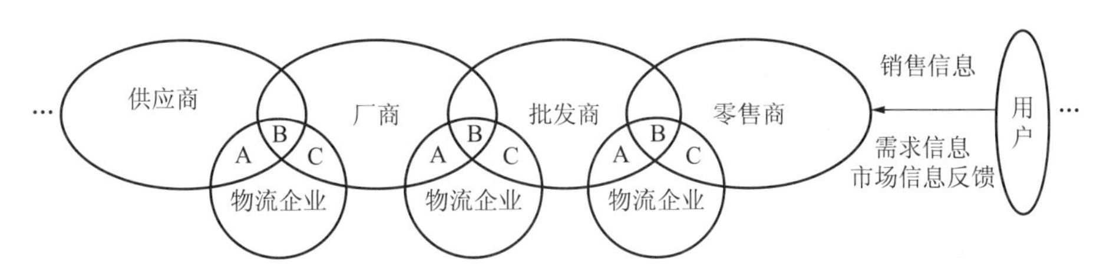

图 7-2　企业间物流信息共享示意图

① 中枢神经作用。将物流信息比做中枢神经作用的原因，是因为信息流经收集、传递后，成为决策依据，对整个物流活动起指挥、协调的作用。如果信息失误，则指挥活动便会失误，如果没有信息系统，整个物流系统便会瘫痪。以人为喻，如果说人的手足活动是实物运动的话，大脑和神经活动就是信息流，没有这种流，就没有人的运动。当然，信息还有个传递问题，中枢神经的信号如果只产生而不能传送到手足，同样也不可能指挥人的运动。这种传递就要依靠有效的信息系统。所以，物流信息系统，就像传递中枢神经信号的神经系统，高效的信息系统是物流系统正常运转的必要条件。如图 7-3 所示。

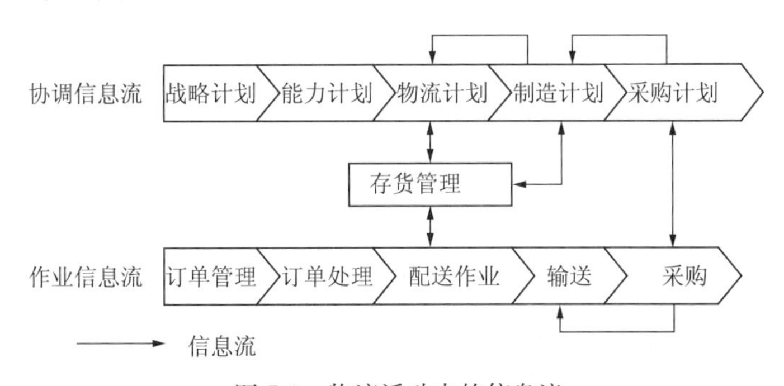

图 7-3　物流活动中的信息流

② 支持保障作用。将物流信息作用比做支持和保障作用的原因，是因为信息对全部物流活动起支持作用，没有这种支持，物流设备、设施再好，也很难正常运转。当然，如果只有这种支持，而没有物流本身的技术水平、管理水平，物流活动也不会达到一个高水平。只有支撑体和本体都正常，才会有整体的完善。

物流信息对物流活动来讲，还有决定效益的作用。物流系统的优化，各个物流环节的优化所采取的办法、措施，如选用合适的设备、设计最合理路线、决定最佳库存储备等，都要切合系统实际，也都要依靠准确反映这实际的物流信息。否则，任何行动都不免带有盲目性。所以，物流信息对提高经济效益也起着非常重要的作用。

（6）物流信息化。物流信息化指广泛使用现代信息技术，管理和集成物流信息，通过分析、控制物流信息和信息流，来管理、控制物流、商流和资金流，提高物流运作的自动化程度和物流决策的水平，达到合理配置物流资源、降低物流成本、提高物流服务水平的目的。

二、商流、物流和信息流

商流、物流和信息流是从流通内部结构描述流通过程所提出的概念，称为流通过程中的“三流”。

“三流”之间关系极为密切，可以说，失去了其中任何一流，另外几流都不会长期存在下去。它们是互为存在的前提条件，又是互为存在的基础。但是，从其本身的结构、性质、作用及工作方法来看，“三流”各有其特殊性，各有其不同的独立存在的特点，又各有其本身运动的规律。

流通过程的信息流，从其信息的载体及服务对象来看，又可分成物流信息和商流信息两大类。两类信息中，有一些是交叉的、共同的，又有许多是商流及物流特有的、非共同的东西。

商流信息主要包含进行交易有关的信息，如货源信息、物价信息、市场信息、资金信息、合同信息、付款结算信息等。物流信息则主要是物流数量、物流地区、物流费用等信息。商流中交易、合同等信息，不但提供了交易的结果，也提供了物流的依据，是两种信息流主要的交汇处。物流信息中库存量信息，不但是物流的结果，也是商流的依据，是两种信息流的交汇处。所以，物流信息不仅作用于物流，也作用于商流，是流通过程不可缺少的管理及决策依据。

物流是一个集中和产生大量信息的领域，由于物流的不断运动的性质，所以，这种信息也随时间不断发生，信息量比一般的相对运动性较差的领域大得多。这么多的信息出现往往容易产生混乱，人们也很难从中发现和取得管理和决策的有用的那一部分，因此，物流信息的处理方法和处理手段便是物流信息工作的重要内容，否则物流便难以做到十分顺畅。

物流和信息关系如此密切，物流从一般活动成为系统活动也有赖于信息的作用，如果没有信息，物流则是一个单向的活动，只有靠信息的反馈作用，物流才成为一个有反馈作用的、包括了输入、转换、输出和反馈四大要素的现代系统。

三、信息是物流进步的基础

物流是现代商品流通系统的重要组成部分，电子商务的应用与发展将促进信息技术与物流业的融合，这不仅为现代物流的发展提供了技术手段，同时也带来了巨大的市场。电子商务的兴起，使商品流通要素发生重组，流通产业的内涵与外延都发生了重大变化。由于商流的执行可由信息流所取代，因而物流手段和信息手段演变为现代流通业的两大支柱。

第二节 物流信息系统

一、信息系统与物流信息系统

（一）信息系统

信息系统就是“对数据进行采集、处理、存储、管理、检索和传输，必要时能向有关人员提供有用信息的系统”，这个定义概括了信息系统的基本功能。

1. 数据的采集

数据采集就是把分布在各部门、各处、各点的有关信息收集起来，记录其数据，集中起来转化成信息系统所需的形式。在数据的采集工作中，一个重要的问题，是将哪些客观属性作为有用的数据来采集。采集时，不要把范围定得太大，否则，会增加数据处理工作的困难，有时要付出很大的代价才能采集到，有时甚至根本无法采集；如果将采集范围定得太小，就可能无法加工出某些有用的信息来。数据采集范围的确定，在相当程度上决定着信息系统的质量，应给予足够的重视。为了保证数据的质量，采集到的数据须用某种方法进行认真的检验，不能允许错误的数据混杂在其中。例如，管理人员对单据的审查，就是一种检验工作。

2. 数据的处理

数据的处理就是将数据加工转换为有用的信息。数据加工的含义是相当广泛的，通常对数值型数据进行的各种算术运算（如加、减、乘、除等），对非数值型数据的拼接、取子串、转换等，都视为对数据的加工，但加工的含义远远不止于此。例如，不同语言之间的翻译，文章格式的编辑及数字转换为图形等都是加工的范围，甚至在大量数据中按需要选取所需的数据也是一种加工。数据处理的数学含义是排序、分类、查询、统计、预测、模拟及进行各种数学计算。现代化的信息系统都是依靠规模大小不同的计算机来处理数据，并且处理能力越来越强。

3. 数据的存储

由于数据的采集和传输都需要时间，这就使得数据处理工作表现为一个持续的过程。在加工的工作中不仅要用到当前的数据，而且也要用到过去一段时间得到的数据，用到从别的途径得到的数据。另外，加工后得到的信息也需保存，所以必须采用一定的方法，用一定的物理介质来保存有关的数据和信息。

4. 数据的管理

数据管理的主要内容有：事先规定好应采集数据的种类、名称、代码、地点，所用设备、数据格式、采集时间、送到何处，规定好应存储数据的存储介质、逻辑组织方式、访问权限，规定好以何种方式将何种信息传输给何人，数据保存年限等。总之，对系统中的数据要进行统一管理，要制定多项必要的规章制度。

5. 数据的检索

存储在各种介质上的庞大数据要让使用者便于查询。这是指查询方法简便，易于掌握，响应速度能满足用户要求。数据检索一般要用到数据库技术和方法。许多厂家、公司提供了各种不同功能的数据库管理系统，在开发一个信息系统时，应对它们的功能、使用方法、环境等进行调查，选择最适合的数据库软件。数据库的组织方式和检索方法决定着检索速度的快慢。

6. 数据的传输

数据传输是数据处理工作中不可缺少的一环。因为数据处理工作的各个环节并不一定是在同一个地点进行。数据采集工作可能是分散在不同的地方，数据的加工工作是在某个确定的地方进行，而数据的使用又可能在另外一个地方。所以，数据需要经过传输，送到指定的地方。数据的传输工作的效果也将影响到信息的质量。这里所说的效果包括两方面的内容：一方面是准确性，即保证在传输过程中不致造成错误，使采集来的数据不受破坏；另一方面是指数据的实时性，就是说要保证数据能及时传输到，如果数据发送者不能及时提供准确的数据，数据接收者也就不可能及时得到所需要的数据。加工后得到的信息应该及时提供给使用人员，否则将可能失去它的意义。

（二）物流信息系统的含义

物流信息系统（Logistics Information System，LIS）作为企业信息系统中的一类，可以理解为通过对与物流相关信息的加工处理来达到对物流、资金流的有效控制和管理，并为企业提供信息分析和决策支持的人机系统。它具有实时化、网络化、系统化、规模化、专业化、集成化、智能化等特点。物流信息系统以物流信息传递的标准化和实时化、存储的数字化、物流信息处理的计算机化等为基本内容。

二、物流信息系统的构成

（一）物流信息系统的组成要素

从系统的观点，构成物流企业信息系统的主要组成要素有硬件、软件、数据库和数据仓库、相关人员及企业管理制度与规范等。

1. 硬件

硬件包括计算机、必要的通信设施等，如计算机主机、外存、打印机、服务器、通信电缆、通信设施，它是物流信息系统的物理设备、硬件资源，是实现物流信息系统的基础，它构成系统运行的硬件平台。

2. 软件

在物流信息系统中，软件一般包括系统软件、实用软件和应用软件。

系统软件主要有操作系统（Operation System，OS）、网络操作系统等（Network Operation System，NOS），它控制、协调硬件资源，是物流信息系统必不可少的软件。

实用软件的种类很多，对于物流信息系统，主要有数据库管理系统（Data Base Management System，DBMS）、计算机语言、各种开发工具、国际互联网上的浏览器、群件等，主要用于开发应用软件、管理数据资源、实现通信等。

应用软件是面向问题的软件，与物流企业业务运作相关，实现辅助企业管理的功能。不同的企业可以根据应用的要求，来开发或购买软件。

3. 数据库与数据仓库

数据库与数据仓库用来存放与应用相关的数据，是实现辅助企业管理和支持决策的数据基础，目前大量的数据存放在数据库中。

4. 相关人员

系统的开发涉及多方面的人员有专业人员，有领导，还有终端用户，例如，企业高层的领导（CEO）、信息主管、中层管理人员、业务主管、业务人员，系统分析员、系统设计员、程序设计员、系统维护人员等是从事企业物流信息资源管理的专业人员。

5. 物流企业管理思想和理念、管理制度与规范流程、岗位制度等

物流企业管理理念、管理制度等是物流信息系统成功开发和运行的管理基础和保障，是构造物流信息系统模型的主要参考依据，制约着系统硬件平台的结构、系统计算模式、应用软件的功能。

（二）物流信息系统的基本功能

物流信息系统的开发和维护需要一定的成本，这些成本投入的最好回报便是物流信息系统在物流管理中所体现出来的各种强大功能。

1. 数据实时收集和输入

物流信息系统借助于条码技术、射频识别技术。GIS（地理信息系统）技术、GPS（全球定位系统）技术等现代物流技术，能够对物流活动进行准确实时的信息收集。另外，客户通过友好界面（如 EDI 系统客户提供的表单）进行元素值的选择或填写，能够方便地完成物流与供应链活动中各种单证的输入和调用。

2. 数据传输

物流信息系统通过网络（专用增值网、因特网）可以快速方便地将数据从一地传输到另一地，从而消除空间的阻隔，使得不处于同一地区的供应链上下游企业，能够如同身处异地一样开展协同工作和各种业务活动。另外，物流信息系统通过 EDI 传输的是结构化的标准信

息（如报文），这些信息能够在不同系统间进行传输并得到自动处理，而不需要人为干预，这可极大地提高物流管理活动中的数据传输效率。

3. 数据处理

物流信息系统能够对数据进行处理，从中发现规律和关联，从而对物流活动进行预测和决策。除了统计分析外，物流信息系统还尽量将各种最新的信息技术集成进来，如数据仓库、数据挖掘、联机分析、专家系统等。

4. 数据存储

物流信息系统的存储功能既与输入直接相关，又与输出紧密相连，输入决定系统存储什么样的数据，存储多少；存储决定系统的输出内容和形式。另外，物流信息系统的数据存储功能能够打破时间阻隔，使用户方便地对历史数据进行查询，并为用户提供未来预测信息。

5. 数据输出

物流信息系统能够为用户提供友好的数据输出界面，如文字、表格、图形、声音等，随着多媒体技术的进一步发展，数据输出的形式将更加丰富和形象。

6. 控制功能

物流信息系统的控制功能体现在两个方面：一是对构成系统的各成员（如硬件、软件、人员、管理思想等）进行控制和管理；二是对数据输入、存储、处理、输出、传输等环节进行控制和管理。为了实现有效控制，系统必须时刻掌握系统预期要达到的目标和实际的状态，并通过反馈来调整相应的参数和程序，保证物流系统处于最佳运行状态，如缩短从接受订货到发货的时间，库存适量化，提高搬运作业效率，提高运输效率，提高接受订货和发出订货的精度，防止发货、配送出现差错，调整需求和供给，回答信息咨询等。

（三）物流信息系统的总体结构

不同的物流企业，当采取不同的管理理念，其物流信息系统的应用软件会不同。例如，以制造业为例，管理理念由库存控制、制造资源管理发展到企业资源管理，其业务层的企业信息系统应用软件随之发生了从 MRP、MRPⅡ到 ERP 的变化，从注重内部效率的提高到注重客户服务，其业务层的企业信息系统应用软件从以财务为中心发展到以客户为中心。作为物流企业不同层次上的部门和人员，需要不同类型的信息。一个完善的物流信息系统，要有以下层次：如图 7-4 所示在垂直方向上，物流信息系统涉及交易作业、管理控制、决策分析和制订战略计划四个层次；在水平面上，物流信息系统贯穿采购物流、企业内物流、销售物流、退货物流、回收和废弃物物流的运输、仓储、包装、装卸、搬运、流通加工等各个环节。图 7-4描述了物流信息系统的总体结构。

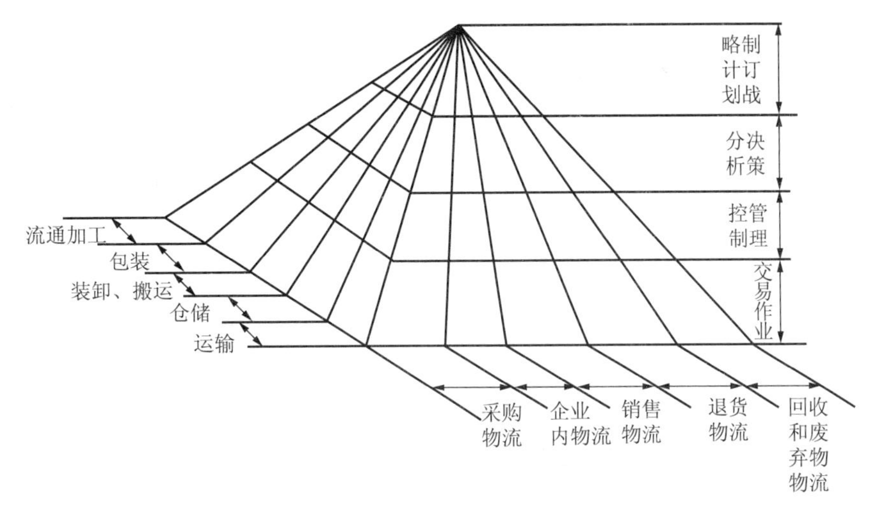

图 7-4　物流信息系统的总体结构图

（四）物流信息系统的特点

1. 一体化

物流管理涉及地理上处于不同位置的很多法人企业和企业间的各种业务交往，呈现出纷繁复杂的特性。物流信息系统通过信息的快速传递和共享，将这些企业和企业间的各种业务从逻辑上进行集成，从而使分散和独立的企业和业务流程集成为一个一体化的逻辑整体参与市场竞争。

2. 网络化

物流信息系统不再运行于单机上，而是向网络化方向发展。目前，基于因特网的物流信息系统能够将上下游企业和客户统一到虚拟网络社会上来，世界各地的客户足不出户，便能通过浏览器查找、购买、跟踪所需商品。

3. 模块化

物流信息系统是为物流管理服务的。在系统开发中，一般将系统划分为很多子系统，对应于相应的子模块，分别完成不同的功能。企业根据自身条件将不同的模块进行集成，这既满足了企业个性化需求，又使上下游企业间能够很容易地得到集成。

（五）物流信息系统的主要功能

为达到系统的目标，物流信息系统包括物品管理子系统、配送管理子系统、运输与调度子系统、客户服务子系统、财务管理、人力资源管理、仓储管理等如图 7-5 所示。

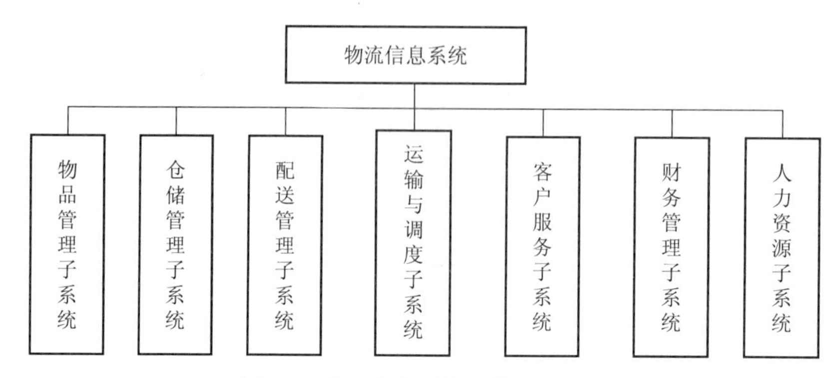

图 7-5 物流信息系统总体功能结构

按照价值链概念，物流企业的主要活动主要有运输、仓储、包装、装卸、搬运、流通加工和配送，因此此处仅限于对物品管理子系统、配送管理子系统、运输与调度子系统、客户服务子系统的分析。

1. 物品管理子系统

物品管理子系统是物流信息系统的重要组成部分，它可以使企业物品仓库的管理全面信息化。它覆盖的范围相当广泛，从物品的采购计划、审批、物品的国内外采购合同、合同执行情况的跟踪反馈，到物品到货入库、物品发货、结算与统计，全部都要通过这个物品管理系统进行调度管理。物品管理信息系统由下列四个部分组成：采购计划管理、采购合同管理、物品出入库管理、物品进销存查询。

2. 仓储管理子系统

一般的仓储管理子系统从功能结构上可分为四大功能，日常管理包括物品凭单录入管理、冲账管理、查账日常管理。账单管理对仓库的使用资金账单进行管理，有利于领导和仓库管理人员了解并掌握仓库资金的调度。统计报表用于管理人员统计各种物品的出入库及使用情况。数据查询是对物品的消耗、库存数量和物品修理费支出的查询。

3. 配送管理子系统

配送管理子系统的主要有 6 个功能，依照其相应的数据流程图可以知道每个功能的详细信息。包括备货管理、配送加工管理、分拣配货管理、配装管理、配送运输管理、送达管理。

4. 运输与调度管理子系统

运输任务产生，根据起运地和到达地生成运输任务，对每一个承运公司生成运输任务交接单，同时打印装箱单、运单和运输标记，系统支持条形码输出。运输过程管理，对于未完成的运输任务进行状态更新，生成各种统计报表，同时记录每一单运费。服务结算，对每一个承运公司进行运费结算，生成结算报表。承运公司通过 Internet 查询本公司的运输费用结算信息。运输信息查询，对所有的运输任务进行查询，包括该运输任务的货物细目、到达状态、签收情况、运费等情况。

5. 客户服务子系统

客户服务是物流公司和客户之间的接口和桥梁，也是物流公司进行采购、发货和运输的依据，它是现代物流的基本元素，也是物流企业提高服务水平和企业竞争能力的有效手段。包括网上下单，客户可以通过网络下单，将自己的物品需求品种、数量和时间发送给物流公司，同时物流公司也可以通过网络向供应商发出订货请求。货物跟踪，客户可以通过物流公司的网络实时跟踪自己的货物状态。合同更改，客户可以通过网络及时更改合同的内容，物流公司根据客户更改后的合同及时调整采购和运输计划，承运公司通过 Internet 对承运的运输任务进行状态更新。

三、物流信息系统的作用

物流信息系统利用信息技术，通过信息流，将各种物流活动与某个一体化过程连接在一起的通道。物流系统中的相互衔接是通过信息予以沟通的，基本资源的调度也是通过信息共享来实现的，因此，组织物流活动必须以信息为基本。为了使物流活动正常而有规律地进行，必须保证物流信息畅通。物流信息的网络化就是要将物流信息通过现代信息技术使其在企业内、企业间乃至全球达到共享的一种方式。

物流信息已经从“点”发展到“面”，以网络方式将物流企业的各部门、各物流企业、物流企业与生产企业和商业企业等连在一起，实现了社会性的各部门、各企业之间低成本的数据高速共享；从平面应用发展到立体应用，企业物流更好地与信息流和资金流综合，统一加工消除了部门间的冗余，实现了信息的可追溯性。

四、物流信息系统的层次与网络

（一）区域物流信息网络平台

1. 区域物流信息网络平台构成要素

区域物流信息网络平台是物流的载体，是一个包括诸多因素的复杂网络体系，其建设需要从以下三个方面进行统筹规划、协调发展。

（1）基础设施类。包括机场、铁路、道路与航路网络、管道网络、仓库、物流中心、配送中心、站场、停车场、港口与码头、信息网络设施等。

（2）设备类。包括物流中心、配送中心内部的各种运输工具、装卸搬运机械、自动化作业设备、流通加工设备、信息处理设备及其他各种设备。

（3）标准类。如物流术语标准、托盘标准、包装标准、卡车标准、集装设备标准、货架标准、商品编码标准、商品质量标准、表格与单证标准、信息交换标准、仓库标准、作业标准等。

2. 区域物流信息网络平台构建的原则

（1）统一原则。强调参与现代物流的各部门、各环节之间从适应物流需要出发，统一设备规格、技术性能、信息标准。

（2）协调原则。强调组织物流的各部门及运输、仓储、包装、装卸、流通加工、配送、信息处理各环节的运输过程中，必须加强信息交流，在时间、空间上互相衔接。

（3）物流信息网络平台的兼容性原则。区域物流平台的构建，是结合区域经济优势及其发展特点进行的，区域间的市场经济的互补性决定了区域间物流信息网络平台应有较好的兼容性。

（4）整体效能原则。区域物流信息网络平台作为一个系统化、一体化的物流支持体系，其优劣应以整体效能为评价标准，应在保证整体效能最大化的前提下，追求各子系统的最大利益。这就要求在发展过程中，统筹兼顾，协调发展。因此，需要把握主要矛盾，解决好物流信息网络平台中各相关环节的“瓶颈”问题。

（5）硬件基础设施建设应有相对的前瞻性，即适度超前。铁路、公路、场站、码头、仓库等硬件基础设施属固定物，其建设具有阶段性。在当前的建设中，都应依据规划超前建设。

（二）物流信息网络平台的主要功能模块

1. 物流信息网络框架

用于提供一个具有延展性的平台，让使用者可以通过互联网，进入物流信息网络进行作业。系统管理者亦可通过系统管理功能模块进行系统设定、基础数据维护等。

2. 物流信息网络网页内容

为物流网会员提供多元化物流信息，包括物流的政策法规、最新信息发布、专家咨询及常见问题解答等。

3. 仓库管理

仓库管理功能包括货物入库、上架、补货、拣货、出货、盘点及账务处理。

4. 多仓管理

物流网应用平台上可同时管理多个仓库，包括入出库、调拨、调整、账务查询等功能，并可与运输管理集成，实现储运一体的目标。

5. 会员管理

为物流信息网络平台的会员提供注册、登录、基本资料维护及管理功能。

6. 产品目录管理

提供储运品的基本资料维护及管理，供仓库管理及运输管理使用。

7. 运输管理

为货主、承运人、物流业者提供货物运输的执行、监控、追踪功能，如运务需求提交、运费管理、装载处理及运输状态更新等。

8. 合约议定

货主可通过物流信息网络平台将需求发送给特定的物流业者，这些信息包括区段、数量、载具、服务水平等；被选定的物流业者，可以就自身的专长、能力或策略提出竞价，并可整合议定的结果，作为运输管理系统的费率数据。

9. 合约生成

为物流信息网络平台的会员提供各种合约模板，并可在网上完成合约制作与下载处理。

10. 要车计划

供货主在互联网上提交铁路、公路、水路和航空的要车计划申请。

（三）物流信息网络平台的主要作业流程

1. 物流网运营模式

物流网运营模式为三层架构：中央（物流中心）、区域中心、网点。物流中心采用集中管理方式，负责全范围内的物流管理；区域中心负责一个区域范围内的物流运作信息处理，区域内各网点信息的收集、更新、接收并执行物流中心的指令；网点为仓库系统，实际执行物流的仓库作业，完成库存管理、补货、收货、发货等功能。

2. 新客户加盟

新客户/货主可利用物流信息网络平台的会员管理功能进行注册申请，经物流信息网络平台管理部门审核确认后，就可成为新会员。物流信息网络平台的会员可利用产品目录管理功能，进行仓库商品的资料登陆，此信息自动更新下层网点仓库系统，维持上下层资料的一致性。

3. 出入库/调整/调拨

客户/货主可通过多仓管理界面提交出库单、入库单、调整单、调拨单给下层仓库管理系统，所提交的出库单等经仓库作业人员审核确认后，由作业部门职工进行运输安排，提交给承运人。

4. 货物追踪/库存查询

客户/货主可以通过多仓管理系统对自己在仓库中的货物进行查询，包括数量、储位等；承运人可通过运输管理系统将货物递送信息登录到系统；客户可利用运输管理系统进行货物追踪，掌握货物运送的动态信息。

5. 运输合约议价

客户与物流信息网络平台的业务人员可利用合约议定功能，进行运输合约费率询价、报价。

6. 合约生成

中央管理部门可根据业务需要，制定运输、仓储等合约模板，为业务部门与客户提供在线填写、制作并生成合约。

7. 要车计划

货主可以通过互联网提交要车计划申请，经审核批准后的要车计划，将接入铁路运输管理信息系统（TMIS）。物流网与 TMIS 整合，将进一步拓展和延伸物流网的功能。

8. 账务管理与查询

物流信息网络平台的财务部门与管理人员可在多仓管理系统中查询管理仓储与运输费用。

第三节　物流信息系统的设计

一、系统的开发策略

系统的开发策略是指包括识别问题，明确系统开发的指导思想，选定适当的开发方法，确定系统开发过程、方式、原则等各个方面在内的一种系统开发总体方案。主要涉及以下几个问题。

1. 识别问题

根据用户的需求状况、实际组织的管理现状以及具体的信息处理技术来分析和识别问题的性质、特点，以便确定应采用什么样的方式来加以解决。需要解决的问题如下。

（1）信息和信息系统需求的确定程度。即考察用户对系统的需求状况，信息系统在未来组织中的作用和地位。

（2）信息和信息处理过程的确定性程度。即考察现有的信息（或数据）是否准确、真实；统计渠道是否可靠；现有的信息处理过程是否规范化、科学化。

（3）体制和管理模式的确定性程度。即考察现有的组织机构、管理体制是否确定，会不会发生较大（或根本）的变化；管理模式是否合理，是否满足生产经营和战略发展的要求等。

（4）用户的理解程度。即用户是否真正认识了系统开发的必要性和开发工作的艰巨性；用户对自己的工作以及以后将在信息中所担当的工作是否有清醒的认识；组织的领导能否挂帅并参与系统的开发工作。

（5）现有的条件和环境状况。

2. 可行性研究

（1）经济的可行性。进行系统的投资/效益分析。系统的投资包括硬件、系统软件、辅助设备费、机房建设和环境设施、系统开发费、人员培训费、运行费等。系统的效益包括直接经济效益和间接经济效益。将系统的投资与效益进行比较，估算出投资效益系数和投资回收期，评价系统经济上的可行性。

（2）技术的可行性。评价所提供的技术条件如硬件性能、通信设备性能、系统软件配置等能否达到系统目标要求，并对建立系统的技术难点和解决方案进行评价。

（3）管理的可行性。物流管理信息系统建立后，将引起管理体制、管理思想和管理方法的变更。因此，系统的建立要考虑社会的、人为的因素影响，要考虑改革不适合系统运行的管理体制和方法的可行性，实施各种有利于系统运行建议的可行性，人员的适应性以及法律上的可行性。

可行性研究报告的主要内容如下。

① 现行系统概况，即企业目标、规模、组织结构、人员、设备、效益等。

② 现行系统存在的主要问题和主要信息要求。

③ 拟建系统的总体方案，包括系统目标与范围的描述；系统运行环境的描述；确定计算机系统选型要求；系统开发计划。

④ 经济可行性分析。

⑤ 技术可行性分析。

⑥ 管理的可行性。

⑦ 结论。对可行性研究结果的简要总结。

二、物流信息系统的开发方法

（一）结构化系统开发方法

1. 结构化系统开发方法的基本思想

用系统工程的思想和工程化的方法，按用户至上的原则，结构化、模块化、自顶向下地对系统进行分析与设计。也就是说，先将整个系统的开发划分成若干个不同阶段，如系统规划、系统分析、系统设计、系统实施等，然后在系统规划、分析和设计阶段采用自顶向下的方法对系统进行结构化划分，最后在系统实施阶段采用自底向上的方法逐步实施。

2. 结构化系统开发方法的特点

（1）面向用户的观点。用户的参与程度和评价是衡量系统开发是否成功的关键。因此，在系统开发过程中要面向用户，激发用户的热情，使他们与系统开发人员打成一片；同时使系统开发人员更多地了解用户的需求，更深入地理解用户的需求，使新系统更加科学、合理。

（2）自顶向下的分析与设计和自底向上的系统实施。按照系统的观点，任何事情都是互相联系的整体。因此，在系统分析与设计时要站在整体的角度，自顶向下地工作。但在系统实施时，先对最底层的模块编程，然后一个模块、几个模块的调试，最后自底向上逐步构成整个系统。

（3）严格区分工作阶段。根据系统工程思想，必须把整个系统开发过程划分为若干个工作阶段，明确每个阶段的任务和目标，并在开发领导小组的检查和督促下严格按照划分的工作阶段，逐一完成任务，从而实现预期目标。

（4）深入现场调研。在系统规划和分析阶段，要深入现场，详细地调查研究，尽可能弄清现行系统业务处理的每一个细节，做好总体规划和系统分析，从而描述出符合用户实际需求的新系统逻辑模型。

（5）充分考虑变化的情况。在现实世界中任何一个系统都不是孤立的，而是与其他系统密切相关的。一旦系统开发的周边环境，如组织的内外部环境，用户的需求、信息技术等发生变化，都会直接影响到系统的开发。因此，必须在系统调查和分析时对将来可能发生的情况给予充分的重视，使新系统具有应付各种变化的适应能力。

（6）工作成果文档化，文档资料规范化、标准化。根据系统工程的思想，系统的各个阶段的成果必须文档化。只有这样，才能更好地实现用户与系统开发人员的交流，才能确保各个阶段的无缝连接。因此必须充分重视文档资料的规范化、标准化工作，充分发挥文档资料的作用，为提高系统的适应性提供可靠保证。

3. 结构化系统开发方法的五个阶段

（1）系统规划阶段。物流信息系统是一项耗资巨大、技术复杂、管理变革大和历时很长的工程项目。如果不经过很好的规划草率上马将会造成很大的浪费，甚至造成管理混乱。根据用户的系统开发请求，进行初步调查，明确问题，确定系统目标和总体结构，确定分析阶段实施进度，最后进行可行性研究。具体包括：企业内外环境与管理现状的调查；用户需求调查与分析；新系统的规划设计（主要指新系统的描述，包括确定新系统的目标、主要功能和结构、运行模式、新系统与外部系统的接口等；新系统的运行环境；新系统资源的选型原则等）；新系统的实施计划（包括开发阶段划分、投入预算、开发进度安排、系统人员安排）；可行性研究与分析。

（2）系统分析阶段。物流信息系统分析就是在系统调查的基础上，通过数据流程分析、数据分析、处理分析等建立新系统的逻辑方案，即解决做什么的问题。物流信息系统的分析是在开发中起决定作用的环节。物流信息系统的分析是以物流活动如生产、运输、储存、保管、包装、搬运、流通加工等工作为分析对象，分析物流信息输入、处理、储存、输出的流程与加工过程。通过对组织的现行系统进行详细分析，作出详尽描述，如分析业务流程，分析数据与数据流程、功能与数据之间的关系，从而提出若干个解决方案，分别进行成本效益分析，最后得出新系统逻辑模型。它必须有较强的针对性，对软件的工作环境与人机界面作明确的规定，以确定研究对象和系统作用范围。在进行必要、全面的调查研究和系统分析的基础上，对物流管理的管理模式和信息数据交换流程作必要的抽象，经过去粗取精、去伪存真地取舍，进一步回答系统“要做什么”和“能够做什么”的问题，并用书面材料把分析结论表达出来，进而上升为物流信息系统模型。

（3）系统设计阶段。根据系统分析阶段所获得的新系统的逻辑模型建立新系统的物理模型，系统设计是寻求解决办法、探索建立新系统的过程。根据新系统的逻辑模型，提出新系统的物理模型，进行总体结构设计、代码设计、数据库/文件设计、输入输出设计和模块结构与功能设计。系统设计阶段解决“怎么做”的问题，如完成详细设计、选择硬件、准备草图、描述数据实体说明、准备程序说明、指定主要程序员等。

（4）系统实施阶段。在系统设计完成之后，如何将原来纸面上的、类似于设计图的新系统方案转换成可执行的应用软件系统，将成为系统实施阶段的主要工作。根据系统设计阶段的文档资料，进行软件编程、调试和检错，硬件设备的购入和安装，以及对用户的培训和系统试运行。一个好的设计方案，只有经过精心实施，才能带来实际效益。因此，系统实施阶段的工作对系统质量的好坏有着直接的影响。系统实施包括机器的购买、安装、程序调试、系统的运行等。

（5）系统运行维护阶段。物流信息系统在其运行过程中除了不断进行大量的管理和维护工作外，物流信息系统在投入使用一段时间以后，需要对系统进行全面的评价，根据使用者的反映和运行情况的记录，评价系统是否达到了设计要求，指出系统改进和扩充的方向。此项工作由系统分析员或专门的审计人员会同各类开发人员和业务部门经理共同参与进行。目的是估计系统的技术能力、工作性能和系统的利用率。它不仅对系统当前的性能进行总结和评价，而且为系统的改进和扩展提供依据。主要工作包括进行系统的日常运行管理、维护和评价三部分工作。若运行结果良好，则交付用户；若存在一些问题，则对系统进行修改、升级等；若存在重大问题，则用户只有提出开发新系统的要求，这标志着旧系统生命的结束，新系统的诞生。

4. 结构化系统开发方法的优点和缺点

（1）优点是更强调开发人与用户的紧密结合、自顶向下的观点、开发过程的整体性和全局性，即在整体优化的前提下考虑具体的分析设计问题。

（2）缺点是开发过程过于烦琐，周期过长，工作量太大，同时要求系统开发人员在调查中充分掌握用户需求、管理状况及可预见未来可能发生的变化，这在实际工作中难以实施，导致系统开发的风险较大。

（二）原型法

1. 原型法的基本思想

20 世纪 80 年代中期提出了快速原型法的基本思想。所谓原型，即可以逐步改进成可运行系统的模型。它与生命周期法的根本区别在于它是面向目标的，而不是面向工程项目的，这种方法可以迅速向用户提交一个管理信息系统的原型设计，从而使用户及早地看到并使用一个真实的应用系统。在此基础上，通过用户与研制人员之间的意见交换，不断改进原型设计。原型法是由用户与系统分析设计人员合作，在短期内定义用户的基本需求，开发出一个功能不十分完善的、实验性的、简易的系统基本框架（称为原型）。首先运行这个原型，然后用户和开发人员共同探讨、改进和完善，直至用户完全满意为止。

2. 原型法开发的六个阶段

（1）识别基本需求。它是开发初始原型的基础，因此需要对组织进行初步调查，与用户进行交流，收集各种信息，进行可行性分析，从而发现和确定用户的基本需求。用户的基本需求包括系统的结构、输入/输出要求、数据库基本结构、保密要求、系统接口等。

（2）开发初始原型。根据用户的基本需求开发一个初步原型，以便进行讨论，并从它开始进行迭代。初始原型的质量是生成新系统的关键，如果初始原型存在明显缺陷，就会导致重新构建一个新原型。

（3）原型评价。系统开发人员和用户通过对原型的操作、检查、测试和运行，不断发现原型中存在的问题，并对功能、界面及原型的各个方面进行评价，提出修改意见。

（4）修改和改进原型。根据原型评价阶段所发现的问题，系统开发人员和用户共同修正、改进原型，得到最终原型。当然，第三阶段和第四阶段需要多次重复，直至用户满意。

（5）判定原型完成。即判断用户的各项需求是否最终完成。如完成则进入下一阶段，否则继续改正和改进。

（6）整理原型，提供文档。即把原型进行整理和编号，并将其写入系统开发文档资料中，以便为下一步的运行、开发服务。文档资料包括用户的需求说明、新系统的逻辑方案、系统设计说明、数据字典、系统使用说明书等。所开发出的系统和相应的文档资料必须得到用户的检验和认可。

3. 原型法使用的工具

（1）字典编辑器。完成数据流图、数据字典、数据处理过程的编辑。

（2）概要设计编辑器。根据新系统的数据流图和数据字典，将数据流图转换成功能结构图。

（3）详细设计编辑器。完成处理功能的算法描述、解释、输入/输出界面转换及文件管理等功能。

（4）程序自动生成器。根据模块的设计说明，生成源程序清单。

（5）图形编辑器。完成数据流图的编辑。编辑原系统的业务流程图和新系统的数据流图，并自动对数据流图进行平衡性、一致性和完善性的检验，保证数据流图与数据字典的说明完全一致。

（6）文档编辑器。自动给用户提供各阶段的主要文档资料。

4. 原型法的优点和缺点

（1）优点是以用户为中心来开发系统，加强了用户的参与和决策，实现了早期的人—机结合测试，提供了良好的文档、项目说明和示范，增强了用户和开发人员的兴趣。

（2）缺点是不适合开发大型系统，易导致开发人员因为最终系统过快产生而忽略彻底的测试，文档不够健全。

（三）面向对象的方法

1. 面向对象法的基本思想

面向对象法是系统开发人员根据用户的需求，找出和确定问题领域对象和类，对其进行静态的结构描述和动态的行为描述，建立解决问题领域的模型，用问题领域对象和类、接口对象和类、运行对象和类及基础与实用对象和类去构成一个体系结构，通过不断地反复与累增，尽可能直接描述现实世界，实现模块化、可重用，完全而准确地满足用户的所有需求。

2. 面向对象法的特点

（1）抽象化。抽象是指对事物或现象的简括概述，突出事物或现象之间的共同属性，而忽略一些无关紧要的属性。通过抽象可以尽可能地避免过早陷入细节。在对象的抽象化过程中，首先是过程和算法的抽象化，接着是数据的抽象化，最后是将过程与数据抽象概括而成的对象的形成。

（2）封装性。封装是指把复杂的概念（或抽象、或属性、或模块）包装成简单和能直接理解的形式，并由明确规定唯一接口与外界联系，以保护其内容不受外界任何未经允许的接触。实质上就是信息隐藏。在许多文献中，封装与信息隐藏可以互换使用。封装的优点：一是修改一部分，不影响其他部分；二是使各个类（对象）彼此相互独立。

（3）继承性。类（对象）间的继承性是在类（对象）之间的层次性基础上产生的，亦是最有力的机制。通过类继承可以弥补由封装对象带来的诸如数据或操作冗余的问题，通过继承支持重用，实现软件资源共享、演化及增强扩充。

（4）多形化。多形是指同一行为（过程或函数）可应用于许多不同的类，而每一类则以其独有的方式来执行此行为。

（5）模块化。模块具有明确的界限、规定好的固定接口和可分开单独编译三大特点。对象作为程序模块，是一个独立存在的实体，从外部可以了解它的功能，但其内部细节“隐蔽”，不受外界干扰。因此对象间的相互依赖性很小，可以独立地被其他各个系统所调用。

（6）动态链接性。是指各个对象间统一、方便、动态的消息传递机制。

3. 面向对象法的开发阶段

（1）系统分析阶段。根据用户对系统开发的需求进行调查研究，在繁杂的问题领域中抽象地识别出对象及其行为、结构、属性等。

（2）系统设计阶段。根据系统分析阶段的文档资料，作进一步的抽象、归类、整理，运用雏形法构造出系统的雏形。

（3）系统实施阶段。根据系统设计阶段的文档资料，运用面向对象的程序设计语言加以实现。

（4）系统运行维护阶段。进行系统的日常运行管理、维护与评价工作。

4. 面向对象法的优点和缺点

（1）优点是以对象为中心，利用特定的软件工具直接完成从对象客体的描述到软件结构间的转换，缩短了开发的周期，是一种很有发展潜力的系统开发方法。

（2）缺点是需要一定的软件支撑，并且在大型物流信息系统开发中不进行自顶向下的整体划分，而直接采用自底向上的开发，因而会造成系统结构不合理，各部分关系失调等问题。

三、各种开发设计方法评价

生命周期法（SDLC）。其优点是：结构严谨、工程管理容易、运行环境相对稳定。如仓库管理、订票系统一般用这一方法开发。但在采用传统的生命周期法开发设计物流信息系统的过程中，用户参与应用系统开发的方式主要有三种：①在系统研制开始之前，先由用户提出要开发的系统功能，然后由系统研制人员对用户要求进行分析，确定系统目标，再进行系统分析和设计，生成系统分析说明书和系统设计说明书；②在研制人员制成了说明书后，需要由用户再次参与，共同讨论修改这些说明，直到用户感到满意为止；③在用户和研制人员共同确定了说明书后，就由系统研制人员进行编程、调试和实现。由于管理信息系统最终是由用户来操作的，因而在实际投入运行前，还必须对用户进行培训，并由用户和研制人员一起对系统进行评价。

但生命周期法存在很大缺陷，特别是对于大型信息系统很难保证其成功和可靠。首先，因为开发人员一般不熟悉现行系统的业务，而用户又缺乏计算机方面的知识，双方缺乏共同语言，因而对用户要求的理解可能会产生偏差。此外，用户往往来自各部门，他们提出的要求可能不一致，再加上业务关系复杂，数据繁多，用户要求可能经常变化等因素，从而影响系统目标的正确性和可靠性；其次，说明书是否合理、正确，往往依赖于用户对系统分析说明书和系统设计说明书的理解程度，与用户的素质有关；最后，在系统完成之后，用户在使用过程中如果发现了问题，就必须修改，而这种修改往往是比较复杂和困难的。由此导致了生命周期法如下的若干缺点。

① 用户与开发者之间的思想交流不直观。

② 开发过程复杂。

③ 所使用的工具落后。

④ 研制周期长，系统运行维护费用较高。

⑤ 系统的目标是明确的，所解决的问题应具有较强的结构，当系统分析结束后，批准了系统分析说明书，系统研制就进入系统规范阶段，这样“冻结”了系统设计与编码实现，因而缺乏适应环境的灵活性。即系统不能较大范围地适应外部环境的变化。

在生命周期法和结构化程序设计的基础上，人们提出了结构化系统分析与设计（SSA&D）开发物流信息系统的方法。

SSA&D 方法的基本思想是：系统的思想，系统工程的方法，按用户至上的原则，结构化、模块化，自顶向下对信息系统进行分析与设计。

与传统的方法相比，SSA&D 继承了生命周期法的优点，SSA&D 强调以下观点。

（1）建立面向用户的观点。SSA&D 方法强调用户是整个管理信息系统开发的起源和最终归宿。因此，系统将来的成功与否，用户的参与程度和满意程度是关键。故开发过程面向用户，使用户可以更多地了解新系统，并随时从业务和用户角度提出新的要求。另一方面，也可使系统分析人员能更多地了解用户的需求，更深入地调查和分析管理业务，使新系统更加科学、合理。

（2）严格区分工作阶段。SSA&D方法强调将整个系统的开发过程分为若干阶段，每个阶段都有其明确的任务和目标及预期要达到的阶段成果，以利于计划和控制工程进度，有条不紊地协调各方面的工作。即在没有进行可行性分析前，不要急于上项目；没有进行周密细致的系统调查与分析前，不要急于动手设计；没有详细地进行系统设计之前，不要急于编程序等。这样做的结果，每一步都经过深入的调查和慎重的考虑，以形成自我反馈。

（3）结构化、模块化、自顶向下进行开发。按系统的观点，任何事情都是互相联系的有机整体。所以在分析问题时应先站在整体的角度，将各项具体的业务或组织放到整体中加以考察。首先确保全局的正确，然后再一层层地深入考虑和处理局部问题。这就是所谓自顶向下的分析设计思想。按自顶向下的思想对系统进行分析与设计以后，其具体实现过程采用从底向上的方法，即一个模块一个模块地开发、调试，然后再几个模块联调，最后是整个系统联调。

（4）充分预料可能发生的变化。系统可能发生的变化主要来自以下几个方面。

① 周围环境发生变化，引起管理信息系统发生变化，这主要是来自外部的影响。如系统的组织结构发生变化，引起系统的信息传递渠道变化；上级主管部门要的信息（文件、报表等）发生变化，引起输出模型的变化。

② 系统内部处理模式的变化，引起系统的变化。如系统内部组织结构和管理体制发生变化，引起相应的变化；工艺流程的变化，引起数据的来源及数据收集方式的改变；系统内部管理形式发生变化，引起信息处理模式发生变化等。

③ 用户的要求发生变化，引起系统的变化。随着时间的推移，新的科学的管理方法不断涌现，我们所设计的系统也应该随之而改进，为管理人员提供尽可能多的决策支持信息。另外，随着系统的逐步开发，用户对系统的认识程度也在不断深化，随着这种认识程度的加深，他们又会提出更高的要求，这些都会影响我们已经着手研制的系统的正常运行。

总之，引起变化的原因很多，因此在管理信息系统的研制过程中必须充分注意各种变化，并具备应付各种变化和系统本身的适应能力。

（5）工作文件的标准化和文献化。在新系统的研制过程中，每一阶段、每一步骤都要有详细的文字资料记载。资料要有专人保管，要建立一整套管理、查询制度。

重视文献资料的整理工作可带来如下好处。

① 严格设立技术文档资料，为研制过程中工作的交接和今后系统的维护提供了原始资料。

② 建立统一的资料可以避免混乱。

③ 详细记载工作过程可以使系统研制人员及时地发现问题，总结经验，形成自我反馈，

弥补工作中的一些缺陷和漏洞。

作为开发物流信息系统的一种方法，原型法从原理到流程都非常简单。但正是这样一种简单的方法，却备受推崇，无论从方法论的角度，还是从实际应用的角度对原型法的讨论非常热烈，在实际应用中也取得了巨大的成功。和生命周期法相比，原型法开发管理信息系统有如下特点。

(1) 由于原型法的循环反复、螺旋式上升的工作方法，更多地遵循了人们认识事物的规律，因而更容易被人们掌握和接受。

(2) 原型法强调用户的参与，特别是对模型的描述和系统运行功能的检验，都强调了用户的主导作用，这样沟通了人们的思想，缩短了用户和系统开发者的距离。在系统开发过程中，需求分析更能反映客观实在，信息反馈更及时、准确，潜在的问题能尽早发现、及时解决，增加了系统的可靠性和适用性。用户参与了研制系统的所有阶段。在系统开发过程中，通过开发人员与用户之间的相互作用，使用户的要求得到较好的满足。生命周期法中用户与开发者之间的信息反馈较少，往往导致用户对研制成的系统抱怨不止。

(3) 原型法提倡使用工具开发，即使用与原型法相适应的模型生成和修改、目标的建立和运行等一系列的系统开发生成环境，使得整个系统的开发过程摆脱了老一套的工作方法，时间、效率、质量等方面的效益都大大提高了，系统对内、外界环境的适应能力大大增强了。

(4) 原型法将系统调查、系统分析和系统设计合二为一，使用户一开始就能看到系统开发后是一个什么样子，并且用户参与系统全过程的开发，知道哪些是错误的，哪些需要改进等，消除了用户的心理负担，打消了他们对系统何时才能实现及实现后是否适用等疑虑，提高了用户参与开发的积极性。同时用户使用了系统，对系统的功能容易接受和理解，有利于系统的移交、运行和维护。

尽管原型法从表面上绕开了系统分析过程中所面临的矛盾，但它还存在着种种局限和问题。具体表现如下。

(1) 对于大型系统的开发，原型法常常显得无能为力。因为大型系统，不经过系统分析来进行整个系统的设计，想直接用屏幕来一个一个地模拟是困难的。

(2) 对于有大量运算，逻辑性较强的程序模块，原型法很难构造出模型来供人评价，因为这类问题没有那么多交互方式，也不是三言两语就能把问题说清楚的。

(3) 对于原来的管理基础不够完善、信息处理混乱的一些企业，容易造成工作过程不清晰，这样用原型法构造原型有一定困难。并且由于用户的工作水平受他们长期所处的混乱环境影响，容易使设计者走上机械地模拟原来的手工系统的轨道。

(4) 由于原型法不经过系统分析，因此整个系统没有一个完整的概念，各子系统之间的接口不明确，系统开发的文档无法统一，容易给以后的维护带来困难。

基于上述局限性，原型法在使用过程中应注意以下问题：

(1) 重视开发过程的控制；

(2) 应将原型法与生命周期法有机结合起来；

(3) 应充分了解原型法的使用环境、掌握开发工具。第四代自动生成语言软件开发工具是支持原型法开发系统的有力工具，如数据库语言、图形语言、决策支持语言、屏幕生成器、报表生成器、菜单生成器、项目生成器等。

原型法提出了与生命周期法不同的系统开发方法。这种方法使用户能在系统开发的初期看到最终系统的一个实际工作模型，并允许用户通过实际的使用来进行评价，提出修改意见。所以，采用这种方法可大大地增加系统开发成功的机会。但也要看到，由于原型法对系统开发环境的要求比较高，在一定程度上影响了它的推广和使用价值。如当今决策支持系统（DSS）的研制还缺乏一个成熟系统开发的工作环境，使得DSS没有流行起来。在实际开发系统的过程中，可把生命周期法和原型法结合起来，用生命周期法作主要工具，用原型法对其每一过程进行完善。

面向对象方法是20世纪90年代发展起来的最新的信息系统开发方法。它从面向对象的程序设计和语言开始，产生了对象的概念，随后才有面向对象的设计与分析的兴起与发展。面向对象方法可理解为：客观世界中事物都是由对象组成的，对象是在各种事物基础上抽象的结果。任何复杂的事物都可以通过对象的某种组合构成，对象由属性和方法组成，属性反映了对象的信息特征，方法则是用来定义或者改变属性状态的各种操作。用对象这个概念及其方法来完整反映客观事物的静态属性和动态属性。面向对象方法以类、类的继承等概念描述客观事物及其联系，通过这些对象的组合来创建具体的应用系统。面向对象方法按照人们习惯的思维方式建立问题模型和构造系统，力图用更自然的方法反映客观世界事物的运动和相互作用，使应用软件系统更易于理解和维护，因而面向对象方法开发的系统有较强的应变能力和较好的重用性。

面向对象技术为了实现从客观世界中的对象到目标系统中的对象的转换，将对象表示为一个封装了数据和操作的整体。数据用于描述对象的状态或特征、属性；操作完成对自身封装数据的处理和对象内部数据同外界的交互，从而改变对象的状态。

面向对象方法大大提高了开发人员开发信息系统的工作效率和质量，其优越性主要体现在以下三个方面。

(1) 复杂对象的构造能力使得该方法对于客观世界的模拟能力强，方式自然。

在传统的关系数据库中，用户是用多个关系的元组来表示层次数据、嵌套数据或复合数据。例如，职工有职工号、姓名、性别、工资、部门等属性。而部门又有部门号、部门名、部门性质、部门经理等属性。关系数据库的数据只能是基本的数据类型，这样，职工元组中的部门属性取值只能是部门号。要查询某职工及所在部门的信息就需要做“职工”和“部门”这两个关系的连接。这样的表示方式既不自然，又影响查询的速度。

面向对象数据库中对象的属性的取值可以是另外一个对象，一个职工对象的部门属性的取值就可以是该部门对象，实际储存的是该对象的对象标识，这样的表示方式自然、易理解，而且在查询某职工及其所在部门的信息时可以通过该部门的对象标识直接找到那个部门，提高查询速度。

(2) 封装性向开发人员和最终用户屏蔽了复杂性和实现细节，降低了信息系统开发和维护的难度。对象封装和数据封装在一起作为存储和管理的单位，也是用户使用的单位，从外部只能看到它的接口，而看不到实现的细节，对象内部的修改不影响对对象的使用，因此使信息系统的开发和维护变得更加容易。关系数据库系统现在支持存储的过程，即允许程序用某种过程语言编写并存入数据库中以备以后装载和使用。但是，存储的过程并不和数据封装在一起，即它们不和任何关系或关系的元组相关联，构成一个整体，其信息屏蔽性和易维护性显然不如面向对象数据库中封装起来的对象。

(3) 继承性使得数据库设计和编程成为可重用。

在面向对象的数据库系统中，类的定义和类库的层次结构体现了系统分析和数据库设计的结果，即体现了客观世界中对象的内部结构及对象之间的联系。同时定义了封装的方法，保存了数据库应用编程的结果。应用开发人员可以在已建立的类库的基础上派生出新的类，继承已存在的类的属性和方法。例如，定义“销售人员”类作为已存在的“职工”类的子类，“销售人员”可以继承“职工”的职工号、姓名、性别等属性，重用了数据库设计的结果，还可以继承“职工”的计算工资额、显示奖惩记录等方法，重用了应用编程的结果。对象的继承性对于建立大型复杂的信息系统具有重要意义。

四、物流信息系统与企业流程再造

20 世纪 90 年代以来，美国开始兴起了企业过程再造（Business Process Re-engineering，BPR）的热潮。推行 BPR 的多为信息系统咨询公司。所以系统规划和 BPR 紧密联系在一起。

最早提出 BPR 的是美国的两位企业管理专家哈默和切姆比。他们在合作的名著《改造企业——商业再生的蓝图》一书中提出了企业流程改造的一些基本观点。首先他们认为传统的企业生产方式已经不适应现在的社会和企业。分工工作方式、金字塔形的职能组织结构、以提高企业的产品生产量为中心等传统的方法曾经是使美国经济迅速发展的法宝，但是随着信息产业的发展和技术手段的引进，这些传统的法宝却变成了阻碍经济发展的绊脚石。他们认为在今天的市场中，不容忽视的三种力量是 3C，即顾客（Customer）、竞争（Competition）、变化（Change）。为了适应这三种力量，企业要想发展，最重要的就是以工作流程为中心，重新组织工作。所谓“改造企业”，就是“彻底地抛弃原有的作业流程，针对顾客的需要，重新规划工作，提供最好的产品和一流的服务”。

在一个改造企业的过程中，信息技术所起到的作用是十分重要的。它甚至会“重写游戏规则”。例如，在人们的传统意识中，信息一次只出现在企业中的一个地方，但引进信息系统后，信息可以不受限制，同时出现在所有必要的地方。再如，按传统观念，详细的数据和信息一定是放在办公室中。销售人员外出时，不带着一大包资料就无法给客户以详细的说明。但现在他们可以带着手提电话和便携式电脑，通过电话线得到任意详细的信息。这样，信息技术就迫使企业不得不重新考虑他们已经习惯的工作方式是否合理。

哈默和切姆比用了许多例子来证明他们的这样一个观点：进行企业改造不是修修补补，

而是一项彻底的工程，需要建立一支有力的改造队伍，抓住企业中的某些通病开刀，重新设计企业的工作流程，进行新的工作集成化。这样，才有可能使企业适应时代的潮流，健康地成长。哈默和切姆比的这本著作引起了管理界强烈的共鸣，使得 BPR 成为当今管理信息系统一个新的研究方向。

物流信息系统建设不仅仅是用计算机系统去模拟原手工管理系统，它不能从根本上提高企业的竞争能力，重要的是重组物流企业业务流程，按照现代化的信息处理的特点，对现有的企业流程进行重新设计，这是提高物流企业运行效率的重要途径。

在进行企业流程设计时，以下的原则方法可供参考。

（1）横向集成。跨部门按流程压缩，如交易员代替定价员和核对员工作。

（2）纵向集成。权力下放，压缩层次。

（3）尽量地减少检查、核对和控制，变事后管理为事前管理。

（4）单点对待顾客。如用入口信息代替中间信息。

（5）单库提供信息。建好统一的信息库，把单库的交道变成对库的交道。

例如，采购流程在整合前如图 7-6 所示，而整合后如图 7-7 所示。

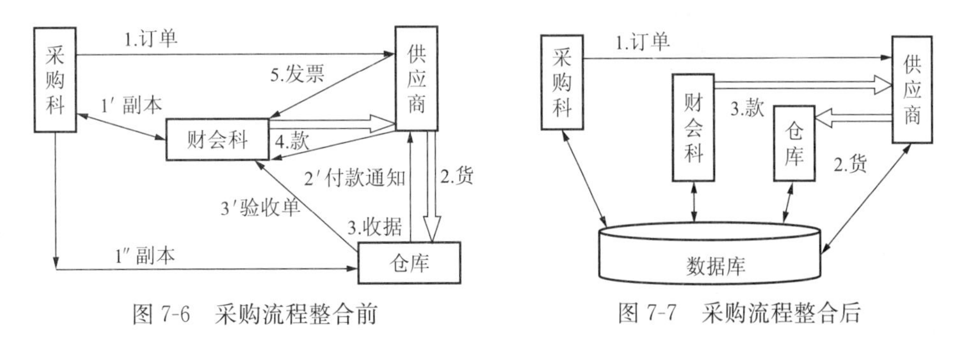

图 7-6　采购流程整合前　　图 7-7　采购流程整合后

第四节　物流信息技术

一、物流信息技术概念

信息技术（Information Technology，IT）泛指凡是能拓展人的信息处理能力的技术。从目前来看信息技术主要包括传感技术、计算机技术、通信技术、控制技术等，它替代或辅助人们完成了对信息的检测、识别、变换、存储、传递、计算、提取、控制和利用。

根据物流的功能以及特点，物流信息技术主要包括条形码及射频技术、计算机网络技术、多媒体技术、地理信息技术、全球卫星定位技术、自动化仓库管理技术、智能标签技术、信息交换技术、电子数据交换、数据库技术、数据仓库技术、数据挖掘技术、Web 技术等。

二、自动识别技术

自动识别技术是对数据自动识读且将数据自动输入计算机的重要方法和手段。它是以计算机技术和通信技术的发展为基础的综合性科学技术。

1. 条码技术

条码由一组规则排列的条、空和相应的字符组成，这种用条、空组成的数据编码可以供机器识读，而且很容易译成二进制数和十进制数。这些条和空可以有各种不同的组合方法，从而构成不同的图形符号，即各种符号体系，也称码制，适用于不同的场合。

目前使用频率最高的几种码制是：EAN、UPC、39 码、交插 25 码和 EAN128 码。其中 UPC 条码主要用于北美地区。EAN 条码是国际通用符号体系，它们是一种定长、无含义的条码，主要用于商品标识。EAN128 条码是由国际物品编码协会和美国统一代码委员会联合开发、共同采用的一种特定的条码符号。它是一种连续型、非定长、有含义的高密度代码，用以表示生产日期、批号、数量、规格、保质期、收货地等更多的商品信息。另有一些码制主要适应于某些特殊场合，如库德巴码用于血库、图书馆、包裹等的跟踪管理；05 码用于包装、运输和国际航空系统为机票进行顺序编号。还有类似 39 码的 93 码，它的密度较高，可代替 39 码。

（1）商品条形码

商品条形码由一组黑白相间、粗细不同的条状符号组成，条码隐含着数字信息、字母信息、标志信息、符号信息，主要用以表示商品的名称、产地、价格、种类等，是全世界通用的商品代码的表述方法。

商品条形码是标识商品身份的统一编码。它将商品的编码数字以平行线条式的符号代替，以便扫描器读入计算机，经解码后再转成数字代码，由计算机处理。主要用在销售包装（外包装）上。

商品条形码直接为销售和商品管理服务，以个别商品为对象。

中国商品采用国际物品编码委员会所制定的 EAN 码。EAN 码由 13 位数字组成，最前面的 3 位数为国家或地区代码，中国的代码分别为 690、691、和 692。第 4～7 位代表厂商，第 8～12 位代表商品代码，最后一位为校验码。

（2）物流条形码

物流条形码，又叫储运条形码，是用于商品装卸、仓储、运输等配送过程的识别符号，通常用于包装外箱上，用来识别商品种类及数量；也可用于仓储批发业销售现场的扫描结账。物流条形码直接为出入库、运输、保管和分拣等物流作业服务，以集合包装为单位使用条形码。

物流条形码包括 14 位标准码与 16 位扩大码两种。若以重量计算的商品，还可追加使用 6 位加长码，其代码结构如下：DUN-14 码（标准码）由 14 位数字组成，除第 1 位数字外，其余 13 位数字代表的意思与商品条形码相同。

2. OCR-光学字符识别技术

光学字符识别（Optical Character Recognition，OCR），已有三十多年历史，近几年又出现了图像字符识别（Image Character Recognition，ICR）和智能字符识别（Intelligent Character Recognition，ICR）。实际上这三种自动识别技术的基本原理大致相同。

OCR有三个重要的应用领域：办公自动化中的文本输入、邮件自动处理、与自动获取文本过程相关的其他领域。这些领域包括：零售价格识读，订单数据输入，单证、支票和文件识读，微电路及小件产品的状态及批号特征识读等。由于在识别手迹特征方面的进展，目前正探索在手迹分析及鉴定签名方面的应用。

3. 磁条（卡）技术

磁条技术应用了物理学和磁力学的基本原理。磁条就是把一层薄薄的定向排列的铁性氧化粒子组成的材料（也称为涂料），用树脂黏合在一起并粘在诸如纸或塑料这样的非磁性基片上。磁条技术的优点是数据可读写，即具有现场改变数据的能力；数据存储量大，便于使用，成本低廉；具有一定的数据安全性；能黏附于许多不同规格和形式的基材上。这些优点，使之在如信用卡、银行ATM卡、机票、公共汽车票、自动售货卡、会员卡、现金卡（如电话磁卡）等很多领域得到广泛应用。

4. 声音识别技术

声音识别技术的迅速发展及高效可靠的应用软件的开发，使声音识别系统在很多方面得到了应用。这种系统可以用声音指令和特定短句实现“不用手”的数据采集，其最大特点就是不用手和眼睛，但比较容易受到噪声的干扰。

5. 视觉识别技术

视觉识别系统可以看作是这样的系统：它能获取视觉图像，而且通过一个特征抽取和分析的过程，能自动识别限定的标志、字符、编码结构或可确切识别呈现在图像内的其他基础特征。

6. 射频识别技术

射频识别技术（Radio Frequency Identification，RFID）的基本原理是电磁理论。射频系统的优点是不局限于视线，识别距离比光学系统远。射频识别卡具有读写能力，可携带大量数据，难以伪造。RFID适用的领域包括物料跟踪、运载工具和货架识别等要求非接触数据采集和交换的场合，由于RFID标签具有可读写能力，对于需要频繁改变数据内容的场合尤为适用。射频识别系统的传送距离由许多因素决定，如传送频率、天线设计等。对于应用RFID识别的特定情况应考虑传送距离、工作频率、标签的数据容量、尺寸、重量、定位、响应速度及选择能力等。

7. 便携式数据终端

便携式数据终端（Portable Data Terminal，PDT）可把那些采集到的有用数据存储起来或传送至一个管理信息系统。把它与适当的扫描器相连，可有效地应用于许多自动识别系统中。便携式数据终端一般包括一个扫描器、一个体积小但功能很强并带有存储器的计算机、一个显示器和供人工输入的键盘。在只读存储器中装有常驻内存的操作系统，用于控制数据的采集和传送。

8. 智能卡

科学家们将具有处理能力和具有安全可靠、加密存储功能的集成电路芯片嵌装在一个与信用卡一样大小的基片中，组装成“集成电路卡”，国际上称为“Smart Card”，译为“智能卡”。其最大特点是具有独立的运算和存储功能，在无源情况下，数据也不会丢失，数据安全性和保密性都非常好，成本适中。

三、自动定位技术

（一）GPS 技术及应用

1. GPS 系统

全球定位系统（Global Positioning System，GPS）是利用导航卫星进行测时和测距，使地球上的任何用户都能确定自己所处的方位，是由一系列卫星组成的，它们 24h 提供高精度的世界范围的定位和导航信息。准确地说，它由 24 颗沿距地球 12 000km 高度的轨道运行的 NAVSTAR GPS 卫星组成，不停地发送回精确的时间和它们的位置。GPS 接收器同时收听 3～12 颗卫星的信号，从而判断地面上或接近地面的物体的位置，还有它们的移动速度和方向等。

GPS 已经广泛应用于各专业领域，比如运输产业。在短期内，促使其发展的商业因素还在增加，但从长远来看，GPS 的发展却存在着诸多制约因素。

2. GPS 系统的组成

GPS 系统主要包括三大部分：空间部分——GPS 卫星星座；地面控制部分——地面监控系统；用户设备部分——GPS 信号接收机。

3. GPS 在运输系统中的应用

GPS 导航系统与电子地图、无线电通信网络及计算机车辆管理信息系统相结合，可以实现车辆跟踪和交通管理等许多功能。

（二）GIS 技术及其应用

1. GIS 技术

地理信息系统（Geographical Information System，GIS）是多种学科交叉的产物，它以地理空间数据为基础，采用地理模型分析方法，适时地提供多种空间的和动态的地理信息，是一种为地理研究和地理决策服务的计算机技术系统。其基本功能是将表格型数据（无论它来自数据库、电子表格文件或直接在程序中输入）转换为地理图形显示，然后对显示结果浏览、操作和分析。其显示范围可以从洲际地图到非常详细的街区地图，显示对象包括人口、销售情况、运输线路及其他内容。

2. GIS 的组成

GIS 由五个主要的元素所构成，即硬件、软件、数据、人员和方法。

3. GIS 在仓库规划中的应用

由于 GIS 本身是把计算机技术、地理信息和数据库技术紧密相结合起来的新型技术，其特征非常适合仓库建设规划，从而使仓库建设规划走向规范化和科学化，使仓库建设的经费得到最合理的运用。仓库 GIS 作为仓库管理系统中的一个子系统，它用地理坐标、图标的方式更直观地反映仓库的基本情况，如仓库建筑情况、仓库附近公路和铁路情况、仓库物资储备情况等。

作为仓库规划的 GIS 应用系统，它主要解决两个方面的问题。一是解决仓库建设的规划审批，二是必须解决能为规划师和上级有关部门提供辅助决策功能。从仓库整个的宏观规划来说，它还可以解决仓库的宏观布局问题。

四、数据处理技术

1. 电子数据交换

电子数据交换（Electronic Data Interchange，EDI）是按照协议的标准结构格式，将标准的经济信息，通过电子数据通信网络，在商业伙伴的电子计算机系统之间进行交换和自动处理。EDI 的基础是信息，这些信息可以由人工输入计算机，但更好的方法是通过扫描条码获取数据，速度快、准确性高。物流技术中的条码包含了物流过程所需的多种信息，与 EDI 相结合，方能确保物流信息的及时可得性。

EDI 系统利用电子计算机与通信技术的结合，自动地在计算机之间以标准格式进行数据的传递和处理，从而可大大提高物流业的作业效率。目前，EDI 的应用在我国还处于起始阶段，EDI 信息系统仍然没有被开发和广泛使用，这样就制约了国际多式联运（铁、公、水等方式结合的运输）的发展。为此，应加快我国发展 EDI 信息系统的步伐，使物流管理水平尽快与国际接轨。

EDI 是一种信息管理或处理的有效手段，它是对供应链上的信息流进行运作的有效方法。EDI 的目的是充分利用现有计算机及通信网络资源，提高贸易伙伴间通信的效益，降低成本。EDI 是供应链管理的主要信息手段之一，通过一致的交换标准使复杂的数据交换成为可能。最新开发的软件包、远程通信技术使 EDI 更为通用。EDI 技术的应用使供应链变得更加集成化，使供应链中的“物流、信息流、资金流”变得更加通畅、及时。

2. 数据管理技术

数据库管理技术将信息系统中大量的数据按一定的模型组织起来，提供存储、维护、检索数据的功能，使信息系统可方便地、及时地、准确地从数据库中获得所需的信息，并依此作为行为和决策的依据。现代物流信息量大而复杂，如果没有数据库技术的有效支持，物流信息系统将根本无法运作，更不用说为企业提供信息分析和决策帮助。

3. 数据挖掘技术

信息技术的迅速发展，使数据资源日益丰富。但是，“数据丰富而知识贫乏”的问题至今还很严重。数据挖掘（Data Mining，DM）也随之产生。DM 是一个从大型数据库浩瀚的数据中，抽取隐含的、从前未知的、潜在有用的信息或关系的过程。

4. Web 技术

Web 技术是网络社会中具有突破性变革的技术，是 Internet 上最受欢迎、最为流行的技术。采用超文本、超媒体的方式进行信息的存储与传递，能把各种信息资源有机地结合起来，具有图文并茂的信息集成能力及超文本链接能力。Web 页面的描述由标识语言（HTML）发展为可扩展的标识语言（XML），使得在 Internet 上可以方便地定义行业的语义。

第五节　物流信息系统设计实例

一、物流信息系统设计的目标

物流信息系统设计的目标定位于以客户服务为核心，以主要运作单据的信息化为基础，实现企业与客户间的电子化对接，实现订单处理、库存管理、运输管理、配送管理等物流活动的信息化和标准化，充分实现公司内外部信息的交换和数据的共享，提高统一协调运作能力和个性化服务能力，有效满足客户日益增长的需求，降低物流的总成本。新系统在目标定位和设计上要有前瞻性、先进性，而在实施中要进行目标分解，要符合物流公司的发展战略、经营管理模式。

二、物流信息系统的需求分析

（1）信息化是 AD 公司发展目标的重要组成部分，信息化关系到 AD 公司能否突破现状，获得质的发展的重大问题。AD 公司发展的目标不仅仅是为了做大，而更是为了做强，而信息化则是 AD 公司的必然选择，只有信息系统支持下，AD 公司才能充分整合公司资源，增强公司的竞争力，领先于行业。

（2）但是由于公司业务的迅猛发展和管理方法的不断创新，现有的系统已日渐跟不上公司的发展。信息系统各系统间未能做到良好的连接，各作业环节的信息和数据得不到快速的交换与共享。内、外部网络的整合和各子系统的更新已成为需要。

（3）在现有的组织结构下和信息系统条件下，地理位置的分离，造成总公司与分公司间、分公司与分公司间信息共享程度低，数据性交换差，分公司易形成“信息孤岛”，容易出现各自追求自身的经营目标，缺少相互间的协同合作，达到总效益的提高。

（4）随着市场的变化，公司客户个性化的服务要求越来越高，这些新的服务主要集中在客户要求能随时提供货物的全程跟踪，库存状态的实时查询，还有快速的报价要求，但AD公司目前的信息系统还不具备能提供此类服务水平的能力，向客户提供高质量的个性化服务能力和持续补货能力受到制约，系统的更新换代压力越来越大。

三、系统的总体设计

（一）系统设计思路

1. 从系统网络结构层面

分阶段分别用Intranet、EDI技术和VPN为基础的Extranet技术，建立一个与总公司各部门或子公司有数据接口的企业内部网络（Intranet），并保证在可预期的未来向企业外部网（Intranet）的扩展性；企业局域网设计采用以太网技术和“扩展星型”结构，广域网采用分层结构，与公司的服务客户的信息系统形成对接。根据AD公司的情况，在AD公司的Intranet（公司内部网）建设中，又可以按照分公司建设自己的分公司Intranet（分公司内部网）。而AD公司的Intranet与Internet之间采用防火墙和路由器连接，AD公司Intranet则可以根据分公司和不同的部门配备Web数据服务器和网络浏览器，构建相应的信息子系统，在Internet技术支持下，完成电子商务系统的构建。

2. 从系统数据库结构层面

以集中式主数据库为中心（包含多个用户数据库），构成总公司数据仓库；同时以地理上分散的分公司数据库为中心形成自治式系统，各仓库保存局部数据作为数据备份和数据缓冲；自治式系统之间保持数据传递，总公司中心主数据库与各个分公司数据库之间进行远程同步，实现数据备份和容灾。

3. 从应用软件结构层面

总体上采用三层结构，主要用B/S模式，辅助性使用C/S模式；以软件形式的数据总线实现模块间接口和进行数据库之间的冗余、复制和同步；同时直接接AD公司原系统中比较完善的子系统，但接口类型必须一致，否则得先改造子系统的接口类型或数据格式。

4. 从管理结构层面

区分系统的核心功能与辅助性功能。根据企业的现状，核心功能应主要包括订单管理、仓储管理、运输管理、配送管理、决策支持系统、定价系统等；辅助性功能主要有办公自动化、数据挖掘与联机分析、系统维护管理等。

新系统的设计主要涉及系统的网络结构和系统的功能划分，从整体上分析了新系统的构成状况。其次从系统更新的层面对原系统的核心模块进行了设计，在原系统的基础上对子系统进行完善与升级，达到公司新时期的发展要求。然后从新增子系统的层面对原系统进行补充和扩展，使新系统适应与公司新的有无模式相适应。最后从整合的层面，在AD公司现有网站的基础上，主要整合公司的呼叫中心和电子商务系统，增强AD公司的在线查询和在线交易的功能。

（二）系统的结构

1. 系统网络结构

物流系统基本模式图如图 7-8 所示。

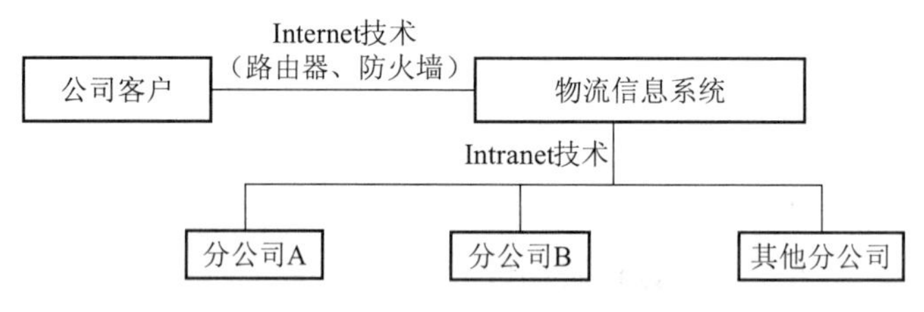

图 7-8 物流系统基本模式图

在应用 Internet/Intranet 技术基础上构建的 AD 公司内部网与外部网，以 AD 公司的物流信息系统为平台，充分实现了总公司与分公司间、分公司与分公司间的信息共享。通过 Intranet/Internet 接口联系起来，并通过 Internet 和供应链上的其他企业进行联系，从而有效地实现供应链上企业之间的信息交换和数据共享，提高整个供应链的竞争力，增强了 AD 公司开展电子商务服务的能力，实现物流服务的网络化。

2. AD 公司物流信息系统主要功能结构

AD 公司信息系统功能划分如图 7-9 所示。

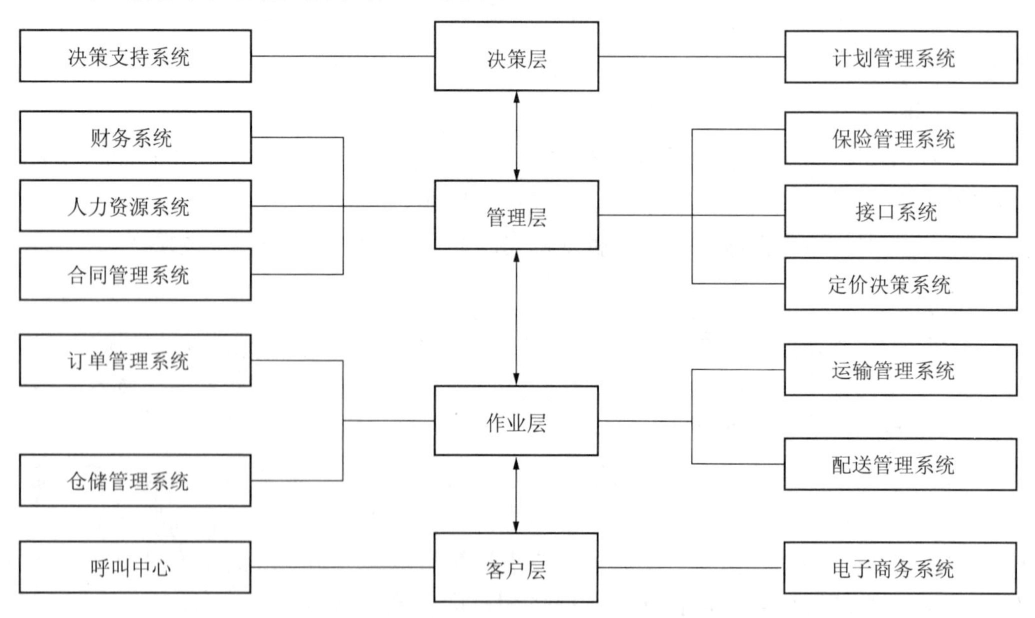

图 7-9 AD 公司信息系统功能划分

(1) 订单管理系统。

① 业务需求。首先，订单管理要求为企业提供一个展示服务项目的平台，以供客户浏览和选择。客户对感兴趣的服务项目进一步查看服务类别、价格等详细信息，确定委托后便向企业下订单。企业要求确定了的订单快速、准确传输到调度部门、运输部门、仓储部门和财务部门；将订单的需求分解到具体服务活动，如仓储、运输、流通加工等，同时需要生成一系列物流服务单据，进入相应的工作流程，及时提供物流服务。如图 7-10 所示。

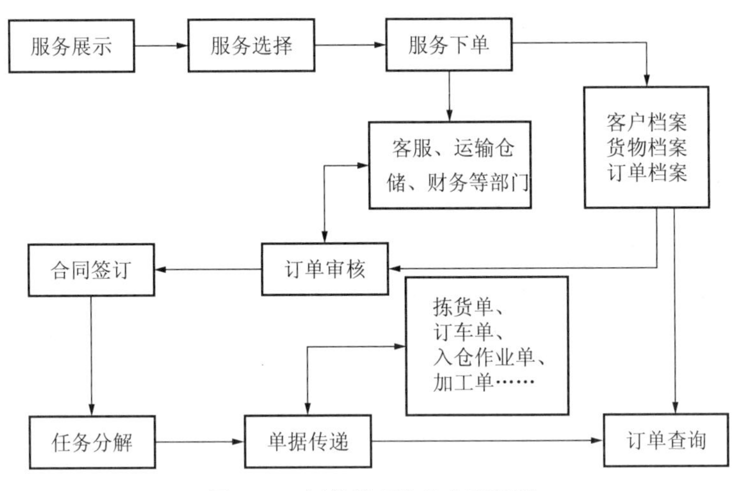

图 7-10　订单管理的业务流程图

② 功能描述。结合电子商务，订单管理子系统的功能结构如图 7-11 所示。

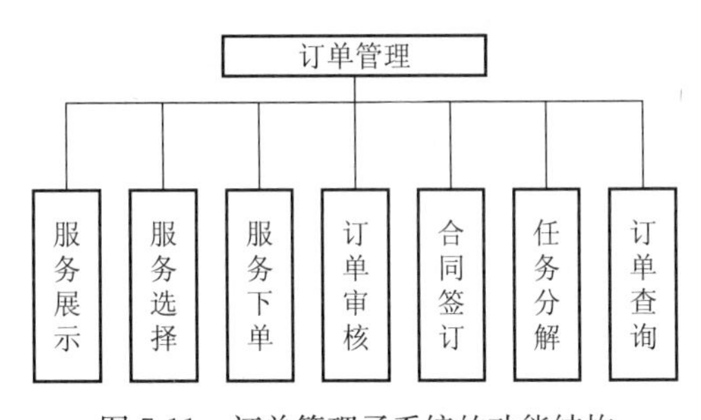

图 7-11　订单管理子系统的功能结构

• 服务展示。企业将可提供的服务项目、服务情况发布到网络平台供客户浏览和选择，企业还可对已发布的项目和内容进行后期修改和维护。

• 服务选择。客户任意选择浏览企业的一种或几种服务。系统描述相应服务的资格、资源、人才、监管等优势，详细说明了业务范围，客户如果满意服务则选择下单。系统还对各个服务项目被浏览和被下单的情况进行统计，供企业决策参考。

• 服务下单。系统根据客户所选择的服务种类提供给客户相应的电子表格，其中必要信息包括客户资料（姓名、电话、地址、邮编等）、货物信息（货物类别、货物属性、货物性质、包装等），此外，还有所选服务的相关信息、支付信息等。客户填完后提交订单，等待企业确认和签订正式合同。

·订单审核。客户填写的订单一方面由销售部门接收，建立客户档案和订单档案；同时客服部门、调度部门、运输部门、仓储部门、财务部门等相关部门也接收到订单，分别对资料真实性、技术可行性与财务信用度等方面给出审核意见，如客户身份的合法性和特殊性（如是否保税区客户）、客户资信情况、特殊的委托要求等。遇到信息不完全、情况不明或委托难以完成的情况，将把疑问转到客户管理模块由客服部门进行协商，根据协商结果由客户进入该模块修正订单，继续接受审核。

·合同签订。审核通过以后，销售部门代表企业以电子数据的方式与客户签订合同。得到客户认可的合同通过网络传送到物流企业信息系统，即时开始为客户提供物流服务。对需要的预收费用，生成报账单传送到结算管理模块。此后关于合同的变更、中止、完结等问题，由企业管理子系统的交易合同管理模块负责。

·任务分解。系统获取正式合同后，对其中的服务条款进行识别和面向具体作业环节的任务分解，如分解为配货子任务、加工子任务、运输子任务、仓储子任务等。然后为其选配相应的工作流程，生成一系列的服务起始单据，如拣货单、订车单、入仓作业单、加工单等，向相应的功能模块传送。

·订单查询。客户可以按下单日期、服务项目、订单状态、货物名称、交易金额等方式查询已签订单，浏览订单的各项细目和相关单据，得到基于下单日期、服务项目、订单状态、货物名称、交易金额等分类的多种汇总信息。

企业也可以按下单日期、服务项目、订单状态、货物名称、交易金额等方式查询所有客户的订单，浏览订单的各项细目和相关单据，得到基于下单日期、服务项目、订单状态、货物名称、交易金额等分类的多种汇兑信息。

对订单涉及的各工作流程，客户和企业也可以查看关于流程路径、流程状态、各环节名称、各环节状态和有差错结论的综合报告，实现对订单完成过程的跟踪。

（2）运输管理子系统。作为物流成本中的费用大头，运输的有效运作会为服务需求客户节约大量的成本，同时也会为物流企业带来丰厚的利润。因此，依靠信息技术进行高效、可靠、安全的现代物流运输管理显得尤为重要。

① 业务需求。运输部门需要对所有的运输工具，包括自有车辆、协作车辆及临时的车辆实行实时的调度管理，提供对货物的分析、配载的计算及最佳运输路线的选择。通过 GPS 和 GIS 实现车辆的运行监控、车辆调度、成本控制和单车核算，并能提供网上车辆及货物的跟踪查询。运输管理的业务流程如图 7-12 所示。

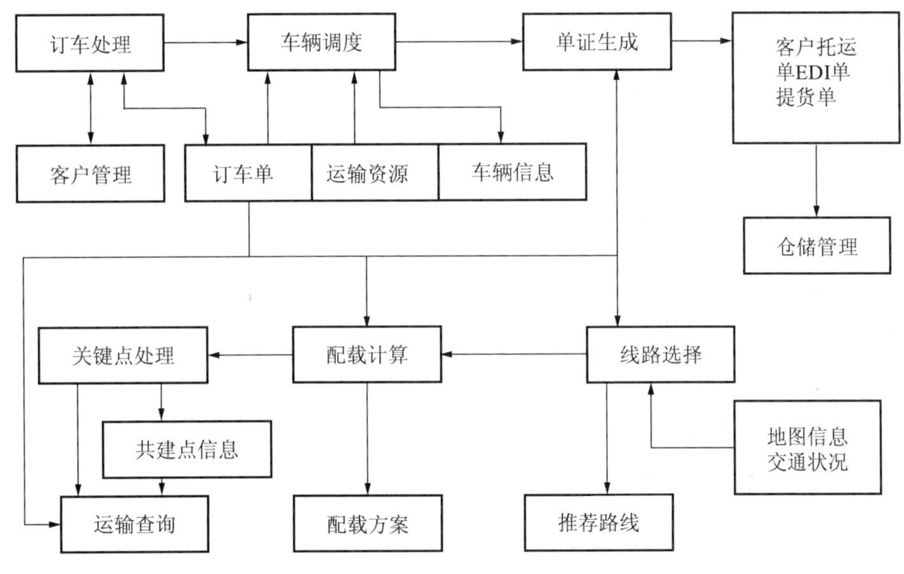

图 7-12　运输管理业务流程图

② 功能描述。运输管理的功能结构如图 7-13 所示。

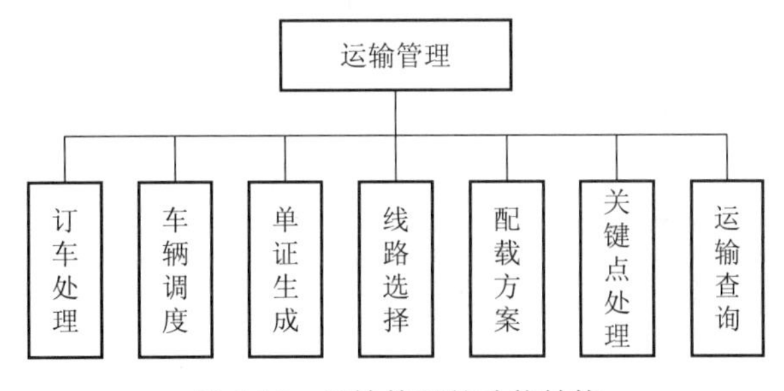

图 7-13　运输管理的功能结构

• 订车处理。系统接收订车单后，对于信息不完整或内容不明的情况，由操作员向合同追溯补全信息；如果合同中记载不明，则转由客户管理模块与客户协调明确后，提供给操作员。经过操作员确认的订车单可以申请用车。

• 车辆调度。对于可调度的所有运输工具，包括自有车辆、协作车辆及临时车辆，先由系统根据订车单的要求进行筛选。筛选条件有订车类型（国内牌、港牌等）、货物重量和体积、车辆当前地点、闲忙状态等，供操作员进行选择。该模块还维护所有运输工具的信息。

• 单证生成。调度确认后，系统根据订车单的来源和运输线路要求，生成和打印运输所需的单证交付司机，如客户托运单、EDI 单等，对于自主订车还要生成提货单向仓储模块提出出仓请求。

• 线路选择。系统根据车辆当前地点、装货地点、目的地、运输线路要求，结合地图信息和当前交通状况，智能选择和优化运输线路。操作员查询、修正和确认推荐路径后，将其打印出来交给司机。

·配载方案。系统根据货物情况、货箱情况和车辆情况，自动计算生成配载方案。操作员确认后，将其打印出来一并给司机带往装货地点供操作员参考。

·关键点处理。每条运输线路都有关键点，如装货地点、中转地点、主管地海关、目的地等。对每个关键点需要掌握的信息包括距离、预计到达时间、实际到达时间、离开时间、间距贵重物品费用、关键点费用等。这些信息可通过关键点人工输入或者条形码扫描等方式获取。相应的费用信息形成报账单传送到结算管理模块。

·运输查询。客户和企业可以根据合同—子任务—工作流程的层次关系定位到需要查看的运输流程，也可以选择按执行时间、货物名称、流程状态、交易金额、关键点查询运输流程。所得的查询结果是关于工作流程的进展报告，包括工作流程的路径全貌，各环节的名称、状态、操作时间和关键结论，同时附带了关键点的信息报告。

企业还可以进一步检索和查看订车单、调度结果、线路选择结果、配载结果等内部信息，进行跟踪、监督、管理和控制。同时，也可以帮助企业了解业界业务的频度、自有资源的使用率和效率，便于进行资源管理和调配，以及为运营决策提供辅助信息。

（3）仓储管理子系统。

① 业务需求。仓储管理最重要的活动是入仓验货、卸货操作及出仓选货。装车操作，每项操作结束后都要进行费用计算，并传送到结算管理模块。同时，要求对仓位和资源使用情况进行统计和优化。仓储的业务流程如图 7-14 所示。

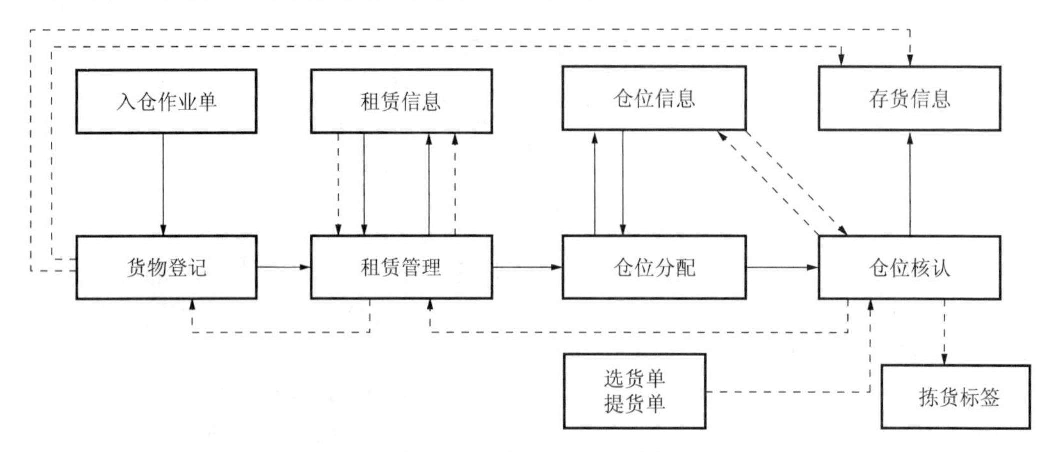

图 7-14　仓储业务流程图

注：实线为入仓操作，虚线为出仓操作。

② 功能描述。仓储管理的功能结构如图 7-15 所示。

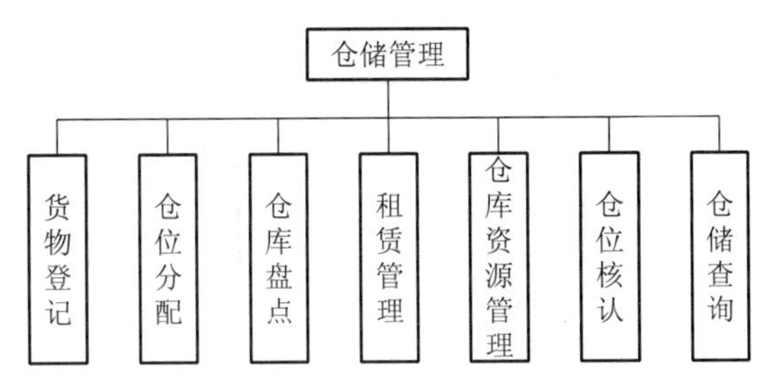

图 7-15　仓储管理的功能结构

以下将按出仓对上述功能进行叙述。

系统接收到选货单或提货单后，由“仓库管理”模块为作业分配资源（仓管员、叉车或电梯）。

• 进入“仓位核认”模块。对于货址不详的选货单和提货单，查询货物的仓位，生成和打印货物的仓位，生成和打印拣货标签。对于直接带有货址的选货单，则跳过本步骤。

• 进入“租赁管理”模块进行市辖区核认。系统查询客户使用的仓储性质（包租、散租)、时限、付款情况等，如需要退租则进行相应操作。对于存在过期或欠款问题的客户，转到客户管理模块。

• 进入“仓位分配”模块。货物被拣选离开仓位时，扫描仓位条形码，传送到仓位核认模块修改货物的货址记录。

• 进入“货物登记”模块进行货物核认。操作员进行验货，非正常状态需要在“仓库盘点”模块中登记，并交由客户管理模块与客户沟通。然后操作员进行装车的同时，系统通过条形码扫描获得货物信息，与选货单或提货单核对后在货物登记模块中减少存货数量，并以体积重量为基准自动计算选货装货费用传送至结算管理模块。

• 仓储管理模块还负责仓库盘点、仓库资源管理等功能，并可执行关于库区、资源、货物、客户的一系列查询。同时，也可以帮助企业了解仓储业务的频度、自有资源的使用率和效率，便于进行资源管理和调配，以及为运营决策提供辅助信息。

（4）配送管理。配送是整个物流业务的核心，物流企业 90％以上的客户业务单据由配送部门接受、处理并将信息通过网络传输到相关业务部门，如运输、仓储等。配货是配送活动中起着重要作用的环节，通过配货、运输、仓储子系统的相互协作，共同完成配送的过程。以下将主要对配货管理进行分析。如图 7-16 所示为配送管理的功能结构。

① 需求汇总。系统汇总、罗列未处理的拣货单，并自动关联出货物信息，仓库货址、送货的目的地所属分店等信息。操作员选择开始处理的需求，系统自动将选中的需求按仓库分类，形成选货单。

② 拣货预处理。操作员对照选货单，操纵系统，生成包含货址、发货地等条形码信息的拣货标签。打印出来供操作员进行作业。同时，选货单流转到仓储管理模块，形成出仓请求。

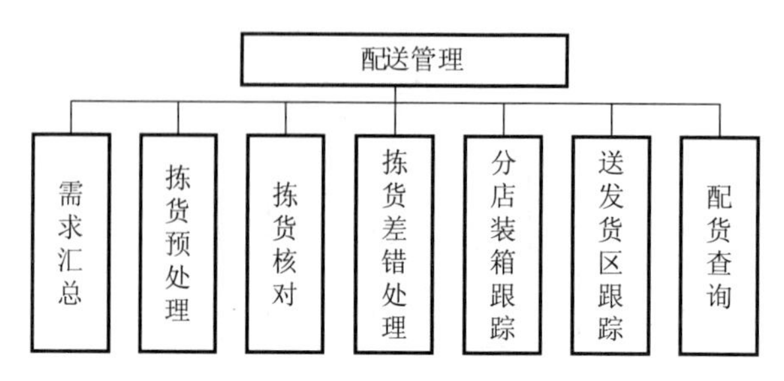

图 7-16　配送管理的功能结构

③ 拣货核对。拣货结束后，系统首先根据拣货条形码关联出相应的需求货物，再与自动分类机扫描获得的货物信息进行核对，检查货物拣选是否正确。

④拣货差错处理。系统查询错误货物的货址和所需货物的货址，重新生成拣货标签打印出来，并生成相应的选货单和入仓单流转到仓储管理模块，形成出仓请求和入仓请求。

⑤分店装箱跟踪。系统为货物相应的拣货单记录货箱编号，为装好的货箱生成包含分店地址或件数等条形码信息的货箱标签，打印出来供操作员进行作业。同时生成货箱清单和订车单传送到运输管理模块，形成运输请求。

⑥送发货区跟踪。系统扫描进入相应发货区的货箱标签，关联出相关的拣货单记录进行核对。将配货各环节发生的费用，分摊到各客户，并形成报账单传送到结算管理模块。

⑦配货查询。客户和企业可以根据合同、子任务、工作流程的层次关系定位到需要查看的配货流程，查询分店的配货流程。

除以上主要功能模块外，物流信息系统还有其他模块，不再赘述。

四、物流信息系统实施

1. 程序设计

编写程序时按照先完善内、外部网，其次是升级核心系统，再是新增子系统，最后是完善公司网站的顺序进行。程序的设计必须注意三点：正确性、可理解性和可维护性。

2. 程序调试

调试步骤主要分为三步。

模块调试。主要是调用其内部功能，以此来判断模块内部控制关系和数据内容是否正确，同时测试模块的运转效率。

分调。由程序编制者对子系统有关模块实行分调，以考查各模块外部功能、接口及各模块之间调用关系的正确性。

联调。各模块、各子系统均调试准确无误后，就可以进行系统的联调。

3. 基础数据整理

将过去旧的数据信息转存到计算机存储器中。并进行相应的补充、整理和校验。

4. 操作与使用人员培训

系统投入运行后，还要有一大批工作人员通过鉴定系统工作，这些人员都需要进行专门的技术培训，以了解新系统的操作。此外，各类管理人员也要进行培训。人员培训工作的好坏是关系到系统能否成功的关键因素之一。

【案例分析】

海尔物流信息系统建设

为了与国际接轨，建立起高效、迅速的现代物流系统，海尔采用了 SAP 公司的 ERP 系统和 BBP 系统（原材料网上采购系统），对企业进行流程改造。经过近两年的实施，海尔的现代物流管理系统不仅很好地提高了物流效率，而且将海尔的电子商务平台扩展到了包含客户和供应商在内的整个供应链管理，极大地推动了海尔电子商务的发展。

一、需求分析

海尔集团认为，现代企业运作的驱动力只有一个：订单。没有订单，现代企业就不可能运作。围绕订单而进行的采购、设计、制造、销售等一系列工作，最重要的一个流程就是物流。离开物流的支持，企业的采购与制造、销售等行为就会带有一定的盲目性和不可预知性。建立高效、迅速的现代物流系统，才能建立企业最核心的竞争力。海尔需要这样的一套信息系统，使其能够在物流方面一只手抓住用户的需求，另一只手抓住可以满足用户需求的全球供应链。海尔实施信息化管理的目的主要有以下两个方面。

(1) 现代物流区别于传统物流的主要特征是速度，而海尔物流信息化建设需要以订单信息流为中心，使供应链上的信息同步传递，能够实现以速度取胜。

(2) 海尔物流需要以信息技术为基础，能够向客户提供竞争对手所不能给予的增值服务，使海尔顺利从企业物流向物流企业转变。

海尔采用了 SAP 公司提供的 ERP 和 BBP 系统，组建自己的物流管理系统。

二、系统构成

1. ERP 系统

海尔物流的 ERP 系统共包括五大模块 MM（物料管理）、PP（制造与计划）、SD（销售与订单管理）、FI/CO（财务管理与成本管理）。

ERP 实施后，打破了原有的“信息孤岛”，使信息同步而集成，提高了信息的实时性与准确性，加快了对供应链的响应速度。如原来订单由客户下达传递到供应商需要 10 天以上的时间，而且准确率低，实施 ERP 后订单不但 1 天内完成“客户—商流—工厂计划—仓库—采购—供应商”的过程，而且准确率极高。

另外，对于每笔收货，扫描系统能够自动检验采购订单，防止暗箱收货，而财务在收货的同时自动生成入库凭证，使财务人员从繁重的记账工作中解放出来，发挥出真正的财务管理与财务监督职能，而且效率与准确性大大提高。

2. BBP系统

BBP系统（原材料网上采购系统）主要是建立了与供应商之间基于因特网的业务和信息协同平台。该平台的主要功能如下。

（1）通过平台的业务协同功能，既可以通过因特网进行招投标，又可以通过因特网将所有与供应商相关的物流管理业务信息，如采购计划、采购订单、库存信息、供应商供货清单、配额及采购价格和计划交货时间等发布给供应商，使供应商可以足不出户就全面了解与自己相关的物流管理信息（根据采购计划备货，根据采购订单送货等）。

（2）对于非业务信息的协同，SAP使用构架于BBP采购平台上的信息中心为海尔与供应商之间进行沟通交互和反馈提供集成环境。信息中心利用浏览器和互联网作为中介整合了海尔过去通过纸张、传真、电话和电子邮件等手段才能完成的信息交互方式，实现了非业务数据的集中存储和网上发布。

三、“一流三网”

实施和完善后的海尔物流管理系统，可以用“一流三网”来概括。这充分体现了现代物流的特征：“一流”是指以订单信息流为中心；“三网”分别是全球供应链资源网络、全球用户资源网络和计算机信息网络。

整个系统围绕订单信息流这一中心，将海尔遍布全球的分支机构整合之后的物流平台使供应商和客户、企业内部信息网络这“三网”同时开始执行，同步运行，为订单信息流的增值提供支持。

四、经验总结

（1）海尔选择了SAP/R3成熟的ERP系统，而不是请软件公司根据海尔物流的现状进行开发，主要目的是借助于成熟的先进流程提升自己的管理水平。

（2）实施“一把手”工程与全员参与，有效推进信息系统的执行。

海尔物流所有信息化的建设均是基于流程的优化、提高对客户的响应速度来进行的，所以应用面涉及海尔物流内部与外部很多部门，有时打破旧的管理办法，推行新流程的阻力非常巨大。海尔物流的信息化建设一直是部门“一把手”亲自抓的工作，亲自抓，亲自在现场发现问题，亲自推动，保证了信息化实施的效果。如在ERP上线初期，BOM与数据不准确是困扰系统正常运转的瓶颈，它牵扯到企业的基础管理工作与长期工作习惯的改变，物流推进本部部长发现问题后，亲自推动，制定出有效的管理模式，不但提高了系统的执行率，而且规范并提升了企业的基础管理（BOM的准确率、现场管理），保证了信息系统作用的发挥。

该系统“通过业务流程的再造，建立现代物流”及利用MYSAP. COM协同化电子商务解决方案，成功地将海尔的电子商务平台扩展到客户和供货商在内的整个供应链管理，有效地提高了采购效率，大大降低了供应链的成本。

该系统是为订单采购设计的，其结果使采购成本降低，库存资金周转从30天降低到12天，呆滞物资降低73.8%，库存面积减少50%，节约资金7亿元，同比减少67%。整合了2336家供货商，优化为840家，提高了国际化大集团组成的供货商的比例，达到71.3%。

系统是在基于SAP系统基础上开发而成的，所开发的ERP和BBP（基于协同电子商务解决方案）具有典型的企业标准化的特征，开发的系统覆盖了集团原材料的集中采购、库存和立体仓库的管理、19个事业部的生产计划、事业部原料配送、成品下线的原料消耗倒冲及物流本部零部件采购公司的财务等业务，建立了海尔集团的内部标准供应链。

目前海尔已实现了即时采购、即时配送和即时分拨物流的同步流程。100%的采购订单由网上下达，提高了劳动效率，以信息代替库存商品。

海尔的物流系统不仅实现了“零库存”、“零距离”和“零营运资本”，而且整合了内部，协同了供货商，提高了企业效益和生产力，方便了使用者。

思考题： 1. 海尔物流系统的“一流三网”体现在哪些方面？

2. 请对海尔流程再造前后的不同点作分析。

复习思考题

一、基本概念

数据　信息　物流信息　物流信息系统　结构化系统开发方法　原型法　面向对象法　信息技术　便携式数据终端　电子数据交换

二、选择题（1—5单选题，6—10多选题）

1. 下列不属于物流系统的内部信息的是（　　）。

A. 物料移动信息　　B. 物流作业信息

C. 物流控制信息　　D. 供货人信息

2. 从物流信息自身的角度来看，物流信息的内容、价值变化较快，从而对物流管理的快速反馈能力提出了较高要求，这反映出物流信息的（　　）特点。

A. 分布性　　B. 动态性

C. 复杂性　　D. 及时性

3. 下列不属于结构化数据分析研究工具的是（　　）。

A. 数据流图　　B. 数据字典

C. 数据存储结构规范化方法　　D. 决策树

4. 最适合应用原型法开发的系统是（　　）。

A. 用户需求较难定义的、规模较小的系统

B. 用户需求较明确、规模较大的系统

C. 数据关系较复杂、需要大量运算的系统

D. 逻辑性要求较强的、规模较大的系统

5. 下列对物流与信息流的描述错误的是（　　）。

A. 信息流的传递速度远远高于物流的传递速度

B. 信息流的传递载体所占空间小，而物流的传递载体所占空间大

C. 物流仅仅是实现物体的空间位移，不伴随运输载体的空间位移

D. 信息流是一种非实物化的传递方式

6. 构成物流信息系统的主要组成要素有硬件、软件、（　　）。

A. 数据库和数据仓库　　B. 服务器

C. 企业管理制度与规范　　D. 相关人员

E. 应用软件

7. 运输管理信息系统可以提供（　　）。

A. 车辆司机信息　　B. 道路信息

C. 商品信息　　D. 存货信息

E. 装车信息

8. 配送信息系统可以提供（　　）。

A. 商品销售信息　　B. 作业处理信息

C. 库存信息　　D. 客户用料信息

E. 供应商生产信息

9. 物流信息系统调查的主要内容包括（　　）。

A. 组织结构　　B. 业务流程

C. 硬件价格　　D. 技术水平

E. 业务需求

10. 综合物流信息系统设计开发主要包括以下内容（　　）。

A. 调查现有系统　　B. 逻辑设计

C. 物理设计　　D. 系统实施

E. 系统维护与评价

三、判断正误题（正确的用 T 表示，错误的用 F 表示）

1. 商流、物流和信息流，三流各有其特殊性，各有其不同的独立存在的特点。（　　）

2. 物流从一般活动成为系统活动有赖于信息的作用。（　　）

3. 在物流信息系统中，软件一般包括系统软件、实用软件和应用软件。（　　）

4. 结构化系统开发方法的特点之一是自顶向下的分析与设计和自底向上的系统实施。（　　）

5. 物流是一个集中和产生大量信息的领域，所以，这种信息不随时间发生变化。（　　）

6. 原型法与生命周期法的根本区别在于它是面向过程的。（　　）

7. EDI 系统在计算机之间以标准格式进行数据的传递，但需人工处理。（　　）

8. 便携式数据终端可把采集到的有用数据存储起来自行处理。（　　）

四、简答题

1. 简述数据和信息之间的关系。
2. 简述物流信息分类。
3. 简述物流信息的特点。
4. 简述物流信息的作用。
5. 简述商流、物流和信息流关系。
6. 简述物流信息系统的构成。
7. 简述物流信息系统的基本功能。
8. 简述结构化系统开发方法的特点。

五、综合运用题

1. 论述结构化系统开发方法的五个阶段。
2. 论述物流信息技术对物流系统的支撑作用。
3. 论述供应链管理中信息共享的机制。

第 8 章

物流系统动力学模型

第一节　系统动力学概述

系统动力学（Systems Dynamics，SD）是美国麻省理工学院（MIT）的弗雷斯特(J. W. Forrester）教授于 1956 年提出的一种以反馈控制理论为基础，以计算机仿真技术为辅助手段的计算机仿真模型，当时主要是针对企业管理问题进行系统分析。20 世纪 60 年代，弗雷斯特继而出版了《工业动态学》和《系统原理》，对系统动力学的思想进行进一步论述。到了 20 世纪 70 年代，系统动力学开始引起世界瞩目，进入蓬勃发展时期。

一、系统动力学的研究对象和应用范围

经过数十年的发展，系统动力学的研究对象已从开始的工商企业扩展到整个社会、经济系统。这些系统具有一些共同的特点：需要进行比较、选择或优化决策的系统，尤其是大规模复杂系统；具有自律性和由于系统中所存在的因果关系而形成反馈机制的系统；原因和结果相互作用具有多样性和复杂性，因而导致非线性多重反馈结构的系统。

近年来，系统动力学作为一种新的系统工程方法论，其应用已渗透到社会、经济、生态等动态系统的各个领域。系统动力学方法就是要将这些动态系统作为非线性的多重信息反馈系统，建立相应的系统动力学模型，对系统的结构和行为进行分析、预测，为这些领域的发展战略提供决策支持。目前，系统动力学的应用范围从科研、设计到城市规划，从人口问题到世界资源危机，从民用到军用，涵盖了企业系统管理、环境保护、城市发展与规划，国家和地方经济社会发展预测和系统研究、宏观经济控制以及各种技术项目的开发等各方面。

二、系统动力学的特点

系统动力学作为一种研究信息反馈系统动态行为的计算机仿真方法，把反馈控制原理和因果关系的逻辑分析相结合，建立复杂系统的仿真模型，通过计算机仿真展示系统的行为，

分析系统的内部结构，从而寻求解决问题的正确途径。经过数十年的发展和丰富，系统动力学逐渐形成其鲜明独到的特点，并受到广泛的认可。

（1）系统动力学基于系统论，强调系统行为主要是由系统内部机制决定的，能对系统内部因素及系统内外因素的相互关系予以明确的认识和体现。并且，系统动力学的模拟时间可以比较长，在经济、社会领域，需要研究的系统常常具有数十年甚至更长的周期，因此系统动力学非常适合于研究这样具有大惯性、长周期的社会经济系统。

（2）系统动力学强调系统、联系、运动、发展的观点，能对系统的动态发展及其趋势进行考察。

（3）社会、经济系统是复杂的，往往描述系统的方程具有高阶和非线性的特点，常规的解析方法常常难以求解方程，或是求得的解不可靠。而系统动力学以计算机仿真为辅助手段，擅长处理高阶、非线性的问题。

（4）系统模型常因没有充分的数据或某些关系难以量化，而使得模型的实用性大大降低。系统动力学的模型结构是基于反馈环的，能明确认识和体现系统内所隐含的反馈回路，使系统行为模式对很多参数不敏感，从而克服缺乏数据或参数估计不足带来的困难。

（5）社会、经济系统的预测对象是受到主动环节强烈控制的系统，系统动力学能对系统设定各种控制因素，以观测当输入的控制因素变化时系统的行为和状态所发生的变化。

（6）系统动力学建立了系统模型后，可以通过输入不同的参数来模拟计算不同情况下的系统行为，起到模拟实验室的作用。

（7）系统动力学便于实现建模人员、决策者、专家及群众的结合，既能综合运用各种数据资料，吸取各方经验知识，也能融合系统科学以及其他相关学科的精华。

三、系统动力学的基本原理

（一）系统动力学的理论基础

系统动力学的创建与发展，是基于下述各门学科与方法。

1. 控制论

系统动力学中，采用了大量控制论的基本原理，如反馈控制、自动调节、时间滞后和噪声干扰等。尤其是反馈控制理论，是系统动力学最重要的理论基础。反馈控制中系统将来的行为是结果的函数，也就是根据系统输出的结果来指导将来的行动，即将系统输出与目标值所产生的偏差作为系统的输入，然后对系统的下一次输出结果产生影响并改善决策的自动调节过程。在这个过程中系统决策行动始终落后于信息的获得，体现了“时间滞后”。

2. 决策论

决策论是根据信息和评价准则，用数量方法寻找或选取最优决策方案的科学，是运筹学的一个分支。可以简单地说，制定决策就是在若干个备选方案中作出选择。系统动力学的一个重要内容，就是根据系统实际运行状态与期望目标之间的偏差，来选择控制方案，这本身就是一个决策活动。系统动力学认为决策的制定受到环境的影响，并且反过来又影响环境，企业未来的发展策略应有利于改善系统内部及与之关联的外部环境的结构，因此应分析多重目标和子目标，应用决策论的方法和原理找到优化的决策。

3. 系统分析

系统动力学所涉及问题需要借助系统分析，从系统的观点出发，采用各种分析工具和方法对问题进行研究。在系统分析的过程中，还需要遵循外部因素与内部因素相结合，当前利益与长远利益相结合，局部利益与整体利益相结合，定量分析与定性分析相结合的原则。

4. 计算机仿真技术

计算机仿真是系统动力学模型求解的重要手段。计算机仿真技术中所涉及的仿真模型的建立，模型中变量、参数和常数的处理，仿真时间，仿真时钟的推进，仿真计算结果的存储和输出等，都是系统动态学所应用的基础知识。

（二）系统动力学的工作原理

系统动力学的基本观点是，社会、经济、生态等系统都是具有自组织耗散结构的开放系统，系统的行为模式与特性主要取决于系统的内部结构和反馈机制，并在内外动力的作用下按照一定的规律发展演化。系统动力学利用反馈控制的原理，用因果关系图和流程图来描述系统的内部联系，并用仿真语言来定量计算系统状态的动态变化。其中反馈控制的过程是：首先观察要研究的实际系统，收集关于系统状态的信息，分析各要素之间的因果关系，使用相关方法进行决策，并根据决策的结果采取行动，行动又作用于实际系统，使系统的状态发生改变，这些变化提供的信息再次决定决策者的下一次行动，从而形成了反馈回路。因此系统动力学的工作原理如图 8-1 所示。

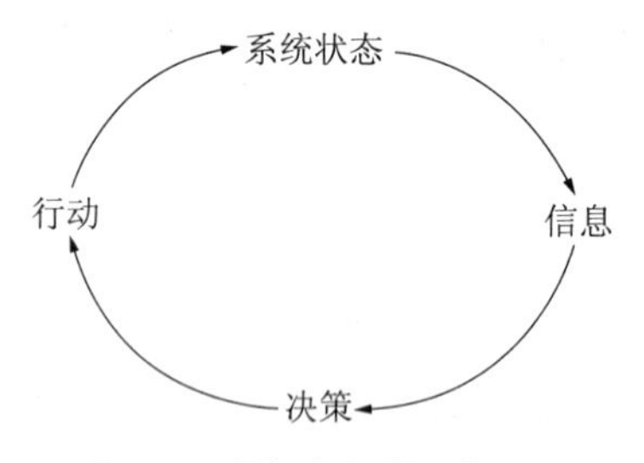

图 8-1　系统动力学工作原理

（三）系统动力学建模步骤

系统动力学建模从确定目的和系统边界开始，然后分析因果关系，得到相应的流程图，在流程图的相应位置写出方程式，接着在计算机上对模型进行仿真试验，最后进行调整、控制，得出有关政策以改进系统。具体步骤如下。

1. 明确目的

不同的建模目的将涉及不同的要素，影响模型的建立。一般来说，系统动力学对社会、经济系统进行研究的主要目的是认识系统的结构，设计系统的最佳运行参数，预测系统的未来行为，制定合理的政策。

2. 确定系统边界

认识系统结构的第一步就是确定系统的边界。系统的边界会因为第一步中目的设定的不同而有所区别。系统边界的确定也会影响到下一步内部变量及其因果关系的确定。

3. 因果关系分析

因果关系分析是系统动力学仿真中最关键的环节之一，需要根据仿真目的，确定系统内部各要素及其相互之间的因果关系，并用反馈环来描述这些因果关系。反馈环的多少是系统复杂程度的标志。

4. 建立系统动力学模型

（1）绘制流程图。考虑时间滞后，干扰作用等因素，根据因果关系反馈回路，绘制系统流程图。由于复杂的社会、经济系统的反馈机制难以用语言、文字或数学方程来清晰表达。而流程图由描述各种变量的符号绘制而成，因此可以用图像模型的形式来更形象的描述社会、经济系统。

（2）建立系统动力学方程。流程图定性地描述了系统各要素间的因果关系，却无法确切地表达其定量关系。因此要根据流程图，将每个环节用数学方程来表示要素之间的数量关系，形成一组系统动力学方程。

5. 仿真试验

将系统动力学方程及参数输入计算机仿真软件（如 DYNAMO，Vensim）进行计算，求得结果。试验的目的通常是验证模型，提升模型的有效性和稳健性，为管理决策提供支持。

6. 结果分析

为了保证试验的结果达到预期的目的，要对结果进行解释、对比和分析，看是否符合系统的经济或技术目标，能否正确反映系统的行为。

7. 模型修改

经过结果分析，如果结果与目标的误差在允许的范围内，则说明模型可接受，反之，如果误差超出了允许的范围，那么则需要修改、优化模型，并再次进行仿真和分析，直到满意为止。

第二节 系统动力学建模

一、建模目的与系统边界

（一）建模目的

系统动力学建模和仿真是为了说明特定的问题，所研究问题要达到的目的会影响模型的建立。

系统动力学建模的目的通常有两种情况。第一种是为了检验理论。而另一种更重要的目的则是通过认识系统内部反馈结构与动态行为，来进行改善系统行为的决策。

具体来说，建模者在确定建模目的时，需要考虑以下原则。

（1）目的是用结果而不是行为来描述的。

（2）目的应是可以达到的。

（3）建模过程尽可能地允许用户参与。

（4）目的需要是可以度量和量化的。

（5）考虑到模型改进的可能性。

（二）系统边界

确定系统的边界是要考虑哪些因素应加入模型，哪些因素不应加入模型。那些与所研究的问题有关的概念与变量都应该考虑加入模型中，而与问题无关或者关系较远的概念和变量则应排除在模型之外。

在系统动力学中，正确地划出系统的边界需要将系统中的反馈回路看作是闭合的回路，在定性分析的基础上辅以定量分析，把那些与建模目的关系密切和相对重要的因素都纳入系统的边界。在建模的过程中，需要不断检验系统边界的充分性。并当系统边界确定后，还应考虑当边界扩大（或缩小）后，原定的策略还是否有效。

二、因果关系分析

因果关系分析是系统动力学的基础，起着指明系统的变量间因果关系、作用方向和说明系统的反馈回路的作用。通常事件间因果关系的逻辑可描述为“如果……那么就……”。因果关系可以用因果关系图来表示。

（一）因果箭

一般系统内变量间的因果关系用箭头图表示，一个箭头连接两个有因果关系的相关变量，称之为因果箭。因果箭的箭尾始于原因要素，箭头指向结果要素。例如，两个变量 A 和 B 之间存在着因果关系，其中 A 为原因，B 为结果，则其因果箭如图 8-2(a) 所示。

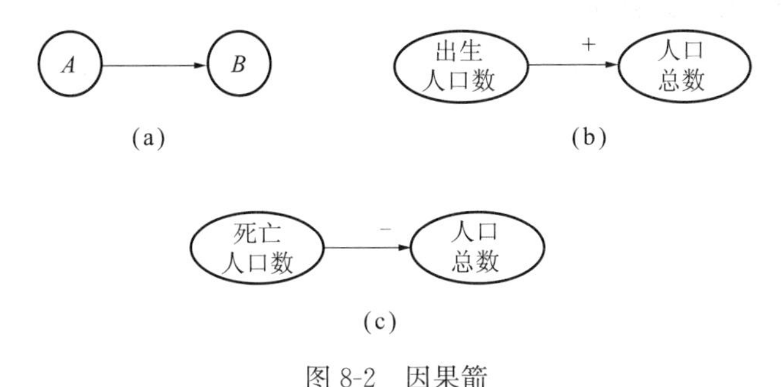

图 8-2　因果箭

因果箭按因果关系的作用性质可分为正因果箭和负因果箭两种。如果变量 A 的增加使变量 B 也增加，那么两者为正因果关系，或称正极性，相应的因果箭为正因果箭，用符号"+"进行标示。例如，出生人口数与人口总数为正因果关系，因果箭如图 8-2(b) 所示。如果变量 A 的增加使变量 B 减少，那么则为负因果关系，或称负极性，相应的因果箭为负因果箭，用符号"—"进行标示。例如，死亡人口数与人口总数为负因果关系，因果箭如图 8-2(c) 所示。

(二) 因果链

因果链是用因果箭来描述的递推性的因果关系。例如，A 是 B 的原因，B 是 C 的原因，则 A 也成为 C 的原因，其递推关系的因果链如图 8-3(a) 所示。

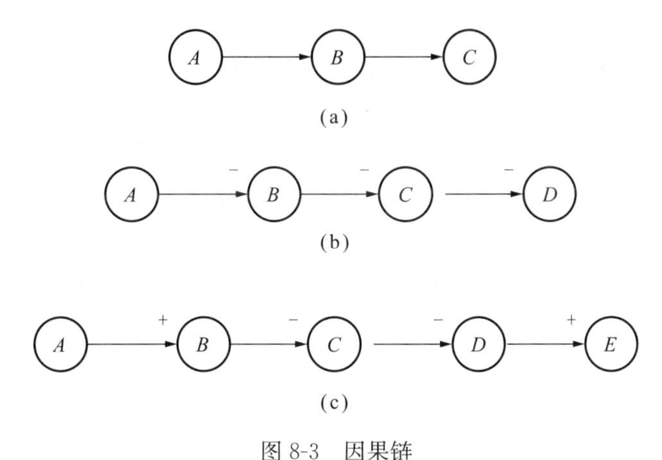

图 8-3　因果链

因果链和因果箭一样具有极性。根据因果箭的极性及递推关系的个数，可以将因果链分为正因果链和负因果链：

负因果链：含有奇数个负因果箭的因果链，如图 8-3(b) 所示
正因果链：含有偶数个负因果箭的因果链，如图 8-3(c) 所示

（三）因果关系的反馈回路

当因果链中“原因”引起“结果”，“结果”又引起“结果的结果”，最终又作用于最初的“原因”，形成一个封闭的回路，则称为因果关系的反馈回路或因果反馈回路、因果反馈环，如图 8-4 所示。

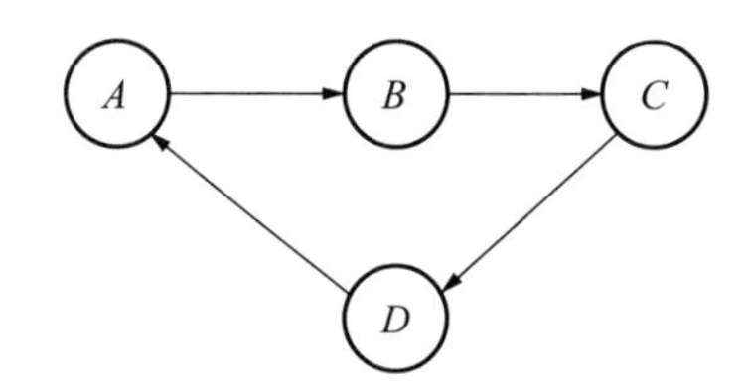

图 8-4　因果关系的反馈回路

因果反馈回路也有极性，判断标准和因果链类似：

负反馈回路:含有奇数个负因果箭的反馈回路
正反馈回路:含有偶数个负因果箭的反馈回路

因果关系的正反馈回路中由于具有偶数个负因果箭，所以如果回路中某个要素发生变化，那么经过整个回路的递推作用后，最终会推动这个要素沿着原来的变化方向继续发展下去。因此，从理论上说，正反馈回路是一种无止境的增长性发散过程，能起到自我强化的作用。当然，在实际系统中，由于增长所需的能量的衰减，正反馈回路的增长会在有限的数值内发生。

而因果关系的负反馈回路中由于具有奇数个负因果箭，所以如果回路中某个要素发生变化，那么经过整个回路的递推作用后，最终会推动这个要素沿着与原来变化方向相反的方向发展，因此，负反馈回路是一个动态的收敛过程，能起到“内部稳定器”的作用。

（四）多重因果反馈回路

在复杂的社会、经济系统中，系统的动态行为由其内部的若干个正反馈和负反馈回路共同决定，这种同一系统中存在的两个或两个以上的反馈回路称为多重反馈回路，如图 8-5 所示。在这些共同影响系统行为的反馈回路中，有时某个回路起着主导作用，有时另一个回路起主导作用，这就会导致系统表现出不同的特性。因此，研究系统的动态行为就必须掌握系统中存在多少反馈回路及其之间的关系。

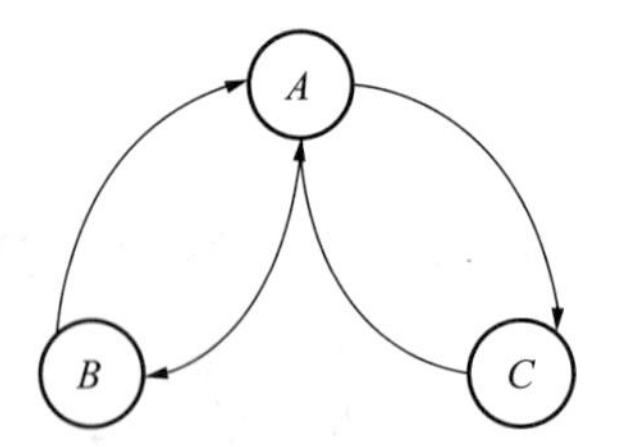

图 8-5　多重因果反馈回路

研究复杂社会、经济系统时，由于引起结果的原因十分广泛，究竟选择哪些来形成因果箭和因果反馈回路，是一个至关重要的问题。当模型构建完成后才发现问题会损失相当多的时间和精力，因此在建立模型结构时，应该仔细推敲、多方考虑各种可能的因果关系。

三、系统动力学模型

（一）流程图

建立系统动力学模型的主要步骤就是绘制流程图和建立系统动力学方程。流程图（Flow Diagram）中可以根据流率等因素的影响，描述系统状态变量的变化，并通过相应的系统动力学方程来精确表示变量的变化机制。

描述任何反馈回路都需要两种基本变量：状态变量和决策变量。绘制系统流程图也需要找出系统中反馈回路的状态变量和决策变量。

1. 状态变量

状态变量，也称为流位变量，是描述系统积累效应的变量。状态变量具有累加的基本特性，如人口数量、库存量、水位等，表示的是系统中某种属性的积累量。状态变量还具有可观测、可保留的特性。

系统中某一特定时刻 t_1 的状态变量的值等于系统从初始时刻 t_0 到这一特定时间的物质或信息的积累结果，可用下式来表示：

$$L(t_1)=L(t_0)+\text{变化值} \quad (8\text{-}1)$$

式中：$L(t)$ ——t 时刻的状态变量值。

2. 决策变量

决策变量，也称为流率变量、速率，是描述系统积累效应的变化快慢的变量，即描述的是系统状态变量的变化速度，如人口出生率、人口死亡率、商品的入库与出库等。决策变量具有瞬时性，不可观测和保留。

3. 流程图常用符号

流程图是系统动力学模型的基本形式，系统动力学建模的核心内容就是绘制流程图。流程图常用符号如下：

（1）流。“流（Flow）”表示系统中的活动或行为。“流”主要分为两类：实体流和信息流，前者用实线表示，后者用虚线表示，如图 8-6（a）所示。

（2）流位。“流位（Level）”反映的是系统的状态变量，是实体流的积累，如人口数、销售量、库存量等。“水准”用矩形框所示，如图 8-6（b）所示。

（3）流率（Rate）。系统动力学中，流率变量用来表示决策函数。“流率”描述的是系统中的流随时间而变化的活动状态，如人口出生率、死亡率、提货速度等，用一个表示阀门的符号来标记，如图 8-6（c）所示。

（4）源（Source）与汇（Sink）。“源”指流的来源，相当于供应点，“汇”指流的归宿，相当于消费点，如图 8-6（d）所示。

（5）参数（Parameter）。参数是系统在一次运行过程中保持不变的量，即系统中的各种常数，如图 8-6（e）所示。

（6）辅助变量（Auxiliary Variable）。辅助变量是系统动力学模型中使用的一种变量，目的是简化流率变量的方程，如图 8-6（f）所示。

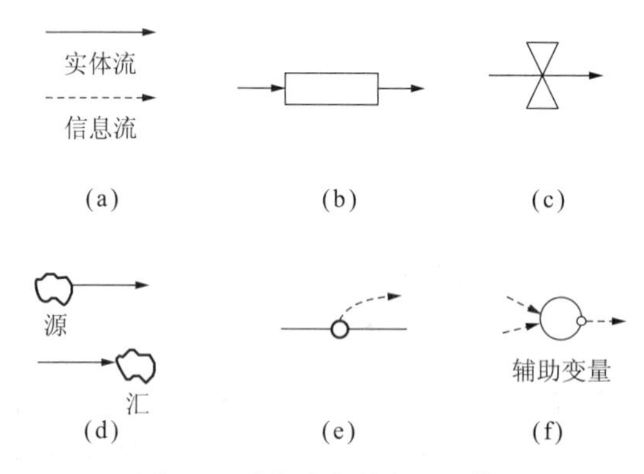

图 8-6　系统动力学流程图符号

（7）滞后（Delay）。滞后在系统动力学中是普遍存在的。由于信息或物质的传递需要一定的时间，因此带来了结果对原因，输出对输入、接收对发送的滞后。延滞后可分为物流滞后和信息滞后。滞后是造成社会、经济系统非线性的一个关键原因。

（8）信息的取出。信息可以取自流位、流率等处，用有箭头的虚线表示，箭头指向信息的接收端。

4. 流程图绘制

进行存款活动时，存款与利息的因果关系反馈回路如图 8-7 所示。

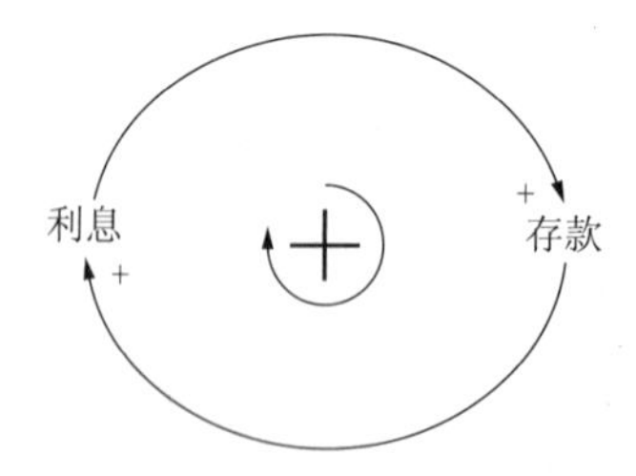

图 8-7　存款与利息的因果关系反馈回路

可用流程图描述以上因果关系反馈回路如图 8-8 所示。

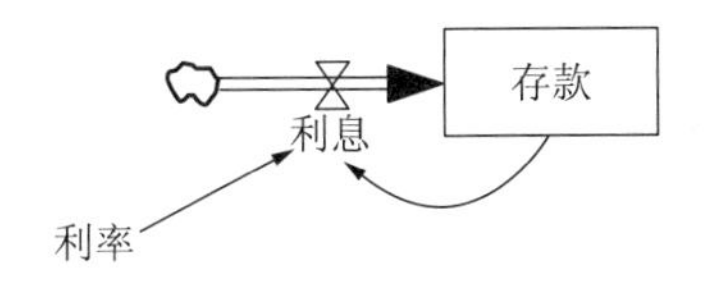

图 8-8　存款与利息因果关系反馈回路流程图

其中，存款为状态变量，利息为流率变量，利率为辅助变量。

（二）系统动力学方程

建立系统动力学方程是要把模型结构用数学方程式的方式表达出来，要将非正规的构思转化为规范的模型，以便于计算机仿真。

系统动力学的方程包括状态变量方程、流率方程、辅助方程、常量方程、赋值方程等。以下书写采用 DYNAMO 语言的格式。

DYNAMO 是一种计算机仿真语言，源自 Dynamic Models 的缩写。通过 DYNAMO 语言编写的反馈模型进行计算机仿真后可得到随时间连续变化的系统图像。DYNAMO 语言具有语法简单、易于掌握的特点。

1. 状态变量方程

状态变量方程描述系统中状态变量的积累过程。DYNAMO 中状态变量方程应以 L 为标志写在第一列，其形式为：

L　　LEVEL. K=LEVEL. J+DT＊（INFLOW. JK－OUTFOLW. JK）　　(8-2)

式中：K——当前时刻；

J——前一时刻；

LEVEL——状态变量；

INFLOW——输入流率；

OUTFOLW——输出流率；

DT——从 J 时刻到 K 时刻的计算间隔。

2. 流率方程

流率方程描述系统状态变量方程中输入与输出的速度。流率方程以 R 为标志，其形式为：

R　RATE. KL = f(LEVEL. K，AUX. K，CON. K，…)　　(8-3)

式中：L——下一时刻；

RATE——流率变量；

f（　）——函数；

AUX——辅助变量；

CON——常量。

与状态变量方程不同，流率方程中 f 是不确定的，即流率方程没有标准格式。且假定在 KL 的时间间隔中流率保持不变。

3. 辅助方程

辅助方程是反馈系统中描述信息的运算式，用以辅助说明流率变量的细节，以 A 为标志，其形式为：

$$\text{A} \qquad \text{AUX.K} = g(\text{AUX.K}, \text{LEVEL.K}, \text{RATE.JK}, \text{CON.K}, \cdots) \tag{8-4}$$

式中：g（ ）——函数。

辅助方程和流率方程一样没有标准格式。

4. 常量方程

常量方程用来定义模型中的各参数值，以 C 为标志：

$$\text{C} \qquad \text{CON} = \cdots \tag{8-5}$$

注意：(1) 常量方程中不能出现时间下标；(2) 常量可以依赖于其他常量。

5. 赋值方程

赋值方程用于为状态变量方程赋予初始值。在模型程序中，赋值方程紧跟状态方程，以 N 开头：

$$\text{N} \qquad \text{LEVEL} = \cdots \tag{8-6}$$

注意：(1) 赋值方程中不能出现时间下标；(2) 模型中每一个状态变量方程都必须赋予初始值，因此每个 L 方程后都必须跟随一个 N 方程。

第三节 Vensim 软件及物流系统动力学建模

一、Vensim 软件

(一) Vensim 软件简介

随着系统动力学的发展，其专用模拟语言由早期较基本和简单的 DYNAMO 发展到模型结构对用户开放的高级仿真软件，如 STELLA、Vensim、Powersim、Professional DYNAMO 等。

早期的系统动力学仿真软件 DYNAMO 采用的是文本编程方式，需要用流程图描绘出系统模型后，在流程图里用不同的符号表示不同类型的函数，之后才编写程序，因此较为复杂。

Vensim 是由美国 Ventana Systems 公司开发的一款可视化系统动力学软件。与 DYNAMO 相比，Vensim 提供了相对简单灵活的方式，在绘制流程图的过程中，同时已建立了模型的数学关系，无须使用许多图形符号。Vensim 中只有“流”、“水准”、“流率”、“源/汇”、“变量”这 5 种符号，只需用图形化的箭头记号连接各种变量标记，用公式编辑器建立各变量的关系，便可以得到仿真模型，观察变量的因果关系和反馈回路，从而修改、优化和探索模型。

Vensim 还提供了两类分析工具，一类是结构分析工具，如 Cause tree 用树状图形的形式表示出所有工作变量之间的因果关系，Loops 以列表的形式表示出模型中所有的反馈回路；第二类是数据集分析工具，如 Graph 以图形的方式表示变量在整个模拟周期中的数值。

（二）Vensim 操作界面

Vensim 的操作界面包括标题栏、菜单栏、工具栏、绘图栏、分析工具栏、状态栏，如图 8-9 所示。

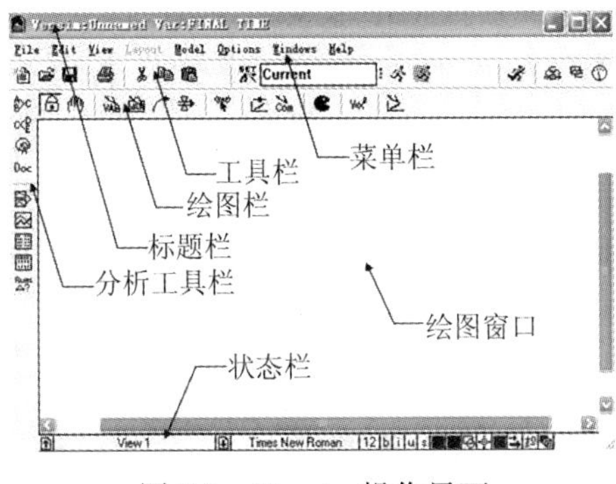

图 8-9　Vensim 操作界面

（三）Vensim 的绘图工具说明

Vensim 的绘图工具如表 8-1 所示。

表 8-1　Vensim 绘图工具及功能描述

按　钮	名　称	功　能
	Lock Sketch	图形被锁住，不能移动。只能选择变量
	Move/Size Words and Arrows	用鼠标移动或改变窗口中对象大小
	Variable-Auxiliary/constant	建立辅助变量或常数变量
	Box Variable-Level	在绘图窗口中建立如盒状的状态变量
	Arrow	建立直线或曲线箭头指针
	Rate	建立流率结构。包括垂直箭头、阀门，如果需要的话，还包括源和汇
	Shadow Variable	在窗口中将一已存在变量添加为隐藏变量
	Input Output Object	添加输入/输出对象
	Sketch Comments	在绘图视窗中增加批注及图案
	Delete	删除结构、变量或批注
	Equations	使用公式编辑器来建立或编辑公式

（四）Vensim 建模

1. 绘制因果关系图

（1）启动 Vensim，单击菜单栏 File→New Model，显示 Model Settings Time Bounds 窗口，单击 OK 按钮即可显示空白窗口，接下来可以开始绘制因果循环图。

（2）设定图中字体为宋体，大小为 10，颜色为黑色：在状态栏中单击字体名称（初始默认为 Times New Roman）。因为尚未选取任何项目，所以显示是否要更改预设字型与颜色（“No words or arrows are selected and you are not editing a word. Do you want to chang the view's font and color defaults?”），选择 Yes。接着显示 View Defaults 窗口，在 Face 下拉列表框中选择“宋体”，Size 为 10，Color 不变，然后单击 OK 按钮。如图 8-10 所示。

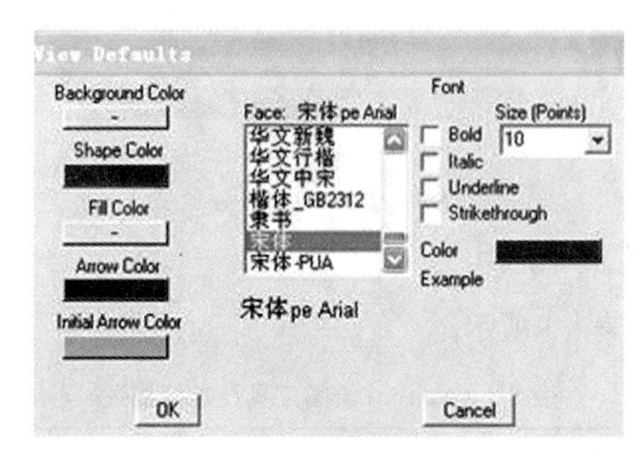

图 8-10　设定字体和颜色

（3）单击绘图栏的 Variable-Auxiliary/Constant 工具，在绘图窗口中任意一空白处单击（放置变量“利息”），此时显示编辑框，输入“利息”，然后按 Enter 键。重复此步骤来建立变量“存款”。如图 8-11 所示。

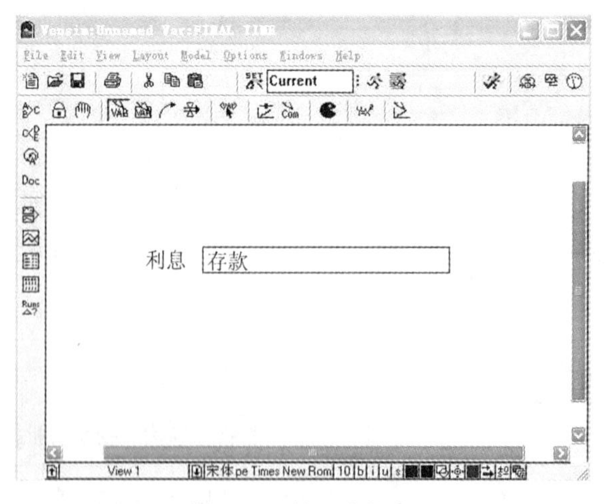

图 8-11　输入变量名

（4）如果拼错变量名称，仍然在单击绘图栏上“Variable-Auxiliary/Constant”的情况下，单击拼错变量的名称，此时显示编辑框，即可更改。也可以单击绘图栏上 Delete 工具，单击所要删除的变量，然后重新绘制正确的变量。如需移动变量位置，则单击绘图栏上 Move/Size Words and Arrows 工具，用鼠标将变量拖动到需要的地方。

（5）单击绘图栏 Arrow 工具，单击变量“利息”，再移动鼠标单击变量“存款”，则显示有直线箭头指针从“利息”指向“存款”；接着单击绘图栏上 Move/Size Words and Arrows 工具，拖曳直线箭头指针的小圆圈将直线箭头变为弧形。重复上述步骤可使弧线箭头指针由“存款”指向“利息”。如图 8-12 所示。

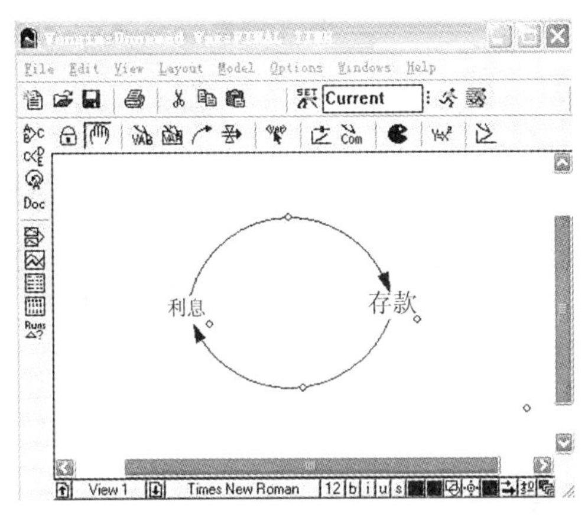

图 8-12　绘制弧线箭头

（6）单击绘图栏上 Move/Size Words and Arrows 工具，将鼠标移至某个箭头中间的小圆圈上按右键，在出现的对话框中勾选 Polarity 下面的“＋”号，即可为该箭头添加“＋”号，如图 8-13 所示。重复上述步骤为另一箭头添加“＋”号。

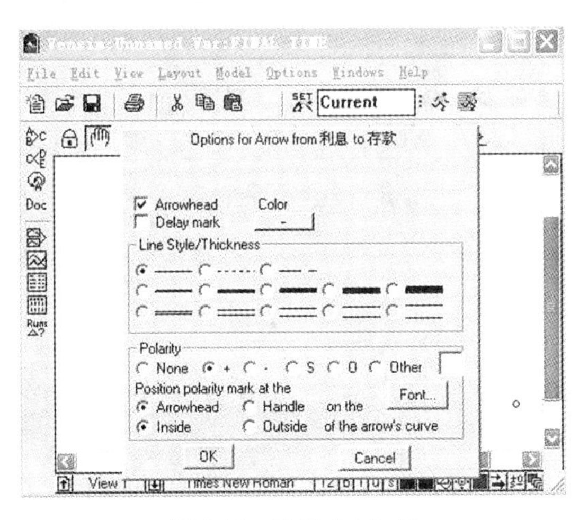

图 8-13　添加“＋”号

（7）选中绘图栏上 Sketch Comment 工具，然后单击绘图窗口中正反馈回路内的一点，在显示的批注说明窗口内，选择 Shape 下的 Loop Clkwse（顺时针），及 Graphics→Image 右侧下拉菜单中的“+”，最后单击 OK 按钮。即可在该反馈回路中添加正反馈回路的图形。如图 8-14 所示。

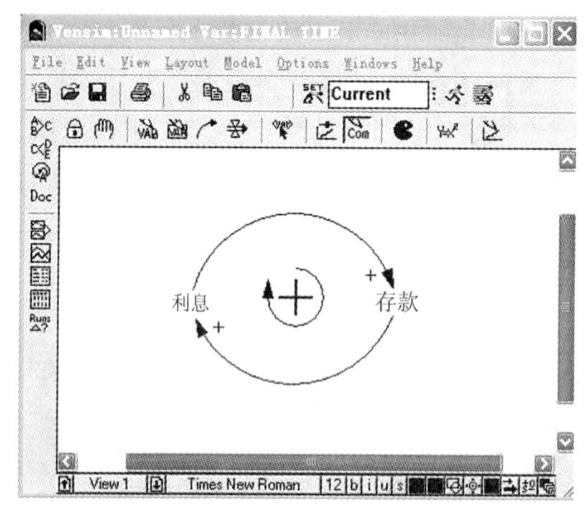

图 8-14　添加正反馈回路图形

（8）单击菜单栏的 File→save，保存所完成的因果关系图。

2. 绘制流程图及建立方程式

（1）新建一个模型，在 Time Bounds for Mode 窗口中设置 TIME STEP 为 0.25，Units for Time 为 Year，然后单击 OK 按钮。

（2）绘制状态变量“存款”：单击绘图栏上 Box Variable -Level 工具，在窗口内任意处单击，出现编辑框，输入“存款”，再按 Enter 键。如图 8-15 所示。

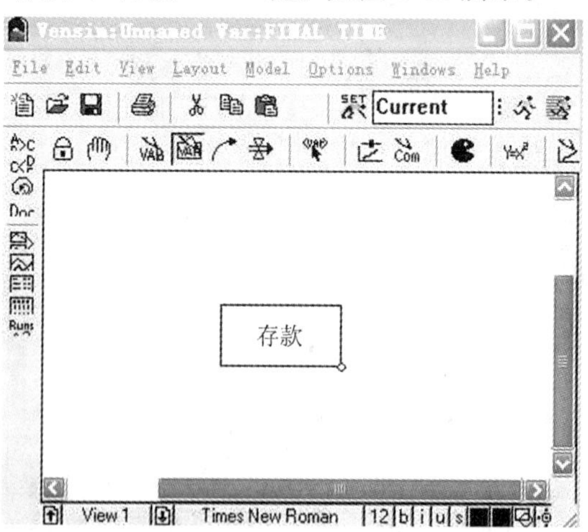

图 8-15　绘制状态变量

（3）绘制流率变量：单击绘图栏上 Rate 工具，在状态变量的左方适当位置单击，则显示“源”，移动鼠标至“存款”处单击，出现编辑框，输入“利息”，再按 Enter 键。如图 8-16 所示。

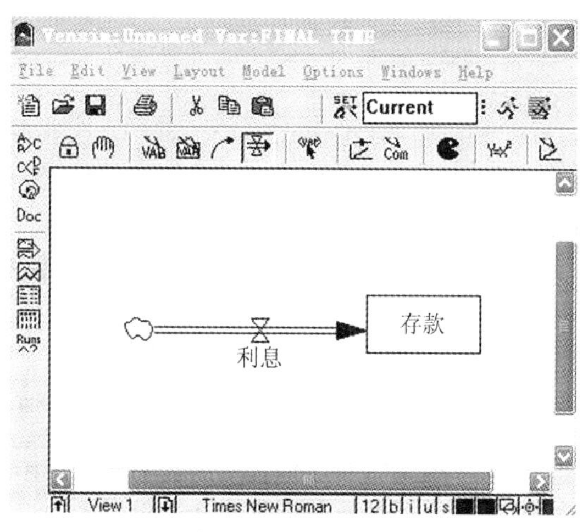

图 8-16　绘制流率变量

（4）单击绘图栏上 Variable - Auxiliary/Constant 工具，在空白处输入变量“利率”。

（5）单击绘图栏上 Arrow 工具，绘制由“存款”指向“利息”的弧线箭头，绘制由“利率”指向“利息”的直线箭头。如图 8-17 所示。

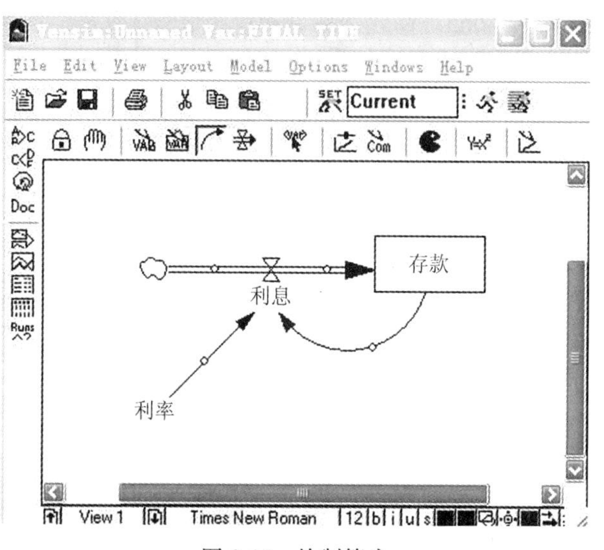

图 8-17　绘制箭头

（6）建立方程式。单击绘图栏上 Equations 工具，则三个变量将反白显示，表示尚未建立方程式。接着单击“利息”，显示编辑方程式窗口，在“=”号旁输入“存款 * 利率”。（提示：窗口右方有变量表列与数字键盘以供选择)，单击 OK 按钮完成。

（7）选择“存款”，显示编辑方程式窗口，Vensim 自动认定“存款”等于“利息”的积分，将窗口中存款的初始值 Initial Value 设定为 100。单击 OK 按钮。

（8）选择“利率”，显示编辑方程式窗口，在“=”号右方输入 0.0225，单击 OK 按钮。

3. 仿真运行及结果输出

（1）单击工具栏上 Run a Simulation 按钮来运行仿真，在出现的消息框中单击 Yes 按钮。

（2）确定“存款”被选为工具变量，其名称将显示于标题栏的最右侧字段；否则，单击绘图栏上 Move/Size Words and Arrows 工具，再单击“存款”即成为工具变量。

（3）在分析工具中，单击 Causes Strip 工具，则将显示“存款”和“利息”变量的变化图形。如图 8-18 所示。

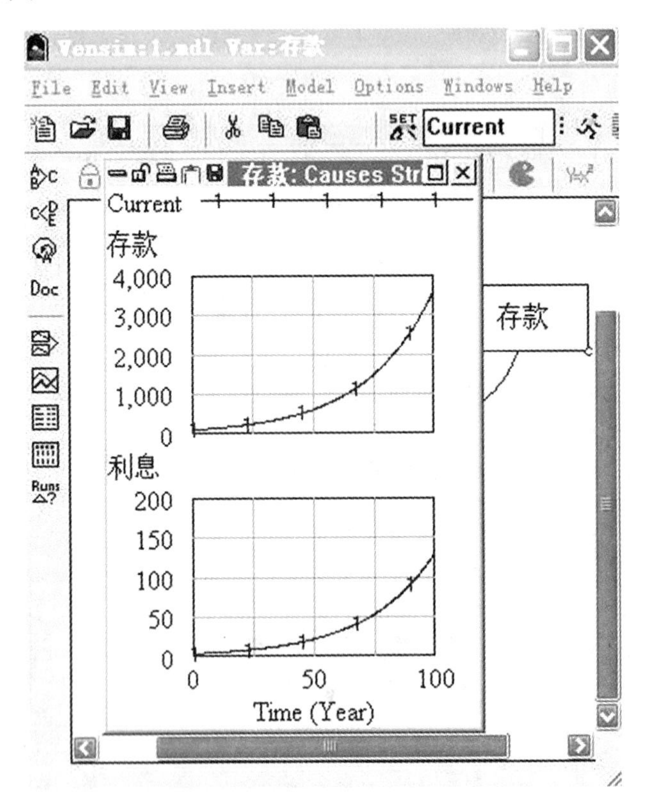

图 8-18 仿真结果

从图 8-18 中可以看出，存款与利息之间形成的正反馈回路具有自我强化的作用，随着时间的推移，两个变量的值将越来越大。

二、物流系统动力学概述

（一）概述

物流系统动力学是将系统动力学的知识应用在物流领域所形成的交叉性学科。由于物流系统具有系统性、动态性、反馈性和滞后性等特征，因此非常适合运用系统动力学的方法进行分析和优化。

（1）物流系统是由仓储、运输、配送、包装、装卸、搬运、流通加工、信息处理等子系统组成的整体。子系统之间存在相互联系、相互影响和制约的动态关系，系统动力学中建立的结构一功能模拟模型非常适合于研究这样的动态系统。

（2）物流系统中存在许多复杂的因果反馈关系。物流系统中各种状态变量的变化都是由许多其他变量的变化引起的，而这些状态变量的变化又会进一步引起其他变量的变化。因此需要系统动力学来分析其中的因果反馈关系，为系统分析和优化提供支持。

（3）虽然在某些情况下，可以把物流系统简化为线性系统进行分析，但现实中的物流系统却是非线性的系统，各变量的动态变化间存在时间滞后性。系统动力学正适合于研究这类具有时滞性的非线性系统。

物流系统动力学以系统动力学为框架，同时综合其他定性和定量分析工具，建立物流系统模型，进行试验，分析物流系统结构和动态发展机制，解决物流发展战略问题。

（二）因果关系分析

因果关系分析是系统动力学中一个重要的环节。物流系统动力学建模也需以因果关系分析为基础。

物流系统中互相影响的变量很多。在物流系统动力学模型中较常采用的状态变量一般有经济水平、人口水平、消费水平、物流系统供给和物流系统需求等。物流系统动力学模型中较常采用的决策变量一般有物流系统政策、经济发展政策、收入分配政策等。

在因果关系图的构建中，一方面需要充分完善地考虑各种要素之间的关系；另一方面，也应当适当地舍弃一些无关紧要的要素和环节，找到最能表征系统结构和系统内部机制的关键反馈回路。

（三）物流系统动力学基本反馈回路

把系统（或环节）的输出直接或经过一些环节重新引回到输入端的做法，叫做反馈。反馈可以从子系统或整个系统的输出端直接连至其相应的输入端，也可以经由其他单元、子系统、甚至其他系统实现。简单地说，反馈就是信息的传输与回收。

反馈分为正反馈和负反馈。正反馈中反馈信号的作用方向与输入信号的变动方向相同，因此正反馈回路的特点是，发生于其回路中任何一处的初始偏离经过回路后将获得增大与加强。而负反馈中反馈信号的作用方向与输入信号的变动方向相反，因此负反馈回路能自动追随给定的目标，基于误差来减小误差，尽量使系统输出稳定。由于负反馈回路具有这种自我调节的优点，因此，在现实物流系统的构建与优化中基本上被研究的都是负反馈系统。

在物流系统动力学模型中最基本的是一阶和二阶反馈回路。虽然现实物流系统大多是具有高阶数、多回路的复杂系统，但一方面由于高阶系统从结构上可以分解为若干低阶子系统以简化分析，另一方面现实中也不乏简单的一阶、二阶系统。因此，接下来主要介绍物流系统动力学中的一阶和二阶负反馈回路，作为更深入研究各种复杂物流系统的基础。

三、一阶负反馈回路

已知一库存系统，当前库存量为 2000 件，期望库存量为 8000 件，每周向供应商订货，欲用 5 周时间调整到期望库存，用 Vensim 建立一个一阶负反馈回路对这个系统进行仿真。

（1）因果关系分析。

当库存量增加时，库存量与期望库存量之间的差额减少，两者形成负因果箭；当库存差额增加时，订货速率（即每周的订货批量）增加，两者形成正因果箭；当订货速率增加时，库存量将变大，两者形成正因果箭。因此，库存量、订货速率、库存差额三者形成了一个一阶负反馈回路，如图 8-19 所示。

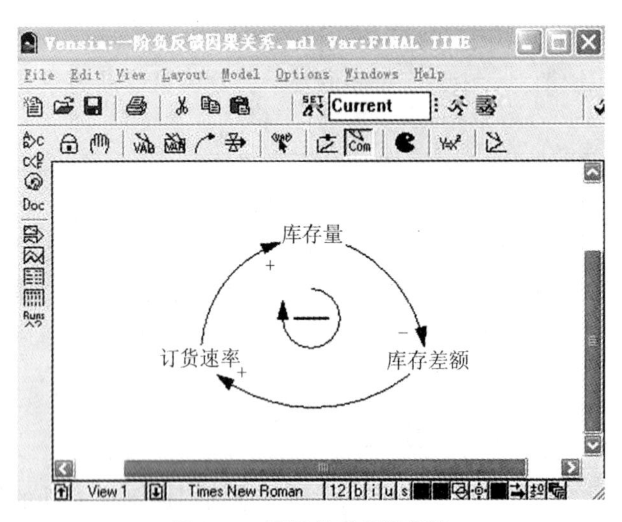

图 8-19　因果关系反馈回路

（2）绘制流程图。

库存量为状态变量，订货速率为流率变量，库存差额、期望库存量和库存调整时间为辅助变量。流程图如图 8-20 所示。

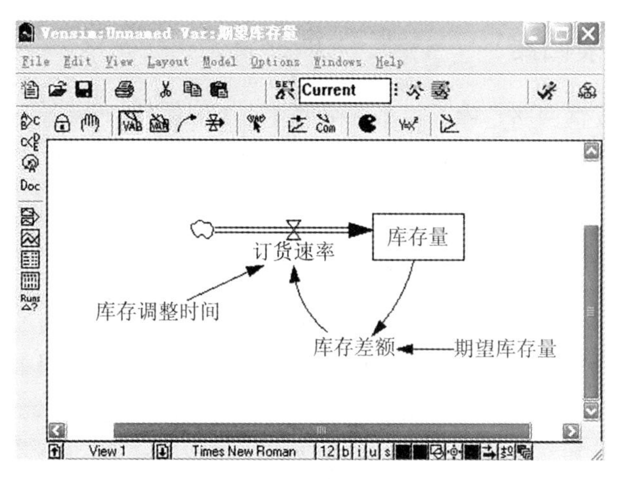

图 8-20　流程图

(3）输入方程式。

库存调整时间＝5（周）

期望库存量＝8000（件）

初始库存量＝2000（件）

库存差额＝期望库存量－库存量

订货速率＝库存差额/库存调整时间

库存量＝INTEG（订货速率）

(4）仿真分析。运行模型，仿真结果如图 8-21（a）和图 8-21（b）所示。

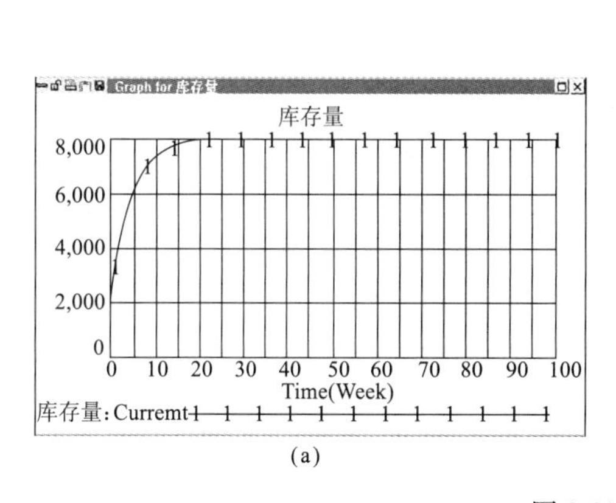

(a)

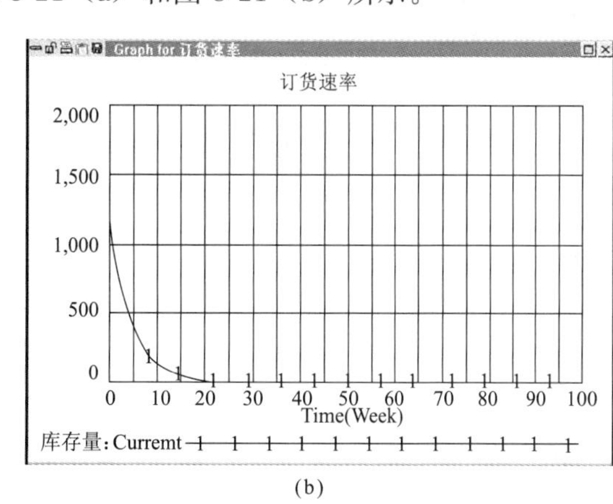

(b)

图 8-21　仿真结果

从图 8-21（a）和图 8-21（b）中可以看出：当库存量越来越接近期望库存量时，订货速率越来越小，最后库存量在第 20 周左右逐渐逼近期望库存量，该库存系统是一个渐进稳定的系统，其中的一阶负反馈回路起到了自我平衡的作用。

四、二阶负反馈回路

上节中的一阶负反馈回路是库存模型中最基本的形式，如果要考虑现实中商品的订货到收货过程中的延迟时间，那么模型将变为一个二阶负反馈回路的系统。

已知一库存系统，当前库存量为2000件，期望库存量为8000件，每周向供应商订货，货物的在途时间为10周，库存调整时间为5周，用Vensim建立一个二阶负反馈回路对这个系统进行仿真。

（1）因果关系分析。库存量与库存差额形成负因果箭，库存差额与订货速率形成正因果箭；不同的是，当订货速率增加时，在途库存量变大，两者形成正因果箭，最后在途库存量的增加引起入库率（每周入库的商品量）的增加，形成正因果箭。因此，库存量、库存差额、订货速率、在途库存量和入库率形成了一个二阶负反馈回路，如图8-22所示。

（2）绘制流程图。库存量和在途库存量为状态变量，订货速率和入库率为流率变量，库存差额、期望库存量、库存调整时间和库存在途时间为辅助变量。流程图如图8-23所示。

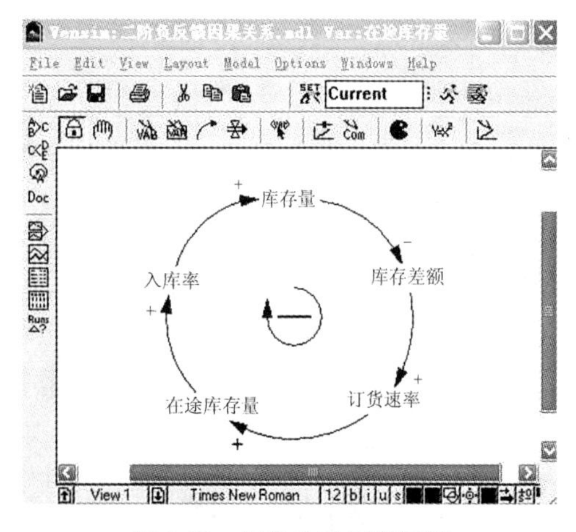

图8-22　因果关系反馈回路

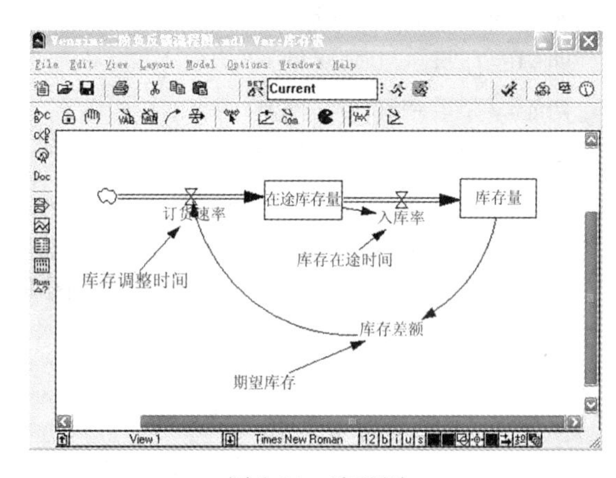

图8-23　流程图

（3）输入方程式。

库存调整时间=5（周）

期望库存量=8000（件）

初始库存量=2000（件）

库存在途时间=10（周）

库存差额=期望库存量-库存量

订货速率=库存差额/库存调整时间

入库率=在途库存量/库存在途时间

在途库存量=INTEG（订货速率-入库率）

库存量=INTEG（入库率）

（4）仿真分析。运行模型，仿真结果如图 8-24（a）和图 8-24（b）所示。

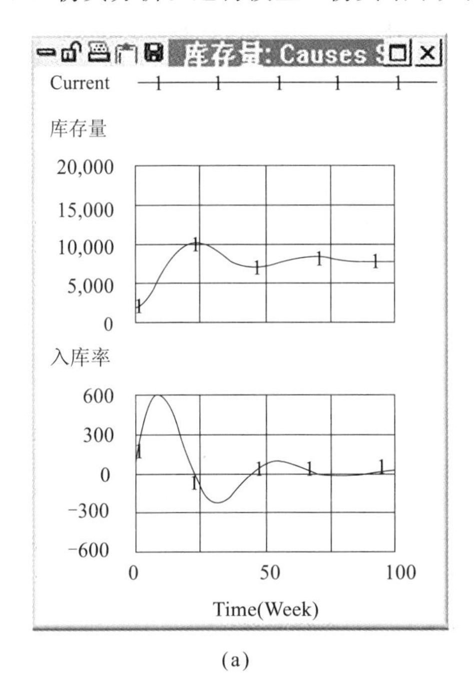

(a)

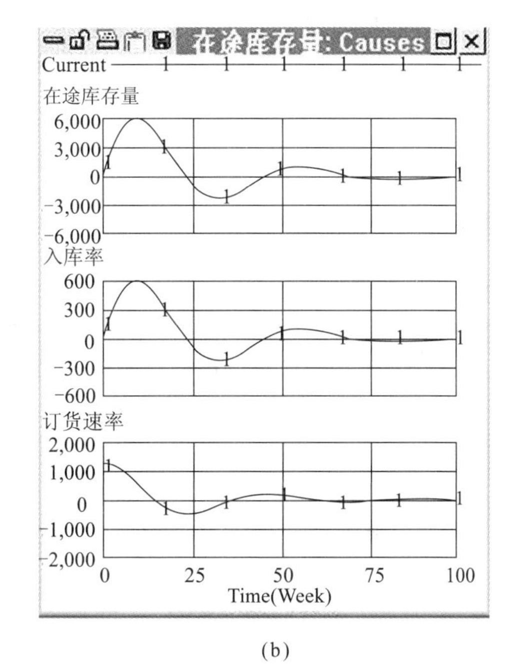

(b)

图 8-24　仿真结果

从图 8-24（a）和图 8-24（b）中可以看出：二阶负反馈回路与一阶负反馈回路一样能实现库存量向期望库存量靠近的功能，但不同之处在于，二阶负反馈回路的调整过程是振荡衰减逐渐逼近目标值的。

第四节　VMI 模式下供应链系统动力学建模

供应商管理库存（Vendor-managed Inventory，VMI），是供应链管理在库存管理方面的一个实践。与传统的库存管理相比，其不再是零售商单独拥有和管理自己的库存，而是双方共享销售、促销和库存等信息，由供应商来制定存货和补货策略。通过共享信息和更科学的销售和补货预测方法，提高了生产和库存管理绩效。

一、VMI 系统行为模式分析

在传统的库存管理模式中，当一个分销商的库存水平低于安全库存量时，即向供应商发出采购订单，分销商自己控制了库存策略、计划、补货时间和数量等业务，由供应商为其供货，如图 8-25 所示。可见，只有分销商掌握了最终用户的需求，上游成员无法获得实际的需求信息，只能根据下游成员的预测订单进行库存和发货作业，同时再根据自身的预测向上游成员发出订货信息，在这个过程中需求信息被层层放大，增加了供应链上各个环节的作业成本。

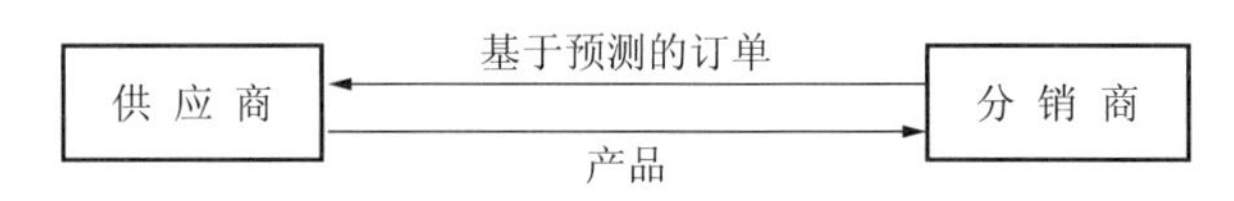

图 8-25　传统库存管理模式

VMI 库存管理模式下，VMI 供应商从分销商处接收电子数据，这些数据代表了分销商销售和库存的真实信息（如 POS 和库存水平的信息等），然后 VMI 供应商通过处理和分析这些信息得知分销商仓库里每一种货物的库存情况和市场需求，就可以根据它们为分销商制订和维护库存计划，在这种模式下，订单是由 VMI 供应商生成的，而不是由分销商完成，体现了 VMI 信息共享、协同运作的思想。如图 8-26 所示。与传统库存模式相比，VMI 供应商掌握了分销商销售和库存的实时信息，降低了分销商管理库存的成本，同时 VMI 供应商可以统一安排生产与补货策略，提高了供应链的运作效率。

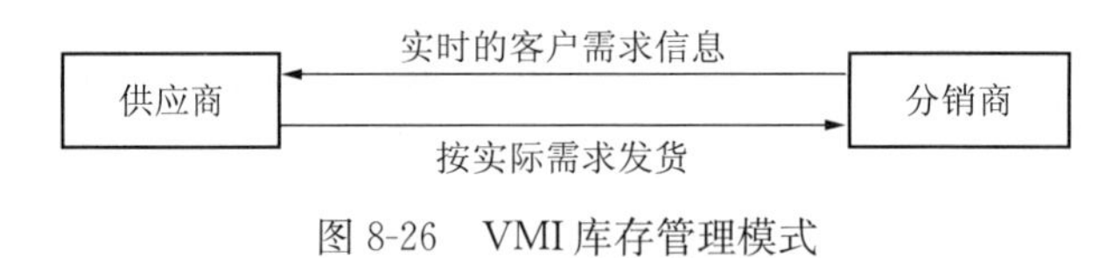

图 8-26　VMI 库存管理模式

在 VMI 库存管理模式下，系统限定成员主要包括：生产商、VMI 供应商、分销商。

生产商是系统中的上游成员，主要负责产品的生产，其生产模式为订单拉动式，完全依靠下游企业的订单需求来生产；VMI 供应商本身也可以具备制造能力或者本身是第三方物流提供商，其一般是由分销商按照一定的评估标准在优秀的、有实力的供应商中挑选出来的。VMI 供应商掌管分销商在各地的库存，与分销商一次议价建立长期的需求协议。设置交货提前期，按照事先约定的交货日期和数量整批交货。VMI 供应商依据需求量和生产量制订补货决策，并将产品运送到目标仓库或最终客户处。

在 VMI 系统中主要包括四类库存：生产商在制品库、VMI 供应商库存、在途库存、分销商库存。VMI 供应商将生产商在制品库存视为未交订单，其自身的库存起到调节供需的作用；在途库存主要指运输途中的产品；VMI 供应商从分销商库存中获取进销存的信息，达到管理分销商库存的目的。

系统假设此 VMI 供应链系统建立在以供应商为中心的生产环节，分销商为大型企业，主要从事产品的销售和部分组装销售，和相关行业内的众多供应商存在长期的合作关系，其有足够的资金和技术实力对其合作的供应商进行评估，挑选出有实力的一个或几个供应商作为 VMI 供应商，完成 VMI 系统的转换。同时 VMI 供应商也能够完成对生产商的产品集中仓储运输，以及信息的整合汇总和补货决策的制定等业务流程。本文以单一生产商、VMI 供应商和分销商作为系统成员，对 VMI 的运行状况进行仿真模拟。

由对系统边界的分析和本节的系统假设，进一步明确了系统边界，如表 8-2 所示（由于 Vensim 在输入中文字符时产生乱码的情况，故在系统模拟中变量的中文名将由英文名代替）。

表 8-2　系统模型变量

内生变量		外生变量	
中文名	英文名	中文名	英文名
分销商库存	Distributor Inventory	最终用户需求率	End Customer Demand Rate
在制品库存	WIP（Work-in-process）Inventory		
VMI 供应商库存	Vendor Inventory		
在途库存	Goods Intransit		
订货率	Order Rate		
批量订单率	Batch Orders Rate		
产率	Production Rate		
供应商出货率	Vendor Shipment Rate		
分销商收货率	Distributor Receiving Rate		
分销商出货率	Distributor Shipment Rate		
期望供应商库存	Desired Vendor Inventory		
期望分销商库存	Desired Distributor Inventory		
期望在制品库存	Desired WIP Inventory		
在制品库存差	WIP（Work-in-process）Inventory Gap		
供应商库存差	Vendor Inventory Gap		
分销商库存差	Distributor Inventory Gap		
预计顾客需求率	Expected Customer Demand Rate		
订单完成率	Order Fulfillment Rate		
期望生产率	Desired Production Rate		

二、VMI 系统的因果反馈关系

明确了 VMI 系统的一般运行模式和系统边界后，就要开始研究系统内部各变量之间的因果关系，找出因果反馈环。在系统动力学中利用因果关系图表示系统的因果反馈关系，如图 8-27所示。

利用 Vensim 对系统中的反馈回路进行分析，可以得出如下因果关系链。

（1）变量在制品库存的原因树图。

Batch Order Rate —— Order Rate —— WIP Inventory

即批量订单率——订单率——在制品库存

（2）变量在制品库存的使用树图。

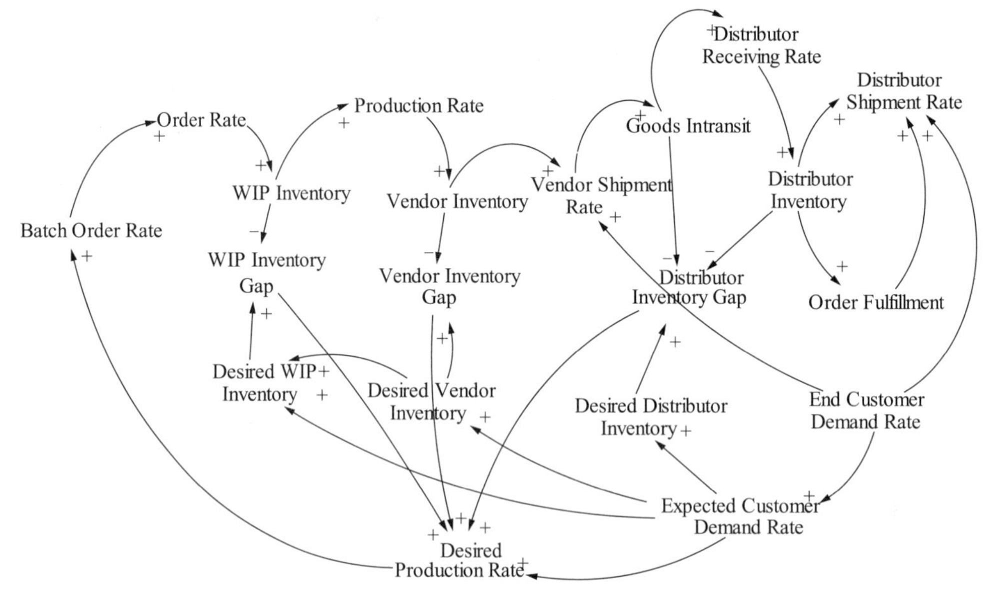

图 8-27　VMI 系统因果关系图

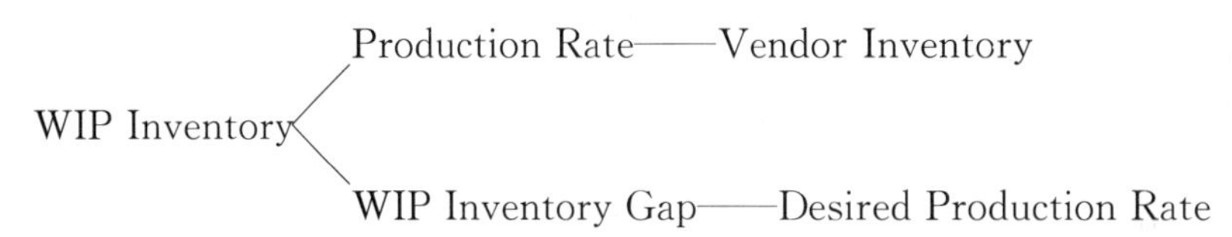

即

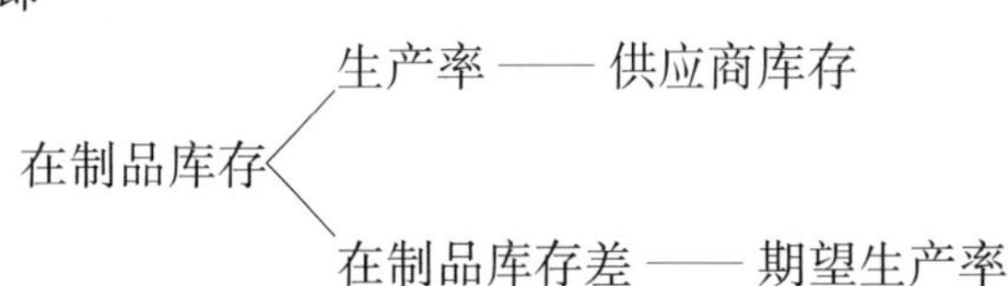

（3）变量期望生产率的使用树图。

Desired Production Rate——Batch Order Rate——Order Rate

即期望生产率——批量订单率——订货率

（4）变量订单率的使用树图。

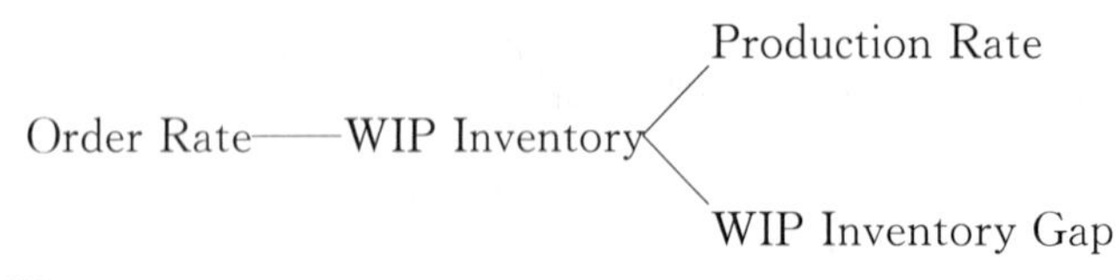

即

由（1）—（4）的因果关系链可以得出在制品库存反馈回路图：

批量订单率——订单率——在制品库存——在制品库存差——期望生产率——批量订单率

在制品库存反馈回路为负反馈回路，在制品库存是订单率和生产率的积累变量。此反馈回路调节制造阶段的生产和订购作业。

（5）变量供应商库存的原因树图。

WIP Inventory——Production Rate——Vendor Inventory

即在制品库存——生产率——供应商库存

（6）变量供应商库存的使用树图：

Vendor Inventory Gap——Desired Production Rate

Vendor Inventory

Vendor Shipment Rate——Goods Intransit

即

供应商库存差 —— 期望生产率

供应商库存

供应商出货率 —— 在途库存

由（1）、（3）、（5）、（6）的因果关系链可以得出供应商反馈回路：

批量订单率——订单率——在制品库存——生产率——供应商库存——供应商库存差——期望生产率——批量订单率

供应商库存反馈回路为负反馈回路，供应商库存是生产率和供应商发货率的积累变量。此反馈回路调节供应商库存阶段的补货和发货作用。由于 VMI 供应商和分销商之间信息共享，VMI 供应商可以获得精确的终端客户的需求量，通过自身库存和期望库存之间的差距来决定补货数量。

（7）变量分销商库存的原因树图。

Goods In-transit——Distributor Receiving Rate——Distributor Inventory

即在途库存——分销商收货率——分销商库存

（8）变量分销商库存的使用树图。

Distributor Inventory Gap——Desired Production Rate

Distributor Inventory——Distributor Shipment Rate

Order Fulfillment——(Distributor shipment Rate)

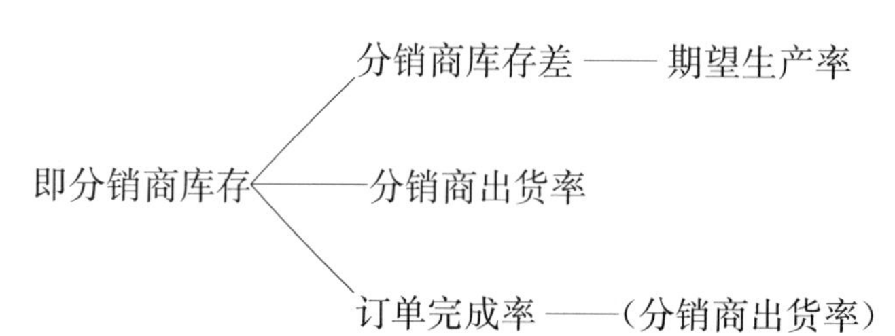

由（1）、（3）、（5）、（6）、（7）、（8）的因果关系链可以得出分销商库存反馈回路：

批量订单率——订单率——在制品库存——生产率——供应商库存——供应商出货率——在途库存——分销商收货率——分销商库存——分销商库存差——期望生产率——批量订单率

分销商库存反馈回路是负反馈回路，分销商库存是分销商收货率和出货率的积累变量。此反馈回路调节分销商库存阶段的补货作业。VMI 供应商接受分销商的委托，控制分销商的库存水平，通过分销商的出货率和实际需求量作出补货决策，进而决定生产商的生产率。在满足高水平的客户满意度的同时，使供应链的库存总量最少，库存成本最低。

VMI 供应商管理库存与传统库存管理模式相比最大的优势是与分销商共享客户的需求信息。在传统订单补货方式的库存管理模式下，分销商往往在旺季来临之前提高库存量，VMI 方式的采用使得分销商不用再为库存问题担心。对供应商而言，牛鞭效应带来的信息曲解，使得供应商无法掌握真实的市场需求信息，为了应付需求的不确定性和提高服务水平，只好维持一个较高的成品和原材料的库存水平，从而给供应商带来沉重的财务负担和承担较高的库存风险。VMI 使得供应商能够看到所有分销商的库存状况，从而能够直接根据市场信息采取相应的库存决策，将因牛鞭效应引起的信息曲解带来的负面影响降低到最小程度，从而减少库存管理成本，更好地改善客户满意度和销售情况，有效规避供应链风险。其本质上是将多级供应链问题变为单级库存管理问题，通过掌控销售和库存信息作为需求预测和库存补货的解决方法。

三、VMI 系统模型流程图

需要绘制系统的流程图，并建立反映相应变量动态运行模式的系统方程式和相应参数。系统流程图的建立能够更好地显示系统的运作模式，有利于模拟系统在动态环境下的运行，体现出不同的策略对系统整体绩效的影响。

根据上一节建立的因果关系反馈图，可以清楚地看出系统各部分之间的关系，但对于系统结构的描述来说，还不能体现出系统的运行机制和规则。利用系统动力学所提供的系统流程图，可以将系统的结构以积累（Level）、流速（Rate）、辅助变量等形式具体表现出来，通过构造方程式进一步明确系统的运行机制。系统流程图如图 8-28 所示。

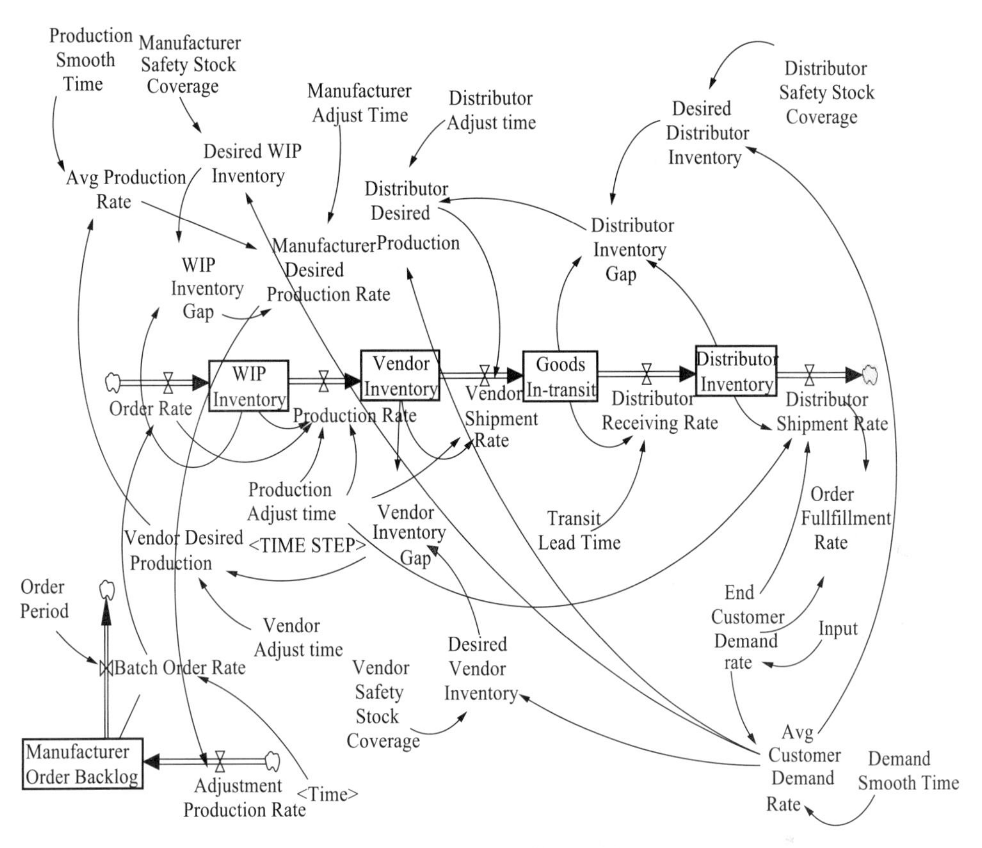

图 8-28　VMI 系统流程图

系统流程图包含三个子模块：生产商模块、供应商模块和分销商模块。生产商在制造产品的过程中，其在制品库存和期望在制品库存比较的偏差，即为生产商需要调整的产量。通过调整生产率改变现有生产批量，调整在处理的订单量。供应商库存控制回路由供应商库存偏差调节，存在供应商库存偏差时，由供应商库存偏差和库存调整时间的比值决定供应商期望生产率，最终影响生产商的生产率。分销商库存控制回路由分销商库存偏差调节，当存在分销商库存偏差时，分销商期望生产率为分销商库存偏差除以分销商调整期的商与平均顾客需求率之和，分销商期望生产率影响供应链的生产。

四、各个模块的系统动力学构造方程式

1. 生产商模块

(01) Adjustment production Rate=Manufacturer desired production rate

(02) Batch Order Rate=IF THEN ELSE (MODULO (Time, Order period) =0, manufacturer order backlog/TIME STE, 0)

（03） Desired WIP Inventory = avg customer demand rate * manufacturer Safety stock coverage

（04） Manufacturer adjust time=5

（05） Manufacturer desired production rate=IF THEN ELSE（WIP Inventory Gap=0，0，WIP Inventory Gap/manufacturer adjust time + avg Production rate）

（06） Manufacturer order backlog=INTEG（Adjustment production Rate-Batch Order Rate，0）

（07） Manufacturer Safety Stock Coverage=10

（08） Order Period=2

（09） Order Rate=Batch Order Rate

（10） Production Adjust time=6

（11） Production Rate=MIN（WIP Inventory/TIME STEP，DELAY3（Order Rate，Production Adjust time））

（12） Production Smooth Time=3

（13） SAVEPER=TIME STEP

The frequency with which output is stored.

（14） TIME STEP=1

The time step for the simulation.

（15） WIP Inventory=INTEG（Order Rate-production Rate，Desired WIP Inventory）

（16） WIP Inventory Gap=MAX（Desired WIP Inventory-WIP Inventory，0）

2. 供应商模块

（01） Vendor Adjust time=6

（02） Vendor Desired Production=IF THEN ELSE（Vendor Inventory Gap=0，0，Vendor Inventory Gap/Vendor Adjust time）

（03） Vendor Inventory=INTEG（production Rate-Vendor Shipment Rate，0）

（04） Vendor Inventory Gap=MAX（Desired Vendor Inventory-Vendor Inventor，0）

（05） Vendor Safety Stock Coverage=5

（06） Vendor Shipment Rate=MIN（Vendor Inventory/TIME STEP，Distributor Desired Production）

（07） Desired vendor Inventory=avg customer demand rate * Vendor Safety Stock Coverage

3. 分销商模块

（01） avg customer demand rate = SMOOTH（End Customer Demand rate，demand smooth time）

（02） avg production rate=SMOOTH（Vendor Desired production，Production Smooth Time）

(03) Demand smooth time=4

(04) Desired Distributor Inventory = avg customer demand rate * Distributor Safety Stock Coverage

(05) Distributor Adjust time=4

(06) Distributor Desired production=IF THEN ELSE (Distributor Inventory Gap=0, 0, Distributor Inventory Gap/Distributor Adjust time + avg customer demand rate)

(07) Distributor Inventory=INTEG (Distributor Receiving Rate-Distributor Shipment Rate, 0)

(08) Distributor inventory Gap=MAX (Desired Distributor Inventory-Distributor Inventory- "Goods In-transit", 0)

(09) Distributor Receiving Rate= "Goods In-transit" /Transit Lead Time

(10) Distributor Safety Stock Coverage=5

(11) Distributor Shipment Rate=MIN (Distributor Inventory/TIME STEP, End Customer Demand rate)

(12) End Customer Demand rate=input

(13) FINAL TIME=52

The final time for the simulation.

(14) "Goods In-transit" =INTEG (Vendor Shipment Rate-Distributor Receiving Rate, 0)

(15) INITIAL TIME=0

The initial time for the simulation.

(16) input=2000

(17) Order Fulfillment Rate=Distributor Shipment Rate/End Customer Demand rate

(18) Transit Lead Time=4

利用系统动力学原理，在明确了系统边界的基础上，确定了系统的内外生变量，构建了VMI库存系统的因果反馈环和系统流程图。模型主要包括三个子模块：生产商模块、供应商模块和分销商模块，分别对各子模块的因果反馈关系进行了分析，并应用系统动力学的仿真语言编写了模型的运行程序。

【案例分析】

供应链的牛鞭效应系统动力学仿真分析

本案例通过系统动力学来仿真认识供应链的牛鞭效应。考虑最常见的四级供应链，包括供应商、分销商、批发商、零售商四个供应链结点。当市场对某一产品需求增加时，零售商向它的上游供应链——批发商发出订货信息，如果批发商有足够的库存满足零售商需求，则马上可以供给零售商以满足市场。如果批发商库存短缺，则向其上游供应商——分销商发出订货信息。分销商与批发商之间的信息和物流传递与批发商与零售商之间的信息和物流传递一样。从成本角度出发，每个供应链的结点为了自己的成本最小化，其一般不愿意拥有大量的库存。所以当下游向其发出订货信息时，其要向上游发出同样的信息，以此类推，零售商需要的订货信息要一级一级地向上游传递。但供应链结点为了能快速地满足下游的需求，增加竞争力，又不得不持有一定的库存量。因此导致了“牛鞭效应”的产生。系统中需要考虑的属性有：市场需求量的大小、零售商库存、批发商库存、供应商库存、供应链上游到下游的运送率。画出这些属性之间的因果关系图。如图 8-29 所示（图形中箭头上有“＝”箭头的代表滞后）。

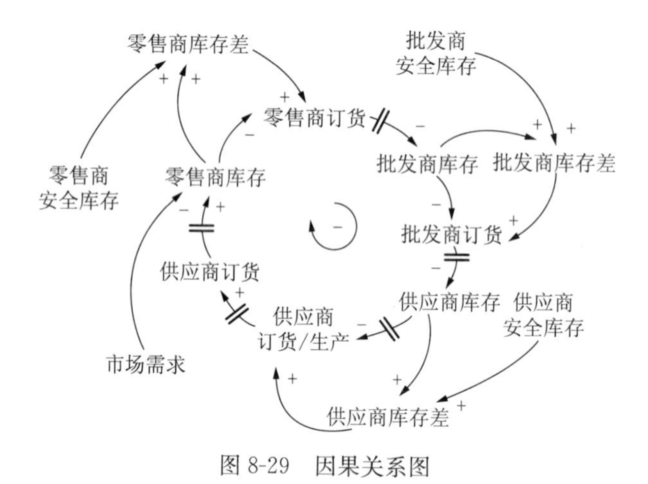

图 8-29　因果关系图

模型中存在两个状态变量，即零售商库存和供应商库存，三个决策变量，即零售商的订货率、供应商给零售商的运送率和零售商的发货率。通过 Vensim 软件可绘制相应流程图如图 8-30 所示。

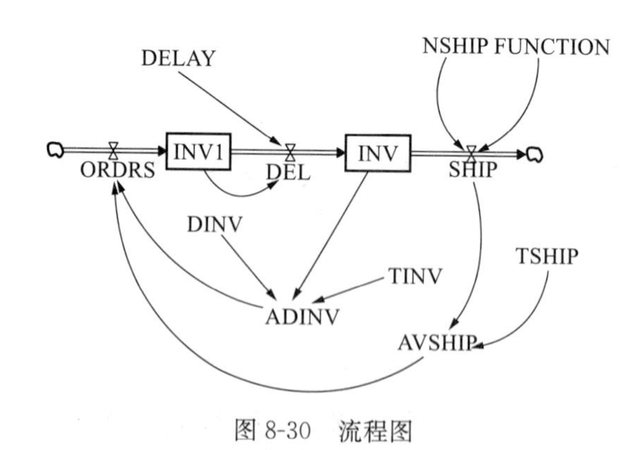

图 8-30　流程图

INV—零售商库存；INV1—供应商库存；ORDRS—零售商订货率；DEL—供应商运送率；SHIP—零售商发货率（市场需求率）；NSHIP—（零售商正常发货率）；DINV—安全库存；ADINV—库存调节率；TINV—库存调节时间；AVSHIP—平滑后发货率；TSHIP—平滑时间（信息延迟时间）；DELAY—供应商运货到零售商时间（物质延迟时间）。设置 INV＝300，INV1＝300，DINV＝300，TINV＝2，TSHIP＝2，NSHIP＝100，DELAY＝3

使用两组函数来模拟市场需求的变化，分别为阶跃函数 STEP ()，表示从某时刻开始市场需求突然增加到新的值；斜坡函数 RAMP ()，表示从某一时刻起，市场需求按一固定斜率增加。

图 8-31 为在阶跃函数输入情况下的系统仿真结果。纵轴（80，200）是订货率和市场需求，（200，400）是供应商和零售商库存。在 10 周之前，系统处在平衡状态，从第 10 周开始，阶跃函数开始起作用，表示市场需求突然增加 10，零售商库存开始减少。为了安全库存量，零售商向供应商的订货率增加，使供应商组织生产或者向其上游发出订货信息来增加库存，然后对零售商运货。由于零售商和供应商之间存在时间和物质延迟，供应商不能马上将货物运送给零售商来满足其库存，所以零售商库存继续减少，大概到 13 周达到最低谷，这时的订货率也达到最高峰，表示零售商向供应商发出最大的订货率通知。接着零售商库存逐渐得到补偿，其订货率也逐渐减小，最后零售商库存调节至其安全库存量，零售商订货率也稳定在 110 件/周，其中比原来 100 件/周增加的 10 个单位就是阶跃函数的作用。从图中可看出，供应商库存的波动明显高于零售商库存的波动，最后其平衡值也比开始时要高。

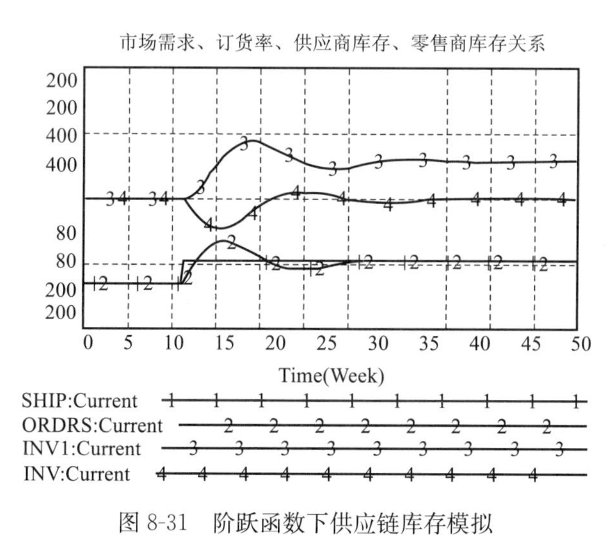

图 8-31　阶跃函数下供应链库存模拟

图 8-32 为在斜坡函数输入情况下，系统模拟的结果。纵轴坐标（300，2000）是供应商库存，（0，400）是零售商库存，（0，600）是订货率和市场需求率。从图中可以看到 10 周之前系统处在平衡状态。从第 10 周开始斜坡函数开始作用，以一定比例增加，到第 30 周终止。整个系统的变化情况与在阶跃输入时候的变化一样。由于供应商的坐标值大，所以供应商的波动依然比零售商大。

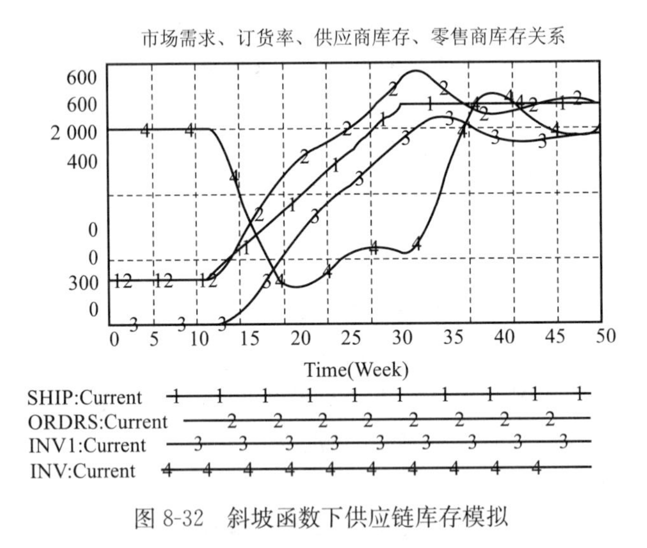

图 8-32　斜坡函数下供应链库存模拟

思考题： 1. 描述系统动力学仿真供应链牛鞭效应的过程。

2. 通过上述系统动力学仿真模拟，思考减小牛鞭效应的对策。

复习思考题

一、基本概念

系统动力学　因果关系分析　因果链　因果箭　反馈回路　流程图　流率　Vensim

二、选择题（1—4 单选，5—8 多选）

1. 如果变量 a 的增加使变量 b 也增加，那么两者为（　　）。

A. 正因果关系　　B. 负因果关系

C. 负因果链　　D. 正因果链

2. 全部因果箭都是负极性的反馈回路（　　）。

A. 一定是负反馈回路

B. 一定是正反馈回路

C. 可能是正反馈回路，也可能是负反馈回路

D. 既不是正反馈回路，也不是负反馈回路

3. 描述系统积累效应的变量是（　　）。

A. 系统变量　　B. 状态变量

C. 决策变量　　D. 流率变量

4. （　　）的多少是系统复杂程度的标志。

A. 因果箭　　B. 因果链　　C. 因果关系　　D. 反馈回路

5. 系统动力学具有（　　）的特点。

A. 强调系统、联系、运动、发展的观点

B. 擅长处理高阶、非线性问题

C. 强调系统行为主要是由系统外部机制决定的

D. 便于实现建模人员、决策者和专家群众的结合

6. 系统动力学的理论基础是（　　）。

A. 控制论　　B. 决策论

C. 系统分析　　D. 运筹学

7. 系统动力学建模的目的是（　　）。

A. 评价系统　　B. 定义系统

C. 检验理论　　D. 认识系统、改善系统

8. 下列软件属于系统动力学仿真软件的有（　　）。

A. Witness　　B. Dynamo　　C. Stella　　D. Vensim

三、判断正误题（正确的用 T 表示，错误的用 F 表示）

1. 系统动力学非常适合于研究具有大惯性长周期的社会经济系统。（　　）

2. 全部因果箭都是正极性的反馈回路一定是正反馈回路。（　　）

3. 描述系统积累效应的变化快慢的变量叫作决策变量。（　　）

4. Vensim 采用文本编程方式，需要用流程图描绘出系统模型后，在流程图里用不同的符号表示不同类型的函数，之后才编写程序。（　　）

5. DYNAMO 在绘制流程图的过程中，同时已建立了模型的数学关系，无须使用许多图形符号。（　　）

6. 流程图中流的供应点用“源”表示，消费点用“汇”表示。（　　）

四、简答题

1. 系统动力学的研究对象具有什么特点?

2. 什么是反馈回路?

3. 简述 DYNAMO 与 Vensim 两种系统动力学仿真软件的异同。

4. 简述系统动力学的特点。

5. 简述系统动力学建模的步骤。

6. 简述 Vensim 的分析工具。

五、综合运用题

1. 论述系统动力学的工作原理。

2. 假设某快递公司员工人数与业务量按一定的比例相互促进增长。该公司现有业务量为 1000 单位，且每年以 a 的幅度增加，每一名员工的增加可引起业务量增加的速度是5 单位/年。现有员工人数为 100，而平均每 30 单位业务量的增加需要引起员工人数增加的速度是 1 人/年。试用 Vensim 绘制因果关系图、流程图，并仿真计算该公司未来几年的发展情况。

第 9 章

物流系统评价与优化

第一节　物流系统评价

一、物流系统评价综述

物流系统评价是物流系统中一项重要的基础工作。在物流系统开发之前，通过系统评价，可对各种方案进行比较分析，选出最优的方案；在物流系统开发的过程中，进行系统评价，可对现行方案进行分析和改进，实现最优化；在物流系统开发完成及实施后更需要进行系统评价，才能判断物流系统方案是否达到了预定的性能指标，并持续改进。因此可以说，物流系统评价在整个物流系统中处于枢纽的地位。

评价就是根据明确的目标来测定对象系统的属性，并将这种属性转变为客观定量的计值或者主观效用的行为过程。物流系统评价通过对物流系统进行综合调查和整体描述，利用各种物流模型和数据，从总体上把握物流系统的现状，提出若干方案，并从中找出最优的方案。

（一）物流系统评价的目的

系统评价通常是为了从技术、经济、政治等方面对系统方案进行分析和评价，以选择最优化或最满意的系统设计方案。物流系统评价的目的一般包括以下三个方面。

（1）明确物流系统的目标，提出可行的方案。

（2）从系统功能、目标、要求及费用等方面对系统进行分析和评价，考核其满意程度。

（3）发现问题，提出改进措施，建立系统的最优方案，为系统决策提供科学依据。

（二）物流系统评价的原则

1. 整体性原则

进行物流系统评价时必须将物流系统看作一个整体，强调系统整体的评价，而不仅仅是系统绩效的某个方面或某些部分的评价。最优个体的总和并不等于系统的最优，因此必须坚持物流系统评价的整体性原则，局部的利益应该服从整体的利益。

2. 系统性原则

各项评价指标之间应该是互相联系和互相制约的，既要有横向联系的指标，又要有纵向联系的指标。指标体系还应该是多元的、多层次的，而同层次指标之间应尽可能界限分明，避免相互包含或交错。

3. 静态指标与动态指标相结合的原则

物流系统是开放、动态的系统，总是处于运动、发展的状态中，因此进行物流系统评价的时候除了静态指标外，还应考虑到动态指标。静态指标反映物流系统某个时刻的绩效情况，而动态指标则反映了物流系统的可持续发展能力。通过静态指标和动态指标的结合，才能更全面地掌握物流系统的发展状态和发展潜力。

4. 定性评价和定量评价相结合的原则

定性评价是定性化分析判断所评价对象的结构、能力及发展变化规律等性质。定量评价是根据各种统计数据，按有关标准，应用科学的方法构造数学模型进行定量化评价。定性评价要求评价者具备足够的相关知识和经验，定量评价则要求大量相关数据和科学的定量计算方法。单纯的定性分析容易造成研究的粗浅，而单纯的定量评价，可能因为数据的不完善而难以得到有效应用和检验。因此，应结合定性和定量评价，弥补单纯一种评价的局限和不足。

5. 可操作性原则

所建立的指标体系应能明确反映物流系统的各方面情况，能获得可靠的数据资料。所选择的系统评价方法应简单、实用、便于计算。整个系统评价方案也应便于真正付诸实现，才能体现其现实价值。

（三）物流系统评价的主要步骤

一个完整的物流系统评价过程通常包括从“明确问题”到“提出评价结论与建议”等若干步骤。

1. 明确问题

明确问题包括确定物流系统评价的目的、范围及内容。也就是要知道为什么评价、评价什么。

2. 建立评价指标体系

指标体系是根据物流系统评价的目标和内容确定的若干指标的集合。指标的选择非常重要，应尽量简明并具有可操作性。

3. 确定指标权重

指标权重是反映指标体系中各项指标所占比重的量化值。权重选取常见的是定性权重的形式，在评价时就需要进行量化处理。

4. 确定评价方法

评价方法是否科学、合理和适当，决定着评价结果的性质。

5. 单项评价

单项评价是对评价体系中各个单项指标的打分和评价。单项指标评价的方法主要有：直接打分法、两两比较法、体操记分法、连环比率法等。

6. 综合评价

综合评价则是相对于单项评价而言的，它们之间的区别不在于评价的个体的多少，而是在于评价指标体系的复杂程度。综合评价是对多元、多属性、多指标对象的价值判断。综合评价的评价对象一般比较复杂，需要通过某种假定，利用某种方法，对指标进行合成，得出一个组合的评价值。而单项评价则可以看作是针对综合评价中的某种属性的评价。实际上，综合评价和单项评价并没有绝对的区分，在一定程度上是可以转化的。

常见的系统综合评价的方法有：层次分析法、模糊分析法、主成分分析法、因子分析法、数据包络分析法、技术经济分析法、灰色系统分析法、神经网络分析法、小波分析法等。

7. 提出评价结论与建议

这一步是整个评价过程最重要的环节，评估人员要得出综合评价结论，指出系统存在的问题，提出建议以支持相关部门进行决策。

二、物流系统评价指标体系构建

对不同的系统和方案进行评价和选择，必须要建立能对其进行科学衡量和对比的统一尺度。因此，物流系统评价也需要建立一套完整的评价指标体系，来反映不同评价对象的效果和潜力。

（一）物流系统评价指标的特点

适当的物流系统评价指标需要具有以下特点。

1. 可观测性

在现实物流系统中，并不是所有的状态和指标都可以被观察和测量，那些难以观测、无法把握和评价的指标都不适合列入评价指标体系，否则评价的结果将失去准确性。

2. 可比性

评价指标的选择需要对每一个评价对象是公平的、可比的，也就是说指标应可以在不同的方案、不同的范围、不同的时间点上进行比较。而不应当选择那些具有明显倾向性的指标。

3. 层次性

构成物流系统评价指标体系的指标之间应能形成一定的层次结构，尽可能的为衡量评价效果和确定指标权重提供方便。

（二）物流系统评价指标体系的组成

物流系统评价指标体系一般可由以下几类指标组成。

（1）政策性指标。包括政府的方针、政策、法令法规及法律约束和发展规划等方面的要求，通常适合于对国计民生有重大影响的大型项目的评价。

（2）技术性指标。一般考虑物流技术、设备、效率、服务质量等方面的指标。

（3）经济性指标。反映物流服务水平和物流成本之间的关系，通常包括物流成本、流动资金占用、利润等方面。

（4）时间性指标。考虑建设周期、投资回收期、资金周转率、服务响应时间等。

（5）发展性指标。从社会经济状况、人员素质、环保安全等方面考虑物流系统的可持续发展能力。

在建立具体的物流系统评价指标体系时，需要根据评价目标和实际情况选择适合的指标来评价不同的问题和系统，尽可能地做到科学、合理。

某物流企业综合评价指标体系考虑物流企业的发展潜力、物流技术、设备状况和服务质量四个方面，具体结构如图 9-1 所示。

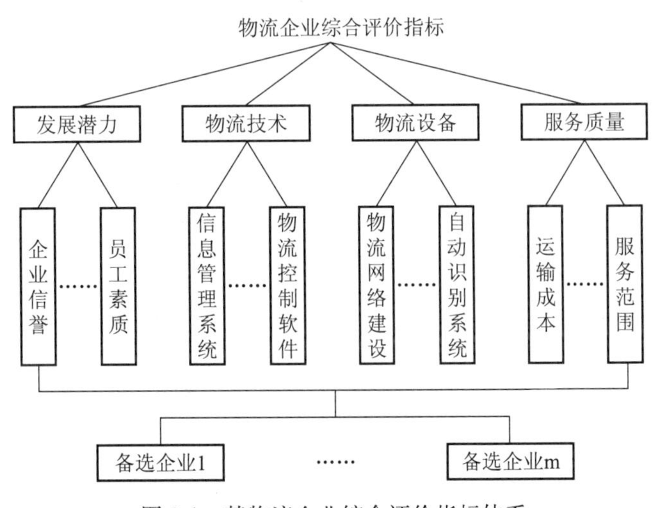

图 9-1　某物流企业综合评价指标体系

三、物流系统综合评价方法

物流系统综合评价的方法很多，下面介绍比较常用的层次分析法和模糊综合评价法。

（一）层次分析法

层次分析法（Analytic Hierarchy Process，AHP）是美国运筹学家 T. L. Saaty 教授于1973 年提出的，是将决策问题分解成目标、准则、方案等层次，在此基础上进行定性和定量分析的一种多层次决策方法。层次分析法的特点是，在对复杂决策问题的本质、影响因素及其内在关系等因素进行深入分析之后，构建一个多层次结构模型，然后利用较少的定量信息，把决策的思维过程数学化，从而为求解多目标、多准则或无结构特性的复杂决策问题，提供一种简便的决策方法。该方法自 1982 年被引入中国后，以其系统化、灵活简洁的优点，迅速地被应用于社会、经济、物流等各个领域。

层次分析法解决问题主要经过以下几个步骤。

1. 明确问题，使问题层次化，并构建层次结构模型

在界定问题并对其进行分析后，以综合评价指标体系为基础，将问题的各方面和多项指标因素分成若干层次，建立层次结构模型。其中最高层，一般为目标层，用 0 表示；中间层表示评价包括的若干方面及其所包含的各项指标，又可以再分为若干层，包括准则层和指标层，分别用 B_m 和 u_n 表示；最低层则是具体的若干措施或方案，用 V_p 表示，如图 9-2 所示。如果仅用层次分析法确定各指标的权重，那么可以不包括最底层的方案。对于复杂的决策问题，目标可能不止一个，那么可以将目标层扩展成总目标和分目标层。复杂决策问题的准则层也可能不止一层，可以分成准则层和子准则层，其他层也是一样。

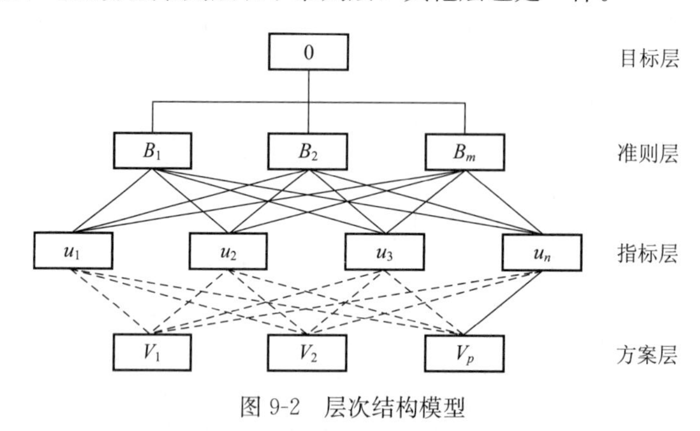

图 9-2　层次结构模型

2. 构造判断矩阵

判断矩阵是表示针对上一层次中某一元素而言，本层次中各元素（或指标）之间的相对重要程度。也就是要从第二层开始，将层间有连线的元素，进行两两对比，按其重要程度评定等级。

假定 B_k 与下层元素 u_1，u_2，…，u_n 有联系，则构造判断矩阵如表 9-1 所示。

表 9-1　判断矩阵

B_k	u_1	u_2	…	u_j	…	u_n
u_1	a_{11}	a_{12}	…	a_{1j}	…	a_{1n}
u_2	a_{21}	a_{22}	…	a_{2j}	…	a_{2n}
⋮	⋮	⋮	⋮	⋮	⋮	⋮
u_i	a_{i1}	a_{i2}	…	a_{ij}	…	a_{in}
⋮	⋮	⋮	⋮	⋮	⋮	⋮
u_n	a_{n1}	a_{n2}	…	a_{nj}	…	a_{nn}

该判断矩阵也可以简单表示为 $\mathbf{A}=(a_{ij})_{n\times n}$，其中，$a_{ij}$ 表示对于 B_k 而言，u_i 对 u_j 的相对重要性程度。通常可以按照以下 9 个重要性等级来进行赋值，见表 9-2。

表 9-2　判断矩阵重要性等级及赋值

重要性等级	a_{ij} 赋值
i，j 两元素同样重要	1
i 元素比 j 元素稍微重要	3
i 元素比 j 元素明显重要	5
i 元素比 j 元素强烈重要	7
i 元素比 j 元素极端重要	9
上述两相邻判断的中值	2，4，6，8
若反过来，j 元素与 i 元素比较，则得到 $a_{ji}=\frac{1}{a_{ij}}$	

3. 层次单排序及一致性检验

根据上一步的判断矩阵，计算对于上一层元素而言，下层中与之有联系的元素的重要性次序的权重的过程叫做层次单排序。目的是从判断矩阵群中提炼出对事物的规律性认识，为决策提供科学的依据。

求权重的过程可以归结为计算判断矩阵的特征值和特征向量的问题，即对于矩阵 $\mathbf{A}=(a_{ij})_{n\times n}$，要计算满足 $\mathbf{A}\times\mathbf{W}=\lambda_{\max}\times\mathbf{W}$ 的特征根与特征向量。$\lambda_{\max}$ 为 A 的最大特征根，$\mathbf{W}$ 为对应于 $\lambda_{\max}$ 的正规化特征向量。

计算判断矩阵的最大特征根和相应的特征向量的方法有很多，常用的方法有：特征向量法、和积法和方根法等。

人们对若干因素进行两两比较，不一定能够判断完全一致，因此层次分析法中保持判断矩阵的一致性非常重要。判断矩阵 $\mathbf{A}=(a_{ij})_{n\times n}$，如果对任意 i，j，$k=1$，2，…，n，有 $a_{jk}=$

$a_{ij} \times a_{jk}$成立，则 **A** 是一致性矩阵。为了检验判断矩阵的一致性，引入检验判断矩阵偏离一致性程度的指标：

$$\mathrm{CI}=\frac{\lambda_{\max}-n}{n-1}$$

CI 就称为判断矩阵的一致性指标。CI 值越大，判断矩阵偏离完全一致性越厉害；CI 值越小，判断矩阵越接近于完全一致性；当 CI=0 时，判断矩阵具有完全一致性。

此外，还需要引入判断矩阵的平均随机一致性指标 RI，以检验不同判断矩阵是否具有满意的一致性。查表 9-3 得到对于 1～9 阶判断矩阵的 RI 值。

表 9-3　RI 值

阶数 n	1	2	3	4	5	6	7	8	9
RI	0.00	0.00	0.58	0.90	1.12	1.24	1.32	1.41	1.45

一、二阶矩阵总是具有完全一致性，一般不必检验其一致性。

判断矩阵的一致性指标 CI 与同阶平均随机一致性指标 RI 之比称为随机一致性比率，记为 CR：$\mathrm{CR}=\frac{\mathrm{CI}}{\mathrm{RI}}$。当 CR<0.10 时，一般认为判断矩阵具有满意的一致性，否则，就需要调整判断矩阵，直到使之具有满意的一致性。

4. 层次总排序及其一致性检验

层次单排序后，还要进一步综合出各方案对总目标的优劣顺序。计算某一层次所有因素对目标层相对重要性的权重称为层次总排序。

计算层次总排序时，以该层所有层次单排序的结果，用上层元素的组合权重为权数，计算对应本层各元素的加权和，所得结果即为该层元素的组合权重。层次总排序应从上到下逐层进行，对于从上而下的第二层，其层次总排序即为层次单排序的结果。显然，计算出的结果已经是归一化向量，即 $\sum_{j=1}^{m}\sum_{i=1}^{m}a_j w_j^i=1$。其中 a_i 为上一层各元素层次单排序的权重，与 a_i 之对应的本层次单排序结果为 w_j^i。

层次总排序和单排序一样，要进行一致性检验。按下式计算：

$$\mathrm{CI}=\sum_{i=1}^{m}a_i(\mathrm{CI})_i$$

$$\mathrm{RI}=\sum_{i=1}^{m}a_i(\mathrm{RI})_i$$

式中：$(\mathrm{CI})_i$、$(\mathrm{RI})_i$——对应上一层次中判断矩阵的一致性和随机一致性指标。

（二）模糊综合评价

模糊综合评价是一种运用模糊数学原理分析和评价那些具有模糊性的系统的分析方法，

其特点是评价结果不是绝对的肯定或否定，而是表示为一个模糊集合。例如，让一群人分别说出物流企业规模大和小的界限，答案会不完全相同，但是用模糊数学的方法分析时，这个界限会存在一定的规律性。

1. 基本要素

模糊综合评价的数学模型主要有以下三个要素。

（1）因素集 $U=\{u_1, u_2, \cdots, u_m\}$，描述被评价对象的 m 种因素。

（2）评价集 $V=\{v_1, v_2, \cdots, v_n\}$，为多种判断构成的集合。

（3）模糊评价矩阵 $\boldsymbol{R}$。

此模型中存在两类模糊集。一是标志因素集 U 中的各元素在人们心目中的重要程度的量，表现为因素集 U 上的模糊权重向量 $\boldsymbol{A}=(a_1, a_2, \cdots, a_m)$；另一类是 $U\times V$ 上的模糊关系，反映因素 U 到评价 V 之间的模糊评价关系，表现为 $m\times n$ 的模糊矩阵 $\boldsymbol{R}$。这两类模糊集都是人们价值观念或偏好结构的反映。

2. 基本步骤

进行模糊综合评价主要有以下 5 个基本步骤。

（1）确定因素集和评价集。

（2）建立 m 个评价因素的权重分配向量 $\boldsymbol{A}$。确定权重值可以采用多种方法，如专家咨询法、层次分析法等。

（3）通过各单因素模糊评价获得模糊综合评价矩阵：

$$\boldsymbol{R}=\begin{bmatrix} R_1 \\ R_2 \\ \vdots \\ R_m \end{bmatrix}=\begin{bmatrix} r_{11} & r_{12} & \cdots & r_{1n} \\ r_{21} & r_{22} & \cdots & r_{2n} \\ \vdots & \vdots & & \vdots \\ r_{m1} & r_{m2} & \cdots & r_{mn} \end{bmatrix}$$

每一个评价对象都应建立一个模糊综合评价矩阵 $\boldsymbol{R}$，其中表示第 i 个因素在第 j 个评语上的频率分布，一般将其归一化处理。

（4）进行复合运算可得到综合评价结果 $B=\boldsymbol{A}\times\boldsymbol{R}$。

（5）计算每个评价对象的综合分值 M。

综合评价的目的是要从对象集中选出优胜的对象，所以还需要将所有对象的综合评价结果进行排序，将综合评价结果 B 转换为综合分值 M，于是可根据 M 值大小进行排序，挑选出最优者。

第二节 物流系统优化

一、物流系统优化基本概念

（一）物流系统优化的概念

现代物流管理应以满足消费者的需求为目标，有效地结合运输、仓储、包装、装卸、搬运、流通加工、配送、信息处理等各个环节实施，将适当数量（Right Quantity）的适当产品（Right Product），在适当的时间（Right Time）和适当的地点（Right Place），以适当的条件（Right Condition）适当的质量（Right Quality）和适当的成本（Right Cost）交付给客户。但任何一个物流系统都包含了许多不同的约束条件和多重的影响因素，因此往往很难达到最优状态。要达到物流费用最省、客户服务水平最佳和社会经济效益最高的综合目标，作为“第三利润源”的物流系统，还需要不断地进行改进和优化。因此，物流系统的优化问题成为物流系统分析与设计的一个重要组成部分。

物流系统由运输、仓储、包装、装卸、搬运、流通加工、配送、信息处理等子系统有机结合而成，并不是其简单的叠加。这些子系统之间相互联系、相互影响，甚至相互制约，各子系统为了追求自身的最大利益可能导致物流系统整体利益受损，因此，它们之间的矛盾和制约关系也决定了物流系统优化的必要性。

物流系统优化就是要在满足各方面限制条件的情况下，通过科学的方法，建立与现实物流系统相对应的数学模型，并合理确定模型的各种参数，以协调各子系统之间的冲突，达到最佳设计目标的过程。

（二）物流系统模型及其特点

建立适当的物流系统模型是物流系统优化的基础。物流系统模型是对现实物流系统的特征要素、有关信息和变化规律进行抽象后的一种表达形式，它通过描述物流系统各要素间的相互关系、系统与环境之间的相互作用，反映系统的功能、结构、运行和演化等方面的本质属性。

为了更好地进行物流系统分析和优化，物流系统模型必须能直观和科学地反映出现实物流系统的本质属性，这就要求物流系统模型具有以下特点。

1. 全面性

现实中的物流系统常常是具有复杂结构与行为的大系统，恰当的物流系统模型必须有层次地反映物流系统的各个方面，从而建立对这种多维一体的系统的清晰认识。单一的模型往往无法满足这种要求，应当综合采用多种模型来描述和分析对象，尽可能全面地包罗包括各种人员、设备、环节和操作在内的各项要素和过程。这样才能对物流系统及其运作和演化过程有更准确的了解和认识。

2. 系统性

在对物流系统进行抽象的过程中，应在整体系统分析的基础上，将系统结构由上至下、由大至小地逐步分解为若干组成要素，系统地分析各要素之间的关系，再将这些要素结合为一个能反映现实物流系统功能与行为的有机整体。因此物流系统模型由一组描述系统某个局部特征的子模型组成，这些子模型按照一定的约束和连接关系组合在一起构成整个系统模型。具有系统性特征的模型才能更真实地反映现实物流系统的结构和功能。

3. 简单性

因为物流系统具有复杂性的特点，使得系统的分析和设计具有较大难度。为了更清晰方便地进行系统优化，所建立的物流系统模型必须具有简单性的特点。这就需要理清思路，找到问题的主要矛盾，才能使物流系统的关键本质特征准确地为物流系统模型所描述。过于复杂和烦琐的物流系统模型在进行系统优化的过程中反而有可能阻碍求解的速度，甚至无法求得最优化的参数条件。

（三）建立物流系统模型的步骤

物流系统模型的建立是识别问题、分析问题、构造模型和修改模型的过程，并通过对模型的反复修改使模型不断接近现实的物流系统。一般来说，这个过程可以归纳为以下几个步骤。

1. 识别系统

物流系统模型的建立开始于对建模对象的识别。也就是说，首先，必须清楚地界定所要建模的物流系统的边界和规模。然后初步判断该物流系统的输入和输出，及其涉及的主要变量。

2. 分析系统

分析系统首先需要收集物流系统的相关资料、信息，并进行整理、筛选、分类，从中概括出系统的主要决策变量及其主次关系，并尽可能地用定量的方式通过数学语言来进行描述。其次，根据已确定的决策变量之间的关系，列出相应的表格、图形或曲线等。

3. 构造模型

在确定了主要决策变量及其相互关系的基础上，根据实际目标，选择适当的方法，构造出能较好描述实际物流系统的主要特征的数学模型。

4. 修改模型

模型的建立通常很难一步到位，因此需要进一步对其进行修正，例如，去掉一些影响较小、可以忽略不计的变量，增加一些可能对系统带来明显变化的变量，调整参数间的关系表达式，等等。

模型的修正是需要反复进行的，没有和现实系统完全一模一样的模型，只有精确度较高的模型。因此模型需要不断改进至其精确度到达允许的范围内。有时候，当系统环境发生变化时，需要重新判断物流系统的边界、决策变量等是否随之变化及其变化程度，并对模型进行相应的调整，甚至可能需要重新进行整个建模过程。

二、物流系统优化原则

目前，获得一致认可的物流系统优化十项基本原则，是由拥有 30 余年为企业提供货运决策优化方案经验的美国货运计划解决方案供应商 Velant 公司的总裁兼 CEO 唐・拉特利夫（Don Ratliff）博士在 2002 年美国物流管理协会（CLM）年会上提出的。他认为，通过物流决策和运营过程的优化，企业可以获得降低物流成本 10%～40%的商业机会，而这种成本的节约必然转化为企业投资回报率的提高。唐拉特利夫博士提出的这十项基本原则对于需要进行物流系统优化设计的企业和个人来说，具有很强的操作性指导意义。

（一）目标

目标（Objectives）原则指物流系统优化的目标必须是定量的和可测评的。确定目标是进行任何决策的第一步，物流系统的优化也一样，第一步需要确定优化的目标。有了目标才能提供系统优化的方向，减少浪费和冗余。一个设计良好的目标应当是定量的，这样才更容易判断一个物流方案是否比另一个更好，以及是否起到了优化的效果。例如，当设定一个优化目标为“提高物流质量”时，怎样才意味着提高物流质量呢？并不清楚。因为存在着多种定义提高质量的方式和程度，因此目标应该用定量化、可测评的方式来设定。

（二）模型

模型（Models）原则指模型必须忠实地反映实际的物流过程。物流系统模型是对现实物流系统的一个映像，应能反映现实系统的基本特征和运行过程。建立物流系统模型的过程就是要将物流系统运营的各种要素和限制条件等翻译成计算机能够理解和处理的方式。假如模型不能准确地反映实际的物流过程，那么有可能使得计算机求得的最优解决方案在实际实施中无法执行，又或者它并不是最合理的方案。

（三）数据

数据（Data）原则指数据必须准确、及时和全面。数据对于物流系统优化过程而言是最关键的因素之一。如果获得的数据不准确或不全面，那么由此建立的物流系统模型将无法忠实地反映实际的物流过程，因此产生的解决方案也将是不正确的或不是最优的。而不及时的数据也会导致所建立的物流系统模型滞后于实际物流过程，从而无法获得当前最优化的解决方案。

（四）集成

系统集成（Integration）必须全面支持数据的自动传递。所谓系统集成，是指在系统工程科学方法的指导下，根据用户需求，优选各种技术和产品，将各个分离的子系统连接成为一个完整、可靠、经济和有效的整体，并使之能彼此协调工作，发挥整体效益，达到整体性能最优的过程。由于物流系统通常是由大量子系统有层次地组合而成的复杂系统，在物流系统的建模和优化的过程中，往往需要考虑大量的数据，因此在系统集成的过程中，数据需要有效地自动传递，才能尽量避免出错和滞后等情况的发生。

（五）表述

系统优化方案必须以一种便于执行、管理和控制的形式来表述（Delivery）。物流系统优化得到的最优解决方案需要满足：现场操作人员能够执行，管理人员能够确认，预期的投资回报可以实现，否则就是不成功的。而现场操作人员的顺利执行需要指令是简单明了的，容易理解和执行的。管理人员则要求有关优化方案及其实施效果在时间和资产利用等方面的关键标杆信息是综合、集中、全面的。

（六）算法

算法（Algorithms）必须灵活地利用独特的问题结构。所谓算法可以理解为由基本运算及规定的运算顺序所构成的完整的解题步骤。不同的物流系统优化技术之间最大的差别就在于所采用的算法不同。这些算法借助于计算机的过程处理方法来找到最佳物流方案。每一种物流优化技术都具有其特点。为了在规定的时间内得到物流优化解决方案就必须借助于优化的算法来进一步开发优化技术。因此，这些不同物流优化技术的特定的问题结构必须被每一个设计物流优化系统的分析人员认可和理解。此外，所使用的优化算法应该具有某种弹性，使得它们能够被“调整”到可以利用这些特定问题结构的状态。每一个物流优化问题都存在着大量的可行方案。如果不能充分利用特定的问题结构进行计算，则意味着要么算法将根据某些不可靠的近似计算给出一个方案，要么就是计算的时间极长（甚至可能是无限长）。

（七）计算

计算（Computing）平台必须具有足够的容量在可接受的时间段内给出优化方案。如上所述，每一个物流优化问题都存在着大量的可行方案，对这些方案的分析和比较都需要一定的计算能力支持。而每一个物流优化问题也都会有特定的时间条件的限制。例如，对一般在日常执行环境中运行的优化技术来说，它必须在几分钟或几小时内给出物流优化方案（而不能花几天甚至更长的计算时间）。通常，采取动用众多计算机同时计算的强大的集群服务和并行结构的优化算法，可以比使用单体 PC 机或基于工作站技术的算法能更快地给出更好的物流优化解决方案。

（八）人员

负责物流系统优化的人员（People）必须具备支持建模、数据收集和优化方案所需的领导和技术专长。负责物流系统优化的人员与普通物流从业人员不同，他们需要经过一定的培训和锻炼，拥有较高水平的专业技术，才能确保优化系统按照预期的状态工作。由于物流系统的优化涉及各个子系统的协调，这些从业人员同样还需要具有相当的领导能力，才能保证复杂的数据模型和软件系统正常运行。

（九）过程

商务过程（Process）必须支持优化并具有持续的改进能力。物流系统作为开放、动态的系统，其系统优化需要应对大量在运营过程中出现的问题，物流系统组成要素、优化目标、评价标准和过程常常处在不断的变化中。因此，需要能适应变化的系统化的数据监测方法、模型结构和算法。如果不能在实际的商务运行过程中对物流优化技术实施监测、支持和持续改进，就必然导致优化技术的潜力不能获得充分的发挥，甚至沦为空话。

（十）回报

投资回报（ROI）必须是可以证实的，必须考虑技术、人员和操作的总成本。在物流成本的计算中存在着物流冰山说，即计算物流费用时大家往往只看到露出海面的冰山的一角，潜藏在海水下面的冰山主体却看不见，而海水中的冰山主体才是物流费用的主要部分。企业在使用物流系统优化技术的运营成本的计算上也同样存在着强烈的低估现象。因此在物流系统优化过程中，对不同方案进行比较时，必须将所有与其有关的，包括技术、人员和操作等各方面成本都考虑在内。这就要求物流系统优化人员对各项方案所投入的所有成本有透彻的了解，同时测评实际改进的程度，并持续地监测系统的行为绩效。但是，因为绩效数据很少直接可得，而且监测过程需要不间断的实施，因此，要真正了解物流优化解决方案的实际效果也并不是一件容易的事。

三、物流系统优化方法

常见的物流系统优化方法可以分为三种类型：运筹学方法、启发式算法和系统仿真法。

（一）运筹学方法

运筹学是近代应用数学的一个分支，是在管理领域，运用数学方法，对需要进行管理的问题统筹规划，并作出决策的一门应用科学。由于它以整体最优为目标，从系统的观点出发，寻求整个系统的最佳行动方案，因此也被看作是一门优化技术，提供解决各类问题的优化方法。目前，运筹学已经被广泛应用于工商企业、军事部门、民政事业等各种组织的统筹协调，甚至有些已深入人们的日常生活。

运筹学优化方法通过从现实物流系统中抽出本质的要素来构造数学模型，然后从所有可行方案中寻求系统的最优解。运筹学的具体方法包括：规划论（又可分为线性规划、非线性规划、整数规划和动态规划等）、图论、决策论、对策论、排队论、存储论、可靠性理论等。下面将介绍其中较常被用于物流系统优化的几种方法。

1. 规划论

规划论是运筹学的一个重要分支，研究在一系列约束条件下，如何把有限的资源在多项活动中进行最优分配的问题。通常称所必须满足的条件为“约束条件”，称衡量指标为“目标函数”。

规划论中最简单的一种是线性规划，即所要解决的问题的约束条件和目标函数都呈线性关系。线性规划问题可描述为：求取一组变量 x_1，x_2，...，x_n，使之既满足线性约束条件，又使线性的目标函数取得最大（最小）值。用数学语言表示为：

$$\max(\text{或 }\min) z = c_1x_1 + c_2x_2 + c_3x_3 + \ldots + c_nx_n \qquad \text{（目标函数）}$$

$$\text{s. t.}\begin{cases} a_{11}x_1 + a_{12}x_2 + \cdots + a_{1n}x_n \leqslant (=\geqslant) b_1 \\ a_{21}x_1 + a_{22}x_2 + \cdots + a_{2n}x_n \leqslant (=\geqslant) b_2 \\ \quad\vdots \\ a_{m1}x_1 + a_{m2}x_2 + \cdots + a_{mn}x_n \leqslant (=\geqslant) b_m \\ x_1, x_2, \cdots, x_n \geqslant 0 \end{cases} \qquad \text{（约束条件）}$$

其中 z 为目标函数，$x_1, x_2, \cdots, x_n$ 为决策变量，$c_1, c_2, \cdots, c_n; b_1, b_2, \cdots, b_m; a_{11}, a_{12}, \cdots, a_{1n}, a_{21}, a_{22}, \cdots, a_{2n}, \cdots, a_{m1}, a_{m2}, \cdots, a_{mn}$ 都是常数，s. t. 是 subject to（以……为条件）的缩写。

这就是线性规划问题的一般数学模型。而线性规划的解可能出现三种情况：①无可行解，即当存在相互矛盾的约束条件时，同时满足所有约束条件的决策变量 $x_1, x_2, \cdots, x_n$ 的值并不存在；②无界解，即目标函数可以无限增加或者减小，只有无界的解；③一个或多重最优解，在大多数情况下，线性规划问题会有一个或者多个有限的最优解。

［例 9-1］　某配送中心对甲、乙两种商品进行流通加工后再送到客户手中。两种商品的流通加工过程每日需要用到 M 和 N 两个小组的员工，每日所需人员数和获得的利润如表 9-4 所示。配送中心 M 组共有员工 36 人，N 组有员工 24 人。问每日分别加工多少甲、乙商品才能获得最大利润？

表 9-4　每日所需人员数和获得的利润表

人员 / 商品	M/人	N/人	利润/元
甲/箱	4	2	600
乙/箱	3	3	700

解 这是一个考虑如何将有限的人力资源最优分配的线性规划问题。设 x_1, x_2 分别表示每日加工甲、乙商品的数量，z 表示利润（目标），则可建立如下数学模型

$$\max z = 600x_1 + 700x_2$$

$$\text{s. t.} \begin{cases} 4x_1 + 3x_2 \leqslant 36 \\ 2x_1 + 3x_2 \leqslant 24 \\ x_1 \geqslant 0, x_2 \geqslant 0 \end{cases}$$

用图解法求解。首先在平面直角坐标系上，根据约束条件的两个不等式和两个非负约束画出一个凸四边形 $ABCD$，如图 9-3 所示，这个多边形围成的区域就是线性规划问题的可行解区域。

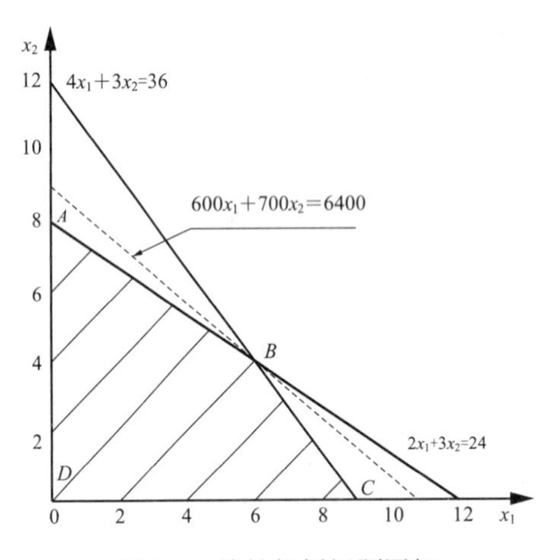

图 9-3 线性规划问题图解

将目标函数表达式改写成以 z 为参变量的表达式，即

$$x_2 = -\frac{600}{700}x_1 + \frac{z}{700}$$

在同一坐标平面上，上述表达式代表一族以 z 为参变量的平行线，其中任一条直线上的点具有相同的目标函数 z 的值，因此称为“等值线”。这些等值线具有相同的斜率 $-\frac{600}{700}$，当 z 值由小变大时，等值线沿其法线方向向右上方移动，当它达到 B 点（6，4）时，目标函数在可行解区域内取得最大值 6400。因此，该线性规划问题的最优解是 $x_1=6$，$x_2=4$，$\max z=6400$。

即该配送中心的最优方案是，每日加工甲商品 6 箱，乙商品 4 箱，可获得的最大利润是 6400 元。

前面讨论的是线性规划问题，但是在实际物流活动中碰到的问题较难满足目标函数与约束条件都呈线性关系，如果目标函数和约束函数中至少有一个是非线性的函数，那么就称之为非线性规划。与线性规划相比，非线性规划问题复杂许多，本书中暂不介绍。

2. 图论

图论也称网络法，把复杂的问题转化成图形直观的表现出来，能更有效地解决问题。常用来解决各类最优化问题，例如，如何使完成任务的时间最少，距离最短、费用最省等。

图论的创始人是数学家欧拉。1736 年他发表了图论方面的第一篇论文，解决了著名的哥尼斯堡七桥难题：18 世纪在哥尼斯堡城的普莱格尔河上有 7 座桥，将河中的两个岛和河岸连接，城中的居民经常过桥散步，于是提出了一个问题——能否一次走遍 7 座桥，而每座桥只许通过一次，最后仍回到起始地点。欧拉证明了这是不可能完成的。

图论在物流系统中较常见的应用是运输问题，如物流网点间的物资调运和车辆调度时运输路线的选择、配送中心的送货路线和逆向物流中产品的回收线路等，通过运用图论中的最短路径、最大流、最小费用等方法，求得运输中所需时间最少或路线最短或费用最省的路线。此外，仓库、配送中心等物流设施的选址问题，物流网点内部任务和人员的指派问题，设备的更新问题，也可运用图论的方法得到最优的安排。

3. 排队论

排队论又叫随机服务系统理论。是专门研究因随机因素而产生拥挤的方法，可协调和解决请求服务和提供服务双方之间所存在的相互约束的关系。排队论在物流过程中具有广泛的应用，例如，码头的泊位设计和装卸设备的购置问题，如何既满足船舶到港的装卸要求，又不浪费港口资源；物流中心人员的聘用数量问题，如何达到既能保证物流中心的正常运转，又不造成人力浪费的问题；自动化立体仓库的进货和库存问题，如何既满足供货的需要，又不导致资金积压增加库存费用的问题。这些问题都可以运用排队论方法加以解决。在进行物流系统优化时，排队论能有助于避免物流设施、设备、人员等各种资源的空闲和浪费，提高物流系统的运营效率。

4. 存储论

存储论也称库存论。主要是研究物资库存策略的理论，即确定物资库存量、补货频率和补货量等问题。库存的目的是为生产经营活动的持续进行提供有力的保障。合理的库存能减少资金的占用、费用的支出和不必要的周转环节，缩短商品流通周期，加速再生产的过程。物流系统中的各结点，工厂、港口、物流中心、仓库、零售店等，都或多或少地保有库存，为了实现物流活动总成本最小或利益最大化，必须寻求合理的库存规模。

（二）启发式算法

启发式算法也被称为智能优化算法，源自于英文单词 heuristics。启发式算法从与研究问题有关的基本模型和算法中获得启发，从而发现解决问题的思路和途径，是通过对过去经验的归纳推理及试验分析来解决问题的方法。这些算法的设计灵感大都起源于物理现象或者生物群体现象。

由于很多优化问题并不存在严格最优解，或者求得其最优解所需的时间太长或花费太高，甚至有时并不需要过高精度的答案，因此用启发式算法解决问题时强调的是得到“满意”的解，而不是最优解。启发式算法通过运用一些经验法则模仿跟踪校正过程以求取得满意解。

启发式算法的求解过程是通过迭代来实现的。在整个求解过程中要不断获取新的信息，并适当改变原来拟定的不合适的策略，建立新的搜索规则，从而逐步缩小搜索范围，直到获得满意的解，如图 9-4 所示。

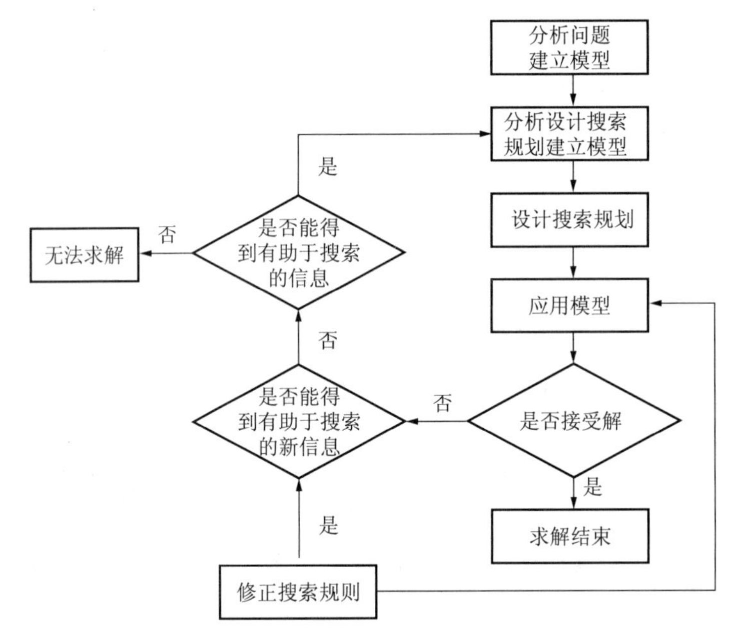

图 9-4　启发式算法求解过程

启发式算法的评价标准通常有目标函数值与最优值的接近性、算法获得可行解的能力、运行时间长短、灵活性与适应性、编码复杂程度、可靠性等。

在物流系统优化中较常被采用的启发式算法主要有以下几种。

1. 模拟退火算法

模拟退火算法（Simulated Annealing，SA）是从热力学的退火现象中得到的启发：将固体加温至充分高，再让其徐徐冷却，加温时，固体内部粒子随温度升高变为无序状，内能增大，而缓慢降温的过程中粒子渐趋有序，在每个温度都达到平衡态，最后在常温时达到基态，内能减为最小。模拟退火算法寻找最优解的过程类似于退火现象中寻找系统的最低能量，把优化问题的状态看作固体内部的“粒子”，目标函数看作粒子所处的能态，而得到的最优解则对应于固体最后在常温时达到的基态。设优化问题的一个解为 i，目标函数为 $f(i)$，设置一个控制参数 t（对应于退火过程中的温度）。随算法进程递减参数 t 的值，对于 t 的每一取值，算法都进行“产生新解一判断一接受（或舍弃）”的迭代过程，对应于退火过程中固体在某一温度下趋于平衡的过程。算法从某一初始状态出发，随着 t 的减小，到一定程度时，目标函数将收敛于极小值，从而求出系统的解。求解过程如图 9-5 所示。

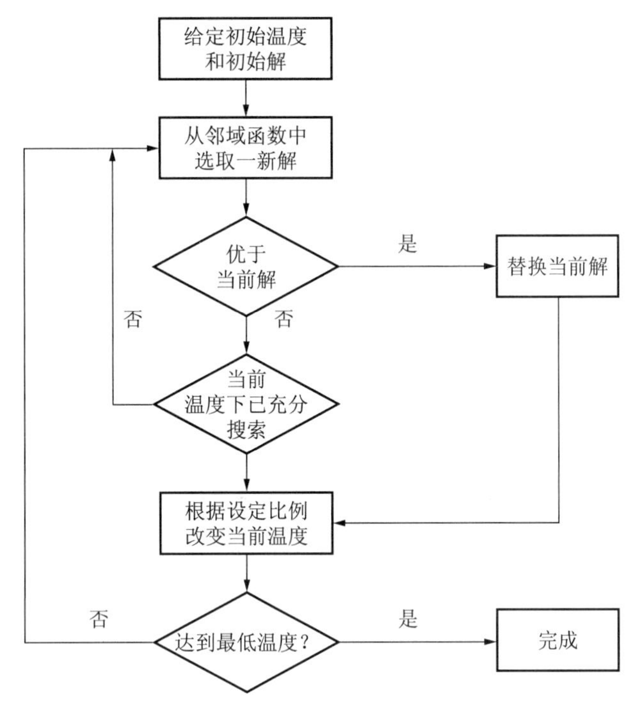

图 9-5　模拟退火算法计算流程

2. 遗传算法

遗传算法（Genetic Algorithm，GA）是应用最广泛的启发式算法之一，它模拟了达尔文生物进化论的自然选择和遗传学机理的生物进化过程，通过模拟自然进化过程来搜索最优解。

遗传算法中所搜索的可能潜在解集对应于进化生物学中的“种群”，任一个候选解对应于“个体”。传统上，解用二进制表示，也可以用其他方法表示。进化从完全随机个体的种群开始，即算法首先随机生成一定数量的个体（有时候操作者也可以对这个随机产生过程进行干预）。遗传算法中迭代的次数被称为“代”。在每一代中，每一个个体都被评价，并通过计算适应度函数得到一个适应度数值。迭代通过选择和繁殖完成。选择是根据个体的适应度进行的，适应度越高，被选择的机会越高，反之被选择的机会就低。繁殖则包括交叉和变异。每两个个体通过交叉而重组，产生两个新个体，代替原来的个体，而不交叉的个体保持不变。变异则是按某一很小的概率选择种群中的个体，以某种方式重组产生新的子个体。经过一系列的选择、交叉和变异的过程，产生的新一代个体不同于初始的一代，适应度低的个体逐渐被淘汰掉，最后一代向增加整体适应度的方向发展。迭代的终止条件一般有以下几种：①进化次数限制；②计算耗费的资源限制；③满足最优值的条件；④适应度达到饱和，继续进化不会产生适应度更好的个体；⑤人为干预。求解过程如图 9-6 所示。

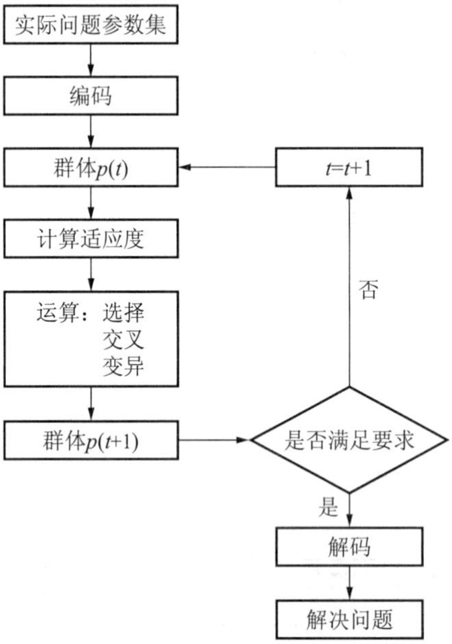

实际问题参数集
编码
群体$p(t)$
计算适应度
运算：选择 交叉 变异
群体$p(t+1)$
是否满足要求
否
$t=t+1$
是
解码
解决问题

图 9-6　遗传算法计算流程

3. 蚁群算法

蚁群算法（Ant Colony Optimization，ACO）的灵感来自于蚂蚁寻找最短觅食路径的过程。蚁群在觅食过程中，会在所经过的路径上留下一种挥发性分泌物——信息素，信息素能被一定范围内的其他蚂蚁察觉并影响它们的行为。当一些路径上通过的蚂蚁越来越多时，其信息素的强度也越来越大，这样其他蚂蚁选择该路径的概率也越来越高。有些蚂蚁并没有像其他蚂蚁一样总重复同样的路，它们会另辟蹊径，如果新的路径比原来的道路更短，那么更多的蚂蚁会被渐渐吸引到这条较短的路上来。最后，经过一段时间后，可能会出现一条最短的路径被大多数蚂蚁重复。蚂蚁正是基于这种正反馈机制来建立最短的觅食路径。但正反馈机制能加快算法的搜索，也可能导致算法出现停滞现象。而蚁群算法中另一个重要基础——通信机制则能使个体相互协作，有利于算法搜索到更优解。

蚁群算法通常适合于求解一些规模巨大或者状态随时间变化的组合优化问题，例如旅行商问题、车辆调度等。

此外，启发式算法中还有人工神经网络、禁忌搜索、粒子群算法等被应用在物流系统优化中。总的来说，启发式算法具有计算步骤简单容易实现、无须复杂的理论知识、运算量较少、节省开支和时间等优点，因此为物流系统分析提供了有效的解决方案，具有重要的研究意义。但与线性规划、动态规划等精确算法相比，启发式算法的不足之处在于它通常只适用于求解某一类特定的问题，并且解的性能难以保证。

（三）系统仿真法

系统仿真是根据被研究的系统模型，在仿真的环境和条件下，对系统进行研究、分析和试验的方法。系统仿真的过程通常是，根据系统分析的目的，通过分析系统各要素属性及其相互之间的内在联系，建立能够反映系统特征和描述系统结构、行为的仿真模型，并在该模型上进行试验，以获得正确决策所需的各种信息。

由于数学手段的种种限制，复杂物流系统的数学模型的建立和求解常常是比较困难的，而仿真技术则能有效地处理这类问题。通过系统仿真可以比较真实地描述物流系统的运行和演变过程，从而得到最佳解决方案。

系统仿真通常可以从以下两个角度进行分类。

1. 按照系统模型的载体种类分为物理仿真、数学仿真和半实物仿真

物理仿真是根据真实系统的物理性质来构造系统的物理模型，并在此物理模型上进行试验。例如，古代房屋的搭建，为了使屋顶稳定牢靠，需要确定适当的结构和几何形状，于是人们在地面上按实际尺寸的一定比例制作一个屋顶模型，经过若干次模拟试验来确定最终方案和数据。这种仿真方法的优点是形象和直观，但却有较多的限制，甚至有些时候由于试验的破坏性而造成较大的投资成本。

数学仿真是对现实系统进行抽象，用数学关系来描述其内部特征和联系，并进行试验的过程。由于计算机技术的发展使得数学模型的求解更加方便和灵活，数学仿真通常也被称为计算机仿真。

半实物仿真是将物理仿真和数学仿真结合起来的一种仿真方法。通常是对系统中相对简单容易建模的部分建立数学模型，而较复杂的部分则采用物理模型或实物，再将两者连接成完整的系统进行试验。

2. 按照系统模型特性分为连续系统仿真和离散事件系统仿真

连续系统仿真指的是仿真过程中系统状态随时间连续变化。连续系统仿真的模型通常表示为微分方程或差分方程。而离散事件系统仿真中，系统状态是在某些随机时间点上发生离散变化，那些引起系统状态变化的行为称为“事件”。离散事件系统仿真的模型则较难用数学方程来表示。

随着我国物流现代化的推进，系统仿真的方法被越来越广泛地应用在物流系统规划、库存管理、物料运输、物流成本估算等各个方面。通过系统仿真，可以在正式构建实际的物流系统之前，评价规划方案的合理性；对模型参数进行调整，记录各项数据，为物流系统优化提供重要参考；对物流流程进行有效控制；合理估算物流成本。在本章第四节中将详细介绍物流系统仿真。

四、物流系统优化内容

由于现实物流系统的庞大和复杂性，要一次性对整个物流系统进行优化是比较困难的，

因此，通常对物流子系统建立优化模型来进行局部优化。根据物流系统的运输、仓储、配送等子系统的内容，可将物流系统优化中较常见的问题分为车辆路径问题、旅行商问题、物流中心选址问题、布局优化问题和库存优化问题等几种类型。

（一）车辆路径问题

自从 1959 年 Danting 和 Rasmer 第一次提出车辆路径问题以来，车辆路径问题就一直成为物流管理领域关注的热点和难题之一。车辆路径问题是研究在满足一系列约束条件的情况下，如何合理安排运输车辆的行车路径和时间，使车辆把客户需要的货物从一个或多个物流中心运送到多个地理上分散的客户点，并达到特定的目标——通常是路程最短、费用最小或者时间最短。该问题的前提条件是物流中心位置、客户点位置和道路情况已知，由此确定一套车辆运输路线，以满足目标函数。

运筹学中的动态规划、分枝限界法等精确方法可以用来求解车辆路径问题。但由于车辆路径问题的复杂性，当规模较大时，很难求得问题的精确解。因此，目前求解这类问题的主要方法为启发式算法，如禁忌搜索算法、模拟退火算法、遗传算法、蚁群算法、粒子群优化算法、免疫算法等。此外，计算机仿真也是研究此类复杂系统的有效方法之一。

车辆路径问题中一个新的发展是动态车辆路径问题，它比传统确定性的车辆路径问题更接近实际情况，也更具理论和应用价值。

（二）旅行商问题

旅行商问题实际上是车辆路径问题的特例。研究的是：一辆车从物流中心出发，为若干个销售网点送货，最后回到物流中心，需要求解使车辆行驶距离最短的配送路线。求解 TSP 问题的方法与一般车辆路径问题类似，可以采用精确算法、启发式算法或者计算机仿真。到目前为止，较常用的方式是采用混合启发式算法，即将一些启发式算法与局部搜索结合。

（三）物流中心选址问题

物流中心选址问题属于长远的战略性决策，对于整个物流系统来说是影响整体效率的关键因素之一。物流中心的选址问题可描述为，给定某一地区用户的所有需求点地址，要求从中选出一定数目作为物流中心的地址，实现各个需求点的配送，并使所建立的配送系统总配送费用最小。目前物流中心选址问题主要可采用定性或定量两类方法。定性的方法主要有专家打分法、德尔菲法等，定量的方法主要有重心法、规划法及启发式算法。

（四）布局优化问题

常见的物流系统布局优化问题有物流园区的设施布局、空间管道布局、物流中心内部布局等。布局优化问题也是典型的组合优化问题，可分为二维布局与三维布局。此类问题至今尚未形成完善的理论体系，可用来解决布局优化问题的方法目前主要有混合整数规划、遗传算法、粒子群算法等。

（五）库存优化

库存的存在是为了保障物流系统的顺利运行，即要避免有客户订货而无法交货的情况发生。库存优化问题中最常见的是订货批量的确定，通常采用投影法、混合遗传算法等方法来进行求解。库存优化问题的模型通常分为确定性模型和随机性模型。确定性模型中一个时期内产品的需求量是确定的，其中最经典的模型是经济订货批量 EOQ 模型。随机性库存模型中则产品需求是随机的，但已知其概率分布。此外，在实际库存系统中，由于库容等因素的限制，以及各种货品自身属性的互相影响，有些不能共存于同一个仓库中，因此库存优化中还涉及了分类存储问题。

第三节　物流系统整合

一、物流系统整合及其必要性

物流系统整合是由物流管理的内涵所决定的。现代物流与传统物流的本质区别在于现代物流以系统的观点来看待和处理整个物流系统，即把物流系统看作一个整体，通过系统的总体运筹来达到商流、物流、资金流、信息流在供应链上的合理、高效流动。因此，物流系统整合成为现代物流管理的一个重要课题。整合物流系统，就是要将与物流有关的各项活动、要素、资源和信息等综合在一起，从系统的角度来进行分析和管理，优化资源配置，从而获得整体的最优化。

物流系统整合是物流系统优化的关键。通过对系统资源的综合与合理配置，才能实现系统在整体上的优化。一方面，物流系统整合从整体的角度合理组织物流活动，有利于降低物流成本，减少冗余和浪费；另一方面有利于提高整体物流效率，从而加强物流服务水平，提高客户满意度。

物流系统整合能促进物流子系统之间的合理分工，有利于核心竞争优势的发展，实现互补和多赢的效果。物流系统整合能从企业发展战略和市场需求出发对有关资源进行合理配置，找到资源分配和客户需求的最佳组合，既有利于发挥局部优势，又能充分利用各项社会资源，并实现顾客导向的服务理念。

物流系统整合不仅能提升物流企业自身的核心竞争力，更能从供应链管理的角度，通过企业与企业之间的整合，实现供应链一体化管理。物流系统整合对产品生产和流通的全过程所涉及的各个流程都进行合理调控，发挥最高的效率，以最小的成本为顾客提供最大的附加值。

从更大范围来说，物流系统整合还是整个物流行业提升竞争力的有效措施。与发达国家相比，我国物流业发展水平仍有相当大的差距，市场集中度较低，物流企业普遍小而散，综合竞争力较差。通过物流系统整合，有望转变我国物流业这种四分五裂的格局，降低物流总成本，促进我国物流业更稳健更快速的发展。

二、物流系统整合的原则

物流系统是一个具有复杂性的开放系统和综合系统。进行物流系统的整合必须以系统科学为理论基础，利用系统论的方法来分配各项资源，建立现代物流系统。物流系统整合从战略的角度应遵守以下原则。

（一）整体优化原则

物流系统整合是以物流系统整体最优，而不是系统内部某个要素最优为目标的。物流系统整合应该全面适合物流系统整体发展的要求。任何物流系统整合所考虑降低的物流成本均应是物流系统总成本，这样才能最大限度地获得优化结果。

（二）个体优化原则

虽然物流系统整合是以整体最优为目的，但在整体优化的同时，不能以损害某个部分的利益为代价。任何物流服务都是以产生获利性交易为原则的，任何个体参与整合的目的也是为了获得更多的利益，理性的个体不会为了让别人获得更多收益而牺牲自己的利益。因此，如果整合的结果只是对物流系统中的某些组成部分增加效益，而同时损害了其他成员的利益，那么这个整合方案是不可取的。物流系统整合所获得的附加值应在物流系统成员之间进行合理的分配，才能保证物流系统整合的有效进行。

（三）信息共享原则

信息化是物流系统高效运作的必要条件，只有充分进行信息共享，才能降低物流系统整合中不同环节之间的不协调性，提高整个物流系统的运行效率。

（四）合作原则

协同合作是物流系统整合的基础，如果不能合作，那么也谈不上整合。物流系统整合的顺利进行需要成员间真诚的合作来保障。

（五）公平原则

物流系统整合的成功还有赖于成员间公平的分担成本和共享成果。只有遵守公平性原则，才能避免搭便车的行为，保证物流系统整合的长久性和可持续性。

（六）标准化原则

标准化原则需要物流系统整合按照现代物流的要求，以规范化的程序来运行和管理，建立一套全局范围的标准化体系。制定物流子系统共有的设施、装备、工具的技术标准及作业和管理等各方面标准，有利于确保物流系统内部的配合性和整合质量。

三、物流系统整合的目标

进行物流系统的整合是为了达到降低物流成本、提高系统效率、提高响应速度和系统稳定性的目标。

（一）降低物流成本

物流系统整合必须运用系统思想追求整体最优。例如，库存管理方面，在个别企业“零库存”的设想基础上，提出以“安全库存”为原则的物流系统设计，以达到“1＋1＞2”的效果。而在运输系统中，需要有创新的规划，利用整合运输减少运输成本。除了物流系统的各个环节内部的整合，更重要的是对不同环节的整合，协调各个子系统的利益。

（二）提高系统效率

在成熟的行业中，大部分流程都已经模式化，压榨过多成本往往不太现实，而提高效率则成了变相降低成本的做法。因此，需要以系统的观念进行物流功能整合，将运输、仓储、包装、装卸搬运等一系列相互制约又相互依赖的环节整合起来，在同外部环境协调一致的基础上，内部各要素之间、各服务功能之间及不同层次组织之间在实体上和软环境上进行联系、协调，乃至重组，从而大幅提高物流系统效率，增强整体竞争力。

（三）提高响应速度

对顾客服务需求的快速响应能力，是鉴别企业能力的一个重要因素之一。可借助计算机网络技术建立高效的信息平台、完善的信息网络，利用管理信息系统软件对企业的业务加以整合，加强物流流程中各个环节、各个角色之间的信息共享，提高系统快速响应的能力。

（四）提高系统稳定性

物流系统连接多个企业或用户，随着需求、供应、渠道、价格的变化，系统内的要素及系统的运行经常发生变化，所有作业领域都容易遭受潜在的变异，使得系统稳定性差而动态性强，系统管理难度大，对网络的依赖程度也高。通过整合物流系统，把与物流有关的各项活动、角色和信息等综合在一起，从一个系统的角度来进行分析和管理，关注整个供应链上企业群体的一体化协调，从而在更广泛和更深入的层次上提高物流系统的稳定性。

四、物流系统整合的内容

物流系统整合的内容主要包括资源整合、企业整合和流程整合等方面。

（一）资源整合

我国的物流服务市场基本上还处在分散、封闭和无序的状态下，许多传统仓储和运输企业将未来发展战略目标定位于物流解决方案供应商，而资源整合则是对此最重要的事情。物流资源整合需要通过组织和协调，把系统的内部职能和外部拥有共同使命及独立经济利益的合作伙伴整合成一个客户服务系统。其中，要进行客户资源的整合、能力资源的整合和信息资源的整合。

1. 客户资源整合

客户是物流企业的重要资产，甚至可以说现代物流的本质就是客户服务。整合企业的客户资源已经成为物流企业竞争决胜的关键之一。客户资源整合需要物流企业有效配置和管理客户资源，满足客户不断变化的需求，实施客户服务创新，并且要根据客户价值为其提供差别化的服务，努力与客户建立长期的合作伙伴关系。因此物流企业应实施客户关系管理，建立客户资料库，分析客户的购买行为，对客户实施分类管理，通过全方位的服务努力留住老客户，不断发展新客户。

2. 能力资源整合

物流系统能力资源包括物流服务所需的有形的实体资源和无形的技能资源，以及知识资源，如必要的运输、仓储设备、配送能力和对物流运作流程、组织方式的理解和掌握等。我国部分地区的政府及企业常因过于重视有形的实体资源的整合，却忽略了无形的技能资源，花巨额投资开辟各种园区厂房及昂贵设备，但拥有专业技能的人才和管理思想无法跟进，从而造成巨大的资源浪费。

物流能力资源整合不应仅仅为了“做大”而进行。可借鉴发达国家物流企业的能力资源整合方式，除了并购方法外，更多地表现在通过推出新的服务产品和建立广泛的战略联盟来建立和完善物流服务网络。将服务创新作为物流能力资源整合的有效途径，可为每个合作伙伴带来物流能力的扩展和服务网络的延伸。

3. 信息资源整合

信息资源是物流企业资源整合的一个非常重要的部分，包括以下几个主要内容。

（1）建立信息共享机制。随着信息技术的发展及广泛应用，绝大部分物流企业都能认识到建立信息系统的重要性，但对于信息共享机制的建立却往往不够重视。在实际中，企业与客户、企业与企业之间需要建立相互信任、相互依赖、长期合作和共同发展的战略伙伴关系。如果缺乏跨企业边界的信息分享机制，那么利益相关者之间的物流管理就会出现缝隙，降低物流效率，增加物流成本。

（2）物流服务知识管理。物流运作要满足客户服务需求必须有相应的管理知识支持。发达国家的物流企业之因为拥有雄厚的物流管理知识，使其物流管理模式在全球得以广泛的推广。知识管理能将企业在物流服务过程中获得的有价值的信息和经验转化为能够支持企业持久发展的资源。

（3）信息系统的支持。物流管理软件的开发必须以客户为导向，这需要信息系统开发公司与物流企业结成战略联盟，基于优势资源整合的思想，共享信息资源，共同为客户提供物流服务解决方案。

物流企业的资源整合必须以战略调整方案为基本依据。对内通过资源整合调整利益，对外部通过资源整合交换价值。客户资源整合、能力资源整合和信息资源整合三者缺一不可。

（二）企业整合

在今日的竞争环境下，要达到完全的效率，企业必须扩大其整合行为，纳入顾客及供应商。企业要真正有效地执行供应链管理，需要一整套活动来支持。而这整套的活动则需要靠供应链伙伴，包含供应商、制造商及分销商之间的努力与协调才能完成。

企业整合可以分为企业内部和外部物流整合。企业内部物流整合在很大程度上表现为生产与物流两项功能的整合，为企业追求更强的竞争优势奠定基础。企业外部物流整合主要是指对于供应链的整合。通过对同一供应链上的各个企业进行物流整合，将会提高整个物流链的物质配送运作效率，降低企业间协调成本与协调时间，并可以帮助供应链上的每个结点企业实现 JIT 库存管理模式，实现零库存的最佳经营状态，进而获得相对竞争对手的成本优势，增强每个结点企业的竞争优势。

（三）流程整合

传统的物流企业流程往往存在物流流程分割、物流流程缺乏统一系统的规划等问题，物流流程整合能够大幅降低企业内部运输和库存成本，同时通过对物流企业组织结构进行整合，建立以客户为中心的组织结构，提高对客户需求的反应速度和服务质量，从而在成本优势和服务差异化优势两个方面有效地增强企业竞争力。物流系统是一个有机的整体，贯穿着企业采购、生产、销售的全过程，为了适应现代市场环境对物流系统的要求，对传统的物流流程进行整合是非常必要的。

第四节　物流系统仿真

一、物流系统仿真概述

早在几千年前，人们就已经开始利用物理仿真的方法为日常生活服务。而近代计算机技术的发展则为计算机仿真的广泛应用起到了巨大的推动作用。目前，计算机仿真已成为物流系统优化的主要方法之一。

（一）物流系统仿真及其特点

物流系统仿真就是根据被研究的物流系统，建立能反映其内部要素关系及系统本质特征的系统模型，并利用计算机进行试验研究的方法。其主要特点如下。

1. 对各种复杂系统具有广泛的适应性

在决策者面对一些重大的、棘手的物流系统设计和优化问题时，解析方法往往很难求解，物流系统仿真则能为其提供关键性的见解和观点。物流系统仿真可以通过建立不受数学、逻辑、不可控变量及有关统计理论限制的仿真模型，来为具有大量逻辑、关系复杂的系统提供解决方案。尤其是带有多种随机因素的系统，可以方便地通过仿真来求解，从而避免了求解复杂数学模型的困难。

2. 运行时间的灵活性

物流系统仿真可以按照实际物流系统的运行时间和状态，进行写实的动态仿真描述。更重要的是，还可以将几天、几个月甚至几年的物流系统活动，根据需要，压缩到几个小时、几分钟甚至更短的时间内演示出来，带来成本的节约和效率的提高。还可以将实际物流系统中持续时间短暂、变化迅速的物流系统活动，在需要的时间内进行慢速的模拟，以便进行更细致的研究工作。此外，物流仿真模型在运行过程中，还可以随时停止动作，以提取所需要的特定状态，并及时取得所需的各种统计数据。

3. 可以快速、便捷的获得优化结果

对建立好的仿真模型，通过简单改变某些要素或条件，可便捷地进行多种方案的大量试验，从而在众多方案中选择满足目标的最优决策。

（二）物流系统仿真的作用

物流系统仿真目前已成为物流系统优化设计的主要方法之一。因为，它可以起到以下几个方面的作用。

1. 现行物流系统的评价

对现有的物流系统进行仿真试验，有助于深入了解其运行状况，进行合理的评价，为物流系统优化提供必要的参考。这些试验如果要在实际系统中进行的话，则会花费大量的人力、物力和财力，甚至有可能因为一些试验具有破坏性，而带来重大的损失。通过仿真试验则能避免这些浪费和损失，在不干扰现实系统正常运行的情况下，取得评价结果。

2. 新建物流系统的预测

在正式构建实际的物流系统之前，通过运行仿真模型，可以预测设计方案可能产生的结果，评价设计方案的合理性，以及比较不同方案的优劣。

3. 物流流程控制

通过系统仿真，可以对物流流程进行有效的控制，可以了解运输、仓储、配送、装卸、包装等物流环节中，各个进程是如何运作与演化的，有哪些事件会引发系统怎样的变化。这是物流流程管理的一个重要手段。

4. 物流系统优化

在系统仿真中，对仿真模型参数进行调整，经过多次运行，获取直观的结果和各项数据分析，从而得到优化的方案。并且，通过记录进程中的各项数据，还可以帮助更合理地估算物流成本，为物流系统优化提供参考。

虽然物流系统仿真为物流系统设计和优化提供了很多有利的条件，但它仍然存在一些固有的缺点。例如，仿真软件的差异性和建模者本身的差异都常常会导致所建立的模型有所不同，那么模型的运行结果也会不一样。此外，求解过程中，仿真模型参数的调整也可能具有较大的盲目性，从而造成时间的浪费和效率的降低。

（三）物流系统仿真的一般步骤

物流系统仿真一般遵循以下几个步骤。

1. 确定仿真内容，建立仿真目标

首先，通过对物流系统的初步调研和分析，清晰地界定物流系统的边界，了解其基本信息，明确物流系统仿真需要解决的问题及所要实现的仿真目标。仿真内容和目标的不同将会大大影响到接下来模型的建立和物流仿真软件的选择。

2. 收集相关数据，建立仿真模型

根据仿真内容和目标，收集相关数据，确定系统主要状态变量、控制变量等。根据需要，选择适当的仿真语言和仿真软件，建立能够反映实际物流系统本质属性的连续或者离散仿真模型。

3. 运行、调试和验证模型

初步建立的仿真模型不一定能完全按要求反映现实物流系统，因此需要输入一定数据试运行该模型，观察仿真结果与实际系统估计结果的差距是否在可接受范围内，以验证仿真模型的数学逻辑是否正确地反映了现实系统的本质属性。如果不能正确反映的话，则需要对模型进行修改，并再次运行和调试，直到满足要求为止。

4. 设计仿真试验方案

设计仿真试验的方案包括确定仿真运行条件、初始状态、时间框架、精度要求、输入输出方式、运行次数和时间，阐明输出结果与控制变量的关系及变化方案等。

5. 运行仿真模型

在上一步确定的方案指导下，在计算机上运行已建立的仿真模型，并获得所需的试验输出数据。

6. 输出和分析仿真结果

通过对仿真模型的反复试验获得一系列关于系统性能和动态特征的数据，可以运用实时在线输出和仿真结束后输出两种方式获得有关数据的表格、图形或其他描述方式。每一组数据只是系统的一个随机抽样结果，并不能完全反映系统的整体特性，因此，还要运用统计学相关知识，对所有仿真样本进行统计分析，在需要的时候，应增加仿真次数或时间，以提高统计结果的精度，直至符合需要为止。

7. 作出决策，实施决策

根据仿真结果的分析，作出物流设计和优化决策，并将决策付诸实施。

上述仿真过程如图 9-7 所示。

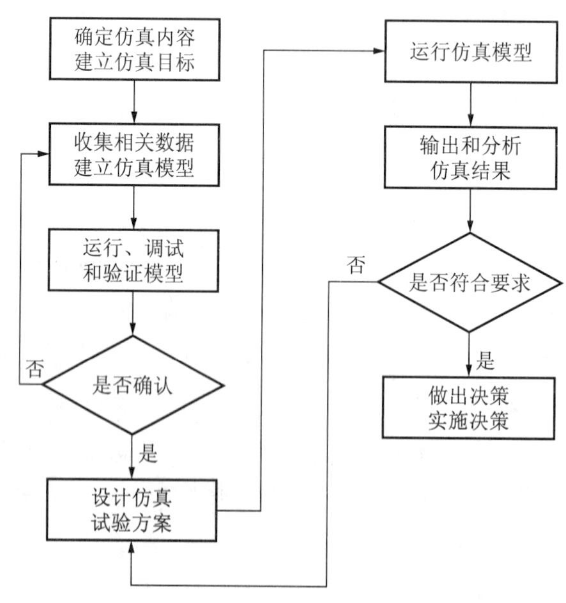

图 9-7　物流系统仿真步骤

二、离散事件系统仿真

在系统仿真中最常用的分类是按系统主要考察的状态变量是否随时间连续变化而分为连续系统仿真和离散事件系统仿真。连续系统中系统的主要状态变量随时间连续变化，如电力系统、航空系统等。连续系统的动态特性一般由微分方程组来表示，也可根据研究需要将其表示为离散的差分方程组。物流系统动力学仿真即属于连续系统仿真。而离散事件系统中系统状态则会在某些离散的时间点上由于某种事件的驱动而瞬间变化，如物流配送系统、仓储系统、库存系统等都是离散系统。

（一）离散事件系统基本概念

1. 实体

实体（Entity）是一个系统内的客观对象，可分为临时实体和永久实体。临时实体在仿真期间，由系统外部到达、经过系统，并在仿真结束前离开系统。临时实体，又称主动实体、主动成分，只在系统中存在一段时间，数量经常变化，如生产物流中的零部件，配送系统中的商品。而永久实体是在仿真过程中持续存在于系统中，数量保持稳定的实体，如仓储系统中的货架，运输系统中的车辆。永久实体是系统的基础，是为主动实体服务的。

2. 属性

属性（Attributes）是对实体特征的描述。通常根据仿真目的，选择实体与试验相关的若干特征作为属性，例如商品的大小、形状、重量等。

3. 活动

活动（Activity）是事件与事件之间的过程，标志着系统状态的转移。活动所占用的时间区段则称为忙期。

4. 事件

事件（Event）是激发系统状态瞬间变化的行为。例如，仓储系统中商品的到达和离开。

5. 进程

进程（Process）是由若干事件和活动组成的过程，描述了这些事件和活动之间的逻辑关系和时序关系。例如，一箱商品从入库、储存到出库可以组成一个进程。

6. 仿真钟

仿真钟是仿真模型中用来记录仿真时间的变量。由于离散事件系统仿真中，引起状态变化的事件是随机的，因此仿真钟的推进步长也是随机的，仿真钟可以跳过两个相邻事件之间系统状态不发生变化的时期，不予考虑。仿真实际上是对系统状态在一定时间序列的动态描述，而仿真钟通常是仿真的主要自变量之一。

7. 统计计数器

统计计数器是用于记录系统有关变量的统计信息。因为离散事件系统仿真中变化是随机的，某一次的仿真结果并不能完全反映系统的状态变化，而必须经过若干次仿真，获得其统计数据。

（二）离散事件仿真算法

仿真算法的选择对于仿真模型甚至仿真结果都有着很大的影响。根据组织事件的方法的不同，离散事件系统仿真中常用的算法分为三种类型：事件调度法、活动扫描法和进程交互法。

1. 事件调度法

事件调度法是面向事件的，事件的发生从而引起状态的变化。所有的事件都放于事件表中，然后按时间先后的顺序，依次处理，并记录每一件事件发生时所引起的系统状态的变化。事件调度法中，仿真钟是按照下一事件步长法来推进的。通过建立事件表，仿真时钟始终推进到其中最早发生的事件时间，然后调用与该事件相应的事件处理模块，记录该事件发生时系统状态的变化。这样按时间顺序持续进行事件的处理，直到仿真结束。由于事件是预定的，系统状态的变化都发生在预定的时刻，因此这种方法通常适合于活动持续时间较确定的系统。

事件调度法的算法如下：

```
初始化：
    设置初始时间和结束时间
    初始化事件表，设置初始事件
    状态初始化
设置仿真钟为初始时间
while（仿真钟≤结束时间）则执行
操作事件表：
    取出时间最早的事件（类型为i）
    推进仿真钟到该事件发生的时间
  case 根据事件类型 i
    i=1   执行第一类事件处理程序
    i=2   执行第二类事件处理程序
          ⋮
    i=n   执行第 n 类事件处理程序
  end case
end while
```

2. 活动扫描法

活动扫描法是面向活动的。在这类方法中，系统由部件组成，部件中包含活动，活动的开始和结束是引起系统状态变化的标志。而活动是否发生，是由规定的条件是否被激发来决定的。这些条件不仅包括时间因素，还涉及其他因素，但时间因素具有更高的优先级。也就是说，该算法首先判断活动发生的时间是否满足，然后再判断其他条件。若所有条件都满足，则执行该部件的活动子程序。接着再对其他部件扫描，全部部件扫描完成后，再按同样的顺序循环扫描，直到仿真结束。这种算法较适合系统的活动持续时间不确定、无法预定活动的开始与结束时间的情况。

活动扫描法的算法如下。

```
初始化:
    设置初始时间和结束时间
    设置主动成分 i 的仿真钟 T（i）
    成分状态初始化
设置仿真钟为仿真初始时间
while（仿真钟≤结束时间）则执行扫描
    for j=优先数（由高到低）
        将优先数为 j 的成分置成 i
        if  T（i）≤仿真时间 and 成分 i 的活动条件为真
        then
            执行活动子程序
            退出，重新扫描
        end if
    end for
    设置仿真钟=min（T（i））
end while
```

3. 进程交互法

进程交互法是面向进程的。进程是由模型中的主动成分经历系统时所发生的事件及活动按时间顺序组合形成的。一个成分一旦进入进程，它将完成该进程的全部活动。软件实现时，仿真钟的控制程序采用两张事件表，一个是当前事件表（CEL），包含从当前时间点开始有资格执行的事件的记录，但其是否发生的条件未判断；另一个是将来事件表（FEL），包含在将来某个仿真时刻发生的事件的记录，每个事件记录中包括事件的若干属性，其中必有一个属性说明该事件在进程中所处位置。

进程交互法的算法如下。

```
初始化:
        设置初始时间和结束时间
        设置初始化事件，置于 FEL 中
        将 FEL 中有关事件记录置于 CEL 中
```

```
            成分状态初始化
            设置仿真钟为初始时间
while（仿真钟≤结束时间）则执行
      （1）扫描 CEL
      while   CEL 中最后一个记录未处理完
            while   事件发生的条件成立且当前成分未处理完
              执行该成分的活动
              确定该成分的下一事件
            end while
      end while
      （2）推进仿真钟
      设置仿真钟为 FEL 中安排的最早时间
      if 仿真钟≤结束时间   则
                  将 FEL 中所有在仿真钟指示时间发生的事件记录移到 CEL 中
      end if
end while
```

进程交互法是事件调度法与活动扫描法的结合，以模型的各个主动成分的活动为主线来调度事件生成的顺序。其思想较接近实际中用户的观点。

三、物流系统仿真的主要内容

物流系统仿真的内容非常广泛，应用较多的领域主要有自动化物流系统仿真、供应链库存系统仿真、物流中心仿真和运输系统仿真等。

（一）自动化物流系统仿真

自动化技术的快速发展不但使机械代替了人的体力劳动，甚至在一定程度上还代替了部分脑力劳动。自动化技术在物流系统中的应用大大提高了物流系统的运作效率，成为物流系统运作中不可或缺的一个重要部分。自动化物流系统通常包括自动存取系统（Automated Storage and Retrieve System，AS/RS）、自动导引车系统（Automated Guided Vehicle System，AGVS）、自动分拣系统（Automated Sorting System，ASS）、自动输送系统、实时监控系统等。下面将重点介绍 AS/RS、AGVS 和 ASS 的仿真。

1. AS/RS

AS/RS 是指不需人工直接处理，能自动存储和取出物料的系统。AS/RS 采用高层货架来存储货物，用起重、装卸、运输等机械设备进行货物的出入库等作业，也称为“自动化立体仓库系统”。

AS/RS 的仿真内容如下。

（1）AS/RS的整体布局。通过系统仿真可以确定和评价AS/RS的平面布局，合理地安排AS/RS中各区域的物理位置，高层货架的个数和摆放，及货物的出入库策略和方式等。

（2）仓库容量和尺寸的确定。系统仿真可以帮助设计者协调仓库容量和用户需求，尽可能以最小的空间满足最大的储存需求，从而降低成本。由于涉及的因素较多，解析方法解决这个问题通常比较烦琐，而仿真方法则更加简便、可靠。

（3）各种设备的配置和参数选择。系统仿真可以通过模拟设备的运行、对仿真结果的统计、分析及模型参数的调整，来合理地确定各种设备的种类、数量和运行参数。因此，系统仿真能合理地评价和改进已有的AS/RS系统解决方案。

2. AGVS

自动导引车AGV是装有电磁或光学等自动导引装置，能沿着规定的导引路线行驶，具有安全保护及各种移载功能的搬运车辆。而自动导引车系统AGVS则是由多辆AGV组成的系统，由计算机控制，沿所设定的路线行进。

AGVS的仿真内容如下。

（1）AGVS的整体布局。设计者首先需要根据整个物流系统的布局和货物搬运需求，通过系统仿真来确定AGVS的整体线路布局，包括确定物料装卸站点的位置等。整体布局的合理化是后续优化的前提。

（2）AGV的数量选择。AGVS规划中一个重要的问题就是AGV数量的选择，通过系统仿真，可以统计和分析AGV的空载运行时间、响应速度、使用效率等，帮助设计者优化系统，提高AGVS的效率，尽量以最少的AGV数量完成需要的搬运任务。

（3）AGV调度规则设定。AGVS中还需要确定AGV的调度规则，即当系统产生搬运任务时，按怎样的原则将这些任务合理的分配给各个AGV，要为每一个搬运车分配最佳的任务和路径，或者为每一个货物的搬运选择最合适的搬运车和路径。常见的AGV调度规则有就近原则、最先原则、指定原则等。可通过系统仿真，统计、分析和评价各种规则的运行结果，选择合适的调度规则。

（4）行进路线规划。行进路线的规划需要根据距离最短或时间最短等目标找出搬运车行进的最佳路径。可通过系统仿真，对某些算法求解的结果进行分析、调整和执行监督。

（5）AGV运行参数确定。通过系统仿真的运行，可以对AGV的运行参数，如速度、加速度、减速度、装卸时间等，进行调试。大大节省了在实际系统运作现场调试所花费的时间、人力和物力。

3. ASS

ASS一般由控制装置、分类装置、输送装置及分拣道口组成，能连续、大批量地分拣货物，分拣货物基本实现无人化。

ASS的仿真内容如下。

（1）ASS空间布局。系统仿真可以帮助设计者合理确定分拣系统的布局，缩短物流流程，提高分拣效率，减少浪费。

（2）评价系统分拣能力。系统仿真通过再现 ASS 方案流程，辅助设计者判断该方案是否能满足分拣需求，预测系统的最大处理能力，比较不同方案的优劣。

（3）ASS 参数配置。通过系统仿真，可以对 ASS 运作中各项参数，如设备种类、设备数量、设备运行速度等，进行适当调整，获得优化的方案。

（4）确定分拣方式和策略。分拣方式和策略的选择对 ASS 的有效运作有着很大的影响，因此需要通过仿真来评价分拣方式和策略。

（二）供应链库存系统仿真

供应链库存系统是由供应链上各结点企业设置的库存结点构成的网络系统、库存控制合作方式、库存控制策略和与库存紧密相关的其他物流环节的衔接构成的包括供应链库存结构和策略在内的统一体。供应链库存系统涉及的企业和因素众多，包含了复杂的供需关系和许多不确定因素，因此用解析方法进行分析和优化相当困难，难以把握系统在动态演化过程中可能出现的各种状况。而应用系统仿真能准确记录系统各个要素在运行过程中的状态变化，为供应链库存系统决策提供支持。

供应链库存系统仿真的研究热点主要有：单品种/多品种库存系统仿真；多级库存系统仿真；生产库存系统仿真；分销库存系统仿真。

供应链库存系统仿真主要可以在供应链库存系统的设计和优化上起到以下三个方面的作用。

（1）通过系统仿真来验证供应链库存系统模型的正确性、可信性，以及对模型求解算法的验证和比较。

（2）通过系统仿真对供应链库存系统绩效进行评价，具体评价指标可以包括供应链库存水平、库存周转率、响应能力等。

（3）通过系统仿真验证和优化供应链库存系统的规划方案，评价库存控制策略，选择适合的系统参数。

（三）物流中心仿真

物流中心是物流网络的结点。根据国家标准《物流术语》的定义，物流中心是从事物流活动的场所或组织，应基本符合下列要求：主要面向社会服务；物流功能健全；完善的信息网络；辐射范围大；少品种、大批量；存储、吞吐能力强；物流业务统一经营、管理。

物流中心仿真的内容如下。

1. 物流中心作业流程仿真

一个物流中心，尤其是大规模的复合型物流中心的作业流程常常是非常复杂的，影响其作业效率和流程合理性的因素非常多，如果设计方案中某些环节或因素与现实脱节，那么有可能在方案实施后造成很大的损失。采用物流中心的系统仿真则可以帮助设计者评价方案在流程上的合理性与可行性，甚至在具体的作业环节中可以辅助调整作业所需设备的参数和调度策略。

2. 物流中心管理调度策略仿真

虽然物流中心的主要功能包括运输、仓储、装卸搬运、包装、流通加工、物流信息处理等，但并不意味着所有的物流中心都必须具备以上所有功能。实际上，每个物流中心应该有自己的核心功能，因此，物流中心可分为：配送中心、集货中心、加工中心、转运中心等。不同类型的物流中心应根据实际情况选择不同的管理调度策略。此外，物流中心的优化目标也会影响管理调度策略的选择。物流中心的管理调度策略通常包括订单排序策略、出入库策略、拣选策略、货位分配策略、配送策略等。

通过物流中心的建模与系统仿真，可以比较在特定的物流中心中不同管理调度策略的运行结果，从而选择最佳的策略。

3. 物流中心布局与配置仿真

物流中心通常都具有规模大、设备多的特点，因此物流中心的布局与配置是一个重要的决策问题。通过系统仿真，可以验证物流中心布局与配置方案的合理性、可行性，也可以为方案的优化提供参考。例如，物流中心设备的选择，是用普通货架还是自动化立体仓库？两者的比例如何分配才能既满足需求又最大限度地节约成本？各种设备的利用率为多少才能协调成本的降低和等待时间的缩短之间的矛盾？这些问题都可以通过仿真模型的运行和参数调整来获得满意的答案。

4. 交通系统仿真

系统仿真技术还可以用来研究交通行为，对交通运输的运行状况进行跟踪描述，得到交通流状态变量随时间变化的规律。交通系统仿真可以清晰地预测和分析交通堵塞的地段和原因，对交通管理的有关方案进行比较和评价，在问题发生以前尽量避免或有所准备。交通系统仿真也可以用于分析和评价停车场、中转站、货运站等设施的规划设计和管理策略。

交通系统仿真可以分为宏观仿真和微观仿真。宏观仿真是从整体的角度考虑交通流的特征，以平均值的方式来描述系统的状态。微观仿真则是从个体的角度考虑一个或某几个车辆的状态和特征。

四、常用的物流系统仿真软件

自1955年塞尔弗里奇（R. G. Selfridge）开发了历史上第一个仿真软件后，仿真软件的发展经历了以下四个阶段：第一阶段，20世纪50年代到60年代初，以Fortran语言为代表的通用程序设计语言阶段；第二阶段，20世纪60年代到70年代，多种仿真软件包和初级仿真语言阶段，如：BLODI、MIDAS、GPSS等；第三阶段，20世纪70年代到80年代初，相对高级和完善的商品化仿真语言阶段，如：CSSL-Ⅳ、ACSL、Simscript Ⅱ.5和SLAM等；第四阶段，20世纪80年代中期以后，一体化建模与仿真环境的阶段。早期通用程序设计语言实现计算机仿真模型通常需要较高的编程技巧，而如今利用高级仿真软件建模和分析则便利许多。目前，在物流系统仿真中较常使用的仿真软件主要有AutoMod、Arena、eM-Plant、Extend、Flexsim、RaLC、Witness等。这些软件都具有建模、仿真、结果输出、模型分析等功能，并且模型用二维或三维方式显示，用户界面友善，使操作者可以不需掌握很多计算机知识和仿真算法，而将精力集中于建模和分析上，大大提高了物流系统仿真的效率。

（一）AutoMod仿真软件

AutoMod（Automation Modeler）是由美国Brook Automation公司开发的Sense Decide Respond解决方案中的自动化建模工具，能通过建立实时模型来对物料处理、配送、仓储等系统进行规划设计和优化，以提高效率和降低成本，被广泛应用于生产制造、航空航天、汽车、物流等各个行业。

1. AutoMod的特点

（1）3D虚拟动画。AutoMod能提供比例真实的3D虚拟现实动画，使模型便于观看和理解。并且包含与CAD一样的功能，能够精确地对制造、物料处理等系统布局制图。

（2）建模高度精确。AutoMod与其他仿真软件相比，精度更高，可以根据用户的需要建立任意精度的模型，因此也相应提高了系统设计和优化的精度。

（3）进程交互算法。AutoMod采用的是进程交互的仿真算法，系统的运行由主动实体驱动，并对不同类型的进程规定了不同的优先级，当不同的进程并行时，系统能按照优先级的顺序来依次执行这些进程。

（4）专业的物料运送模板。AutoMod为用户提供的物料运送模板是在真实的工业自动化经验基础上开发出来的，结合了CAD的强大功能和图形用户界面的易用性。AutoMod提供了专门的子系统模块，如传送带、基于路径的车辆运动、AS/RS、水箱、管道等，并可以通过传送带和路径移动系统自动连接各部分，且找到装载路径，大大提高了建模的效率。

（5）功能强大，精确统计。AutoMod的功能十分强大，可以模拟无限多的应用，如果能灵活掌握，就能够实现很高难度的仿真。AutoMod还可以提供令人信赖的全面而精确的统计，并自动输出统计报告与图表。因此世界上最大的原料处理设备供应商和物流/分销系统提供商都应用AutoMod来验证他们的系统。

2. AutoMod的模块

（1）AutoMod模块。AutoMod模块是软件中最基本的部分，其他的模块都必须建立在其基础上。该模块包括AutoMod Model Editor和AutoMod Runtime两部分。其中，AutoMod Model Editor模块主要用于建立仿真模型，它为客户提供了一系列的物流系统模块来模拟现实物流自动化系统，如输送机模块（辊道式、链式），自动化存取系统（立体仓库、堆垛机），基于路径的移动设备（AGV等）和起重机模块等。AutoMod Runtime模块则用于运行和控制已建立的仿真模型，可通过AutoMod Runtime来设定模型的运行参数和仿真环境。

（2）AutoStat模块。AutoStat模块的功能是分析与优化，能在仿真项目的实验阶段提供增强的统计分析功能，并自动在 AutoMod 的模型上执行统计分析。AutoStat 模块能分析所有的模型结果，提供容易阅读的表格或导入到电子表格，并提供描述性的统计数字，如取样平均值。AutoStat 还提供前期决策、单一或对比信赖区间、因素/响应分析与实验设计。

（3）AutoView 模块。AutoView 是展示图形与动画的模块，它可以生成快速、流畅和专业的 AutoView 模型动画。用户可以像执导一部电影一样，用 AutoView 的摄像头对模型进行放大、缩小，选择固定的场景，或在模型中穿行，从一个场景转换到另一个场景，甚至来回穿梭，还可以追踪某一个物体的移动，如托盘或叉车。通过这样定义场景和摄像机的移动，从而产生高质量的 AVI 格式的动画。AVI 标准的电影格式使用单帧捕获的方式制作，使最大的模型也能在动画中流畅地演示。

（4）辅助模块。AutoMod 还有一些辅助模块来帮助完成一些特殊的功能，包括模型间通信模块、三维图形生成模块等。例如，Model Communication 模块可以交换系统数据，让信息在模块与控制系统之间、多个模型之间或其他应用之间进行传输。Model Communication 模块也可以让用户独立建造两个或多个模型，仿真过程中在模型之间发送和接收数据，这些模型可以单独运行也可以共享信息形成一个完整的系统。并且 Model Communication 模块还能使 AutoMod 的模型与第三方应用程序（如 VB）之间更容易通信。

（二）Arena 仿真软件

Arena 是由美国 System Modeling 公司在 1993 年开始基于 SIMAN 仿真语言及可视化环境 CINEMA 开发的交互集成式商业化仿真软件。作为一种通用的可视化仿真环境，Arena 几乎可以广泛地应用于可视化仿真的所有领域。对于物流从业人员来说，Arena 也可以帮助他们对供应商管理、库存管理、生产物流、分销物流到客户服务等全部供应链过程进行仿真和分析。

1. Arena 的基本功能

和其他高级仿真软件一样，Arena 主要提供了建模、仿真、统计、分析和结果输出的基本功能。

（1）建模功能。Arena 提供了一个所见即所得的流程图形式的建模环境，支持图形化建模，提供了许多称为“模块（Module）”的建模单元，这些模块按照层次化体系结构组合封装为不同类型的面板（Panel）和模板（Template），能建立出各种不同的仿真模型。用户通过面板间的切换，可以很方便地找到所有不同的仿真建模构件集，通过在建模窗口中对模块的拖放、链接等操作，构建单层或多层级的模型。

（2）仿真功能。Arena 的仿真显示为二维动画，并可以显示统计指标的即时变化信息，而且能调出带有五个标签版面的对话框来设置仿真运行周期和运行次数以进行独立的多次自动运行。

（3）统计分析和报告输出功能。Arena 提供了专门的输入分析器（Input Analyzer）、输出分析器（Output Analyzer）来进行各种类型的输入和输出数据的处理，并设有专门的优化工具包 Opt Quest for Arena 为用户的最优化参数决策提供参考。而且 Arena 还提供了自动报告功能，能直接根据常规决策条件，如等候时间等，来提交分析报告。

（4）客户支持和文档。Arena 通过其官方网站 http：//www. arenasimulation. com 为用户提供软件学习教程和技术支持，其中设有用户讨论专区以供交流。

2. Arena 的特点

（1）建模的灵活性。Arena 通过完整的层次结构保持了建模的灵活性和易用性。由于采用面向对象的技术，对象具有封装性和继承性，所建立的模型也是模块化的，从而能形成层次建模。Arena 可以随时使用面板中的低层模块，还可以把其他面板中的高层模块与 SIMAN 构件混合使用，这样能具有与仿真语言一样的灵活性。实际上 Arena 建立在 SIMAN 仿真语言的基础上，并结合了仿真语言、通用过程语言和仿真器的优点。无论建模层次高低，都可以在同一个图形用户界面上实现。

（2）专门的输入/输出分析器。Arena 中的输入分析器可以产生包含 15 种常用分布函数的随机数流，也可以对实际数据拟合、分析，并支持数据文件以 ASCII 文本文件的形式导入，使数据的输入方便灵活。而输出分析器可以用条形图、柱状图等方式对输出的数据文件进行多样化的显示处理，并可以进行均值比较等多种数理统计分析。

（3）集成性。Arena 开发了 ActiveX 自动化的技术，允许应用程序间通过一个编程界面互相控制，使用户能通过 VB、Fortran 等编程语言来实现对诸如 Microsoft Office 等桌面程序的控制。此外，Arena 还集成了 VB 的支持 ActiveX 自动化的编程环境 Visual Basic for Application。

（4）兼容性。Arena 除了可以用 VB 等编程语言建模及控制桌面程序以外，还实现了与 Microsoft Office 的兼容，可以通过对象连接与嵌入使用其他应用程序的文件和函数，例如，在 Arena 模型中添加声音文件，导入 Excel 的数据等。

（三）eM-Plant 仿真软件

eM-Plant 是 Tecnomatix 公司于 2000 年发布的一个工厂和生产线设计工具，是用 C＋＋实现的关于生产、物流和工程的仿真软件，可以对各种规模的工厂、生产线和大规模的跨国企业建模、仿真和优化生产系统，分析、优化生产布局、物流和供应链。全球许多大型制造商都使用 eM-Plant 来做全局规划。

1. eM-Plant 的基本功能

（1）建模功能。eM-Plant 在面向对象的用户环境中建立、更新和维护模型，用户能够定义每一个基本对象的属性，可利用用户定义的对象模板，使这些应用对象作为基本对象使用。

（2）仿真功能。eM-Plant 在仿真的过程中也可以改变模型和对象参数，随时存储模型状态。

（3）动画显示功能。eM-Plant 中可以将 2D 和 3D 模型相互对应联系，通过 VRML 实现模型的 3D 动画效果，还可以通过 VRML 接口导入其他 CAD 的模型。

（4）分析功能。eM-Plant 可以提供统计分析图、表来显示缓存区、各个设备和劳动力的利用率等各种参数。可以自动为复杂的生产线提供和评估优化的解决方案，使用遗传算法（genetic algorithms）对系统参数进行自动优化。

2. eM-Plant 的特点

（1）面向对象的建模方式。基于面向对象的技术，可以将基本对象完整地封装起来，简化模型构建的复杂程度。同时还使模型具有另一个特性——继承性，对象继承了类的所有特性和结构，只要类的属性发生变化，其所有对象也随之变化。

（2）图形化的集成仿真环境。在 eM-Plant 集成化和图形化的仿真环境下，模型的所有功能和信息一直都是图形化的表示，即使在模型建立的过程中，也能够对模型的一部分进行仿真和动画演示。而且，在仿真的过程中，也可以随时修改模型的参数和属性。

（3）层次化结构。eM-Plant 使用面向对象的技术和可以自定义的目标库来创建具有良好结构的层次化仿真模型。模型层次的个数没有限制，在设计过程中，用户通过增加层次，可以将模型细化到所需要的任何程度。并且，仿真过程中，不同层次上的模型可以同时仿真，使用户观察系统在不同层次上的活动。

（4）SimTalk 语言编程。eM-Plant 中可以通过一种类似 C 语言的 SimTalk 编程语言来进行过程的定义和参数的设定，以及建立完整的仿真模型。还可以通过 SimTalk 来设定对象之间的消息传递，或补充对象的基本功能等。

（5）Genetic Algorithms 模块。eM-Plant 中提供了一个 Genetic Algorithms 模块，用遗传算法来搜索系统参数的最优解。

（6）多元化接口。eM-Plant 提供了与其他程序的多种接口，例如，可以通过 ODBC 与 Excel 和 Access 通信，获取仿真数据，还可以通过 SQL 与数据库连接，通过 socket 与其他一些软件通信等。

（四）Extend 仿真软件

Extend 是由美国 Imagine That 公司开发的通用仿真平台，是全球用户最多的系统仿真软件之一。Extend 为不同层次的建模者提供了从建模、校验、确认到建立用户界面的一系列简化和便捷的工具。Extend 也已被广泛地应用于物流领域的方方面面，例如，供应链网络的设计与评价、协调与合作，物流中心的设计与资源整合，物流成本估算等。

1. Extend 的基本功能

Extend 也为用户提供了建模、仿真、运行、数据分析等基本功能。

（1）建模功能。Extend 提供了模块化的建模功能，每一个模块代表处理过程的一个步骤，可以通过对话框输入模型参数，并在对话框中显示模块自动计算的运行结果。可以采用软件提供的基本模块，也可以自己建立模块。Extend 还包含基于消息传递的仿真引擎以灵活建立模型。

（2）仿真功能。Extend 采用二维的仿真显示功能，建立的模型与仿真均显示二维动画。图形化的操作平台使建模过程更简易、明了。Extend 的仿真运行支持即时的参数修改，能够在修改参数后立即观察到变化后的运行情况。

（3）数据分析功能。Extend 中提供了专门的 StatFit 数据拟合功能，帮助用户进行数据的处理和分析，并可产生用户报告和深入分析。

2. Extend 的特点

（1）交互性。Extend 具有灵活的交互性，即使在模型运行的过程中也能即时修改参数并即时看到修改后的结果，方便快速地重新分析问题。

（2）可扩展性。Extend 的模块是用 Extend 编译语言和集成开发环境开发的。Extend 与 Arena、AutoMod 等仿真软件相比，独特之处在于提供了一个充分扩展的平台和随意发挥的仿真环境，只要运用自己的行业经验，会使用 C 语言，就可以开发自己的行业模块。因此，不用局限在软件本身所提供的模块和算法内。

（3）重复利用性。Extend 模型是由储存在模块库中的模块组成的，这些模块可以被无限重复使用。Extend 的可扩展性也使用户不但可以开发自己的模块，还可将这些模块保存在模块库里，反复被其他模型甚至其他用户所使用。而这些都是在自成一体的环境中进行的，无须外部接口、编译器、代码产生器等。

（4）规模性。Extend 的分层结构是无限制的，因此可以创建含有成千上万个模块的大规模仿真模型，为大型企业仿真建模提供有力的支持。

（5）连接性。Extend 支持 ActiveX/OLE 控件和 ODBC 数据源，并且这些技术在 Extend 中作为模块来使用，可通过拖放的方式实现，而无须编制程序。这是 Extend 与其他仿真软件相比独特的地方。

（五）Flexsim 仿真软件

Flexsim 是由美国的 Flexsim Software Products 公司开发的商业化离散事件系统仿真软件。Flexsim 是一种多功能工具，集计算机三维图像处理、仿真技术、人工智能技术、数据处理技术于一体，被用来为许多不同行业的系统进行建模和仿真，世界 500 强企业中很多都是 Flexsim 的用户。在物流系统中，也可以用 Flexsim 来仿真所有的环节，如物流中心的布局规划、仓储系统的流程优化、分拣系统的模拟、供应链网络优化、集装箱码头仿真、生产物流仿真等。

1. Flexsim 的基本功能

Flexsim 提供了原始数据拟合、建模、仿真、结果输出、生成 3D 动画等基本功能。

（1）建模功能。Flexsim 中模型的建立，只需用鼠标把模板中的对象从库里拖放在模型视窗即可。每个对象都有自己的功能或继承来自其他对象的功能，通过对这些对象参数的设置，就可以描述出所要建立的模型的主要特征。Flexsim 提供了丰富的对象单元，例如各种物流设备、操作员、交通灯、箱子等，使用户几乎可以建立所有需要的实物对象的模型。

(2) 输入、仿真和结果输出功能。Flexsim 允许用户输入或导入供应链网络信息，自动建立强大的离散事件仿真和网络优化模型。Flexsim 中有一个仿真引擎，可以自动运行模型，并把财务和运作数据等结果以报告或图表的形式输出，为优化分析提供支持。并且可以根据需要，自定义所要统计的项目，如产量、费用等。Flexsim 所输出的结果还可以导入到 Microsoft Word 和 Excel 等其他应用程序中，也可从这些程序中读取输入数据。Flexsim 也是一个实时仿真软件，可以在仿真运行的过程中，对每个对象进行操作，检测其当时的状态。

(3) 3D 动画显示功能。Flexsim 采用 3D 建模环境。其默认的建模视图是正投影的视图，并可以以一个更逼真的透视视图观察模型，前者方便建模，后者则利于展示。此外，Flexsim 中还内置了虚拟现实浏览窗口，让用户添加光源、雾及虚拟现实立体技术。

2. Flexsim 的特点

(1) 建模方便快速。Flexsim 采用面向对象的建模技术，其中所有用来建立模型的资源都是对象，这些对象都是开放的，可以在不同的用户、库和模型之间交换。可以使用 Flexsim 中提供的对象库中的对象来进行建模，也可以 C++语言或者 Flexsim 自带的 Flexcript 来修改这些对象，对对象库进行扩展。因此，用户可以根据自己的行业领域和需求，便捷地扩展对象，建立自己的对象库。

(2) 逼真的 3D 显示。Flexsim 中建立的模型都能用逼真的 3D 效果显示，其采用的是与当前 3D 的游戏技术相同的技术，使得用户可以拥有真实、美观的视觉享受。这些 3D 模型也都可以轻松地利用鼠标来移动、旋转、放大或缩小。此外，Flexsim 提供的 3D 图形处理方式，包括实体库中对实体的默认形状、更低的多边形计算消耗方式和根据观察者距离自动分配三维形状详细程度的文件和方式等，即 Flexsim 可以根据用户选择的观察距离远近的不同，用三个不同的 3D 文件来表达同一个实体，并自动转换显示的形状。

(3) 扩展性强。Flexsim 是目前唯一一个拥有 C++IDE 接口及编译器的图形仿真软件，定义模型逻辑时，可以直接使用 C++编程，并立刻编译到 Flexsim 中，具有很强的扩展性。

(4) 开放性好。Flexsim 提供了与 Microsoft Word 和 Excel 等程序的接口，通过 Flexsim 提供的函数能动态读写 Excel 中的数据。Flexsim 还可以完成与一般数据库的连接。此外，Flexsim 还支持 3DS、DXF、WRL、STL 等图形对象的导入。因此，Flexsim 具有很好的开放性和柔性。

(六) RaLC 仿真软件

RaLC (Rapid Virtual Model Builder For Logistics Center Verification，乐龙) 系列仿真软件是由日本株式会社公司，以人人都可以通过简单的操作就能构筑物流中心或制造工厂的三维动画模型为目标，研发而成的三维虚拟物流中心验证模型构筑工具软件系统。RaLC 系列仿真软件，集现代物流技术、人工智能、3D 图像、数据处理和计算机仿真等技术于一体，主要适用于物流和工业工程领域。

1. RaLC 系列软件的类型

根据不同的用途，RaLC 系列软件分为以下几种。

RaLC-Pro（Rapid Logistics Center Proposal Model Builder）是乐龙软件快捷版，主要适用于物流中心设计方案的 3D 动画模型构建。通过其建立的三维立体模型可以更生动形象地演示物流中心的运作过程。

RaLC-Brain（Rapid Logistics Center Model Builder for Brainwork）是乐龙软件智能版，主要适用于物流中心解决方案的验证、评价和优化。

RaLC-Emu（Rapid Logistics Center Emulation Model Builder）是与用户控制系统联动的物流中心模型构建工具，用于建立仿真器模型。

RaLC-Fan 是建立没有使用许可证也能运行 RaLC 模型的工具。其生成的文件是可以脱离 RaLC 系列软件而独立执行的 exe 格式的文件，能方便地演示所建立的模型。但这些 exe 格式的模型封装了设备的属性，不能修改，且其原始模型仍然需要通过 RaLC 系列软件来制作。

2. RaLC 的特点

（1）建模简单便捷。RaLC 提供的物流中心所使用的基本设备全部以按钮的形式置于工具栏，只需用鼠标单击这些按钮，然后点击视图中需要放置的位置即可显示。而传送带之间还可以实现自动连接，节省了建模时间。RaLC 中模型模块面向对象开发，因此具有封装性和共享性，每个设备都有与自身结构和功能特点对应的参数属性表，使用时只需对这些属性的参数按需要进行调整，而不需要进行复杂的编程。

（2）开放性强。除了仿真模型本身可以以生动的 3D 动画形式演示外，RaLC 系列软件还能方便地导入 3DS、DXF 和 BMP 等格式的图形文件，使用户可以在模型中使用个性化的产品图形。

（3）人工作业的细致仿真。在物流中心中，人员的活动与设备相比更加复杂，RaLC 系列软件尤其是 RaLC-Brain 中，将人员丰富的作业活动细致地模拟出来。RaLC-Brain 中内置了 300 多条命令语句，通过简易的调用命令，使“作业管理器”管理下的工作人员实现分拣、验货、包装、搬运甚至协助等动作。“作业管理器”还附带了“自动路径功能”，使工作人员可以自动按照最短的行进路线行动。

（4）针对性强。RaLC 系列软件是专门面向物流领域开发的仿真软件，可以快速地将现有或者规划中的物流中心或工厂构建成虚拟的 3D 动画模型，非常适合物流咨询业、物流设备制造业、教育培训机构、物流服务提供商、制造业等领域的物流系统演示、分析和优化。

（七）Witness 仿真软件

Witness 是由英国著名的工业、商业系统流程仿真与优化产品和服务提供商 Lanner 集团推出的通用系统仿真平台。其应用领域几乎可以涵盖整个社会各类系统，包括汽车工业、化工业、电子业、银行业、航空航天、物流等。

1. Witness 的基本功能

（1）建模和仿真。Witness 提供了大量描述工业系统的模型元素，如生产线上的加工中心、传送设备等，以及逻辑控制元素，如流程的倒班机制，事件发生的时间序列，统计分布等，通过这些模型元素，用户可以方便地建立工业系统的运行逻辑。通过 Witness 内置的仿真引擎，可快速地进行模型的运行，演示流程的运行规律。在仿真过程中，还可以根据仿真需要随时修改系统模型。

（2）3D 动画演示。Witness 提供了直观的流程运行的动态演示，通过 Fastbuild 功能快速生成系统的 3D 模型。使用户更清楚地观察模型在三维空间的运行效果。

（3）结果输出和分析。Witness 内置强大的仿真引擎，还可以用多种方式，如饼图和柱图等，输出模型元素运行状态的数据，使用户实时掌握系统各组成部分的运行状态，为系统分析和优化提供重要的支持。

2. Witness 的特点

（1）面向对象的建模环境。Witness 采用面向对象的建模环境，可以在建模过程中的任意时刻对模型中的单元进行修改或重新定义。Witness 还提供了丰富的模型运行规则和属性描述函数库，并考虑到用户领域的独特性，提供了专门的用户自定义函数的描述功能，方便用户的个性化定制。

（2）工程适用性强。Witness 中提供了大量适合各种工程需要的模型单元，如：加工周期、维修时间、刀具更换时间、暂停时间和机器的单件加工、批量加工、分离加工等，几乎可以适应所有类型的工程需要。

（3）一体化的统计分析。Witness 提供了一个 Witness OPT 模块为仿真模型搜索出最优的解决方案。Witness OPT 使用先进的优化算法来求解最优的系统配置方案，并将结果用图表表示出来，用户可以设定各种报表选项，如：目标函数、控制变量取值、优化算法选择等。

（4）良好的开放性。Witness 提供了与其他系统的连接，如读写 Excel 表格，与 ODBC 数据库驱动连接，输入多种 CAD 图形格式文件等。

【案例分析】

物流中心仿真设计

一、RaLC 软件基本说明

（一）RaLC 软件的操作界面

打开 RaLC 仿真软件，新建一个空白文件，可以看到建模的界面包括窗口菜单、工具栏、设备栏、视图控制栏、信息栏、状态栏、时间栏，如图 9-8 所示。

（二）基本设备说明

在设备栏中选择所需的设备，通过简单的添加、删除、移动和连接设备的操作，配合基本的视图的放大、缩小、转动、移动等操作，就可以非常简便迅速地建立一个基本的物流中心模型。图 9-9 为 RaLC 软件设备示例。

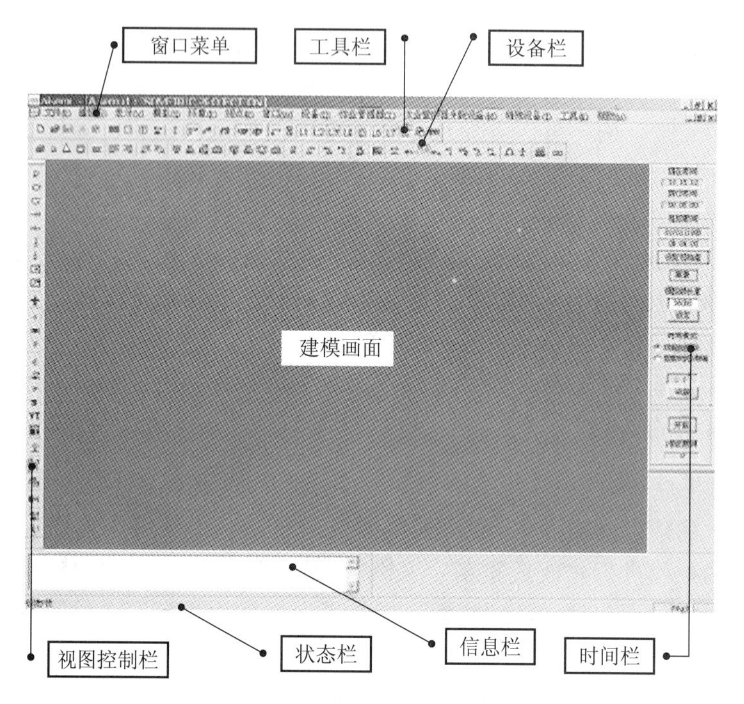

图 9-8　RaLC 软件操作界面

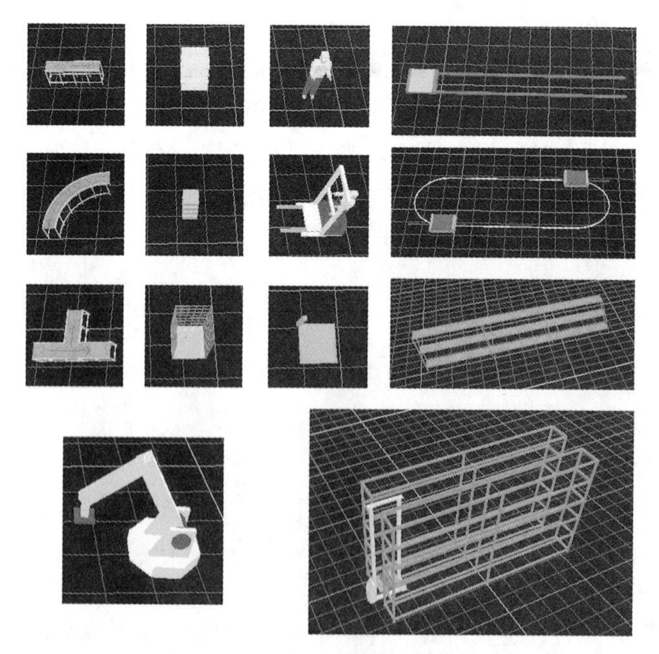

图 9-9　RaLC 软件设备示例

二、案例

（一）仿真目的

某物流中心布局方案的验证和优化。

（二）物流中心布局方案的平面图

图 9-10 所示为该物流中心平面图。

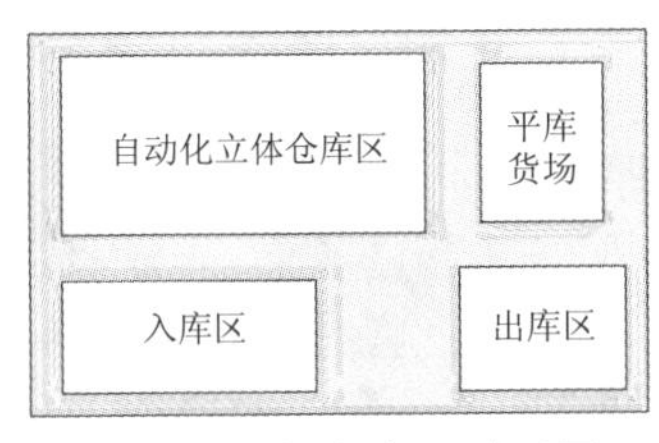

图 9-10　物流中心平面图

（三）作业流程

进货货物由工人从卡车上搬下并验货后放到传送带上，然后机器人将传送带上的货物装上托盘，需要储存的货物按照条形码、目的地等属性传送至指定的自动化立体仓库货位。检验不合格的商品传送至退货区等待退货。临时存放的货物则输送至平库货场。自动化立体仓库二楼为输出口，出库货物由传送带输送到一楼出库区，用卡车配送给客户。平库货场的出库货物直接从传送带输送至出货区。

（四）RaLC 软件建模

1. 入库及存储部分

在图层一上用卡车、传送带、机器人、自动化立体仓库、部件生成器、托盘供应器等设备构建模型的入库及存储部分，如图 9-11 所示。模型中根据物流中心的平均入货量设置商品生成的数量。

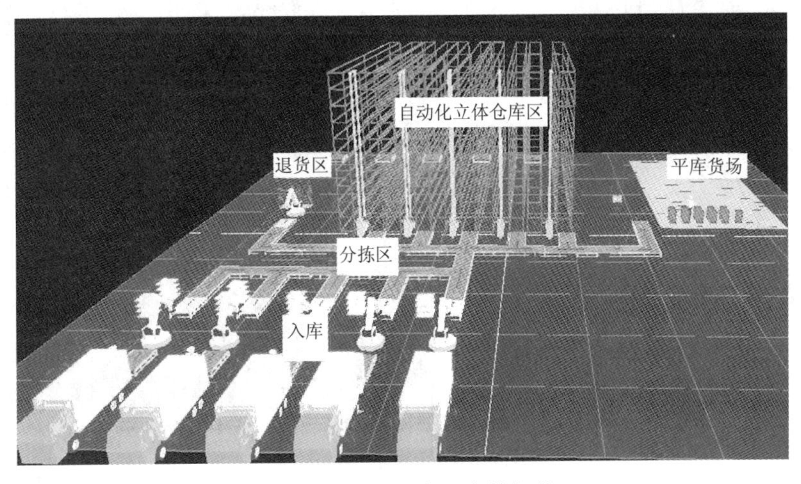

图 9-11　模型入库及存储部分

2. 出库部分

在图层二上建立模型的出库部分，如图 9-12 所示。商品出库数量和频率根据实际中物流中心平均出货情况进行设置。

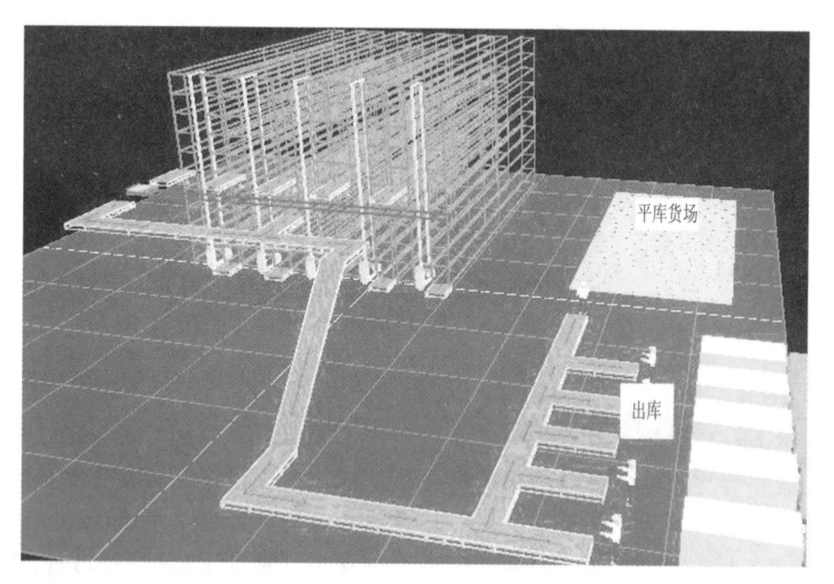

图 9-12　模型出库部分

（五）模型运行及优化

在时间栏中输入模拟时间，选择时间模式，然后单击“开始”按钮运行模型，如图 9-13 所示。

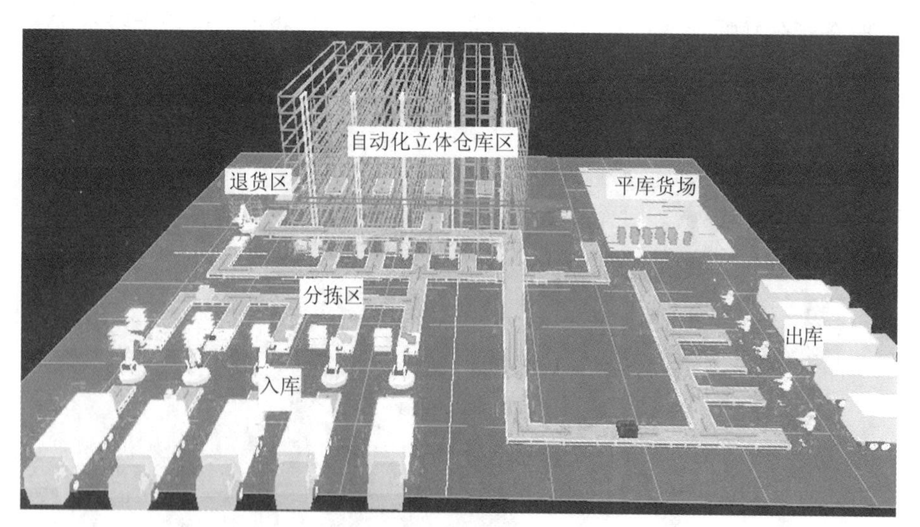

图 9-13　模型运行图

首先应保证模型能够按照规定的流程运行。否则，需要进行反复修改，直到符合为止。

其次，如果在运行过程中传送带上商品发生阻塞，可根据阻塞地点进行判断，采取增加工作人员、增加并行传送带数量、增加自动化立体仓库输入/出口等方法来修改方案。反之如果运行中传送带、工作人员或设备的利用率低于标准，则可相应采取减少传送带数量、减少工作人员或减少设备的方法优化方案，节约成本。

思考题： 1. 思考用 RaLC-Pro 和 Brain 两个版本分别建立本模型有什么区别？

2. 试用 RaLC-Brain 建立本模型并进行优化。

复习思考题

一、基本概念

物流系统评价　层次分析法　模糊综合评价　物流系统优化　物流系统模型　启发式算法　物流系统整合　物流系统仿真　离散事件系统　RaLC

二、选择题（1—5 题单选，6—10 题多选）

1. 以下不属于物流系统评价目的的是（　　）。

A. 明确物流系统目标　　B. 建立物流系统模型

C. 为系统决策提供依据　　D. 考核对物流系统的满意程度

2. 下列描述不正确的是（　　）。

A. 进行物流系统评价时应评价系统整体，而不应评价系统的组成部分

B. 选择物流系统评价指标应将静态指标与动态指标相结合

C. 定性评价和定量评价在物流系统评价中都很重要

D. 物流系统总是处于不断发展变化的过程中，因此评价指标体系中需要动态评价指标

3. 如果评价小组要确定指标体系中各项指标所占比重的量化值，这是在进行（　　）。

A. 建立评价指标体系　　B. 确定指标权重

C. 确定评价方法　　D. 单项评价

4. 反映物流服务水平和物流成本之间的关系的是（　　）。

A. 政策性指标　　B. 技术性指标

C. 经济性指标　　D. 发展性指标

5. 按照时间先后的顺序依次处理事件，并记录每一件事件发生时所引起的系统状态的变化的离散事件仿真算法是（　　）。

A. 事件调度法　　B. 活动扫描法

C. 进程交互法　　D. 层次分析法

6. 物流系统评价指标应具有（　　）的特点。

A. 可观测性　　B. 可比性

C. 经济性　　D. 层次性

7. 下列属于物流系统优化基本原则的是（　　）。

A. 数据原则　　B. 目标原则

C. 回报原则　　D. 系统原则

8. 常见的物流系统优化方法有（　　）。

A. 排队论　　B. 模拟退火算法

C. 蚁群算法　　D. 系统仿真

9. 物流系统整合的主要内容有（　　）。

A. 人员整合　　B. 企业整合

C. 流程整合　　D. 信息资源整合

10. 常用的物流系统仿真软件有（　　）。

A. RaLC　　B. Autocad

C. AutoMod　　D. Arena

三、判断正误题（正确的用 T 表示，错误的用 F 表示）

1. 物流系统评价的第一步是建立物流系统模型。（　　）

2. 从社会经济状况、人员素质、环保安全等方面考虑物流系统可持续发展能力的指标属于发展性指标。（　　）

3. 层次分析法是定性和定量相结合的评价方法。（　　）

4. ASS 指自动导引车，是装有电磁或光学等自动导引装置，能沿着规定的导引路线行驶，具有安全保护及各种移载功能的搬运车辆。（　　）

5. 模糊综合评价的结果不是绝对的否定或肯定。（　　）

6. 连续系统的动态特性既可以用微分方程表示，也可以用差分方程表示。（　　）

四、简答题

1. 如何选择物流系统的评价指标？

2. 简述模糊综合评价的基本思路。

3. 简述物流系统仿真的基本步骤。

4. 简述物流系统优化的十项基本原则。

5. 简述启发式算法的求解过程。

6. 物流系统整合的目标是什么？

7. 物流系统仿真具有哪些特点？

8. RaLC 系列软件由哪些类型组成？

五、综合运用题

1. 某物流配送中心现有一笔资金可供使用，可选择的方案有：作为奖金发给员工；作为员工培训费用；引进新设备；研发新技术。这些方案都有其合理之处，试论述用不同的评价方法选择最优方案应如何进行。

2. 某物流中心内部分为进货检验区、自动立体仓库区、普通货架区、包装区、出货区、办公室、会议室、维护室、休息室、卫生间。主要储存 A、B、C、D、E 五种商品，其中 A 和 B 商品储存量较大、出入库较频繁，C、D、E 三种商品储存量较小。请为该物流中心进行基本布局规划并用乐龙软件建立模型。

参考文献

[1] 汪应洛．系统工程．4版．北京：机械工业出版社，2008.
[2] 何明珂．物流系统论．北京：高等教育出版社，2004.
[3] 吴清一．物流系统工程．2版．北京：中国物资出版社，2006.
[4] 谢如鹤，张得志，罗荣武．物流系统规划，北京：中国物资出版社，2007.
[5] 马汉武．设施规划与物流系统设计．北京：高等教育出版社，2005.
[6] 李云清．物流系统规划．上海：同济大学出版社，2004.
[7] 张可明，宋伯慧．物流系统分析．北京：北京交通大学出版社，2007.
[8] 王建．现代物流网络体系的构建．北京：科学出版社，2005.
[9] 孟庆红．区域经济学概论．北京：经济科学出版社，2003.
[10] 贺东风，胡军．物流系统规划与设计．北京：中国物资出版社，2006.
[11] 王之泰．城市物流研究探要．物流科技，1999（1）：25－27.
[12] 周跃进，陈国华．物流网络规划．北京：清华大学出版社，2008.
[13] 毛海军．物流系统规划与设计．南京：东南大学出版社，2008.
[14] 冯耕中．现代物流规划理论与实践．北京：清华大学出版社，2005.
[15] 王转，程国全，冯爱兰．物流系统工程．北京：高等教育出版社，2004.
[16] 沈祖志．物流系统分析与设计．北京：高等教育出版社，2005.
[17] 张文杰．管理运筹学．北京：中国铁道工业出版社，2006.
[18] 谢金星．优化建模与LINDO/LINGO软件．北京：清华大学出版社，2005.
[19] 万义国，游小青．优化建模软件LINGO在配送中心选址中的应用．中国高新技术企业，2009（10）：44－45.
[20] 刘联辉，彭邝湘．物流系统规划及其分析设计．北京：中国物资出版社，2006.
[21] 宋华，胡佐浩．现代物流与供应链管理．北京：经济管理出版社，2000.
[22] 刘志学．现代物流手册．北京：中国物资出版社，2001.
[23] 薛华成．管理信息系统．5版．北京：清华大学出版社，2007.
[24] 蔡淑琴．物流信息系统．北京：中国物资出版社，2005.
[25] 袁旭梅，刘新建，万杰．系统工程学导论．北京：机械工业出版社，2007.
[26] 董维忠．物流系统规划与设计．北京：电子工业出版社，2006.
[27] 张晓萍，石伟，刘玉坤．物流系统仿真．北京：清华大学出版社，2008.
[28] 彭扬，伍蓓．物流系统优化与仿真．北京：中国物资出版社，2007.
[29] 隽志才，孙宝凤．物流系统仿真．北京：电子工业出版社，2007.
[30] 齐欢，王小平．系统建模与仿真．北京：清华大学出版社，2004.

参考文献

[1] 汪应洛．系统工程．4版．北京：机械工业出版社，2008.
[2] 何明珂．物流系统论．北京：高等教育出版社，2004.
[3] 吴清一．物流系统工程．2版．北京：中国物资出版社，2006.
[4] 谢如鹤，张得志，罗荣武．物流系统规划，北京：中国物资出版社，2007.
[5] 马汉武．设施规划与物流系统设计．北京：高等教育出版社，2005.
[6] 李云清．物流系统规划．上海：同济大学出版社，2004.
[7] 张可明，宋伯慧．物流系统分析．北京：北京交通大学出版社，2007.
[8] 王建．现代物流网络体系的构建．北京：科学出版社，2005.
[9] 孟庆红．区域经济学概论．北京：经济科学出版社，2003.
[10] 贺东风，胡军．物流系统规划与设计．北京：中国物资出版社，2006.
[11] 王之泰．城市物流研究探要．物流科技，1999（1）：25－27.
[12] 周跃进，陈国华．物流网络规划．北京：清华大学出版社，2008.
[13] 毛海军．物流系统规划与设计．南京：东南大学出版社，2008.
[14] 冯耕中．现代物流规划理论与实践．北京：清华大学出版社，2005.
[15] 王转，程国全，冯爱兰．物流系统工程．北京：高等教育出版社，2004.
[16] 沈祖志．物流系统分析与设计．北京：高等教育出版社，2005.
[17] 张文杰．管理运筹学．北京：中国铁道工业出版社，2006.
[18] 谢金星．优化建模与LINDO/LINGO软件．北京：清华大学出版社，2005.
[19] 万义国，游小青．优化建模软件LINGO在配送中心选址中的应用．中国高新技术企业，2009（10）：44－45.
[20] 刘联辉，彭邝湘．物流系统规划及其分析设计．北京：中国物资出版社，2006.
[21] 宋华，胡佐浩．现代物流与供应链管理．北京：经济管理出版社，2000.
[22] 刘志学．现代物流手册．北京：中国物资出版社，2001.
[23] 薛华成．管理信息系统．5版．北京：清华大学出版社，2007.
[24] 蔡淑琴．物流信息系统．北京：中国物资出版社，2005.
[25] 袁旭梅，刘新建，万杰．系统工程学导论．北京：机械工业出版社，2007.
[26] 董维忠．物流系统规划与设计．北京：电子工业出版社，2006.
[27] 张晓萍，石伟，刘玉坤．物流系统仿真．北京：清华大学出版社，2008.
[28] 彭扬，伍蓓．物流系统优化与仿真．北京：中国物资出版社，2007.
[29] 隽志才，孙宝凤．物流系统仿真．北京：电子工业出版社，2007.
[30] 齐欢，王小平．系统建模与仿真．北京：清华大学出版社，2004.

五、综合运用题

1. 某物流配送中心现有一笔资金可供使用，可选择的方案有：作为奖金发给员工；作为员工培训费用；引进新设备；研发新技术。这些方案都有其合理之处，试论述用不同的评价方法选择最优方案应如何进行。

2. 某物流中心内部分为进货检验区、自动立体仓库区、普通货架区、包装区、出货区、办公室、会议室、维护室、休息室、卫生间。主要储存 A、B、C、D、E 五种商品，其中 A 和 B 商品储存量较大、出入库较频繁，C、D、E 三种商品储存量较小。请为该物流中心进行基本布局规划并用乐龙软件建立模型。

[31] 王其藩．系统动力学．北京：清华大学出版社，1988.
[32] 张力菠，韩玉启，陈杰，等．供应链管理的系统动力学研究综述．系统工程，2005 (6)：8－15.
[33] 吴隽，李杰，张莹．基于系统动力学的牛鞭效应仿真分析．物流科技，2008 (2)：91－94.
[34] OGATA K. System Dynamics. 4th ed. 北京：机械工业出版社，2004.
[35] 贺兰兰．基于系统动力学的供应链 VMI 库存策略研究 [D]．天津：天津师范大学，2007.
[36] 陶在朴．系统动态学：直击《第五项修炼》奥秘．北京：中国税务出版社，2005.
[37] 郝海，踪家峰．系统分析与评价方法．北京：经济科学出版社，2007.
[38] WOLSTENHOLME E F. System enquiry-a system dynamics approach. Chichester：John-Wiley Press，1990.